中国餐饮发展报告 2023

红餐网 ◉ 著

中国商业出版社

细分化
预制菜
中式汉堡
供应链
重庆火锅
咖啡
『卖水人』生态
饮
性价比餐饮
卤味
烧烤
降本增效

图书在版编目（CIP）数据

中国餐饮发展报告. 2023 / 红餐网著. -- 北京：
中国商业出版社，2023.8
ISBN 978-7-5208-2541-2

Ⅰ. ①中… Ⅱ. ①红… Ⅲ. ①饮食业 - 经济发展 - 研究报告 - 中国 - 2023 Ⅳ. ① F719.3

中国国家版本馆 CIP 数据核字（2023）第 128824 号

责任编辑：滕　耘

中国商业出版社出版发行
（www.zgsycb.com　100053　北京广安门内报国寺 1 号）
总编室：010-63180647　编辑室：010-83118925
发行部：010-83120835/8286
新华书店经销
广州市彩源印刷有限公司印刷

*

889 毫米 ×1194 毫米　16 开　27 印张　450 千字
2023 年 8 月第 1 版　2023 年 8 月第 1 次印刷
定价：598. 00 元

* * * *

（如有印装质量问题可更换）

《中国餐饮发展报告 2023》编委会

预制菜
馄饨
大单品食材供应链
冷链物流
线上线下双主场
资本化
性价比餐
新中式烘焙
烧鸟
中式正餐
加盟白热化
咖饮
麻辣烫
面
火锅
中式汉堡
小前店大后台
泰国菜
粉
西式快餐
复合调味料
专业化
数智化
『卖水人』生态
日式料理
产品零售化
茶饮
规模集中化
降本增效
资本化
细分化
餐饮智能设备
团餐
养生风潮
烧烤
地方菜
新中式拉面
轻量化
资本化
万店时代
卤味
B端和C端一体化
新疆米粉
区域品牌崛起
包点
饺子
有料火锅
中式米饭快餐

PREFACE 序言

序言 01

PREFACE 01

顺势而为，在复苏浪潮中奋楫扬帆

2023 年是全面贯彻党的二十大精神的开局之年，在一系列稳增长政策的推动下，上半年我国经济企稳回升，下半年我国经济有望继续保持增长。

我们依然需要注意的是，全球经济环境依旧严峻复杂，国内经济恢复基础尚不牢固，面临“需求收缩、供给冲击、预期转弱”三重压力。面对复杂多变的市场环境和市场需求，餐饮行业的复苏之路仍颇具挑战性。

2023 年，在经济回暖的大背景下，餐饮行业的创业热不断攀升，连锁化和规模化程度日益提升。在这个过程中，一些餐饮企业迎来了新的发展契机，也有部分企业在快速扩张的路上折戟。面对餐饮经营的不确定性，餐饮企业尤其需要做好以下三方面的工作。

首先，要注重塑造企业的核心竞争力。这种核心竞争力既包括产品和门店的竞争力，也包括供应链体系的竞争力。只有前后端共同发力，才能有效提升餐饮企业产业链各环节的经营效率，并最终发展成为餐饮企业的独特优势。

其次，要注重数字化体系的构建。随着餐饮行业“线上线下双主场”的来临，新的数字化营销渠道正在崛起。餐饮数字化、零售化等对企业来说是趋势也是希望，餐饮企业要积极把握趋势，大力推进数字化转型。

最后，要精准洞察消费者的需求。面对更加多样化、个性化的消费需求，餐饮企业要精准把握消费者的心理，只有提供高品质的产品以及差异化的服务，才能在市场上更好地立足。

作为以“服务餐饮产业上下游，助力中国餐饮产业升级”为使命的餐饮产业赋能平台，红餐网在为餐饮行业贡献自己的力量。2023 年，红餐网在《中国餐饮发展报告 2022》的基础上，又推出了《中国餐饮发展报告 2023》。该报告可以帮助餐饮企业更好地洞察餐饮行业的发展趋势，从而找到发力的正确方向，迸发出新的思路。

作为一本专业的餐饮行业报告，该书数据翔实、内容完备，书中重点研究了大数据生态链下的中国餐饮行业与产业的发展现状及未来趋势，解读餐饮业现象级事件背后反映的经营策略与消费心态，并针对食材供应链、预制菜、中式正餐、咖饮、团餐等多个餐饮重点领域进行了独到的剖析。

这本有着翔实数据支撑和专业灵感汇聚的报告，将是餐饮同人们在餐饮创业、餐饮经营、品类选择中的重要参考“宝典”，能够为餐饮人了解新形势下的行业全貌提供帮助。

2023 年，新的市场形势与消费特点已然出现，餐饮业踏上新征程。衷心祝愿企业能在发展长河中熠熠生辉，行业得以实现高质量发展！

是以为序。

邢颖

世界中餐业联合会会长

2023年8月

序言02

PREFACE 02

与时代共振，在不断迭代中走向未来

2022年，餐饮业于艰难中顽强求生，于危机中寻找破局之道。2023年，餐饮业继续以坚韧的姿态前进，展现了强大的活力和韧劲。

2023年上半年，随着国内经济有序复苏，餐饮行业也迎来了良好的开局：餐饮收入和新增企业数量大幅提升，各地餐饮消费逐步复苏；餐饮相关社会热点事件频频出圈，推动了各赛道的持续扩容；各大餐饮品牌加速扩张，餐饮连锁化规模化得以进一步提升；各品类赛道进一步细分，创新模式不断涌现。

2023年，餐饮业迎来广阔发展机遇的同时，也面临着不少的挑战。一方面，随着外部环境复杂多变、餐饮竞争渐趋激烈，餐饮经营的不确定性增强。另一方面，在消费者的消费态度日趋谨慎的背景下，如何在控制经营成本并获得盈利的基础上，提供高性价比的产品，是众多餐饮经营者需要考虑的问题。

在机遇与挑战并存的当下，餐饮产业从业者更要洞察趋势变化，并从中总结规律，在管理、运营、产品等方面不断演变升级。利用数字化转型、产品创新等方式进行自身的“突围”和“进化”，勇于成为创新的先行者。

红餐网作为中国餐饮产业发展的赋能者和陪伴者，始终与餐饮人同呼吸、共命运，致力于用优质内容和专业服务推动餐饮产业的进步。创立16年以来，红餐网见证了中国餐饮市场规模的蓬勃发展、连锁品牌的快速扩张、餐饮上游供应企业的上市潮、预制菜赛道的持续扩容……

红餐网亦在中国餐饮业的不断迭代发展中成长。如今，已形成集“内容+大数据+服务”为一体的餐饮产业赋能平台。内容板块，以红餐网为核心，以央广网餐饮频道、红厨网、预制菜洞察、餐饮深观察、红餐加盟优选和红动食刻MCN机构等矩阵化资源共同组成餐饮产业媒体生态圈，覆盖50余个媒体平台，服务超千万用户。在大数据板块，以红餐大数据为基础，通过红餐品牌研究院、红餐产业研究院持续输出的各类专业研究报告，为餐饮经营者提供决策参考。在服务板块，涵盖线下活动及品牌传播服务。其中，“HCC 红餐大会”现已成功举办 29 届，参会企业超 17,000 家，助推中国餐饮产业发展与创新。品牌传播服务，有专注为餐饮领域客户提供品牌传播服务的红橙传播，现已服务数百家餐饮上下游企业，为合作伙伴的品牌传播保驾护航。

作为大数据研究板块的重要成果，《中国餐饮发展报告 2023》历时一年，终于面世了。我们携手国内深耕投资界、餐饮产业的专家和亲历者，组成《中国餐饮发展报告 2023》的专家顾问团，以便更为精准地把握产业发展脉搏、研究时代新课题。

《中国餐饮发展报告 2023》立足于国内餐饮产业现状，运用权威数据、最新案例和专业视角解析 20 余个餐饮产业及相关领域的发展概貌，内容涵盖市场规模、竞争格局、瓶颈难题、升级趋势等多个方面。在往年年度报告的基础上，本年度报告研究的范围更为广泛，除了继续关注餐饮行业和品类之外，对于供应链、预制菜、复合调味料、冷链物流等领域也进行了深刻的剖析。我们力求通过简明凝练的文字、精准且富有对比性的图表描绘出餐饮各大赛道的发展脉络和未来走势，为餐饮人提供坚实的智库支撑。

此外，“2023 年度中国餐饮品类十大品牌”最终的入选名单也将在《中国餐饮发展报告 2023》重磅揭晓。

我们诚挚地希望本书能够帮助餐饮产业上下游的从业者在新环境下找准定位，获得启迪。本书内容体系庞大，涉及领域众多，难免有疏漏、失准之处，欢迎广大读者批评指正、交流观点，以期碰撞出更多火花。

面对复杂多变的外部环境，餐饮业的未来发展必将是挑战和机遇并存。红餐网愿与中国餐饮产业共同进步、共谋发展，与广大餐饮同人在新环境下携手拼搏、砥砺前行，一起描绘出更加宏伟的蓝图！

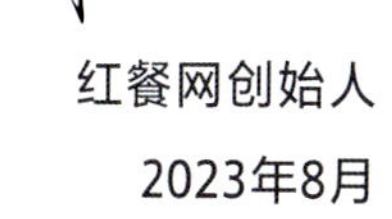

红餐网创始人

2023年8月

预制菜
馄饨
大单品食材供应链
冷链物流
线上线下双主场
资本化
中式正餐
加盟白热化
性价比餐
烧鸟
新中式烘焙
咖饮
中式汉堡
小前店大后台
麻辣烫
面
火锅
泰国菜
粉
西式快餐
复合调味料
专业化
数智化
『卖水人』生态
日式料理
产品零售化
茶饮
规模集中化
降本增效
细分化
资本化
养生风潮
烧烤
地方菜
新中式拉面
轻量化
餐饮智能设备
资本化
团餐
万店时代
卤味
B端和C端一体化
新疆米粉
区域品牌崛起
包点
饺子
中式米饭快餐
有料火锅

CONTENTS 目录

CONTENTS

Part One

第一章 | 餐饮现状解析

Part TWO

第二章 | 产业供应链主要领域解读

Part Three

第三章 | 餐饮重点品类解读

Part Four

第四章 | 餐饮榜单

预制菜
馄饨
大单品食材供应链
冷链物流
线上线下双主场
资本化
中式正餐
加盟白热化
麻辣烫
面
火锅
泰国菜
粉
西式快餐
复合调味料
专业化
数智化
『卖水人』生态
日式料理
产品零售化
茶饮
规模集中化
降本增效
餐饮智能设备
资本化
团餐
万店时代
性价比餐
咖饮
新中式烘焙
烧鸟
中式汉堡
小前店大后台
养生风潮
烧烤
资本化
细分化
新中式拉面
轻量化
地方菜
卤味
B端和C端一体化
新疆米粉
区域品牌崛起
包点
饺子
有料火锅
中式米饭快餐

第一章
Part One
餐饮现状解析

PART ONE

01

第一节

餐饮基本面：

餐饮业加速“升级换挡”，细分化、预制化盛行

近年来，餐饮市场经受了新冠肺炎疫情冲击、国内经济下行等多重考验，充分展现了餐饮经济韧性强的特点。进入 2023 年，随着我国新冠肺炎疫情防控政策的优化调整，在相关政策的支持下，上半年我国餐饮业逐渐回暖。不过，亦有诸多餐饮企业在 2023 年“五一”之后出现了客流量下滑的情况。因此，对于 2023 年的整体餐饮走势，餐饮人还需保持谨慎乐观的态度。

一、餐企经营韧性增强，餐饮业加速“升级换挡”

回顾近 3 年餐饮业的发展，可谓跌宕起伏。从年度餐饮收入情况来看，据国家统计局数据，在 2020 年全国餐饮收入跌破 4 万亿元大关后，2021 年全年餐饮收入短暂恢复至 2019 年同期水平，达到 4.69 万亿元。2022 年，我国餐饮行业遭受到了较大冲击，全年全国餐饮收入仅为 4.39 万亿元，同比下滑了 6.3%。同时，2022 年全国餐饮收入在社会消费品零售总额中的占比从 2021 年的 10.6% 下降为 10.0%。

进入 2023 年，餐饮消费需求大幅释放，餐饮市场回升明显。2023 年上半年的全国餐饮收入超过 2.4 万亿元，同比增长 21.4%，远高于社会消费品零售总额的 8.2% 的增幅。同时，全国餐饮收入在社会消费品零售总额的比重回升至 10.7%。

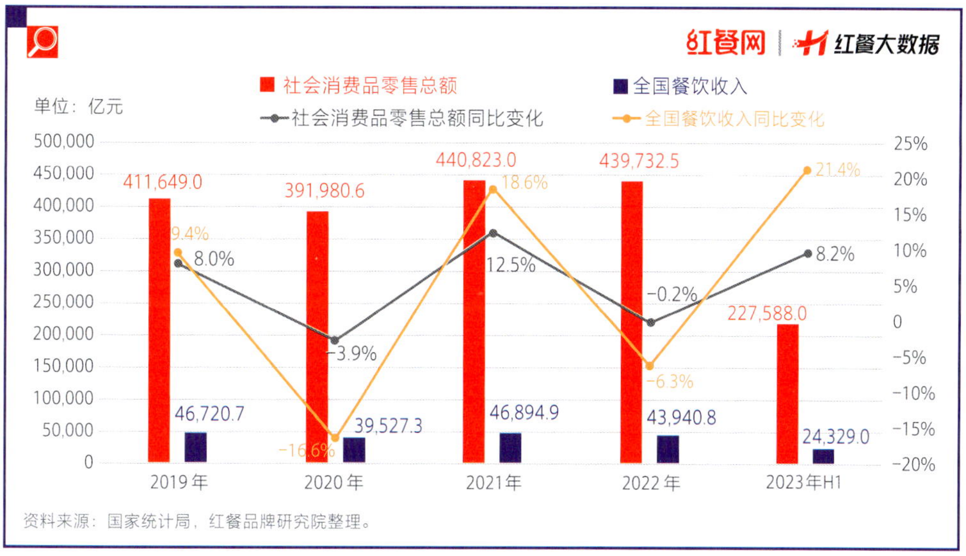

图 1-1　2019 — 2023 年上半年社会消费品零售总额与餐饮收入情况

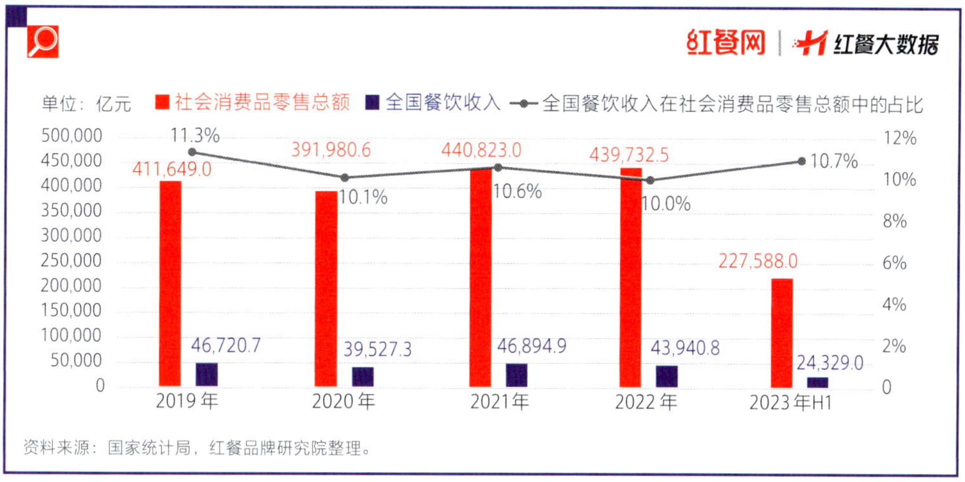

图 1-2　2019 — 2023 年上半年全国餐饮收入情况

从月度来看，2023 年上半年各月的餐饮收入均创下近五年新高。但是，当第一波消费热潮消退，这一势头能否延续，仍有待观察。

表 1-1　2019 — 2023 年全国每月餐饮收入

单位：亿元

时间	2019 年	2020 年	2021 年	2022 年	2023 年
1 — 2 月	7251.0	4194.3	7085.4	7717.8	8429.4
3 月	3393.0	1832.0	3510.5	2935.3	3707.1
4 月	3280.7	2306.6	3376.9	2608.9	3751.5
5 月	3631.3	3013.3	3816.3	3012.3	4070.1
6 月	3723.3	3262.4	3922.8	3765.7	4371.0
7 月	3658.0	3282.5	3751.4	3694.2	—
8 月	3857.1	3619.3	3455.8	3747.6	—
9 月	3770.2	3715.1	3831.3	3767.3	—
10 月	4367.5	4372.3	4460.3	4099.4	—
11 月	4963.7	4979.7	4843.1	4435.3	—
12 月	4824.6	4949.7	4841.1	4157.1	—

资料来源：国家统计局，红餐品牌研究院整理。

红餐网 | 红餐大数据

从餐饮企业数量变化来看，企查查数据显示，一方面，2022 年餐饮企业注册量为 328.3 万家，较 2021 年有所下滑，而 2023 年 1 — 5 月的注册量为 174.0 万家，较 2022 年同期增长超 40 万家。可见，2022 年，创业者对于餐饮业的热情略有下降，但随着 2023 年餐饮市场回暖，创业者对餐饮创业的激情有所回升。

另一方面，2022 年餐饮相关企业的吊销、注销量大幅减少至 53.3 万家，其中有超过 65% 的企业是在 1 — 5 月进行吊销、注销的。而 2023 年 1 — 5 月的餐饮相关企业吊销、注销量为 26.2 万家，与上一年同期相比减少了约 8.8 万家。可见，经历过新冠肺炎疫情等外部因素的考验后，餐饮相关企业的经营韧性有所增强。

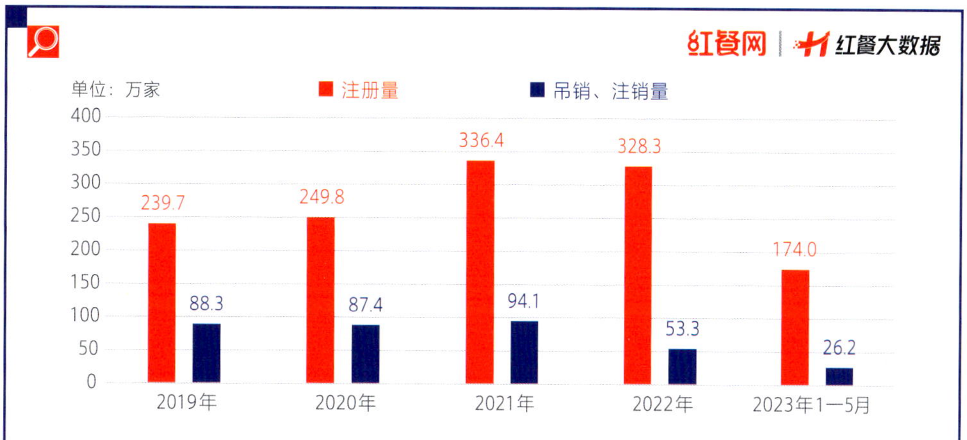

注：统计口径为企业名称、经营范围、品牌产品含关键词“餐饮”的企业。

资料来源：企查查，红餐品牌研究院整理。

图 1-3　2019 — 2023 年 5 月餐饮相关企业注册与吊销、注销情况

在消费者信心方面，从 2022 年 1 月一 2023 年 3 月的各月消费者信心指数来看，虽然当前消费者信心指数、满意指数以及预期指数仍处于低位，但整体有回升势头。

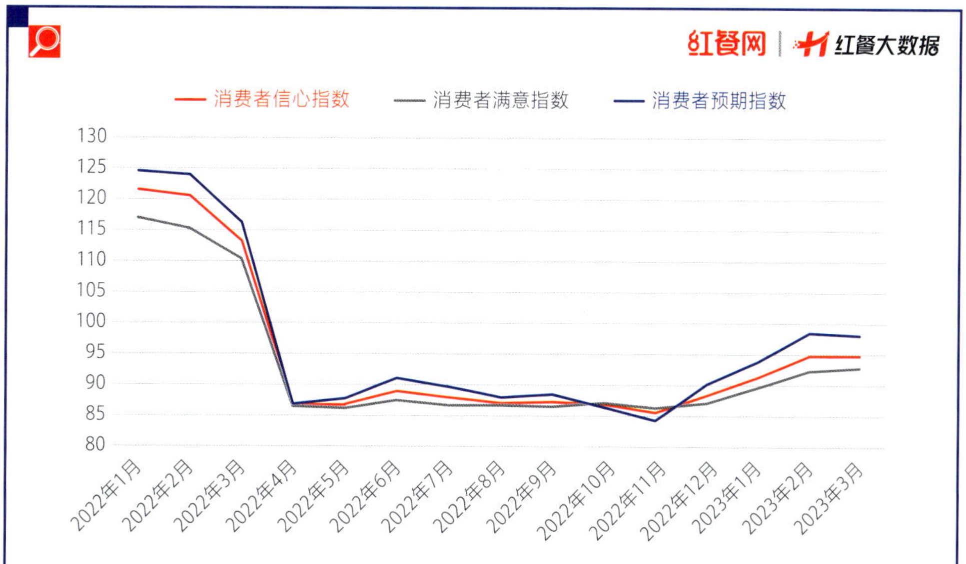

资料来源：国家统计局，红餐品牌研究院整理。

图 1-4　2022 — 2023 年 3 月各月消费者信心指数、满意指数以及预期指数情况

红餐品牌研究院在 2023 年 1 月发起的“2023 年餐饮消费大调查”显示，预计未来一年餐饮消费支出占比保持不变的消费者达到了 48.7%，预计未来一年餐饮消费占比会有小幅增加的消费者占比达到 30.2%，而预计会有大幅增加的消费者占比为 9.0%。可见，大部分消费者在未来一年的餐饮消费中仍保持积极态度，这也为餐饮业复苏释放了积极信号。

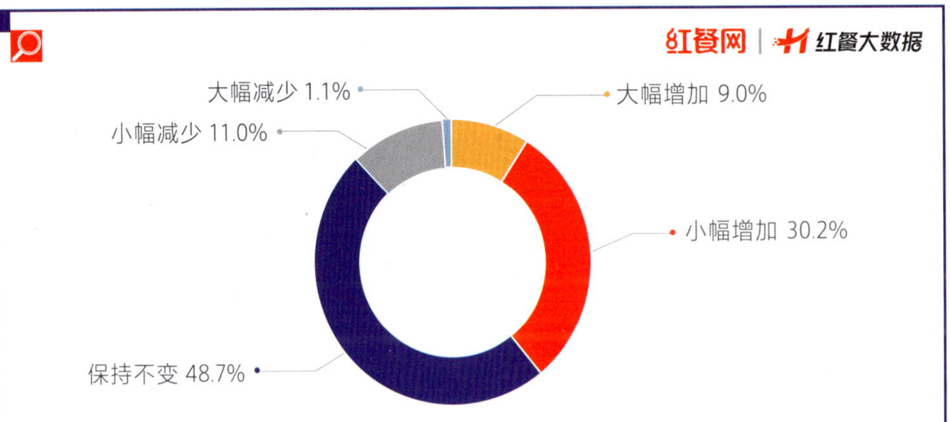

资料来源：红餐品牌研究院“2023 年餐饮消费大调查”。

图 1-5　2023 年消费者在餐饮方面的预期消费支出变化情况

回顾过去的 3 年多时间，我国餐饮业经历了“寒冬”与“乍暖还寒”，我国的餐饮产业站在了发展的分水岭，中国餐饮业迎来了新变化、新格局。

分析餐饮业当下展现的新格局，绕不过 3 年新冠肺炎疫情带来的影响。综观近年餐饮行业发展情况，在新冠肺炎疫情的冲击之下，餐饮行业潜在的痛点也加速显现。

比如在餐企端，不少餐饮企业面临连锁直营门店运营成本高、管理成本高的问题，扩张速度也一度受限。同时，在堂食受限的情况下，线下渠道难以触达消费者，过度依赖堂食的餐饮企业面临较大的经营压力。又如在供应链端，原料、加工、需求信息不对称、交互不畅等问题凸显。

针对种种痛点，不少品牌在商业模式、产品进化、运营策略、组织能力以及资本化能力等方面作出了升级。在这种情况下，餐饮行业进入加速“升级换挡”的新阶段。比如从依赖堂食发展到“双主场”作战，重视线上和外卖，注重数字化建设和私域运营。在资本化方面，新冠肺炎疫情期间不少餐饮企业遭遇现金流问题，据红餐品牌研究院发布的《2022 年疫情背景下餐饮企业调研报告》，有融资意向的餐饮企业占比达到了 54.8%。获得资本助力后，不少餐饮品牌用于夯实供应链或持续扩大门店版图。总体来看，资本的投注在一定程度上提升了餐饮行业的规模化和标准化程度。

表 1-2　新冠肺炎疫情加速餐饮行业“升级换挡”

		暴露出的行业痛点	带给行业的明显改变	带来的结果 / 趋势变化
餐企端	商业模式	品牌连锁直营门店运营成本高，管理成本高，前店规模小，限制供应链效能发挥	发展加盟，探索合伙制，“连”和“锁”的能力双向提升，释放供应链效能	行业规模趋于集中化，连锁化程度提高
		非专业品牌的单店抗风险能力弱，“小而美”容易变“小而没”	寻求有品牌感、有供应链、运营体系相对健全的品牌开加盟店	
		依赖堂食，依赖线下单一渠道点位资源，门店抗风险能力偏弱	进一步重视包含外卖、私域会员运营在内的多维度触达消费者的方式	部分品牌形成三店一体的模式，门店在堂食和外卖基础上，增加零售化产品的售卖
	产品进化	传统正餐堂食受阻，产品形态受限，无法触达消费者，或者触达效率低	探索小份菜外卖，开发预制菜等零售化产品	产品零售化按下快进键，餐饮产品时效性变长、分发范围变大
	运营策略	用户消费决策重度依赖手机，外卖等三方平台佣金高	建微信群、上小程序、做直播，做全域触达，经营私域流量	线上线下全渠道经营
		加盟门店存活率低，管控能力差，没有核心抓手	练“内功”、提品质、做品牌	降本增效，“内功”增强
		租金高、人力成本高、供应链成本高	精细化管理，提高效率	
		选址、菜品研发、定价、营销较依赖经验，较少数据积累参考	餐饮企业数字化能力从可选项变为必选项	数字化能力提升
	组织能力	门店人员文化水平低、系统化程度低、用户留存率低	内部强组织，外部塑形象	组织力提升
	资本化能力	特殊时期遭遇现金流问题，餐饮企业估值低	规范化经营，资本化助力的意识大幅增强	行业资本化程度提高，资本投注推动了餐饮规模化的发展
供应链端	信息流	上下游信息交互不畅，一二三产业联动能力弱，原料、加工、需求信息不对称问题凸显	政府推动下的三产融合（预制菜是现象级案例）、SaaS 系统建设、数字化渗透能力提升	信息化程度提升，供需匹配能力提升
	实物流	新冠肺炎疫情散发对物流网络形成阻断，“一仓发全国”的效率受到抑制	灵活化、区域化发展，并将关键的生产过程集中在主要基地进行	成熟供应链柔性化、区域化，新供应链大单品化

资料来源：红餐产业研究院。

红餐网 | 红餐大数据

整体来看，2023 年上半年的出游热潮、宴席高峰等因素促使我国餐饮市场逐渐复苏，但热潮退去后如何保证企业持续盈利才是长久发展的关键。无论是餐饮下游品牌还是上游企业，都需要持续修炼“内功”、夯实基础，谨慎乐观依旧是 2023 年餐饮发展的主旋律。

二、需求端：健康度、性价比、体验感成关注点

近年来，我国餐饮消费者的消费偏好发生了诸多变化。总体来看，新一代餐饮消费者呈现出了五种偏好：看得见的健康、低成本幸福、味觉刺激、逃离感、餐饮 + 体验。简而言之，即消费者更注重食品成分、性价比和体验。

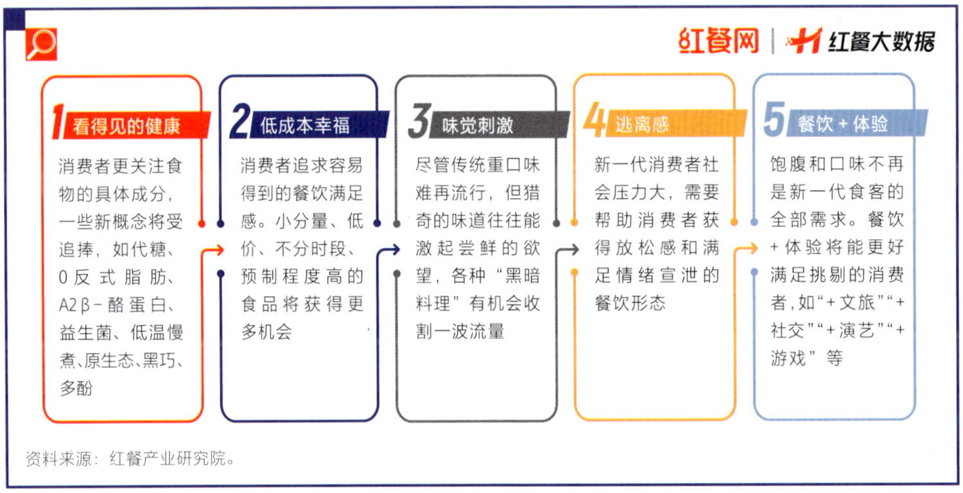

图 1-6　2023 年餐饮消费者偏好情况

第一，消费者更关注食物的具体成分，追求健康的饮食正成为餐饮消费的主流观念。作为当前消费主力的年青一代，对于饮食的需求除了营养健康、均衡、多样化之外，还注重调理肠胃等功能。

因此，为了满足消费者对于健康饮食的强烈需求，餐饮企业或者上游供应链企业变得更注重食材健康以及烹饪方式，包含天然食材、农场 / 基地直供、时令新鲜当季、原味、天然草本、植物基、0 卡糖、0 添加等元素的产品，受到了消费者的喜爱。

第二，消费者追求食物的易获得性与高性价比。当前餐饮、旅游行业恢复较为乐观，而房地产、汽车等大宗商品消费行业却相对低迷，“口红效应”（也称“低价产品偏爱趋势”）得到验证。

在此背景下，消费者在消费时更倾向于精打细算，高性价比产品更能激发消费者的购买欲望。因此，在茶饮、咖饮赛道中，主打高性价比的瑞幸咖啡、蜜雪冰城等品牌获得了消费者的认可，从而实现了快速的发展。

第三，新奇感和互动感拉满的“餐饮 +”体验，更符合年轻消费者的社交和精神需求。随着我国经济实力日益增强，人们的生活水平不断提高，消费者对餐饮服务的重视程度提高，消费体验过程中的情绪变化、人与人之间的情感联结将影响消费者对产品和服务价值的判断。

基于此，具有较好就餐体验和较强社交属性的餐食更容易获得消费者喜爱。比如 2023 年热度较高的淄博烧烤为消费者带来了“自助烧烤”“自助卷烧烤小饼”的乐趣，无形中提高了消费者的就餐体验，从而受到了诸多消费者的青睐。还有此前大热的“围炉煮茶”和当下热门的“围炉冰茶”，同样也具有相似的特性。

除此以外，当下餐饮消费市场还表现出了一些鲜明的特征。是否能把握这些特征并给出合适的应对发展策略，或许是餐饮企业突围的关键。首先，“新意”或已成为品牌实现新一轮增长的抓手。红餐品牌研究院“2023 年餐饮消费大调查”显示，总是喜欢尝试新的餐饮品牌的消费者占比达到了 22.9%，48.0% 的消费者表示比较喜欢尝试新的餐饮品牌，消费时更偏向于选择熟悉和信任的餐饮品牌（不太喜欢尝试新的餐饮品牌和完全不喜欢尝试新的餐饮品牌）的消费者占比为 29.1%。

不难看出，当代消费者在餐饮消费中表现出较强的活力和较好的接受度，诸多消费者积极拥抱创新、乐于尝试，这为新餐饮品牌或者新产品进入市场提供了机会。

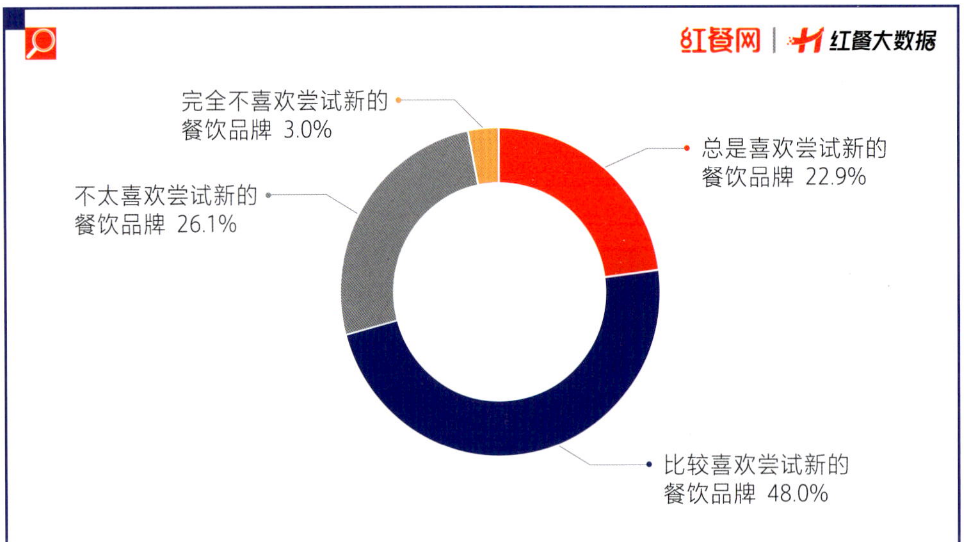

资料来源：红餐品牌研究院“2023 年餐饮消费大调查”。

图 1-7　2023 年消费者对于新的餐饮品牌的态度

三、供给端：细分化、预制化盛行，大单品食材供应链崛起

里斯在《品牌的起源》中指出，分化是商业发展的原动力，一切品类源于分化。餐饮产业的分化近年来在上下游均有显著的表现，产业细分化俨然成了餐饮产业近年来的一大特征。

这主要来源于细分化策略。为了降低消费者的决策成本，提升餐厅的运营效率，不少餐饮品牌都会重点打磨自身的招牌产品，以此作为“爆品”，在实现引流的基础上进一步抢占细分赛道。比如，火锅品牌巴奴毛肚火锅以毛肚作为爆品，率先将西南大学的天然“木瓜蛋白酶嫩化”专项技术运用到毛肚中，在火锅赛道以“产品主义”打响了名头。瑞幸咖啡的生椰拿铁成为现象级产品，为瑞幸咖啡“逆袭之战”作出了一定的贡献，在咖饮赛道引领了一场“生椰”热潮。炊烟的“小炒黄牛肉”以及费大厨的“辣椒炒肉”均成为各自品牌的主打菜品，并带动了湘式小炒爆品菜品的风潮。

此时的细分化跟前些年的聚焦于单品餐饮的思路并不相同。前些年的单品餐饮的经营思路为门店围绕一道单品研发出不同的口味，属于单点击破的策略。而如今的细分化是指聚焦于爆品但不囿于爆品，而是会搭配其他的产品组成一个多元化的产品结构。

而在产业上游，细分化策略亦被广泛应用。细分化主要体现在赛道细分化，一些大单品供应链快速崛起。比如，在火锅供应链领域，聚焦于虾滑的逮虾记、主打高汤调味料的仟味高汤等，均为近年来快速崛起的大单品供应链。在饮品界，供应厚乳的塞尚乳业、供应椰乳的菲诺、供应燕麦奶的噢麦力等近 3 年业绩均快速增长。比如，作为椰基植物蛋白饮料的头部企业，菲诺凭借着独特的定位及早期积累的优势，在椰奶赛道发展迅速，2022 年业绩实现翻倍增长，其中明星产品厚椰乳的年销售额更是突破了 10 亿元。其目前是多个咖饮、茶饮知名品牌的供应商。

在预制菜赛道中，专注于 B 端鲜食供应的企业叮叮鲜食旗下的 C 端预制菜品牌叮叮懒人菜，其不追求 SKU（Stock Keeping Unit, 库存量单位）的齐全，而是把 SKU 控制在 10 个以内，以酸菜鱼作为大单品，并对该款产品进行打磨，取得了较好的销售业绩。相关数据显示，2022 年叮叮懒人菜的全年销售额达到了 8 亿元。显然，细分化战略可以让企业的定位更加清晰、经营策略更加聚焦、运营效率更加高效。

除了细分化之外，近年餐饮产业中的“预制化”特征也较为明显。一方面，随着预制菜领域的逐步发展以及冷链物流体系的不断完善，预制菜在下游餐饮企业中的渗透程度逐渐提升，诸多餐企的预制菜使用率不断提高。另一方面，越来越多的上游供应链企业投身于深加工预制菜产品的研发和生产，预制菜赛道迅速扩容。比如，国联水产此前曾专注于水产养殖、初加工等业务，近年则逐步将业务延伸至深加工预制菜赛道，并推出 C 端预制菜品牌“小霸龙”。除此以外，恒兴水产、正大食品等上游企业也在布局预制菜赛道。

总体而言，从消费端到餐饮行业，再到上游餐饮产业，近年都在不断变化。餐饮产业链条上不同位点的参与者相互影响、相互促进。未来，随着餐饮产业链条的进一步完善，餐饮产业的发展有望达到新高度。

CHINA CATERING

02

第二节

供应链：

上下游协同日趋紧密，上游供应链存机遇

随着餐饮行业规模化、连锁化程度提升，稳定而高效的供应链对餐饮企业的重要性愈发凸显。餐饮企业要想更好地在行业立足，谋求餐饮行业上下游协同深化发展已成为大势所趋。

一、餐饮上下游协同发展，助推产业链深度融合

此前，餐饮行业普遍存在上下游信息交互不畅，一二三产业联动能力弱，原料、加工、需求信息不对称等问题。伴随着三产加速融合、数字化建设进一步推进，餐饮上下游协同变得愈发紧密。

一方面，餐饮企业深入上游食材端，不断夯实供应链体系的建设。餐饮供应链的搭建以及专业化的全产业链布局，正成为餐饮企业提升品牌实力、筑高护城河的重点探索方向。

在此过程中，餐饮企业在上游供应链环节的参与度越来越高。从最初的跟供应商合作，使用供应商标准化的产品，到后来与供应商进行研发合作，定制原料配方、产品拼配方案等，再到如今深入供应源头，自建供应链，进行食材原料的种养殖、设备研发等，餐饮企业对供应链体系的打造由浅入深，逐步推进。

如古茗茶饮选择与上游工厂进行共创式研发，在 2022 年与工厂联合研发速煮珍珠等茶饮原料，至今已经申请了 6 项专利。

蜜雪冰城则成立了大咖国际食品有限公司，实现原料自产，同时在成都、佛山等城市设立了仓储配送中心，保证全国加盟门店的产品原料供应，降低物流成本。目前，大咖国际的产业园、生产车间，容纳了咖啡、果酱、糖浆、奶源、包装等数十条生产线，其年产值已超过 300 万吨。

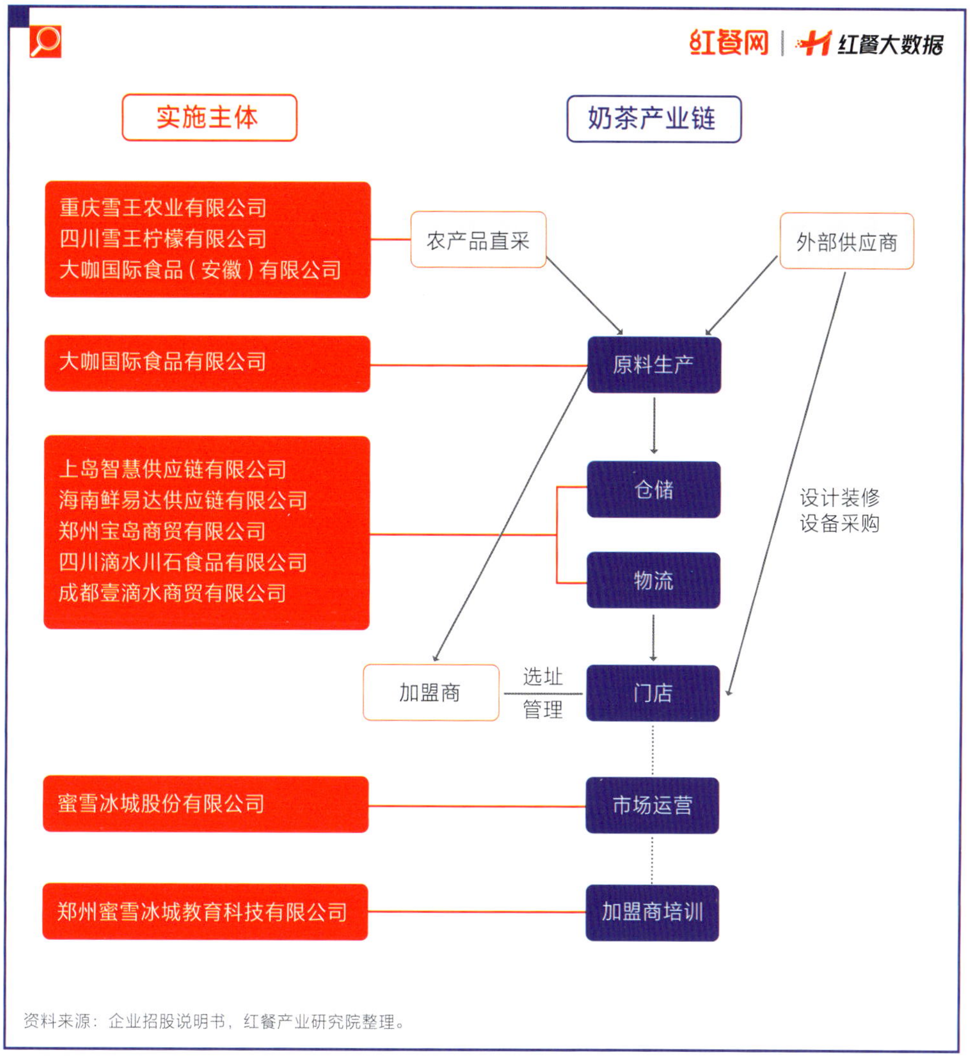

图 1-8　蜜雪冰城供应链图谱

火锅品牌大龙燚火锅同样选择了自建供应链来加强品牌的竞争力。依托远方云天和辣海智慧工厂，大龙燚火锅形成了从中央厨房到产品供应端的完整供应链，承接了包括大龙燚火锅、如在蜀毛肚老火锅、吼堂老火锅等众多餐饮品牌的底料需求。

在过去的很长一段时间里，牛蛙养殖都存在小、散、乱等情形，牛蛙食材标准参差不齐。为了解决牛蛙的供应难题，早在 2016 年，牛蛙的头部品牌蛙来哒就在上游养殖端，在有关水产专家的指导下，率先建立起了牛蛙生态养殖基地，并搭建起“三级牛蛙检测”机制。2022 年，蛙来哒启动了牛蛙科学养殖基地建设，通过联合当地政府、养殖户，在养殖专家的指导下，推动“稻蛙”养殖，推动解决养殖端水源保护、绿色生态等产业难题。目前，蛙来哒已经建立了完善的供应链体系，在全国建立了多个配送仓，比如长沙配送仓、深圳配送仓等。在完善的后端供应链的助力之下，蛙来哒实现了稳步发展，同时引领了牛蛙产业上游生态化，以及下游牛蛙美食品类标准化、规范化的品类升级。

另一方面，除了合作共创和自建供应链，还有一些餐饮品牌通过入股供应链企业的方式布局上游供应链。如奈雪的茶和沪上阿姨通过出资收购田野股份的部分股份，书亦烧仙草投资植脂末和植物奶粉生产商方德食品等。

同时，在餐饮企业积极建设或布局上游供应链的时候，上游供应链企业亦加强了与餐饮企业的联动。不少供应链企业通过深挖餐饮企业以及市场的需求推出相关产品，或者布局下游业务开拓市场。

在调味料领域，很多复合调味料企业很早就布局了定制化市场，以满足餐饮企业多样化的需求。例如圣恩股份，2010 年就已开始瞄准定制化复合调味料，深度挖掘客户需求，围绕研发、品控、生产、信息化四个方面搭建柔性定制体系。

近两年，很多上游食材企业亦涉足预制菜业务，研发、生产相关的预制菜产品，整体业务从 B 端向 C 端延伸。如国联水产与上游水产饲料企业粤海饲料达成战略合作，将上游产业的海洋渔业养殖、对虾工厂化养殖等业务及资产剥离给粤海饲料；而国联水产则聚焦食品加工领域，加码预制菜业务的发展，推出了“龙霸”“小霸龙”等预制菜品牌。

在冷链物流领域，企业通过与下游餐饮企业紧密合作，实现互利共赢。其中，新夏晖跟麦当劳就是互相成就的典型例子。新夏晖除了为麦当劳提供物流服务外，还为其提供了包括采购、质检、信息处理以及部分生产等额外服务。而麦当劳则为新夏晖提供全球范围内的业务平台。麦当劳与新夏晖之间相互依存、共同发展，通过两者的深度合作，进一步提升了两家企业在全球市场的竞争力和地位，实现了双赢的效果。

未来，随着餐饮行业连锁化、规模化程度的进一步提高，产业上下游之间的联系将变得越加紧密，餐饮企业更需要加强与餐饮上游、中游企业的协同。

二、大单品策略盛行，上游供应链存机遇

近年来，大单品策略在餐饮业颇为流行。当餐饮门店规模发展到一定阶段，向上游供应链要效率、做壁垒，已经成为连锁品牌的普遍共识。特别是随着越来越多的万店品牌在餐饮行业中诞生，稳定的、有保障的供应链体系对于连锁餐企显得尤为重要。而“大单品 + 辅助产品”的产品策略则便于构建一个相对稳定的供应链体系，有利于提高上游供应端的效能，便于沉淀忠诚客户并强化品牌心智。

而这种策略也成就了上游供应链企业，如在火锅供应链领域，聚焦于虾滑的逮虾记、主打高汤调味料的仟味高汤等；在茶饮界，供应厚乳的塞尚乳业、供应椰乳的菲诺等。它们通过研发生产相关的大单品和爆品，不但实现了业绩的提升，还趁势拓展了 C 端市场。比如生椰拿铁在 2021 年 4 月被瑞幸咖啡推出之后，迅速成为爆品，如今销量已经突破了 3 亿杯，为瑞幸咖啡的“逆袭之战”贡献了一臂之力。而瑞幸背后的供应链企业——菲诺则成为生椰拿铁背后的隐形赢家，逐步提升了知名度，产品销量也在不断上涨。除了不断深挖 B 端市场以外，菲诺亦拓展了 C 端消费市场，推出了菲诺厚椰乳饮品。

在预制菜领域，酸菜鱼、小龙虾、小酥肉、梅菜扣肉、红烧肉、鱼香肉丝这些大单品从 B 端火到了 C 端。很

多预制菜企业，单靠一款产品就获得了上亿元甚至数十亿元的营收。如千味央厨的油条以及新希望旗下的美好小酥肉等单品类产品，均为各自企业带来了较理想的营业收入。

除了预制菜企业善于运用爆品策略以外，很多的复合调味料企业也以大单品 / 爆品为切入点，以各种鱼、兔、鸡以及近年热门的小龙虾为调味原材，辅以各种口味，丰富了复合调味料的味型。例如，颐海国际推出了酸菜鱼、小龙虾、宫保鸡丁等口味的调味料，千禾味业推出了回锅肉、麻婆豆腐等口味的调味料……这类聚焦于单品类的复合调味料，不仅为餐企的标准化运营提供了助力，亦在 C 端消费市场引起了较多关注。可见，复合调味料企业在赋能餐饮企业的同时，也迎来了属于自己的发展机遇。

依靠大单品找到新增长曲线的上游供应企业还有主打鳕鱼制品和关东煮的鼎味泰，给汉堡王、麦当劳做牛肉饼的牛肉供应商宾西牛业，靠酸辣粉出圈、给麻六记等提供代工服务的阿宽食品等。

显然，通过餐饮大单品、爆品策略，餐饮企业达到了提升供应链效能、快速拓展市场的目的。而上游供应链企业也因餐饮行业规模集中化进程的加快得以快速发展，同时在不断精进自己研发和生产能力的过程中进一步赋能餐饮企业。随着下游餐饮连锁门店增多，上游餐饮企业规模也得以提升，在这种赋能反哺的过程中，餐饮上下游互相渗透的趋势越发明显。

三、资本向餐饮上游延伸，入股、并购恰逢其时

2022 年以来，资本在餐饮的投资风向发生了一些变化，餐饮业“融资热”出现降温，投资机构的关注点逐渐从餐饮企业延伸到餐饮产业上游企业，诸多上游企业纷纷开启了“上市”征程。

据红餐大数据，下游餐饮品牌获得的融资总额占比从 2021 年的 64.8% 减少至 2023 年上半年的 32.3%。而 2022 年上游食材供应商获得的融资总额占比相较 2021 年同期增长了 11.9 个百分点，达到了 23.2%。其中，预制菜是较受资本青睐的赛道之一。据红餐大数据，2022 — 2023 年上半年预制菜领域的融资数为 34 起，在获得融资的预制菜企业中，既有聚焦于 B 端的供应链企业，也有瞄准 C 端消费者的企业。

同时，得益于餐饮连锁化、规模化的发展，一些上游企业先后向 IPO 发起冲击。从 2022 年至 2023 年上半年的一年半时间，餐饮中游、上游上市或预备上市的企业较多，分别来自预制菜、复合调味料、生鲜食材、茶饮原料供应等领域。其中，为元气森林提供赤藓糖醇的三元生物，于 2022 年 2 月在深圳证券交易所（简称深交所）上市；为肯德基、麦当劳提供新奥尔良腌料等调味料的宝立食品于 2022 年 7 月在上海证券交易所（简称上交所）上市；为奈雪的茶、茶百道等提供果汁的田野股份于 2023 年 2 月在北交所敲钟上市；为蜜雪冰城、盒马、瑞幸咖啡等提供口感颗粒类、果酱类等产品的鲜活饮品，提供虾滑这类冷冻食品的鲜美来则均已提交了招股说明书。

此外，餐饮行业还出现了“创而优则投”的趋势。在餐饮上下游，不少企业以投资入股或并购的方式整合赛道，增强自身的竞争力。

2022 年 5 月，柠檬茶品牌“柠季手打柠檬茶”全资控股投资了咖啡品牌 RUU COFFEE；2022 年 12 月，奈雪的茶宣布以 5.25 亿元收购乐乐茶 43.64% 股权，成为乐乐茶第一大股东。2023 年 5 月，SaaS 运营商微盟战略投资餐饮行业数字化服务商奥琦玮，两者合力后将纵深覆盖餐饮行业全场景、多业态的 SaaS 服务版图，共同开拓餐饮数字化市场。

对于整个餐饮业来说，并购有助于行业集中度的提高，是促进产业升级的有效途径。企业选择入股或者并购的方式也可以达到整合资源、补齐短板的目的，但值得注意的是，餐饮并购的本质不是简单短期套利，而是战略协同。

四、餐饮数智化时代来临，加速产业转型升级

数字化增长已经成为餐饮企业和其他品牌竞争的重要壁垒。在消费端，新冠肺炎疫情的影响已经使消费观念、习惯、行为等发生了变化，越来越多的消费者逐渐习惯了线上、线下多场景融合的产品与服务。在产业端，勇于探索的先行餐饮企业正在构建以消费者为中心的全新的触达、交互、服务和履约模式，引导上中游企业的合作伙伴共同梳理新的生意模式，提升效率和用户体验。

显然，数智化提速已经成为转变企业经营方法和运营手段、持续提升抗风险能力和核心竞争力的有效方式。谁先打通整个数智化的链路，持续降本增效，谁将掌握市场更大的话语权。

具体来看，数智化主要体现在两个方面。一方面，新形势下餐饮行业正在加速与数字科技的融合，诸多餐饮企业以数字技术赋能业务，推动企业及行业升级发展。如瑞幸咖啡通过大量的数字化算法，对用户数据进行分析，根据分析结果对用户进行精细化管理，以便为用户提供个性化的服务与产品。奈雪的茶通过组建专门的技术团队，自行研发出集成信息平台 Teacore，通过这个平台实现了不同管理板块信息的互通，简化了业务流程、改善了运营效率；同时 Teacore 集成的大数据帮助奈雪的茶更好地洞察消费习惯，从而优化及开发产品，还能有针对性地制订销售及营销计划。

加强数字化体系建设的趋势在餐饮上游企业的表现亦较明显。如白羽鸡企业龙头圣农发展就通过数字化平台以及DTC（Direct to Consumer，直接触达消费者）模式，以打造爆品为基本战略，利用全渠道数字营销平台，充分挖掘消费者特性，较好地触达到了消费者，实现了C端市场的快速发展。相关数据显示，圣农发展的C端业务业绩从2020年起增长显著。

另一方面，数智化还体现为对智能化的探索。出于降本增效的目的，越来越多的企业开始使用智能化设备来提升运营效率。目前，不少餐饮企业已经将智能餐饮设备引入门店，如霸碗盖码饭、小女当家等。在此背景之下，我国智能餐饮设备的市场规模不断上涨。红餐大数据显示，2018—2022年，我国智能餐饮设备的复合增长率约为28%，而同期餐饮设备总体的复合增长率约为6%。

具体来看，在餐企端的前厅，送餐机器人、自助咖啡机成为餐厅的熟悉面孔；在后厨，自动上菜机器臂、智能配菜机、智能烹饪设备等也充当起重要角色。以智能烹饪设备为例，已经出现能够实现全自动投调料、全自动投菜品、全自动洗锅的高度自动化的炒菜机器人。

在供应链端，一些食材加工企业也通过智能化设备来提升生产加工效率。如目前一些水产预制菜企业引进的智能剥虾机，采用人工智能识别系统，通过大数据汇算，将虾的角度和位置发送给机器人，并智能调配多台机器人联动，快速将小龙虾的虾头和虾身分离，可替代剥虾工人，在一定程度上降低了企业的人工成本。

同时，冷链物流行业也在逐步向智能化推进，各类冷链物流企业都尝试用数字化平台模式去链接整合车辆资源、货品资源，以便结成更大范围的网络协同，促成更大规模的交易，并从中创造增量价值。比如波士顿动力的仓库机器人，正在朝着设备的自动化和操作的自动化方向不断演化，以便代替人工在仓库中的作业。

近年来，餐饮一二三产业的联动及深度融合在加速，餐饮各链条的企业通过不断摸索、创新，寻找到适合自身发展的道路，实现了稳步发展。随着餐饮行业连锁化、规模化程度进一步提升，餐饮上下游企业将会迎来新一轮发展机遇。但是，机遇往往伴随着挑战与风险，餐饮产业的竞争亦将变得更加激烈，强者才能较好地生存。

03

第三节

餐企：
提挡换速，步入发展新阶段

近年来，在种种因素影响下，餐饮行业加快了转型升级，出现了规模集中化、产品零售化、运营线上化、加盟白热化等重要转变。可见，餐饮行业正在提挡换速，加速步入发展窗口期。

一、规模集中化：小前店大后台之下的万店“狂想曲”

近年来，我国餐饮行业的规模化进程加快。美团数据显示，餐饮行业的连锁化程度逐年走高，从 2020 年的 15% 上升至 2021 年的 18%，2022 年达到了 19%。这意味着我国餐饮行业的连锁品牌越来越多。

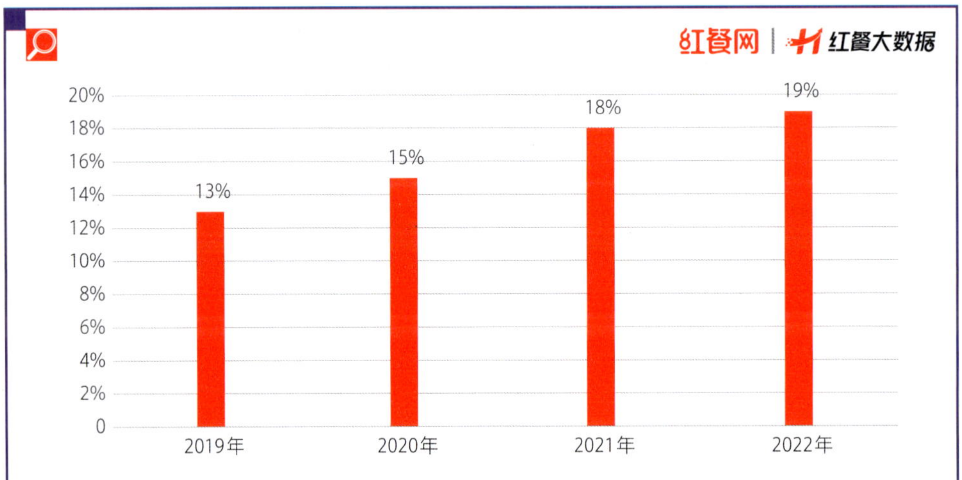

资料来源：美团，红餐品牌研究院整理。

图 1-9　2019 — 2022 年我国餐饮连锁化率

具体到品牌分布，截至2023年6月，我国餐饮行业的万店连锁品牌共有5家，分别是蜜雪冰城、华莱士、绝味鸭脖、正新鸡排、瑞幸咖啡。肯德基的门店总数居于第6位，红餐大数据显示，截至2023年6月，其门店数总为9,600余家，距离万店指日可待。

表 1-3 2023 年全国部分餐饮连锁品牌概况

品牌名称	门店数（家）	所属品类
蜜雪冰城	23,000+	茶饮
华莱士	20,000+	西式快餐
绝味鸭脖	15,000+	卤味熟食
正新鸡排	12,000+	鸡排炸鸡
瑞幸咖啡	10,000+	咖饮
肯德基	9,600+	西式快餐
古茗茶饮	7,800+	茶饮
星巴克中国	7,200+	咖饮
茶百道	6,700+	茶饮
书亦烧仙草	6,700+	茶饮
紫燕百味鸡	6,400+	卤味熟食
沪上阿姨	6,200+	茶饮
麦当劳	5,900+	西式快餐
张亮麻辣烫	5,600+	麻辣烫
杨国福麻辣烫	5,500+	麻辣烫

资料来源：红餐大数据，数据统计时间截至 2023 年 6 月。 红餐网 | 红餐大数据

门店数在 5,000 ~ 8,000 家的餐饮品牌则有古茗茶饮、星巴克中国、茶百道、书亦烧仙草、紫燕百味鸡、沪上阿姨、麦当劳、张亮麻辣烫、杨国福麻辣烫等品牌，进击万店连锁的第二梯队品牌来势汹汹。另外，门店数在 1,000 ~ 5,000 家的餐饮连锁品牌近 80 个，主要分布在小吃快餐、咖饮茶饮赛道。

从分析门店数达 1,000 家门店以上的餐饮品牌可以看出，这些大连锁主要来自“小吃小喝”赛道，以中小型门店为主，构建了连得起、锁得住的运营体系，培育了强大的供应链，是“小前店大后台”的发展模型，如蜜雪冰城、绝味鸭脖等。

总体来看，近年来，我国餐饮行业规模集中化进程加快主要有三个方面的动因。

一是数字化软实力和供应链硬实力的双向加持。餐饮行业是一个前端连接消费者，中间涉及内控管理，后端需要供应链支撑的行业。在建设数字化运营体系之前，餐饮品牌的很多管理环节较难量化，整个产业链条无法全部实现可视化。因此大部分餐饮品牌的营运效率较低，结果反馈相对滞后，导致规模化复制能力相对弱。有了数字化体系的助力，餐饮品牌得以打通前端的流量获取、中端的内控管理、后端的供应体系三端，大幅拓宽管理范围，提升了连锁复制能力。

在硬实力方面，初代加盟连锁品牌良莠不齐——不少品牌只有“卖招牌”的能力，没有“卖后台”的能力，供应链建设薄弱，只能做到“面子”上的“连”，做不到“里子”内的“锁”。产品不标准、品质不稳定、体验不统一，导致加盟店的存活率低。在这种情况下，一些初代加盟连锁品牌被诟病为“割韭菜”。

而新一代的加盟连锁品牌则高度重视供应链建设。例如，已有 2.3 万余家门店的蜜雪冰城的主要收益并非来自加盟店的加盟费，而是来源于原料和设备的收益。蜜雪冰城通过自建工厂、自建供应链、自产核心原材料、成立“上岛智慧”“送冰冰”等供应链公司的方式，成为加盟店的供应链上游，将加盟店作为公司的销售链终端。

二是餐饮加盟市场一片火热，品牌扩店速度加快。在餐饮品牌方面，在新冠肺炎疫情等外部因素的冲击下，餐饮品牌连锁直营门店运营成本较高、管理成本较高、资金压力较大，前店规模瓶颈限制供应链效能发挥等发展痛点逐渐显现。因此，协作面相对大、资金成本压力相对小、发展速度相对快的加盟模式受到青睐。不少过往坚持直营发展的餐饮品牌，如老乡鸡、喜茶、木屋烧烤、乐乐茶等陆续开放加盟。

三是资本化的助力。餐饮曾经被视为现金流相对充足的行业，但是近年来，受到新冠肺炎疫情等外部因素的影响，一些餐饮企业的经营遭受冲击。这时候，餐饮企业纷纷开始重视现金流的价值，西贝、老乡鸡等曾经坚持“不上市”的企业纷纷表示要“拥抱”资本。与此同时，随着市场上的优质投资标的减少，资本亦把目光重新投向刚需、高频的餐饮赛道。据红餐大数据，2020 — 2022 年，餐饮业发生融资事件 770 余起，披露金额超 1,500 亿元，其中以小吃快餐、饮品等适合连锁经营的项目居多。资本的投注在一定程度上推动了餐饮连锁化率的提升。

二、产品零售化：零售产品成品牌增长新曲线

新冠肺炎疫情期间，堂食消费减少，居家消费场景明显增加。餐饮品牌纷纷打破固有的线下产品的时空边界，在发力外卖之余，还推出了半成品、成品等零售化产品，探索新的经营空间。零售化成为餐饮品牌继堂食、外卖后的“第三增长曲线”。

表 1-4 全国部分已推出零售化产品的餐饮品牌（不完全统计）

品类	品牌名称	零售化产品
火锅	海底捞	火锅底料、自热火锅、调味品等
	呷哺呷哺	火锅底料、调味品等
	小龙坎火锅	火锅底料、自热火锅、速食米粉等
西式快餐	肯德基	炒饭、鸡汤、意面等预制产品
中式正餐	广州酒家	月饼、速冻食品、盆菜、粽子等
	松鹤楼	冷冻菜品、苏式点心、速食面条等
	全聚德	毛血旺、小酥肉、酸汤肥牛等预制菜品
	同庆楼	速冻面点以及酸菜系列、红烧系列等预制菜品
	西贝莜面村	速冻面点、小吃等
小吃快餐	杨国福麻辣烫	火锅底料、自热小火锅等
	霸蛮湖南米粉	速食米粉、小吃、酱料
	五谷渔粉	速食米粉
	蔡林记	速食米粉、卤味、酱料
	和府捞面	速食米粉、小吃
咖饮	瑞幸咖啡	挂耳咖啡、椰汁、冷萃咖啡等
	Manner Coffee	挂耳咖啡、咖啡豆、咖啡粉
	星巴克中国	月饼、粽子等
	幸运咖	挂耳咖啡、咖啡豆、冻干咖啡等
	NOWWA 挪瓦咖啡	咖啡浓缩液、挂耳咖啡等
茶饮	奈雪的茶	茶包、瓶装饮料等
	喜茶	茶包、瓶装饮料等
	蜜雪冰城	茶包、瓶装饮料等
	茶颜悦色	茶包、罐装茶叶、小吃等

资料来源：公开资料，红餐品牌研究院整理。

红餐网 | 红餐大数据

例如海底捞，其零售化产品收入自2017年的3,000万元增加至2022年的6.62亿元。百胜中国财报亦显示，2021年，百胜中国新零售产品（含电商渠道和门店渠道）销售额约5亿元；2022年该销售额直线上涨，达到了近9亿元，同比增长超过了50%。可见零售化产品已经成为一些餐饮品牌的新增长曲线。

餐饮产品的零售化，是集成餐饮、零售两个品类的优势，延伸好味道的服务半径。

一方面，和纯零售化产品不同，餐饮零售化产品自带品牌信任和偏好，可以复用餐饮品牌在长期的线下经营中积累而来的信任和偏好，降低推广成本。在零售渠道热销的预制菜、自热火锅、速食米粉米线、酱料等产品，莫不如此。

另一方面，零售本质是增加品牌和用户的接触频度，拓宽品牌服务用户的场景。对无法移动的线下门店来讲，餐饮零售化产品是一张可以吃的、会跑的DM（Direct Mail Advertising）单。其零售的本质可以突破线下门店服务半径，收获零售渠道带来的增量，反哺门店生意。此外，零售化产品还能比门店先行一步，替品牌“蓄水”，扩充用户群体，建立用户对于品牌的认知心智。比如霸蛮湖南米粉，其布局全国的零售电商业务销售数据，是线下门店扩张的重要参考。霸蛮湖南米粉的门店主要分布于京津冀地区，尚未在杭州、苏州、南京等地开出门店。但从零售电商业务的销售数据来看，霸蛮湖南米粉在这些地区已经会聚了一批数量可观的线上用户。根据此数据，霸蛮湖南米粉便可判断这些地区是否具备开店土壤。

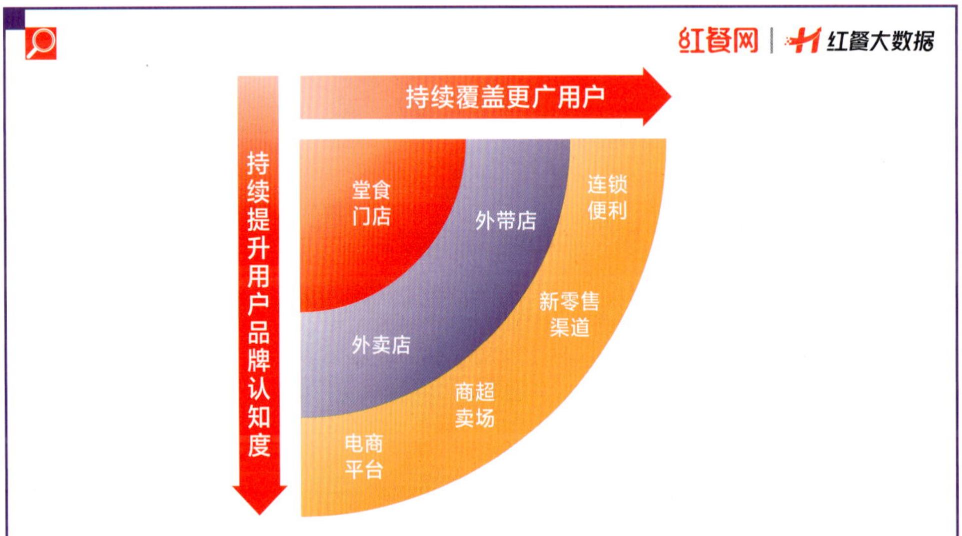

资料来源：公开信息，红餐品牌研究院整理。

图 1-10　餐饮品牌触达消费者的渠道

此外，餐饮产品零售化的发展离不开行业配套技术与设施的完善。冷链物流体系及保鲜技术保证了食品的新鲜和安全，中央厨房的普及也帮助企业逐步实现标准化生产。《2022餐饮零售化行业观察报告》显示，目前国内已有超过74%的连锁餐饮企业自建了中央厨房。不难看出，叠加宏观政策的支持与资本助力，以及保鲜技术、物流体系等的不断完善，餐饮零售化有望步入发展的窗口期。

三、运营线上化：餐饮产业加速“双主场”进程

近年来，随着餐饮行业过度依赖堂食、依赖线下好点位的弊端逐步显现，做外卖、注重线上运营已经成为行业共识。运营数字化程度走入深水区，餐饮产业“双主场”进程加速。

“双主场”是指线上渠道已经从原来的“客场”升级为“主场”，每一个餐饮从业者都有线下和线上两个主场。

首先，“双主场”进程加速来自用户的结构性改变。

其一，用户高度线上化要求餐饮从业者需要加强对线上主场的重视。第51次《中国互联网络发展状况统计报告》显示，截至2022年12月，我国网民规模达10.67亿人，较2021年12月增长了3,549万人；互联网普及率达75.6%，较2021年12月提升了2.6个百分点；网民使用手机上网的比例达99.6%。

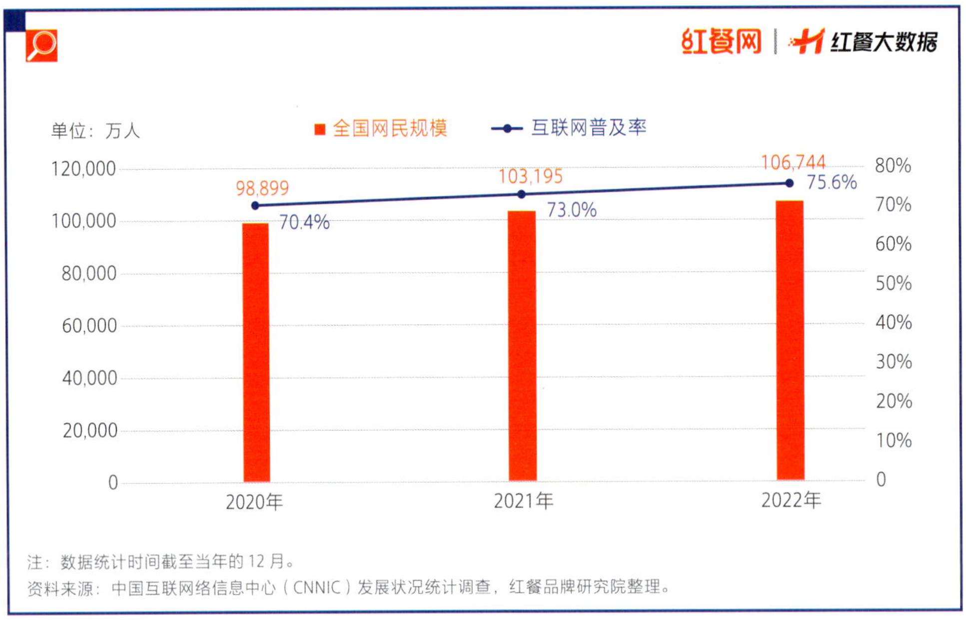

图 1-11　2020 — 2022 年全国网民规模和互联网普及率

其二，我国人口在未来一段时间内将达到峰值。2022 年末我国人口出现了近 61 年来的首次负增长，比 2021 年末减少了 85 万人。这意味着经济发展从增量期进入存量期，从“生产者中心”时代全面进入“用户中心”时代，增长模式由对“量”的追求调频到对“质”的挖潜，以人为中心的服务业成为第一大产业。

其次，“双主场”进程加速来自餐饮经营的时空重构。餐饮本质上做的是空间 + 时间的生意，但是近年来餐饮经营的时空重构却在加速。在空间上，堂食消费场景被外卖、在家做饭、半成品、零售化等场景切割；在时间上，餐饮消费时段从午餐和晚餐为主向早餐、下午茶、夜宵等多时段蔓延。

餐饮消费场景的去中心化和消费时段的全天候化，加大了餐饮经营的难度，也加速了餐饮的聚合式管理、数字化进程。越来越多的餐饮品牌意识到了线上运营的重要性。

此外，餐饮线上运营的渠道也在不断丰富，为商家提供了更多有效运营抓手。在外卖领域，除了美团和饿了么这两大巨头之外，抖音亦于 2023 年上线了外卖业务。抖音拥有 6 亿的日活用户，主打兴趣激发的“货找人”模式。对于餐饮品牌而言，其有机会从巨大的流量池子中获得自己的客户，打造并盘活私域流量，提升外卖业务的销售额。

在餐饮团购领域，继大众点评、抖音、快手等平台之后，地图导航平台高德、内容种草渠道小红书也陆续上线了餐饮团购业务。基于不同的平台，餐饮商家可以从各种渠道拉新获客，不断增强品牌影响力。

总体而言，餐饮行业既有的格局正在发生移山填海式的巨变。新的增长逻辑正随着消费习惯的迁移露出冰山一角。线上线下“双主场”布局成为多数餐饮企业的共识。

四、加盟白热化：告别野蛮生长，走向理性成长

近年来，“加盟”成了餐饮业的热议话题。一系列餐饮加盟品牌加速狂奔，不断提升市场占有率。红餐大数据显示，在较为火热的茶饮、咖饮、西式快餐、麻辣烫、卤味赛道中，门店数最多的前5品牌均属于加盟品牌。

2022—2023年6月，更有不少主打直营模式的餐饮连锁品牌相继开放加盟，加速规模化发展，比如茶饮赛道的喜茶、乐乐茶，中式快餐品牌老乡鸡，咖饮赛道的COSTA COFFEE、Tims咖啡等。2023年7月，茶饮品牌奈雪的茶也宣布开启事业合伙业务，正式进入“直营+加盟”双轮驱动新阶段。

表 1-5　2022 — 2023 年上半年开放加盟的餐饮品牌（不完全统计）

品类	品牌名称	门店数量（家）
咖饮	瑞幸咖啡	10,000+
	库迪咖啡	1,600+
	Tims 咖啡	690+
	COSTA COFFEE	450+
茶饮	喜茶	1,600+
	桂桂茶	420+
	乐乐茶	170+
	眷之茶	110+
西式快餐	比萨玛尚诺	50+
饺子馄饨	喜家德虾仁水饺	760+
中式米饭快餐	老乡鸡	1,100+
粉面	大弗兰	30+
	张拉拉手撕牛肉面	50+
烧烤	木屋烧烤	210+
面包烘焙	巴黎贝甜	290+
	多乐之日	170+
	宝珠奶酪	60+
酒馆	Helens 海伦司	710+

资料来源：红餐大数据，数据统计时间截至 2023 年 6 月。

红餐网 | 红餐大数据

加盟市场一片火热，主要有两个方面的原因。

其一，连锁餐饮品牌和草根创业者在“双向奔赴”。对于品牌方而言，采用加盟模式扩张，有着压缩开店成本的优势。相关数据显示，在价格、品质相同的情况下，相较于直营模式，代表小微经济的加盟模式，政策扶持、用工成本等方面的成本可以压缩两至三成。对于“效率为王”的小吃快餐品类，这种成本压缩意味着绝对性的竞争优势。

而对于一些草根创业者来说，他们的资金实力大多不算雄厚，抗风险能力相对薄弱，自创品牌开单店的风险系数较高。自创开出的单店很容易由市场繁荣期的“小而美”变成市场低迷期的“小而没”。于是，大量草根创业者为降低创业失败概率，不采用自创品牌的方式开门店，而是去寻求加入品牌力、供应链、运营体系相对健全的品牌开出加盟店，以快速走上创业轨道。在这样的情况下，大量草根创业者选择“拥抱”连锁加盟，进一步推动了中小规模连锁企业的发展。

其二，餐饮加盟市场正从野蛮生长阶段转向理性成长阶段。正如上文所述，过去，餐饮加盟市场充斥着大量快招公司。这类公司讲求“短线操作、纯赚加盟费”，损害了不少创业者的利益，也使得餐饮加盟市场蒙上阴影。而近几年，一些餐饮品牌陆续建立起严格的加盟流程，提升对加盟店的重视程度，开创出了不同的加盟模式。创业者想要成为加盟商要满足多个条件，需要通过更加严苛的审核流程。

例如，在加盟条件方面，以喜茶为例，其对于加盟商的学历、经验、背景等都有严格的要求，加盟商需要把将门店作为唯一事业，且有 5 年以上企业管理经验，或曾在合伙区域有工作经验等。在加盟流程方面，以古茗茶饮为例，其加盟商需要接受“电话初审—视频面谈—能力模型测试—线下终审”一整套审核流程。在加盟体系搭建方面，以绝味食品为例，其设立了“加盟委员会”制度：全国各地优秀的加盟商代表、意见领袖组成加委会，帮助加强公司与加盟商之间的沟通、帮扶以及巡店。

在这些品牌的带动下，餐饮加盟的各个环节趋向于标准化、正规化，餐饮加盟市场告别了过去的标签，逐步进入理性成长阶段，从而吸引了更多品牌、创业者进入。

五、高端餐饮：寻求转型升级，走向精致化、个性化

高端餐饮在我国有着数十年的发展历史，曾一度陷入发展低潮期。近年来，随着消费分级趋势明显，商务消费和私人宴请等需求出现明显复苏，高端餐饮再度进入上升期，且出现了一系列的变化。

总体来看，高端餐饮从讲究“豪华、奢侈”转向主打“精致化、个性化”。此一转变主要有两个方面的动因。

从供给端看，相关政策的出台使得高端餐饮品牌加快转型。过去，高端餐饮主要针对商务消费，主打豪华的装修、高昂的价格、奢侈的食材等，代表品牌有湘鄂情、上海小南国、俏江南等。而时代的变迁表明，这类定位高端的餐饮品牌如要在新时代中生存，需要转变定位与发展策略。

从需求端看，高端餐饮消费客群发生了改变。随着我国消费升级加速，年轻人群消费能力提升，高端餐饮的消费

客群出现了年轻化的趋势。新一代的消费客群对于高端餐饮的出品、价格、服务提出了新的要求。红餐品牌研究院推出的“2023 年餐饮消费大调查”显示，高端餐饮消费者对于高端餐饮品牌最关注的两个因素是“餐品的样式和口味都无可挑剔”“并不算离谱的价格”，其次是“非常有特色的装修风格”。可见，当代消费者在选择高端餐饮时，更注重适中的价格、独到的体验。

图 1-12　2023 年高端餐饮消费者选择高端餐饮品牌时最关注的因素

在这种情况下，我国高端餐饮加快向精致化、个性化的方向“进化”，不再只一味讲究食材的珍贵、环境的富丽堂皇等，而是讲求定位独到、选材匠心、环境别致。

例如，在由红餐网推出、主要针对高端餐饮的“2022 年度餐饮臻味典范品牌”榜单中，上榜品牌千店千面各有特色，承载着多样的餐饮消费体验。其中，新荣记和鲁采强调自身的品牌定位，主打地方味道，着重挖掘家乡菜、民间菜；拾久、民国红公馆、满满海佛跳墙则以独特的设计美学区别于其他品牌。

一些餐饮服务商亦针对此趋势为高端餐饮品牌提供个性化的服务。例如，曾服务于大董、新荣记、鲁采的餐饮灯光服务商石客照明通过灯光的色彩、灯具的设计、灯光的形态等为餐饮品牌提供全套照明方案，以恰到好处的灯光效果勾勒出餐厅的独特调性。在高端中餐厅好酒好蔡的灯光设计中，石客照明就根据好酒好蔡“美食与艺术结合”的特性，在墙、顶、地等界面采用点、线、面的灯光设计，制造出多层次、多面向的空间设计效果，达成景、味、光合一的意境。在鲁采北京三元桥店的灯光设计中，石客照明则以丝线与水晶吊灯相结合，制造出了宇宙星辰的感觉。

显然，只有在定位、选材、环境等多方位发力的高端餐饮品牌，才能更好地立足于餐饮市场。

任何新事物、新曲线的发展都要接受现实的考验和未知的挑战。整体而言，餐饮行业当前的格局和未来的走向，与中国经济体的特征息息相关。我国拥有全球人口最多且层次丰富的消费市场、门类最全且柔性进化的供应链体系，加上高速发展和普及的移动互联网，三层浪潮叠加而成的高效供需闭环体系，让整个经济大盘在承压背景下仍保持韧性生长。

餐饮行业作为其中的民生板块，同样复制、晕染了以上基因，在供需共振中孕育出了新的物种，锻炼出新的能力。可以预见，餐饮行业在2023年经济复苏、消费回暖的大背景下，将继续韧性生长。

CHINA CATERING

04

第四节 投融资：

餐饮业“融资热”降温，餐饮上游企业获资本垂青

2022 年至今，餐饮业的投融资风向发生了一些变化。相较 2021 年，餐饮行业融资事件数明显减少。同时，诸多投资机构的关注点逐渐从餐饮企业延伸到餐饮产业上游企业，一批优质的餐饮上游企业受到了投资机构的青睐，融资、上市动向频现。

一、餐饮行业融资事件数减少，产业上游企业受关注度高

2022 年，餐饮业“融资热”出现了明显的降温。相较 2021 年，2022 年全年餐饮相关领域融资事件数和披露的融资金额均有较大幅度的减少。据红餐大数据，2022 年全年餐饮相关领域披露的融资事件共计 253 起，较上年度减少了 90 余起。同时，披露的融资总额为 187.1 亿元，也较上年度减少了 62.4%。

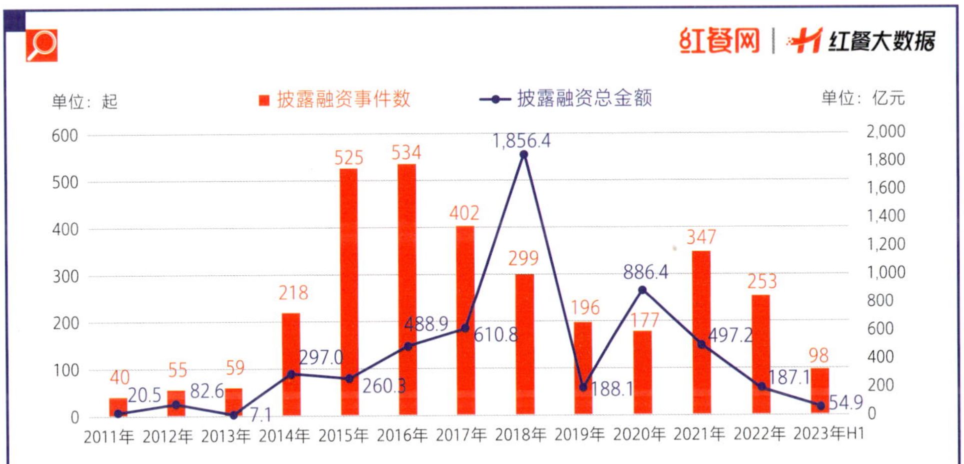

注：2023 年上半年中粮福临门 210 亿元的融资案例不纳入统计范围。
资料来源：红餐大数据、企查查。

图 1-13　2011 — 2023 年上半年全国餐饮相关领域融资情况

2023年上半年，餐饮相关领域披露的融资事件数共98起，与2022年同期相比，减少了50余起。在融资金额方面，据红餐大数据，2022年上半年餐饮相关领域披露的融资总额为148.3亿元，而2023年上半年披露融资总额仅有54.9亿元，较2022年同期减少63.0%。不难看出，与2021年餐饮行业的资本热潮相比，2022—2023年上半年，餐饮业的“融资热”有降温趋势。

随着2023年我国餐饮消费需求持续释放，餐饮消费市场活力重现，餐饮业与资本的关系或有可能升温，但仍需保持谨慎乐观的态度。值得留意的是，2022—2023年上半年，投资机构的投资风向也发生了一些变化——资本方更倾向于“投早”和“投少”。

首先，从融资轮次角度来看，在餐饮相关领域，相较2021年，2022年发生在种子轮、天使轮阶段的融资事件占比均有增长。据红餐大数据，2021年发生在种子轮、天使轮融资事件的数量共计110余起，占融资总事件数的33.6%；而2022年发生在种子轮和天使轮融资事件的数量为100余起，占融资总事件数的40.3%。同时，从2023年上半年的融资概况来看，2023年融资轮次也集中于早期，D轮、E轮阶段的融资事件数量占比大幅减少。

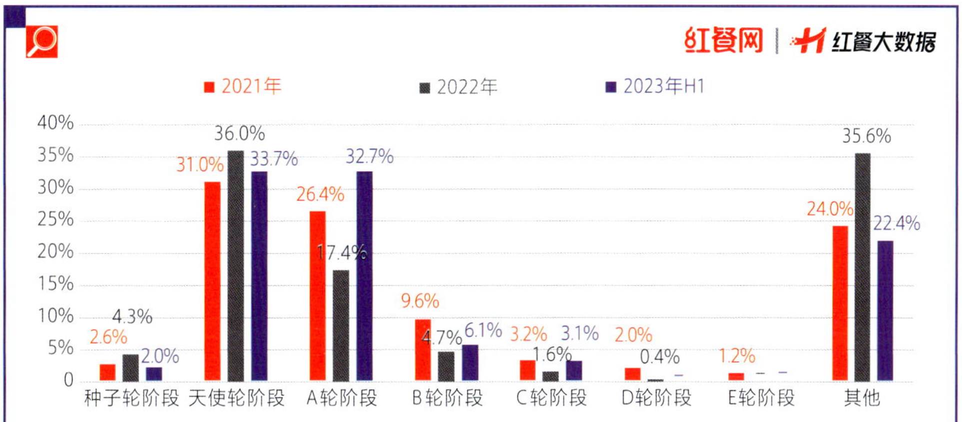

注：1.种子轮阶段包括种子轮至天使轮之前的融资轮次，天使轮阶段包括天使轮至A轮之前的融资轮次，A轮阶段包括A轮至B轮之前的融资轮次，B轮阶段包括B轮至C轮之前的融资轮次，其他包括战略融资、并购、定向增发以及未披露等融资情况。

2.2023年上半年中粮福临门210亿元的融资案例不纳入统计范围。

资料来源：红餐大数据。

图1-14　2021—2023年上半年全国餐饮相关领域融资轮次分布情况

其次，从融资金额来看，相较 2021 年，2022 年餐饮相关领域高额融资事件数量的占比有所下滑。据红餐大数据，2022 年餐饮相关领域 10 亿元级别、亿元级别的融资事件数量占比分别是 3.2%、21.3%，较 2021 年分别下降了 1.5、16.9 个百分点。同时，千万元级别融资事件数占比从 2021 年的 48.0% 上升至 2022 年的 54.8%，百万元级别的融资事件数占比从 2021 年的 8.3% 上升至 2022 年的 20.7%。而 2023 年上半年，“投少”的趋势依然在延续，10 亿元级别的融资事件数量占比较 2022 年下滑明显。

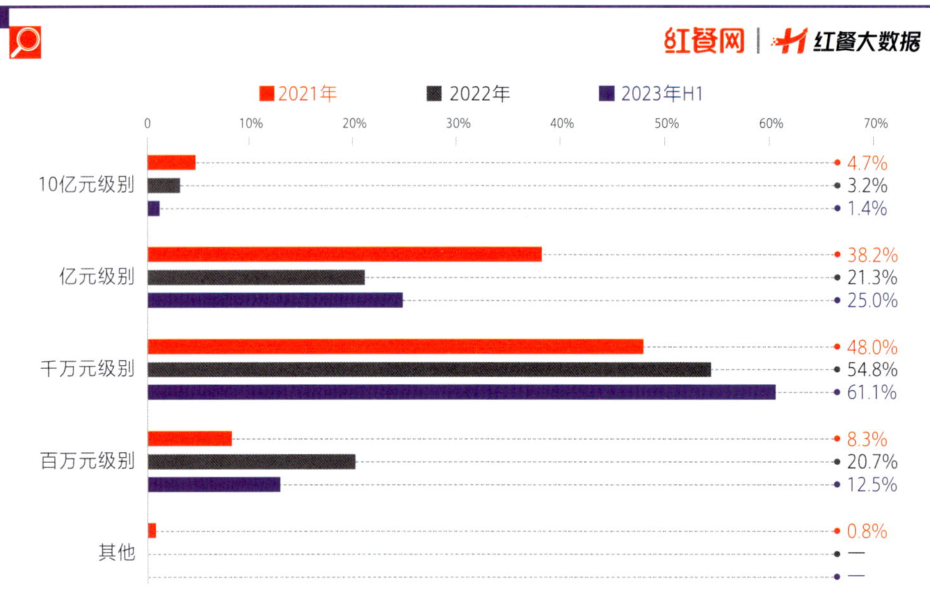

注：2023 年上半年中粮福临门 210 亿元的融资案例不纳入统计范围。
资料来源：红餐大数据。

图 1-15　2021 — 2023 年上半年全国餐饮相关领域不同融资金额区间融资事件数分布情况

此外，投资机构的关注点逐渐从餐饮下游企业延伸到餐饮产业上游企业，亦是 2022 年餐饮领域的融资特点之一。据红餐大数据，2021 — 2023 年上半年，处于供应链下游的餐饮品牌获得的融资总额占比从 64.8% 减少至 32.3%。而 2022 年处于供应链上游的食材供应商获得的融资总额占比相较 2021 年同期增长了 11.9 个百分点，达到了 23.2%。调味料企业融资总额占比持续攀升，从 2021 年的 1.3% 上升到 2023 年上半年的 6.5%。

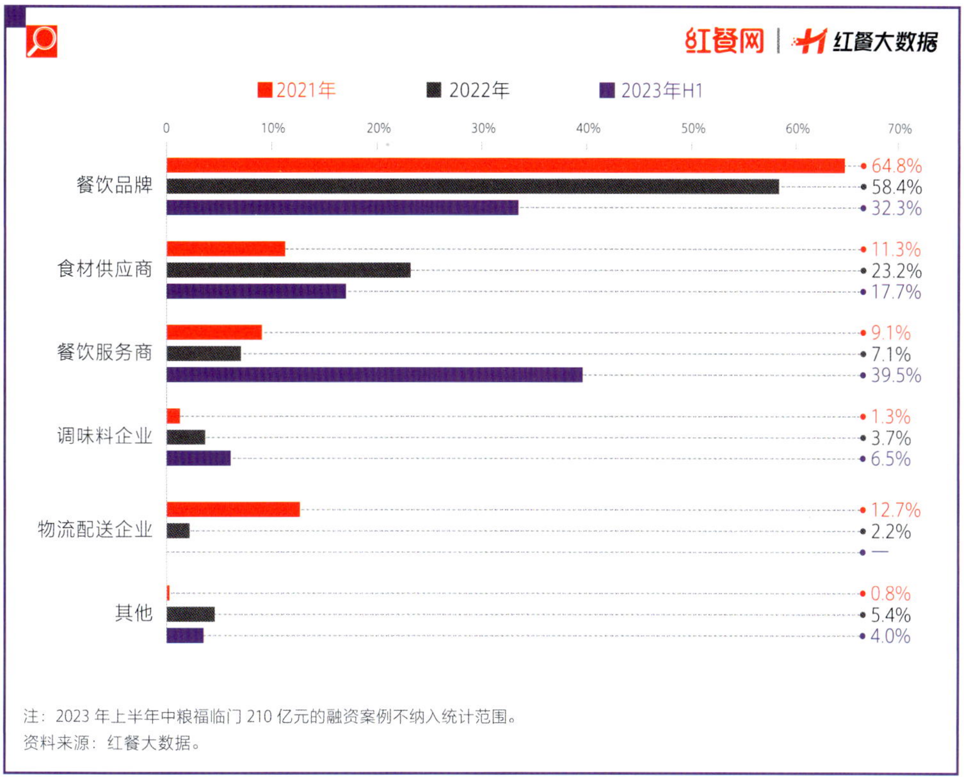

图 1-16 2021 — 2023 年上半年全国餐饮相关领域披露融资金额占比分布

二、饮品、烘焙甜品受青睐，餐饮现整合并购潮

聚焦到下游餐饮企业的融资情况，红餐大数据显示，2022 年小吃快餐和饮品是发生最多融资事件的两大赛道。

其中，2022 年小吃快餐品类共计发生了 40 余起融资事件，占比 30.6%，较 2021 年下降了 3.4 个百分点。作为其中细分赛道之一的粉面品类，与 2021 年相比，2022 年融资热度有所下降，全年融资事件共计 13 起，同比下降超四成。卤味熟食赛道的融资事件数也从 2021 年的 13 起下降至 2022 年的 4 起。

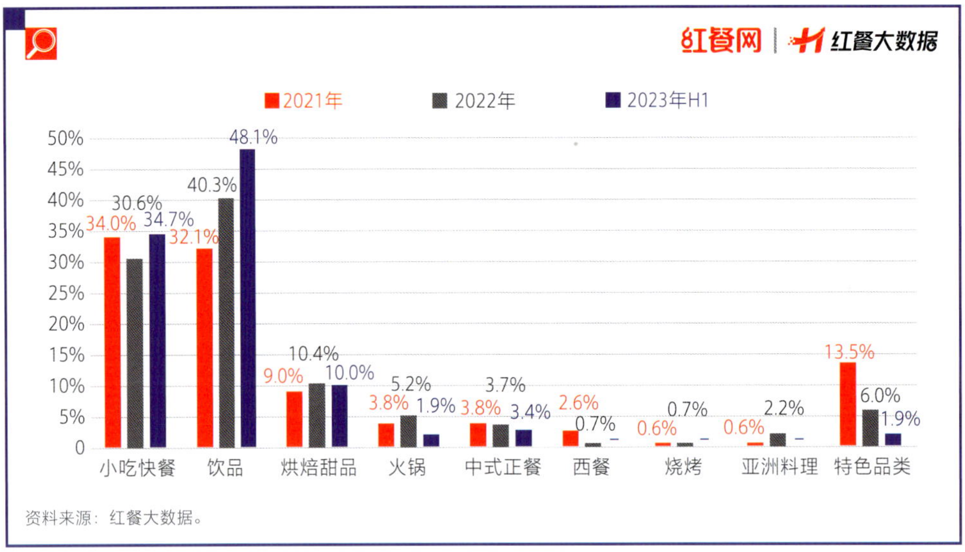

图 1-17　2021 — 2023 年上半年各餐饮品类融资事件数占比分布

而在饮品赛道，2021 — 2023 年上半年，饮品品类的融资事件数占比持续攀升，2022 年和 2023 年上半年的占比分别是 40.3%、48.1%。在 2022 年饮品赛道的 50 余起融资事件中，茶饮、咖饮这两大细分品类各占半壁江山。

具体来看，在茶饮品类中，阿嬷手作相继完成了 A 轮融资和战略融资，是 2022 年唯一连获两轮融资的茶饮品牌。而书亦烧仙草单笔融资达到了 6 亿元，乐乐茶也获得来自奈雪的茶 5.25 亿元的战略融资，属于 2022 年茶饮赛道中为数不多的亿元级别融资事件。2023 年 6 月，茶百道完成了自成立以来的第一笔融资，融资金额更是达到 10 亿元，成为茶饮赛道 2023 年上半年融资金额最高的一起融资事件。

2022 年咖饮赛道持续升温，融资事件数量同比上升近六成。获得资本青睐的咖饮品牌有定位果咖的 FELICITY ORIGIN、茶咖品牌如此多娇、Seesaw Coffee、%Arabica、store by .jpg 等。

烘焙甜品近年的融资数量占比也在逐年增长，从 2021 年的 9.0% 上升至 2022 年的 10.4%。2023 年上半年有所回落，但整体仍保持在 10.0% 的水平。从细分赛道的融资情况来看，面包烘焙赛道融资事件数占比较高，而甜品甜点赛道的融资事件数仅 1 起。在面包烘焙赛道中，获得融资的品牌各具特色，如泸溪河属平价中式糕点、KUMO KUMO 主打特色单品芝士蛋糕等。

接受来自投资机构的注资是企业发展壮大的一种方式，而随着市场竞争日趋激烈，不少餐饮企业选择“创而优则投”，以投资入股的方式整合赛道，增强自身的竞争力。目前，化身为投资人的餐饮玩家中，除了大家熟知的绝味鸭脖之外，还有喜茶、奈雪的茶、蜜雪冰城、和府捞面、小龙坎火锅等餐饮品牌。

表 1-6　2022 — 2023 年上半年全国餐饮品牌对外投资情况（不完全统计）

品牌名称	投资品牌 / 企业
绝味鸭脖	书亦烧仙草、很久以前羊肉串、吉祥馄饨
喜茶	苏阁鲜果茶、少数派咖啡
蜜雪冰城	鸡装箱韩式炸鸡
奈雪的茶	茶乙己、AOKKA、鹤所、怪物困了、乐乐茶
和府捞面	北京乐之享餐饮管理有限公司
楼兰秘烤	西琳姑娘
鱼你在一起	魏老香
陈香贵	放哈
书亦烧仙草	doc 当刻咖啡、霓裳茶舞
柠季手打柠檬茶	RUU COFFEE
Manner Coffee	阿嬷手作
小龙坎火锅	蜀大侠

资料来源：红餐大数据，数据统计时间截至 2023 年 6 月。

红餐网 | 红餐大数据

餐饮品牌对外投资，其主要目的是通过资源整合、打造协同效应，增强竞争力。具体来看，一方面，品牌通过与其他品牌联手的方式，补足自身的短板，使品牌矩阵更完备、体系更具竞争力。如奈雪的茶投资茶饮品牌乐乐茶，不仅能够进一步扩大茶饮市场的占有率，同时也巩固了其在华东茶饮市场的竞争力。而随着乐乐茶开放加盟，奈雪的茶更得以试水加盟市场。

另一方面，餐饮品牌进行跨品类投资，有利于加强产业协同效应。如老牌选手绝味鸭脖先后成立了网聚资本、伍壹柒基金、绝了基金等，主要围绕卤味、连锁轻餐饮、复合调味料、产业链上下游四个方向展开投资。被投企业能够与绝味鸭脖的供应链形成互补，比如和府捞面、廖记棒棒鸡、蛙来哒等被投品牌都共享了绝味鸭脖的供应链资源，从而在采购、生产、仓配等方面实现协同，提升边际效应。

三、餐饮企业上市路坎坷，上游供应链企业 IPO 频现

近几年，受新冠肺炎疫情的影响，营收减少，叠加房租、食材、人工三大成本压力，众多餐饮品牌的现金流面临严峻的考验。上市作为企业融资的方式之一，可以为企业带来一定的资金，帮助其应对诸多不确定的经营风险。在这样的背景下，2022 年众多餐饮企业向 IPO 发起冲刺。

红餐大数据显示，2022 年全年共有 17 家餐饮企业有上市相关的动态披露。如紫燕百味鸡、五芳斋在 2022 年 8 月、9 月相继在上交所主板挂牌上市；Tims 中国亦于 2022 年 9 月在纳斯达克成功上市；特海国际、达美乐则分别在 2022 年 12 月、2023 年 3 月于香港交易及结算所有限公司（简称港交所）正式挂牌上市。

表 1-7　2022 — 2023 年上半年全国餐饮品牌上市动向盘点（不完全统计）

序号	品牌名称	上市状态
1	Tims 中国	已上市
2	紫燕百味鸡	已上市
3	五芳斋	已上市
4	特海国际	已上市
5	达美乐比萨	已上市
6	乡村基	2023 年 4 月更新招股书
7	老乡鸡	2023 年 3 月主板 IPO 获上交所受理
8	老娘舅	2023 年 3 月更新招股书
9	德州扒鸡	2023 年 2 月更新招股书
10	蜜雪冰城	已递交上市招股书
11	七欣天	招股书已失效
12	杨国福麻辣烫	招股书已失效
13	捞王锅物料理	招股书已失效
14	绿茶餐厅	招股书已失效
15	上井精致料理	放弃上市
16	西贝莜面村	有上市意愿
17	和府捞面	有上市意愿

资料来源：红餐大数据，数据统计时间截至 2023 年 6 月。

红餐网 | 红餐大数据

在剩余的 12 家待上市餐企中，七欣天、杨国福麻辣烫、捞王锅物料理向港交所提交的上市招股书均失效已久。从其长时间不再继续更新上市招股书来看，或许以上餐饮品牌已经选择暂缓上市计划。另外，绿茶餐厅在 2022 年 4 月通过港交所聆讯后并未作出下一步上市动作，直至上市招股书再次失效。而上井精致料理更是撤回了上市申请材料。

餐饮品牌冲击上市并非易事。

首先，企业管理、经营不规范成为诸多餐饮企业上市被否的主要原因。因此，选择境内上市的餐饮企业必须解决的问题是合规性，即资质证照、业务和资产的合规情况，以及治理结构的搭建等。2023 年初，一份《IPO 红绿灯行业审核标准细则》流出，业内人士认为若这份细则属实，餐饮企业在主板上市的难度或将加大。

其次，若选择境外上市，餐饮企业则需要搭建适配境外市场的股权架构。这对于国内的餐饮企业而言，也需要一定的时间。

最后，无论上市地选择境内还是境外，上市对餐饮企业的盈利持续性均有一定的要求。近年，受新冠肺炎疫情等外部环境影响，一些餐饮企业的财务状况不尽如人意，也是限制其顺利上市的原因之一。此外，上市对于餐饮企业而言意味着会受到更多外界目光的注视。若餐饮品牌财务状况不佳仍负重上市，此时过高的关注度反而有可能会给餐饮企业带来负面影响。

餐饮品牌上市之路略显坎坷，餐饮上中游企业冲击以及成功上市的消息却频频出现。据红餐大数据，2022 一 2023 年上半年，餐饮上游中上市或预备上市的企业约 10 家，来自预制菜、复合调味料、生鲜食材、茶饮原料供应等领域。其中，茶饮原料供应企业有 4 家，分别是德馨食品、田野股份、鲜活饮品、三元生物。过去数年，茶饮赛道快速发展，茶饮赛道的上游企业随之崛起。

未来，随着餐饮行业的连锁化、标准化程度的不断提升，餐饮中上游或将会出现更多上市企业。作为一种融资方式，上市并不是企业发展的最终目标，其核心在于帮助企业持续经营和永续发展。因此，无论是下游餐饮企业或是中上游供应链企业，都需要持续夯实自身根基，构建技术壁垒，以长久地在市场中立足。

预制菜
馄饨
餐
烧鸟
大单品食材供应链
新中式烘焙
冷链物流
线上线下双主场
资本化
中式正餐
加盟白热化
性价比
咖饮
麻辣烫
面
火锅
中式汉堡
泰国菜
粉
西式快餐
小前店大后台
复合调味料
专业化
数智化
『卖水人』生态
日式料理
产品零售化
降本增效
茶饮
规模集中化
细分化
资本化
团餐
养生风潮
烧烤
地方菜
餐饮智能设备
资本化
万店时代
新中式拉面
轻量化
卤味
B端和C端一体化
新疆米粉
区域品牌崛起
包点
饺子
中式米饭快餐
有料火锅

第二章 Part Two

产业供应链主要领域解读 »

PART TWO

01

第一节

食材供应链：

餐饮连锁化背后的“卖水人”生态

食材是餐饮的“草料”，餐饮企业的成长，离不开背后的“卖水人”——食材供应链的成长。而食材供应链成长的走向又被餐饮企业的发展走向所牵引。

在两者的彼此激发、相互驯化的过程中，食材供应链近年呈现出规模集中、类目细分、区域隆起、B 端和 C 端协同发展等诸多新亮点。

一、餐饮连锁化率提升，食材供应链企业迎契机

相关数据显示，餐饮业食材支出约占企业总支出的 30% ~ 40%，是餐饮业主要的成本支出。红餐大数据显示，2022 年我国餐饮食材市场规模约 1.3 万亿元。随着餐饮行业的快速复苏，2023 年我国餐饮食材市场规模预计约 1.5 万亿元。

食材对餐饮企业的发展有着深远的影响。近 10 年来，“供应链为王”愈发成为餐饮业的共识。与此同时，餐饮企业背后的“卖水人”——食材供应链也开始受到越来越多的关注。

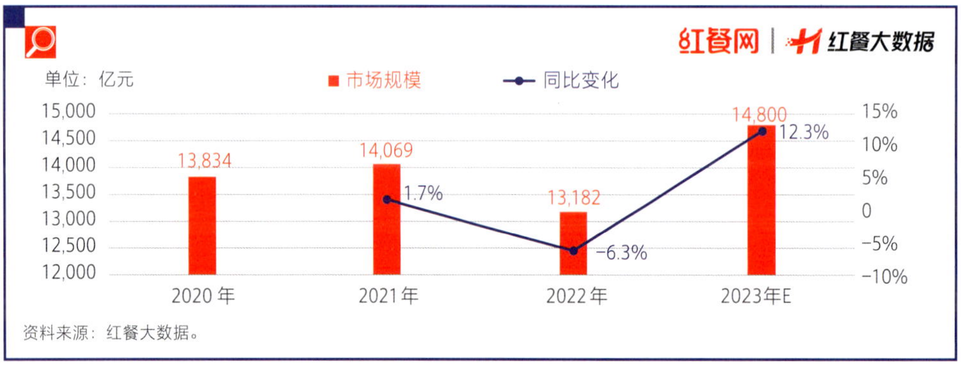

图 2-1　2020 — 2023 年全国餐饮食材市场规模概况

“卖水人”一词出自 19 世纪的美国淘金热，相比大多数失败的淘金者，给淘金客卖水的人反而大部分都积累了财富。这种卖水效应广泛存在于各个领域，也成了衡量一个行业热度的风向标。

特别是在种类繁多、体量极其分散的中国餐饮市场，因为餐饮门店的换手

率较高，“卖水人”效应尤为明显。从开店转向做供应链的资深人士曾比喻说：开餐饮店就像下场淘金，做供应链服务就像给淘金者做服务，淘金者不一定都能挖到金子，但是卖铁锨、卖矿泉水的服务方反而可能成为淘金场上的大赢家。

相应地，这一现象背后的另一层真相是，食材供应链企业的发展概况和餐饮行业的规模集中进程息息相关。即“卖水人”从小摊贩成长为大公司，离不开其长驻矿区有可持续的出矿率，离不开其所在餐饮品类连锁巨头的形成，如同以肯德基、麦当劳为代表的西式快餐连锁巨头的扩张带动了泰森食品、嘉吉投资、圣农发展、辛普劳、千味央厨等食材供应链企业在国内的快速成长。而肯德基、麦当劳之后，以海底捞为代表的中餐大连锁的形成驱动了颐海国际、蜀海等供应链企业的扩张，以蜜雪冰城、古茗茶饮、沪上阿姨、奈雪的茶为代表的新茶饮巨头的崛起带动了佳禾食品、田野股份的出圈。

美团数据显示，近3年来，我国餐饮行业的连锁化率稳步提升，从2020年的15%上涨到2022年的19%。细分到各大品类，饮品的连锁化程度最高，其2022年的连锁化率为44%，甜点面包（26%）、以西式快餐为最大构成的国际美食（25%）、小吃快餐（22%）、火锅（20%）连锁化率排在前五位。

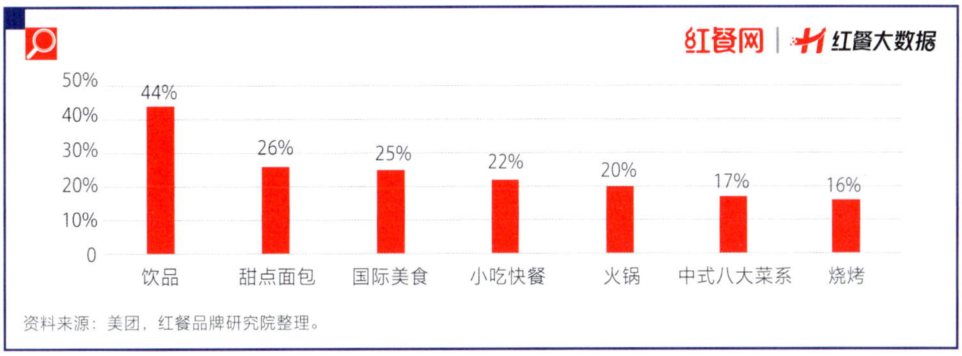

图2-2　2022年全国典型餐饮品类连锁化率情况

观察连锁化率程度较高的品类背后对应的食品供应链企业可看出，2020年以来，已有超过20家供应链企业完成或正在冲击上市。

比如为肯德基提供油条、蛋挞皮的千味央厨在2021年9月正式在A股上市，而它的客户还包括必胜客、德克士、汉堡王等；为绝味鸭脖、华莱士提供禽肉加工制品的益客食品在2022年1月登陆深交所；为肯德基、好利来等提供蛋液、蛋粉的欧福蛋业也已在北交所上市。

表 2-1 2021 — 2023 年上半年全国部分食材供应链上市 / IPO 企业概况

企业名称	上市 / IPO 日期	主要产品	主要餐饮客户
德馨食品	2023 年 6 月重新递交招股书	果蔬汁饮料浓浆、风味糖浆等	星巴克、瑞幸咖啡、蜜雪冰城等
阿宽食品	2023 年 3 月再次更新招股书	方便粉丝	麻六记等
鲜活饮品	2023 年 3 月更新招股书	饮品颗粒配料、果酱等	蜜雪冰城、书亦烧仙草、CoCo 都可、瑞幸咖啡等
鼎味泰	2022 年 10 月签署上市辅导协议，拟 A 股上市	以阿拉斯加狭鳕鱼为主要原料的鳕鱼制品	海底捞、呷哺呷哺、湊湊等
鲜美来	2023 年 5 月更新 IPO 招股书	水产预制菜	海底捞、呷哺呷哺等
田野股份	2023.2.2	浓缩果汁、NFC 等	奈雪的茶、沪上阿姨等
欧福蛋业	2023.1.18	杀菌液体蛋产品和白煮蛋	百胜中国、元祖股份、味多美、好利来、桃李面包等
宝立食品	2022.7.15	复合调味料	百胜中国、麦当劳、德克士、汉堡王等
三元生物	2022.2.10	代糖	喜茶等
益客食品	2022.1.18	鸭肉生鲜与调理品	绝味鸭脖、华莱士、周黑鸭等
春雪食品	2021.10.13	鸡肉生鲜与调理品	德克士等
千味央厨	2021.9.6	米面制品预制菜	百胜中国、华莱士、九毛九、真功夫、海底捞等
南侨食品	2021.5.18	烘焙油脂	好利来等
佳禾食品	2021.4.30	植脂末	蜜雪冰城、古茗茶饮、沪上阿姨、CoCo 都可等
味知香	2021.4.27	预制菜	—
百龙创园	2021.4.21	益生元、膳食纤维、代糖	—
立高食品	2021.4.15	冷冻烘焙	仟吉西饼、一鸣股份、海底捞等

资料来源：公开信息，红餐产业研究院整理，数据统计时间截至 2023 年 6 月。

红餐网 | 红餐大数据

续表

企业名称	上市 / IPO 日期	主要产品	主要餐饮客户
华康股份	2021.2.9	糖浆、代糖	—
祖名股份	2021.1.6	豆制品	巴比食品、老乡鸡等
海融科技	2020.12.2	植脂奶油	面包新语、好利来等
熊猫乳品	2020.10.16	炼乳	—
安德利	2020.9.18	浓缩果汁	—
科拓生物	2020.7.27	复配食品添加剂、益生菌	—
凤祥股份（停牌）	2020.7.17	鸡肉生鲜与调理品	肯德基、麦当劳等
金丹科技	2020.4.22	乳酸、乳酸盐等	—

资料来源：公开信息，红餐产业研究院整理，数据统计时间截至 2023 年 6 月。　红餐网 | 红餐大数据

在茶饮赛道，生产植脂末的佳禾食品、生产代糖的三元生物、生产浓缩果汁的制造商田野股份已经成功上市。冲击 IPO 的企业则包括制造果蔬汁饮料浓浆、风味糖浆的德馨食品，以及饮品颗粒配料的制造商鲜活饮品等。

同时，从近年来的餐饮行业投融资概况来看，资本正从投下游餐饮品牌扩大为投全产业链条，对餐饮上游的兴趣增大。除了上述已经成功上市或者正在冲击 IPO 的供应链企业之外，其他的食材供应链企业亦较受资本青睐。2022 — 2023 年 6 月，我国餐饮食材供应链企业的融资事件数有近 50 起。总体来看，资本看好的供应链企业除了有依靠大规模连锁餐饮客户而崛起的供应链公司之外，还包括原本为连锁餐饮自建的供应链体系，后来转为独立运营的一类公司。

例如曾是海底捞供应链子公司的蜀海国际就是其中的代表。2022 年 9 月，蜀海国际宣布完成共计 8 亿元的 B 轮融资，其主要客户包括太二酸菜鱼、丰茂烤串、遇见小面等超过 2,000 家餐饮连锁品牌。

餐饮连锁品牌眉州东坡旗下子公司王家渡食品也是如此，其主营川味食品，主要产品既有低温午餐肉、低温川味香肠这样切入市场的“爆款”预制菜单品，也有东坡扣肉这类在眉州东坡餐厅可以吃到的正餐菜品，还有复合调味料等。

二、餐饮食材供应链：B 端和 C 端一体化、类目细分化趋势明显

随着下游餐饮企业连锁门店的增多，上游餐饮食材企业规模也得以提升，下游餐饮企业的品牌化、连锁化、零售化发展趋势正在带动上游食材企业的品牌化、集中化、半成品化趋势，餐饮食材供应链行业进入到发展黄金期，上下游相互渗透趋势越发明显。

具体来看，餐饮食材供应链 B 端和 C 端一体化发展、大单品经济、区域特色供应链崛起等三个方面的亮点尤其值得关注。

1. B 端和 C 端一体化：B 端跑体量，C 端造品牌

早期连锁化程度高的餐饮品牌培育了一批优秀的食材供应商，而餐饮连锁化率的持续提升，以及移动互联网、数字化的广泛渗透让商品在线、客户在线、用户在线，也给上游的餐饮食材供应商带来了商业模式重构的巨大机会。B 端和 C 端一体化发展就是其中值得关注的机会之一。

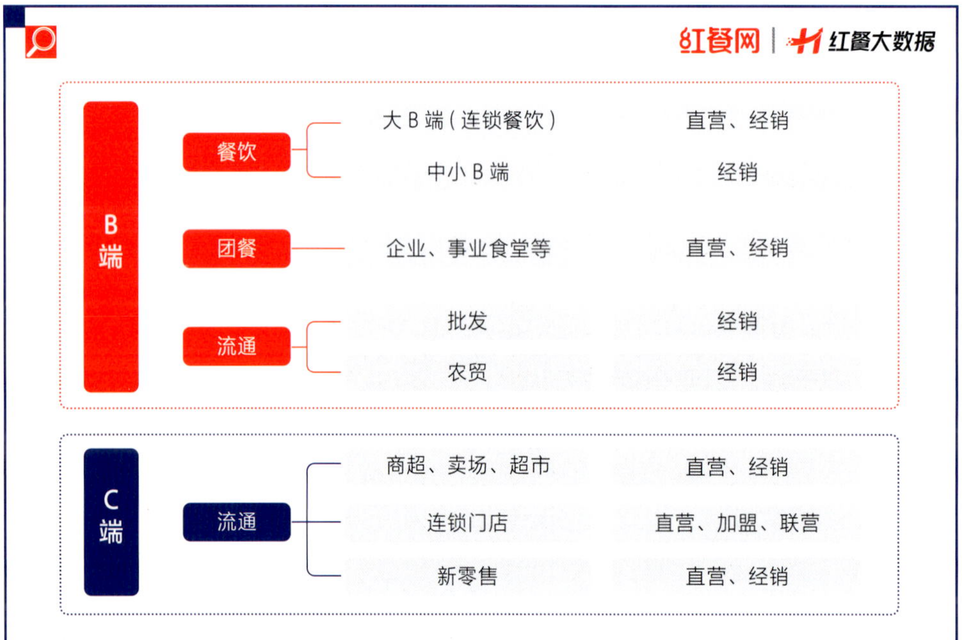

资料来源：公开信息，红餐产业研究院整理。

图 2-3　餐饮食材供应链 B 端和 C 端一体化发展概况

一方面，上游食材供应商继续做大B端供应体量，靠规模的支撑不断在原材料稳定性、半成品加工能力、产品研发能力、冷链物流效率和成本等方面夯实自己的竞争力。另一方面，食材供应链企业借助线上电商平台、媒体流量平台可以直接触达海量的C端用户，既能及时掌握市场动态，提升市场感知，把一线的消费风向及时反馈给产品端进行优化迭代，又能在C端打造品牌。

部分餐饮食材供应品牌因此有了DTC的能力。如何利用十几年甚至几十年沉淀的B端资源，借助数字化工具把自身变成品牌商直接触达消费者，是食材供应行业对于“B端和C端一体化”的原生思考，也是时代进步、技术发展赋予食材供应链企业的新机会。

例如白羽鸡头部供应链企业圣农发展，目前在B端定位为“餐饮客户中央厨房”，在C端定位为“家庭便捷美食专家”，其2022年实现营业收入168.17亿元。圣农发展是百胜中国、麦当劳、德克士等大连锁品牌的鸡肉供应商，其C端业务从2020年起业绩增长显著。2022年，其C端销售额突破14亿元，同比增长64%，并且还成功打造了在C端年销售额破亿元的大单品“嘟嘟翅”“脆皮炸鸡”，其中大单品“脆皮炸鸡”年销售额突破了2亿元。

水产供应链企业国联水产也是采用BC一体化的发展模式，其在B端服务于火锅、烧烤、团餐相关品牌，而在C端的尝试亦颇具远见性。早在2015年国联水产便创立了小霸龙品牌，主打针对C端市场的海鲜预制菜，主要目标消费人群为Z世代和千禧世代。小霸龙2017年便开设了京东、天猫品牌旗舰店，2020年开拓直播电商渠道，年度销售额突破了3亿元。目前小霸龙已经积累了良好的群众基础，并推出了风味鱼、小龙虾、米面、裹粉、快煮、火锅等6大系列预制菜。

业内人士认为，B端+C端发展模式是预制菜等食材类公司正在探索的发展模式，B端是生产量、生产效率的保障，是成本的“护城河”；C端是品牌溢价的保障，是品牌的“护城河”。

2. 类目细分：14 亿人口大市场孕育食材大单品

餐饮企业对食材供应链的需求有两个基本点：一个是稳定，另一个是高性价比。因为只有食材品质稳定、标准一致，餐饮企业才能实现连锁化发展。同时，餐饮行业属于成本敏感型行业，原材料在餐饮的成本结构中占到 30% ~ 40% 的比例，占比较高。因此，餐饮企业对食材的价格高度关注。在此基础上，随着餐饮连锁化程度的提升，性价比高、消费基数大、餐饮适配性强的基本款大单品食材不断涌出水面。在业内人士看来，中国有 14 亿人口，是世界第一大单体消费市场，整个社会消费品零售市场拥有超过 40 万亿元的规模，使得一款爆品销往全国成为可能。

例如千味央厨在 2021 年仅油条这一个单品的年销售额就达到了 3.5亿元。作为油条行业发展的引领者，千味央厨在速冻油条行业仍然保持领先优势。其之所以能在油条产品上获得如此高的营业收入，是因为千味央厨善于将油条这个单品的价值“充分挖掘”。目前，其已细分出了火锅、快餐、自助餐、宴席、早餐、外卖等 6 大场景，并对应推出茴香小油条、火锅涮煮油条、外卖专用油条等产品。其也为大型连锁企业量身定制产品，例如为杨国福麻辣烫研发麻辣烫油条，为肯德基研发 45 克香脆安心油条等。

新希望 10 亿元级销售额的大单品小酥肉，也是运用了同样的经营逻辑。公开资料显示，该款小酥肉仅肉质搭配就尝试了 34 款，蛋液修改了 28 次，共举办超过 300 场的线下消费者测试。经过诸多的优化迭代，才最终成就了这款爆品大单品。

靠大单品找到新增长曲线的还有主打鳕鱼制品和关东煮的鼎味泰，其年营业收入在 20 亿元规模，并且也已经启动了 IPO 计划；给汉堡王、麦当劳做牛肉饼的牛肉供应商宾西牛业，获得了融资；靠酸辣粉出圈，给麻六记、李子柒等品牌做代工服务的阿宽食品，于 2023 年 3 月再次更新招股书，拟募资 6.65 亿元在深市主板上市。

除了综合类食材企业纷纷推出大单品产品，市场上也已经出现了单品单厂类大单品企业，典型的代表企业如逮虾记，只做虾滑一个单品。这家成立于 2021 年的企业，是滑类新食品赛道的开创者，两年时间就把虾滑做到了 10 亿元级营收规模。逮虾记的原点逻辑就是卡住“滑”这个生态位，选择效率较高的单品单厂模式，一个工厂只生产虾滑，甚至虾滑一个单品未来会有几个工厂在同时生产。

3. 区域隆起：地方菜供应链迎新机会

近年来，来自各个区域的地方菜系在纷纷崛起，带动了地方菜供应链的发展。

2023 年开年，B 端食材供应链服务商时食链完成了近千万元的天使轮融资。时食链于 2012 年成立，以云南食材供应链业务切入市场，聚焦国内一线、二线城市的食材供应。占据了北京过半的云南食材供给市场后，依托其供应链优势，时食链于 2015 年创立了“壹霖·洱语”为代表的系列云南菜品牌，开出了数十家连锁门店。

时食链的融资让业内看到了地方特色菜供应链的新机会。美团数据显示，2022 年，川湘粤鲁闽浙苏徽八大菜系连锁化率达到了 17%，比 2021 年提升了 2 个百分点。八大菜系连锁化率的提升是由于菜系内品牌的规模化程度在不断提升。具体来看，红餐大数据显示，截至 2023 年 6 月，新徽菜品牌小菜园已经开出 440 余家门店，闽菜品牌醉得意已拥有近 300 家门店，湘菜品牌兰湘子门店规模亦在朝着 200 家迈进。因此，随着中式正餐品牌连锁化程度提升，正餐中的地方菜供应端也有诞生高成长性公司的机会。

除了专注于地方菜供应链服务的企业，参考火锅、小吃等大连锁企业孵化供应链企业的路径，优质地方菜连锁餐饮供应链独立化的机会也有较大的想象空间。由于单个中央厨房的服务半径有限，在一定区域内的门店数量和销售额达到一定规模的企业才会选择自建中央厨房和物流体系。因此，自建供应链体系的企业多数为餐饮头部企业，而中小型餐饮企业则较难实现。部分头部餐饮企业建设好的中央工厂和物流体系通常拥有较大的产能，除了满足自有门店外，也能对外提供服务，其供应链业务的发展空间值得期待。

三、饮品食材供应链：下游连锁化率提升带动产业规模集中

从整体上看，餐食和饮品一起构成了鸢飞鱼跃、生机勃勃的餐饮世界，但两者又有着清晰的分野和明显的不同。

和餐食相比，饮品的产品相对简单，细分品类相对集中，主要分为茶饮、咖饮、酒饮三大细分品类；成本结构上也相对轻，开一家奶茶店的成本一般远低于开一家火锅、正餐餐厅所需要的成本；饮品门店的经营元素除了产品本身的功能价值以外，情绪价值也是重要的一部分。

饮品简洁轻快、虚实结合的价值属性让它的消费人群相对广泛，创业者进入门槛相对低，也使其成为餐饮品类中连锁化程度最高的品类。同时，饮品食材供应链领域也随着下游饮品品牌的规模化而集中诞生了一批体量显著、增速耀眼的供应链企业。

1. 向上游去：饮品供应链企业扎堆上市

美团数据显示，2022 年，饮品连锁化率高达 44%，是所有餐饮品类中，连锁化程度最高的品类。新茶饮前端门店的连锁化集中，也让背后的供应链企业体量迅速成长，近年来，它们中已有多家企业先于自己的饮品大客户登陆资本市场。

2021 年 4 月，成功上市的植脂末供应企业佳禾食品即是典型的代表。其主要客户有蜜雪冰城、古茗茶饮、沪上阿姨、CoCo 都可等茶饮品牌。从其大客户蜜雪冰城的主营业务收入构成情况来看，招股书显示，2022 年 1 — 3 月，蜜雪冰城销售食材、包装材料分别实现主营业务收入 17.55 亿元、3.78 亿元，二者合计占主营业务收入的比例达 87.71%，而仅 2021 年度，蜜雪冰城就采购了近 5 万吨植脂末。从双方的营业收入协同发展来看，蜜雪冰城分别在 2020 年和 2021 年实现营业收入 46.80 亿元、103.51 亿元，呈同比翻倍式的增长速度，带动佳禾食品迎来营业收入大幅增长的亮眼业绩，后者分别在 2020、2021、2022 年度实现营业收入 18.74 亿元、23.99 亿元、24.28 亿元。

2023 年 2 月 2 日，为新式茶饮提供浓缩果汁的田野股份也在北交所敲钟上市。从其历年前几大客户的变化来看，田野股份更聚焦于其新茶饮供应商的身份，与新茶饮品牌的联系较为紧密。其招股说明书显示，2019 年，田野股份的前五大客户为广东南丰行农业投资有

限责任公司、农夫山泉、鲜活果汁、可口可乐和 CoCo 都可。在前五大客户中，新茶饮客户的销售金额占据其总营业收入的比例为 3.43%。从 2021 年开始，奈雪的茶一跃成为田野股份的第一大客户，采购金额由 2020 年的 2,565 万元增至 2022 年的 1.2 亿元。到了 2022 年，其前五大客户为奈雪的茶（深圳品道）、茶百道、农夫山泉、1 點點、沪上阿姨，其中有四家为新式茶饮品牌，贡献的销售金额占据其总营业收入的比例为 24.79%、21.48%、14.27%、10.20%、4.79%，共同为田野股份贡献超过七成的营收支撑，创造了 3.6 亿元的营业收入。

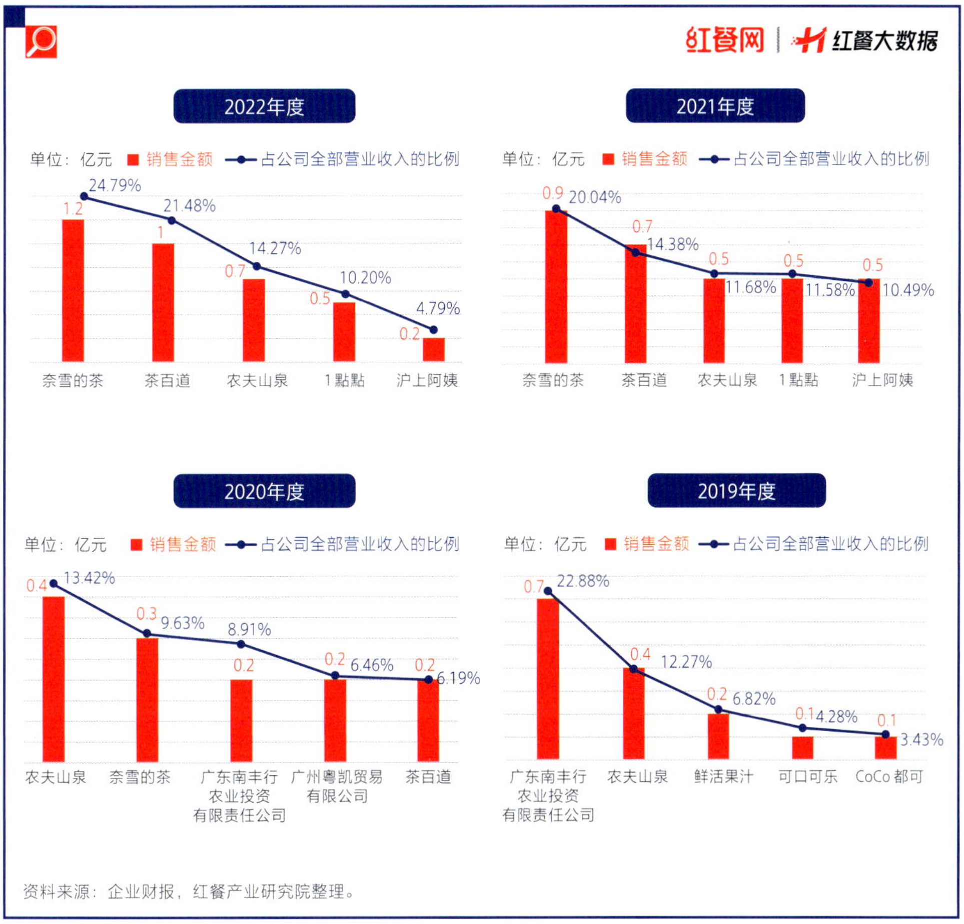

图 2-4　2019 — 2022 年度田野股份主要客户情况

基于供应链安全和成本优化两个方面的考虑，随着门店规模的扩张，新茶饮品牌也逐渐向上游渗透，投资入股或者自建供应链体系。

2021 年 11 月，奈雪的茶、沪上阿姨按照 3.22 元 / 股的价格，分别认购田野股份 1,200 万股、100 万股定向增发股票，即奈雪在田野股份上市之前就成为其第四大股东，持股比例为 4.44%，深入绑定了新式茶饮品牌与田野股份之间的供应链关系，供应商与大客户协同发展的势能逐步显现出来。

为能有效控制成本，茶饮品牌还纷纷自建供应链。比如蜜雪冰城早在 2012 年就成立河南大咖食品有限公司，搭建了独立研发中心和中央工厂；2014 年搭建了仓储物流中心，并实行物料免费运送的政策。这成为蜜雪冰城走向全国的开始，也是如今它规模化扩张的基础。2021 年 8 月，蜜雪冰城还成立了重庆雪王农业有限公司。这家公司主要布局上游庄园，以此来保证供应质量、进一步压缩成本，确保自己对上游供应商有较强的议价能力。

另据红餐大数据，2022 年全国茶饮供应链与咖饮供应链总市场规模约 697 亿元。受益于现制饮品行业的红利期，我国上游供应链仍具备巨大的市场空间。

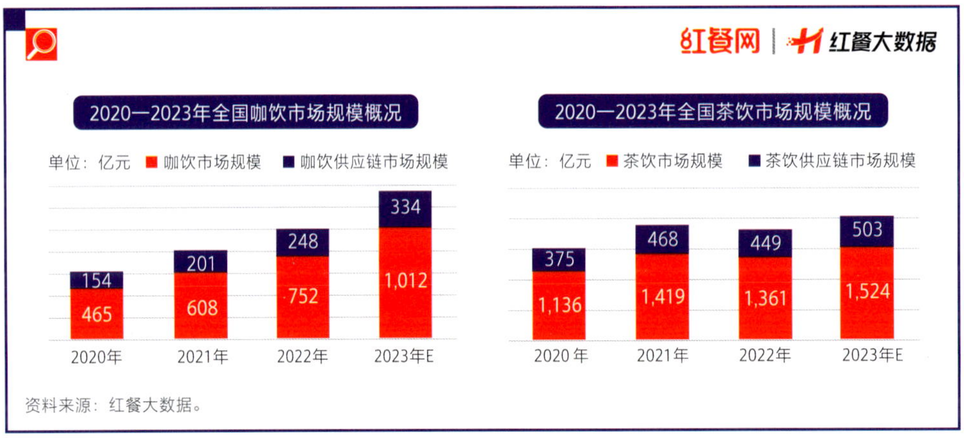

图 2-5　2020 — 2023 年全国咖饮和茶饮市场规模概况

2. 借本土力："奶咖化"助力咖饮供应链企业"狂飙"

在咖饮方面，红餐大数据显示，我国的咖饮市场正处于高速发展阶段，预计近年的市场规模将保持 30% 左右的增速，是全球增长较快的市场之一。

在品牌方面，红餐大数据显示，截至 2023 年 6 月，门店数在 1,000 家以上咖饮连锁品牌共有 6 家，分别是瑞幸咖啡（1 万余家）、星巴克中国（7,200 余家）、麦咖啡（2,600 余家）、幸运咖（2,200 余家）、库迪咖啡（1,600 余家）、NOWWA 挪瓦咖啡（1,200 余家）。

在咖饮食材供应链领域，咖啡豆是较为重要的板块，供应商巨头多是国外企业，如瑞幸咖啡的咖啡豆供应商有亚洲最大的咖啡生豆贸易商三井物产、世界第二大咖啡贸易商瑞士 ECOM 集团等。

而国内 99% 的国产咖啡豆均产自云南。近年来国内咖饮赛道的火热亦带动了云南咖啡产业的繁荣。云南省农业农村厅数据显示，云南咖啡产量从 2011 年的 6.51 万吨增加到 2021 年的 14.03 万吨，10 年增长了 116%。同时，经红餐产业研究院测算，我国咖啡豆出口量占总产量的比例从 2018 年的约 80% 下降至 2021 年的约 25%。由此可见，大部分国产咖啡豆被国内市场所消费了。

此外，近年来，我国咖饮赛道的一个比较明显的趋势为咖啡本土化、奶咖化。瑞幸咖啡 2022 年的财报也透露出咖啡在中国市场爆火的关键产品密码——纯咖啡消费需求不甚强烈，咖饮产品的口感更偏向奶咖。

2022 年，瑞幸咖啡实现总净收入 132.93 亿元，一整年销售约 9 亿杯饮品。瑞幸咖啡在 2021 年推出的首个超级爆款"生椰拿铁"，首年销量便突破了 1 亿杯，也掀起了一轮咖啡奶咖化的风潮，并改变了中国咖饮品牌的经营逻辑。在"做一杯适合中国消费者口味的好喝的饮品"逻辑下，瑞幸咖啡成功推出了多款爆款。相关数据显示，2020 — 2022 年这 3 年中，瑞幸咖啡共推出了近 300 款现制饮品，厚乳拿铁、生椰拿铁、丝绒拿铁、生酪拿铁等均是其中的知名爆款。

在瑞幸咖啡推出的厚乳拿铁、生椰拿铁等爆款产品销量走高的同时，其背后的厚乳、椰乳、燕麦奶供应链企业亦被带到了市场前台。

例如塞尚乳业以开创"厚乳"品类的举措在业内脱颖而出，椰乳的供应链公司菲诺通过开发"厚椰乳"这一明星产品，首次将椰基食材带入咖饮、茶饮产品，掀起了一股"生椰"热潮，噢麦力（OATLY）则凭借燕麦奶产品在现制饮品和零售饮品等多个领域声名鹊起。

3. 打健康牌：0 糖、0 脂成风潮，加速众多原材料企业崛起

从消费需求角度来看，0 糖、0 脂、0 卡、新鲜、低糖、低油、天然等需求成为消费者主要的关注方向。这些消费需求催生了大量新兴食材，如各类代糖、天然原材料、益生菌、微量元素，以及延长水果保质期的冷冻水果等。

近年来，饮料赛道的热门关键词离不开“0 糖”。元气森林、可口可乐、农夫山泉等饮料品牌的 0 糖、无糖饮料爆火。随后，这一“0 糖风潮”席卷至茶饮赛道。奈雪的茶、喜茶等品牌均推出了 0 糖类产品选项，消费者下单产品的时候，均会有相关的“0 糖”选项可供选择。

消费者对于低糖的需求打开了代糖赤藓糖醇的销路。全球赤藓糖醇行业产能、产量、市场占有率领先的企业——三元生物于2022年在深交所敲钟上市。

数据显示，元气森林在 2018 — 2021 年期间分别实现营业收入约 2 亿元、6.6 亿元、27 亿元和 73 亿元。元气森林业绩接连翻倍的背后，对应的是三元生物也获得了业绩增长。在 2018 — 2021 年期间，三元生物分别实现营业收入 2.92 亿元、4.77 亿元、7.83 亿元、16.75 亿元，并在 2019 年时就已经占据了全球 33% 的赤藓糖醇市场份额。但是，三元生物财报透露，2022 年，由于三元生物的第一大客户元气森林未向公司采购原料，使得三元生物 2022 年的营收仅为 6.75 亿元，同比下降了 59.71%。

赤藓糖醇也是老牌功能糖生产商保龄宝的核心增长点。赤藓糖醇之后，保龄宝率先布局阿洛酮糖产能，阿洛酮糖或将成为下一个爆款代糖。

为顺应新茶饮的健康趋势，佳禾食品也在力求第二增长曲线。除了传统植脂末产品，佳禾食品开始围绕原有业务和核心优势做“加法”，扩大品类的边界，聚焦燕麦奶直饮场景，面向C端直饮市场推出了“非常麦”燕麦奶，并入股了植物蛋白燕麦饮品牌“oatoat麦子和麦”，以资本形式布局饮品的上下游业务版图。

噢麦力看准的也是“健康化”+“茶饮奶基替代”双风口，依靠技术壁垒抢占了市场先机。噢麦力是全球最大的燕麦奶企业，其创始人研发出全球第一款燕麦奶作为牛奶替代品，可以解决人类乳糖不耐受的问题。噢麦力的产品包括了牛奶、冰激凌、酸奶、烹饪奶油、奶油酱和便携饮品，其与星巴克合作推出的燕麦拿铁已成为咖饮市场中的爆款产品。

另据益普索调研数据，益生菌在消费者对于饮料添加元素的健康认知中排名第一。例如以复配食品添加剂起家的科拓生物，目前的大客户为蒙牛、光明等乳企。随着消费者追求健康的风潮日益兴盛，食用益生菌制品亦有可能成为饮品赛道食材的新增长点。

4. 看情绪值：饮品的情绪价值获重视

小仲马说，吃是为了肉体，喝是为了灵魂。

产品价值有三大构成：功能价值、情绪价值、资产价值。以中国目前供应链的发达程度，想把东西做得难吃并不容易，也就是说产品的功能价值已经“内卷”到了一个新高度，在功能层面实现均质化的产品时代已经到来。产品的情绪价值，即消费者为了获取某种情绪资源而愿意支付的价值，这一市场才刚刚找到新的增长点。

茶饮、咖饮、酒饮是天然自带情绪价值的品类，比如茶饮有“快乐水”之称，追求微醺、释放是年轻人爱上酒饮的理由。相对于茶饮、咖饮等注重用户情绪价值的赛道，酒饮赛道对于用户情绪价值的认知度相对低，酒饮的市场潜力尚待进一步开发。一些业内人士认为，酒饮市场增长空间较为广阔。未来，随着代际的更替，酒饮市场的底层驱动力会被新的驱动力取代。这种新的驱动力一定是在相对文明的酒饮秩序下建立的：它代表了消费者的情绪和个性，不管酒饮的度数高低、苦抑或酸，都是消费者个性化的表达。

目前，一些潜力酒饮供应链企业已经在积极布局了。以新酒饮供应链企业赋比兴为例，其创立于 2018 年，专注于开发新世代年轻人喜欢的新酒饮，提供产品创新策划、酒体研发、原材料采购、代工生产、物流配送等一站式供应链解决方案。目前，该企业已服务醉鹅娘、十七光年、三只松鼠旗下喜礼品牌“喜小雀”等 100 多个品牌。

总体来看，多数酒饮工厂主要还是强调产品的功能价值，即强调古法、传承、手工酿造，而对增量空间巨大的“情绪价值”的认知度相对欠缺。以赋比兴为代表的酒饮供应链企业则洞察到了用户的个性化需求，把企业定位于美好饮酒场景的推动者和创造者，认为自己的赛道并没有建立在传统酒饮的品类上，而是建立在个性和情绪之上，根据用户的个性和情绪的需求去整合产品。

和传统的标准化供应链相比，赋比兴这类企业做的是柔性制造，而柔性制造则是尊重需求主权的结果。从过去的供给思维到用户思维，尊重消费者的消费主权已成大势所趋。柔性制造本质是解决存在于供应链企业中的大订单稳定输出和多 SKU 并行之间的矛盾。大订单稳定输出考虑的是品控和成本，多 SKU 并行则倾向于考虑最小起订量和反应速度。有了柔性制造的策略，两者的矛盾就找到了解决方案。

柔性制造既能适配用户的情绪价值，又能适应市场快速的上新节奏，因此，柔性制造未来还有很大的发挥空间。

5. 往“野”处行：小众食材催生柔性供应链巨头

新式茶饮行业门槛低，竞争渐趋激烈。为了获得产品差异化的竞争优势，各大新式茶饮品牌加速了产品上新的“内卷”。

在原材料创新方面，不断往“野”处行，寻求个性化、区域特色的新原料是茶饮品牌打造爆款新品的趋势。近年来，茶饮品牌开发了多种区域性小众水果，如奈雪的茶捧红了油柑、喜茶带火了黄皮、沪上阿姨推出了刺梨类产品等。这些小众水果的产品系列均在市场上赢得了话题和关注度，也通过特殊的小众口味筑造了一定的产品壁垒。

表 2-2　全国部分茶饮品牌使用的小众食材情况

品牌名称	小众原料	产品
奈雪的茶	油柑	霸气玉油柑
喜茶	黄皮	黄皮仙露
书亦烧仙草	羊角蜜瓜	芝士羊角蜜
茶百道	佛手柑	佛手柠檬茶
古茗茶饮	红宝石	宝石绿豆冰
沪上阿姨	刺梨	刺梨维 C 皇

资料来源：公开信息，红餐产业研究院整理。

红餐网 | 红餐大数据

不仅小料创新花样翻新，随着区域性茶文化快速出圈，差异化茶底也成为茶饮品牌推陈出新的主要抓手。如茶百道推出坦洋工夫茶、茶颜悦色推出高山红茶等，茶底创新从传统红茶、绿茶、茉莉花茶底等升级到更精细化的优质原产地原叶茶。

有需求就有供给，面对下游新茶饮品牌多样化的产品创新需求和越来越快的上新速度，新茶饮上游供应链也进化出了敏捷型的供应链。

例如，主要从事饮品类、口感颗粒类、果酱类和直饮类等产品的鲜活饮品，其总部位于江苏省昆山市。2023 年 3 月 3 日，其在深圳主板 IPO 获受理。其招股书显示，鲜活饮品主要客户为蜜雪冰城全资子公司上岛智慧供应链有限公司以及古茗茶饮等新茶饮公司。截至 2023 年 2 月 15 日，鲜活饮品的产品在连锁门店 200 家以上的新茶饮品牌的渗透率为 64.46%。

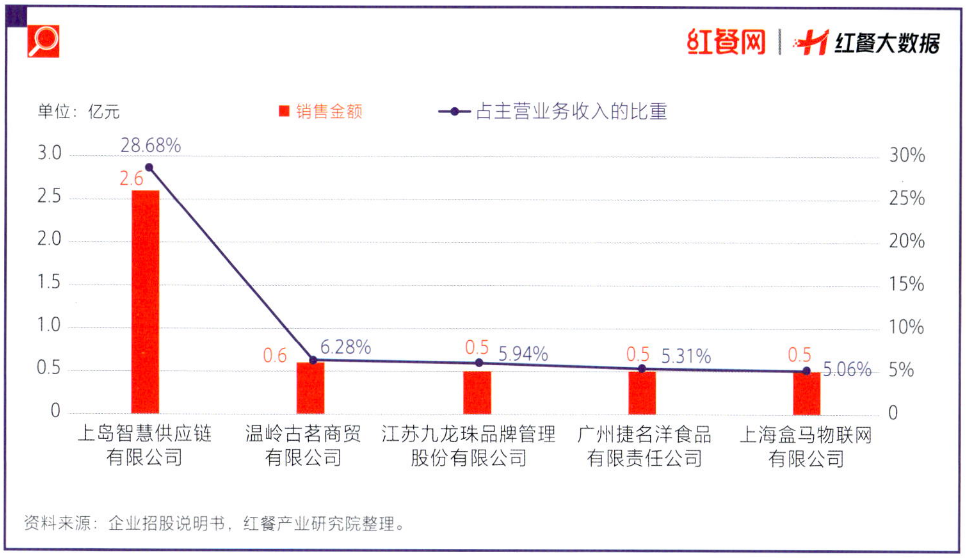

图 2-6　2022 年鲜活饮品主要客户情况

为了更好地提供符合茶饮企业所需要的原料，相关数据表明，鲜活饮品年均生产近 2,000 种规格品类的产品供客户选择。在产品口味上，既有草莓、杧果、百香果、柠檬、桃子、葡萄等大众口味，也有青梅、青柚、龙眼、黄皮等小众口味，以及多种水果风味的复合口味。在糖类产品上，鲜活饮品则较早将果糖带入餐饮体系，推出了冰糖糖浆、黄金糖浆。此外，鲜活饮品还推出适合新零售渠道的杨枝甘露、爆柠青提、小青柠等新茶饮产品。

在茶饮企业和上游供应链企业的协同作用下，茶饮赛道的产品创新在持续推进，未来还会有更多小众的食材被挖掘出来。

随着餐饮行业连锁化、规模化的进一步推进，背后的食材供应链企业也将迎来更大的发展。同时，由于不同餐饮品类、餐饮品牌的具体需求不一样，未来的餐饮供应链赛道也必定会是丰富多元、百家争鸣的局面。在不同的餐饮赛道中，均有希望诞生供应链的巨头企业。

02

第二节 预制菜：

B 端和 C 端需求持续高涨，百家争鸣格局分散

近年来，预制菜受到了较多的关注。一方面，赛道热度高涨，除了餐饮链条上的相关企业纷纷布局之外，还有诸多跨界参与者加入了进来。另一方面，投资机构亦纷纷寻找优质的投资标的。2023 年预制菜还首次被写入了中央一号文件，较多省份也出台了相关的产业扶持政策。在多方力量的助推下，预制菜市场持续扩容，进入了发展的快车道。

但整体来看，预制菜产业集群效应仍不明显，且不同细分赛道的发展不均衡。同时，目前市面上预制菜种类和产品相对较单一，亟须更多爆品。

一、市场规模持续扩容，预制菜进入发展快车道

预制菜是以农、畜、禽、水产品为原料，配以各种辅料，经预加工（如分切、搅拌、腌制、滚揉、成型、调味等）而成的成品或半成品菜肴。

近年来，随着味知香和千味央厨先后在 A 股上市，预制菜企业引起国内大众的关注，市场规模不断提升。

据红餐大数据，2022 年预制菜市场规模约为 4,306 亿元，同比增长 8%；随着餐饮连锁化程度的提升，2023 年全国预制菜市场规模预计将达到 4,912 亿元。从目前预制菜整体销量 B 端与 C 端占比 8 : 2 来看，2022 年 B 端市场规模约为 3,359 亿元，2023 年将达到 3,930 亿元。随着餐饮工业化和连锁化程度的提升，B 端需求将呈现出爆发式增长。同时，在“一人食”经济、宅经济的影响下，C 端需求亦在缓慢上升，我国预制菜市场有望会保持较高的增长速度，预计 2026 年预制菜市场规模将超 10,000 亿元。

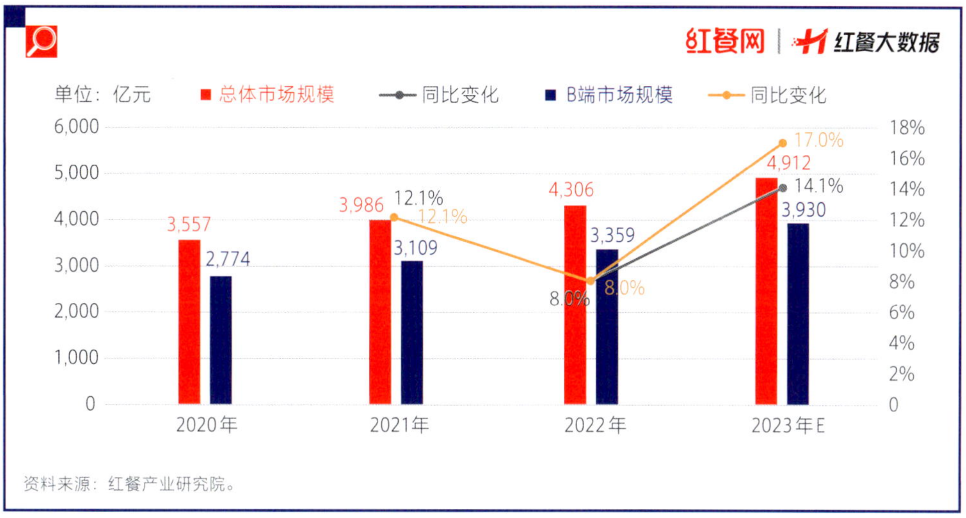

图 2-7　2020 — 2023 年全国预制菜市场规模概况

1. B 端和 C 端需求旺盛，预制菜发展空间广阔

近年来，B 端和 C 端旺盛的需求，共同助推了预制菜赛道持续扩容。在 B 端，预制菜为 B 端餐饮企业的降本增效提供了新思路。中国连锁经营协会联合华兴资本共同对外发布的《2022 年中国连锁餐饮行业报告》显示：在头部连锁餐饮企业中，预制菜的使用比例较高——乡村基、真功夫、吉野家、西贝莜面村等连锁餐饮企业，预制菜占比高达 80% 以上。

预制菜在餐饮企业中使用率不断提升的背后，体现的是餐饮企业对于降本增效的强劲需求。在新冠肺炎疫情等外部因素的影响下，餐饮行业受到较大冲击，为了寻求更好的发展，降本增效成为了很多餐饮企业的共同课题。

据中国饭店协会的《2022 中国餐饮业年度报告》调研数据显示：在餐饮行业成本中，原料进货成本占比最大，为 41.8%；人力成本是除原材料以外的第二大成本来源，占比超过 20%；原材料成本、人力成本、房租及物业成本这三项成本占比超过 70%。餐饮企业成本压力高企，使得众多餐饮企业的盈利状况不甚乐观，普遍面临高人工、高房租、高原材料、低毛利率的“三高一低”经营困境。

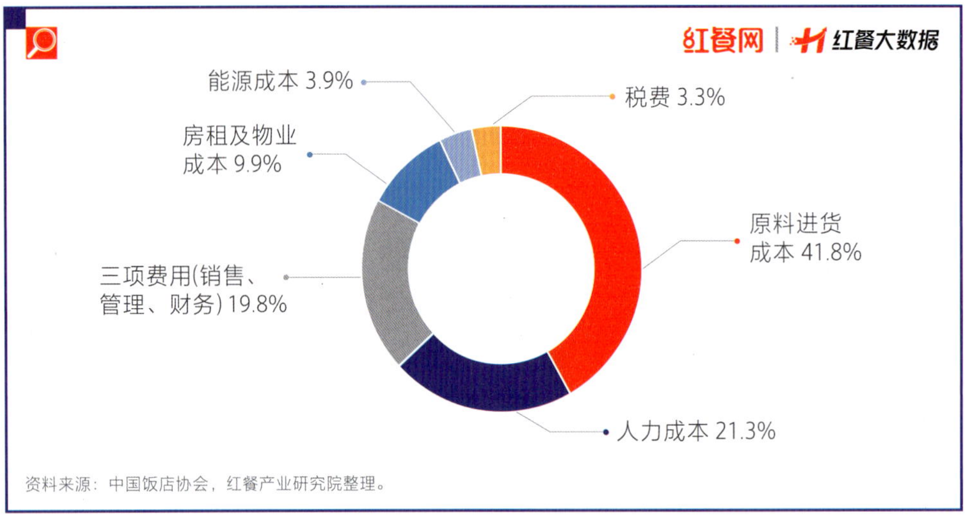

图 2-8　我国餐饮企业各项成本占比情况

而预制菜则能够较好地实现菜品的标准化供应，有效减少 B 端餐饮店的食材成本、人工成本和租金成本，帮助餐饮店提升利润率水平。相关数据表明，从成本结构角度看，虽然使用预制菜的餐厅的食材采购金额略有提升，但在加工环节中，使用预制菜可减少相关后厨人力与制作成本，反而能有效降低餐厅的总成本。

同时，近年来，预制菜C端市场亦发展迅速。2020—2022年外出就餐等消费场景受到限制，居家做饭需求上涨，C端消费者对预制菜的关注度有所提升。同时，主营C端预制菜的企业纷纷入局，C端预制菜迎来高速发展期。

例如味知香和千味央厨在原本B端业务的基础上，延伸了C端市场业务。同时，针对C端的预制菜企业如珍味小梅园、麦子妈等则在产品、渠道、营销等方面加大投入。

此外，预制菜的销售渠道亦发生了变化，逐步从餐饮门店、团餐等线下渠道转战家庭餐桌，开始发力新零售渠道。电商渠道、私域流量渠道和新型O2O渠道在预制菜销售渠道的占比快速提升，大量新锐品牌选择通过线上渠道塑造品牌。例如，直播短视频带货除了作为新型销售渠道之外，也有着与顾客沟通、塑造品牌的功能。

进入2023年以来，消费者外出就餐的机会变多，或对C端预制菜的需求造成一定的影响。同时，相对于具有锅气的现制菜肴，预制菜的口味还有一定提升的空间。但整体来看，在消费升级浪潮的推动下，C端预制菜仍有较大的发展空间。

以美国和日本等国家作为参照，其预制菜产业大多历经数十年的时间才构建出了相对成熟的体系，而我国预制菜产业尚处发展初期，未来还有较大的发展空间。

2. 预制菜首获中央一号文件支持，多项政策助推赛道发展

作为贯通一二三产业的新兴行业，预制菜不仅延长了农业产业链条，也有利于农产品增值。基于此特性，预制菜也成为政府关注的重要议题。

2023年2月13日，中共中央、国务院发布《关于做好2023年全面推进乡村振兴重点工作的意见》，提出“提升净菜、中央厨房等产业标准化和规范化水平，培育发展预制菜产业”。预制菜首获中央一号文件支持，意味着行业将迎来较好的发展机遇。

同时，地方各级人民政府纷纷出台相关政策，将预制菜作为地方经济发展的重要引擎。截至2023年6月，广东省、河南省、山东省、福建省、四川省等多个省市陆续出台或落地预制菜扶持政策，通过建设产业园区、出台行业标准、投资冷链物流，以及税收与金融优惠政策，为预制菜产业保驾护航。

表 2-3　2022 — 2023 年上半年我国五省出台的预制菜相关政策

发布时间	省级政策	具体内容
2023 年 1 月	四川省印发《支持预制菜产业高质量发展的若干措施》	出台 10 条举措支持预制菜产业高质量发展，对从 2021 年开始销售额超过 1 亿元、连续两年增速在 20% 以上的“大单品”给予最高 100 万元奖励
2022 年 11 月	福建省印发《加快推进预制菜产业高质量发展的措施》	到 2025 年，全省将建设 30 个现代农业产业园、20 个优势特色产业集群，推动福建预制菜特色产业，打造全国预制菜产业发展高地
2022 年 11 月	山东省政府办公厅印发《关于推进全省预制菜产业高质量发展的意见》	支持符合条件的预制菜企业上市挂牌融资、发行债券，对在境内外资本市场上市挂牌的企业，给予最高 200 万元的一次性奖补，到 2025 年，培育 10 家以上百亿级预制菜领军企业
2022 年 10 月	河南省印发《河南省加快预制菜产业发展行动方案（2022—2025 年）》	到 2025 年，全省规模以上预制菜企业主营业务收入突破 1,000 亿元；到 2025 年，全省规模以上预制菜企业超过 200 家，其中 10 亿元以上企业超过 30 家，培育预制菜上市企业 5 家以上
2022 年 3 月	广东省印发了《加快推进广东预制菜产业高质量发展十条措施》	力争在 3 年内建成全国乃至全球具有影响力的预制菜全产业链研发平台，把预制菜产业人才培养纳入“粤菜师傅”工程等

资料来源：公开信息，红餐产业研究院整理。

红餐网 | 红餐大数据

目前，我国预制菜产业已呈现出了全链条集群式发展的特征。2023 年 2 月，我国工业和信息化部发布了“2023 十大预制菜产业基地”。具体来看该十大预制菜产业基地的产业规模均超过 50 亿元，并且八成的基地位于东部地区。山东省共有 4 个基地入围，广东省、福建省两地各有两个基地入围，河南省、重庆市两地各有 1 个基地入围。

表 2-4　2023 十大预制菜产业基地

排名	省（市）	城市	基地名称
1	重庆市	重庆市	梁平区
2	福建省	厦门市	同安区
3	山东省	潍坊市	诸城市
4	河南省	新乡市	原阳县
5	山东省	临沂市	兰陵县
6	山东省	潍坊市	寿光市
7	福建省	福州市	马尾区
8	山东省	烟台市	莱阳市
9	广东省	佛山市	顺德区
10	广东省	肇庆市	高要区

资料来源：工业和信息化部中国电子信息产业发展研究院，红餐产业研究院整理。

预制菜产业的集群效应也逐渐受到重视。多地政府通过成立产业联盟、产业基地等形式，凭借规模优势和业务协同，在竞争中取得先机。2022 年，广东省在广州、珠海、佛山等城市率先创建 11 家预制菜省级现代农业产业园；河南省以漯河、郑州、南阳等城市为重点，培育建设一批预制菜研发生产基地；重庆市梁平区加快建设中国西部预制菜产业园，打造中国西部预制菜之都。

显然，预制菜作为一个横跨农业、食品加工、流通供应链、消费品、餐饮的“长链”品类，在产业园的建设发展过程中，将带来良好的集群效应。

除了政策利好，近年来，资本也纷纷加码预制菜赛道。红餐大数据显示，2021 — 2023 年 6 月，预制菜领域共发生投融资事件数 65 起。其中，2022 年全年预制菜领域投融资事件数与 2021 年基本持平。

具体来看，在获得融资的企业中，既有 To B 的供应链企业，也有瞄准 C 端消费者的预制菜企业。例如成立于 2018 年的冻品码头，是一家专注于 B 端预制菜供应链整合的企业。从 2019 年成立之初就获银河系创投天使轮融资，2022 年 4 月又获数千万元人民币的 A 轮融资的珍味小梅园，截至 2023 年 6 月已完成了 6 轮融资，目前其主要布局 C 端市场。

从投资方来看，预制菜不仅吸引了中金资本、创新工场等头部投资机构，也吸引了国有资本的参与。2022 年，国有资本也纷纷进场布局预制菜，多地政府纷纷设立或拟成立预制菜产业基金，为预制菜企业提供更多的资金支持。2022 年 4 月 23 日，中国（潍坊）预制菜产业发展大会宣布潍坊设立 10 亿元预制菜产业基金；2022 年 7 月 7 日，广东省宣布成立全国首个省级预制菜产业投资基金——广东省预制菜产业投资基金；此外，保定、南阳等城市，均有设立预制菜产业基金的相关计划。

表 2-5　2022 — 2023 年上半年推出预制菜产业基金的情况统计

时间	预制菜产业基金	事件
2022 年 4 月	山东省：潍坊设立 10 亿元的预制菜产业基金	招垦资本（北京）有限公司与潍坊市金控集团签约，由国家级、省级和潍坊市三级基金共同出资 10 亿元，设立预制菜产业基金。基金将重点投向预制菜生产、精深加工、设备制造、储运等领域
2022 年 7 月	广东省：广东省预制菜产业投资基金	广东省预制菜产业投资基金由广东恒健投资控股有限公司、广东民营投资股份有限公司联合组建，将围绕预制菜生产、仓储、流通、消费以及装备生产等产业链重点领域和关键环节进行投资布局，切实为预制菜产业发展注入“金融活水”
2022 年 7 月	南阳市：100 亿元规模的南阳市兴宛产业发展投资基金	南阳市产业投资集团宣布将加强与河南农开基金管理公司等省级农业投融资公司的合作，充分发挥省政府引导基金的带动作用，筹划设立 100 亿元规模的“南阳市兴宛产业发展投资基金”。同时，计划在母基金下设立专业子基金，为当地预制菜产业发展基金体系匹配更强“弹药”，助力形成“主导性产业 + 主导性园区 + 主导性基金”的预制菜产业发展模式
2022 年 8 月	保定市：10 亿元的预制菜产业基金体系	保定市召开都市农业创新发展大会，发布《保定市加快推进中央厨房预制菜产业高质量发展八条措施》，设立总规模 10 亿元的预制菜产业基金体系，在研发创新、扶持龙头企业、打造特色品牌等 8 个方面，用靶向政策支持预制菜产业链条化发展
2023 年 3 月	武汉市：江夏设 10 亿基金布局水产预制菜	在首届中国（江夏）水产预制菜产业链峰会上，发布了江夏拟设立 10 亿元淡水水产预制菜产业发展基金，布局 8,000 亩淡水水产预制菜专业园区，打造中国淡水水产预制菜之都，抢占万亿元预制菜产业新赛道

资料来源：公开信息，红餐产业研究院整理。

红餐网 | 红餐大数据

在多方因素推动下的预制菜产业迎来了快速发展期，但预制菜产业中存在的标准化、规范化不足的问题亦需引起重视。例如因为操作不规范而导致的食品安全事故等。

据红餐品牌研究院展开的“2023 年餐饮消费大调查”，在消费者不接受预制菜的原因中，认为预制菜“不够卫生”的占比达到 44.2%，排名第二，仅次于“口味不好”。

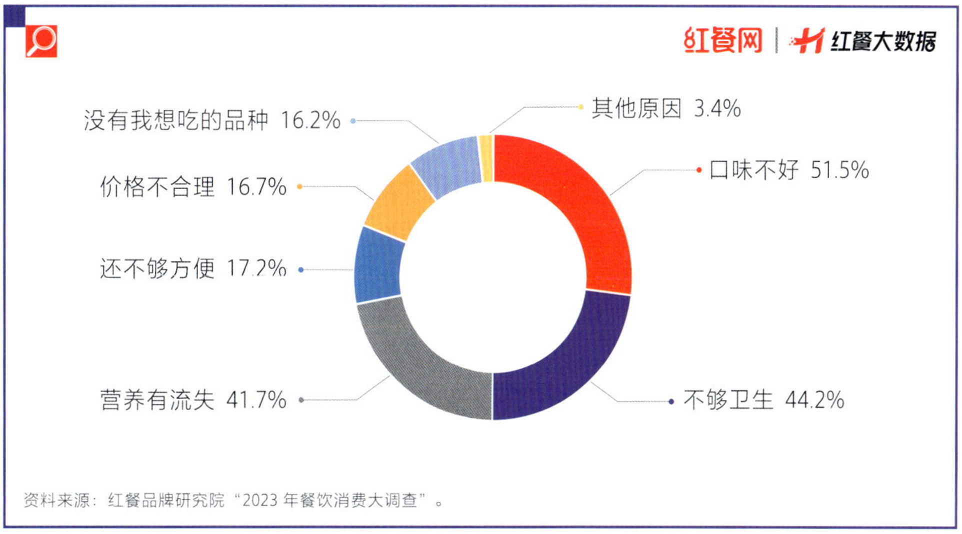

图 2-9 2023 年消费者不接受预制菜的原因分布情况

不难看出，预制菜的食品安全是消费者普遍关注的问题。

不过，近几年预制菜相关的各项标准也在陆续出台。根据全国标准信息服务平台数据，截至 2023 年 6 月，现行且有编号的预制菜标准已有 112 项，其中地方标准 8 项、团体标准 69 项、企业标准 35 项。在这些标准中，由山东省和广东省发布的标准数量排名前二，分别达到了 31 项和 18 项。相信随着预制菜相关标准的落地，食品安全问题将得到逐步改善。

表 2-6　2023 年全国部分已备案预制菜地方标准

序号	标准号	标准名称	省市区	状态	批准日期	实施日期
1	DB50/T 1342 — 2022	预制菜生产加工行为规范	重庆市	现行	2022 年 12 月 28 日	2023 年 2 月 28 日
2	DB50/T 1341 — 2023	预制菜产业园区建设指南	重庆市	现行	2022 年 12 月 28 日	2023 年 2 月 28 日
3	DB1306/T 202 — 2022	预制菜冷链配送规范	保定市	现行	2022 年 11 月 10 日	2022 年 11 月 20 日
4	DB1306/T 201 — 2022	预制菜分类	保定市	现行	2022 年 11 月 10 日	2022 年 11 月 20 日
5	DB1306/T 200 — 2022	预制菜术语	保定市	现行	2022 年 11 月 10 日	2022 年 11 月 20 日
6	DB4501/T 3 — 2022	预制菜冷链配送操作规范	南宁市	现行	2022 年 5 月 31 日	2022 年 6 月 30 日
7	DB4501/T 2 — 2022	预制菜分类	南宁市	现行	2022 年 5 月 31 日	2022 年 6 月 30 日
8	DB4501/T 1 — 2022	预制菜术语	南宁市	现行	2022 年 5 月 31 日	2022 年 6 月 30 日

资料来源：全国标准信息服务平台，红餐产业研究院整理。
数据统计时间截至 2023 年 6 月。

红餐网 | 红餐大数据

二、巨头入局跑马圈地，六大派系争鸣

预制菜的发展进入了快车道，各类势力纷纷入场。目前，除了专业预制菜企业之外，上游的农牧水产企业、速冻食品企业，以及下游的餐企、生鲜电商等企业均在积极拓展预制菜业务。但总体来看，预制菜仍处于行业发展初期，行业整体集中度相对低，尚未出现全国性的龙头企业。

同时，全国各地的预制菜产业还存在发展不均衡的特征，比如广东省、山东省的预制菜产业拥有先发优势，而一些起步较晚的省份和地区则相对落后，可能需要奋力赶超。

1. 广东、山东两省暂领先，产业集群效应待加强

总体来看，全国各省预制菜的发展均处于初级阶段。虽然多地都有喊出打造“预制菜之都”的口号，但是预制菜产业总体综合实力较强的省份尚未出现。

从各省份的预制菜企业注册量来看，各省现存预制菜企业差距较大。企查查数据显示，截至 2023 年 6 月，山东省拥有最多的预制菜相关企业，合计 7,360 家，领跑全国；河南省、江苏省分别现存 5,676 家、5,397 家，排名第二、第三名；此后依次为河北、广东、安徽、吉林等省份。从城市分布上来看，深圳现存 1,930 家预制菜相关企业，长春、潍坊分别有 1,709 家、1,384 家，位列前三。此后依次为临沂、苏州、常州、合肥等地。

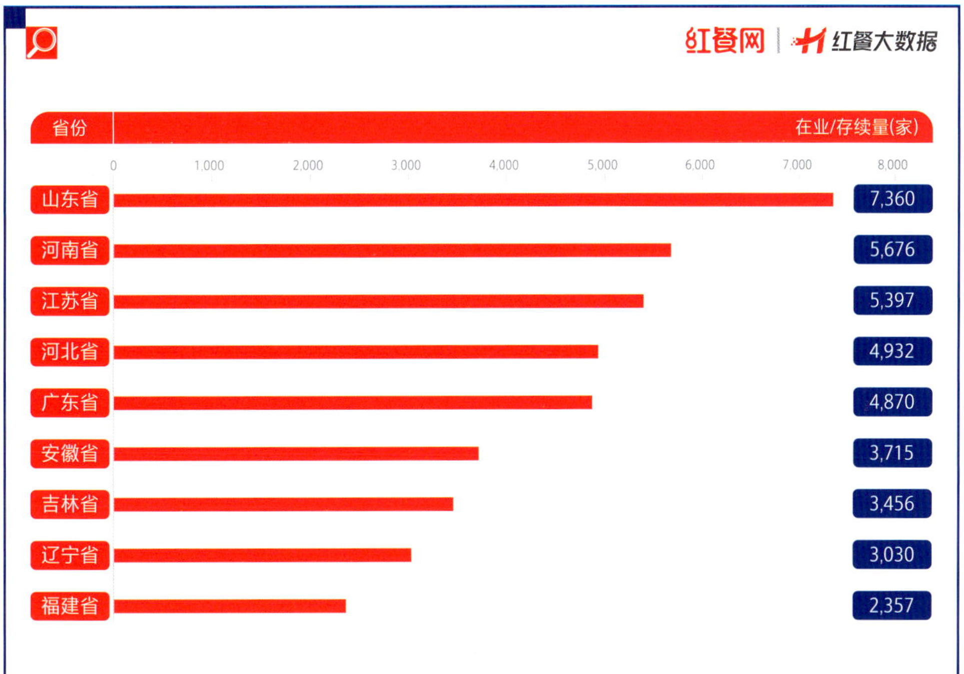

注：仅统计企业名称、经营范围、产品名称包含关键词“预制菜”“预制食品”“速冻”“半成品食品”“即食”“净菜”的企业。
资料来源：企查查，红餐产业研究院整理，数据统计时间截至 2023 年 6 月。

图 2-10　2023 年全国预制菜企业分布 TOP10 省份

红餐产业研究院通过对全国 31 个省（自治区、直辖市）的预制菜媒体传播声量、企业数量和规模、产业园区建设、重点企业产品销量、政策扶持力度，并结合专家团队评价等指标，设置不同的权重比例，对原始得分加权生成了产业指数。

从各省份的红餐产业指数来看，广东、山东、河南、福建、四川、上海、安徽、江苏、湖北、河北的预制菜产业发展指数位列全国前十。其中，广东、山东、河南分别以 89.46、87.47、79.95 的产业指数位列前三。

表 2-7　2022 年全国预制菜产业指数 TOP10 省份

排名	省份	产业指数
1	广东省	89.46
2	山东省	87.47
3	河南省	79.95
4	福建省	78.03
5	四川省	77.46
6	上海市	76.94
7	安徽省	76.61
8	江苏省	75.85
9	湖北省	73.49
10	河北省	73.07

资料来源：红餐产业研究院，统计时间截至 2023 年 6 月。

红餐网 | 红餐大数据

2022 年，我国预制菜产业指数排名第一的省份为广东省。据广东省市场监督管理局统计，2022 年，广东省预制菜市场规模达到了 545 亿元。广东省的预制菜产业之所以能走在前列，主要有三个方面因素的助力。首先，广东省食品加工业基础完善。过去一些台资、港资食品企业纷纷到东莞、佛山等地建厂，培养了大批专业管理与技术人才，这为广东企业进行预制菜转型提供了人才与技术力量。其次，广东省经济相对发达，消费人群较为广泛，对便捷的预制菜拥有较高的需求。最后，广东作为我国的经济大省，冷链物流运输发达，有利于打通预制菜的最后一公里。

企查查数据显示，目前，广东省共拥有预制菜相关企业近 5,000 家，其中存在着较多的实力企业。在红餐产业研究院发布的《2023 年度预制菜领军企业 TOP50》中，广东省有 7 个上榜企业

（国联水产、恒兴集团、广州酒家、何氏蹦蹦鱼、玖嘉久、蒸烩煮、众口味食品），占比 14%。

以预制菜发展较成熟的广州、湛江和佛山为例。广州南沙区预制菜产业园首批入选 2022 年省级现代农业产业园建设名单。湛江作为“水产预制菜之都”拥有深水海港，还具备海洋、铁路、公路等立体综合运输体系，以国联水产为代表的预制菜企业全面发力预制菜，加强 C 端市场渗透。还有湛江吴川烤鱼预制菜产业园入选了“2022 年省级特色产业园”。佛山则以水产品支撑了预制菜产业的快速发展，充足的原材料供应帮助水产品相关预制菜企业快速抢占国内市场。

除了广东省，山东省亦是预制菜产业大省。企查查数据显示，山东省目前拥有预制菜相关企业 7,000 余家。山东省的预制菜产业之所以能取得快速发展或有赖于以下三个方面的因素。首先，山东作为农业大省食材全、供应充足、稳定。其次，相关标准相对完善，在国内具有良好的口碑，如全国蔬菜质量标准中心、全国畜牧禽屠宰质量标准创新中心均先后落户山东省。最后，加工能力强。山东省食品产业发达，物流体系完善，规模以上农产品加工企业有近万家。

在红餐产业研究院发布的《2023 年度预制菜领军企业 TOP50》中，山东共有 5 个品牌上榜，分别是春雪食品、得利斯、凤祥食品、惠发食品、龙大美食，占比 10%。

从广东和山东两省预制菜发展情况来看，两省均具备相应的食材资源和产业特色，且也已经形成了肇庆高要、山东寿光、潍坊诸城等预制菜产业园。但总体来看，上述两省的预制菜优秀企业占比相对低，集群效应尚不明显。

目前，国内的预制菜市场竞争格局还没有完全成型，在市场不断增长的同时，各个省份的企业、产品竞争大战亦将加剧。各省要想在预制菜之争中拔得头筹，需要省内的预制菜上下游企业通力合作。在起步阶段享有先发优势的预制菜大省广东、山东，要想跑出更多优秀的预制菜企业，可能还需在品牌力打造、渠道拓展等方面多发力。而对于一些综合实力一般，但具备某项单一品类优势的省份，则可以持续挖掘品类优势，以成为垂直品类的冠军为目标突围。

2. 预制菜企业百花齐放，行业龙头尚未角出

2020 年以前，预制菜行业参与者主要为已在该领域耕耘多年的区域型专业预制菜企业，它们一般均有各自的核心市场，竞争也相对缓和。但随着预制菜市场的持续增长，各类企业纷纷布局预制菜业务，竞争逐渐激烈。总体来看，当前的行业参与者可分为上游食材派、速冻食品派、餐饮企业派、生鲜电商平台派、专业预制菜派以及新锐派六大类，不同参与者在原材料掌控、工厂布局、渠道协同、产品研发等方面各具优势。

表 2-8　六类预制菜企业优劣势分析

分类	现有客群	产品特色	优劣势分析	代表企业
上游食材派	客群以 B 端餐企为主，销售渠道多为经销商、农贸市场、直销或线上	主要沿自身原有供应链向下游延伸，生产调理制品以及料理包类产品	优势：拥有上游原材料优势以及成本优势，盈利水平较高 劣势：品牌塑造能力偏弱，对于下游消费者需求把握不足，分销手段较为单一	龙大美食、双汇发展、圣农发展、国联水产、恒兴集团
速冻食品派	客群以 B 端餐企为主，主要通过现有渠道及经销商销售	部分通过 OEM 方式筛选品类，部分自产	优势：品牌优势、全国工厂布局优势、经销商布局优势、冷链优势 劣势：对于消费需求的把握不足，产品研发能力较弱	安井食品、三全食品、思念食品、海欣食品、千味央厨
餐饮企业派	线下通过门店、商超渠道售卖，线上通过电商等渠道售卖	将自身特色产品制成预制菜	优势：推出的特色产品还原度高 劣势：运营成本较高，渠道能力较弱	广州酒家、西贝、同庆楼
生鲜电商平台派	聚焦 C 端市场，深度挖掘消费者偏好，致力于实现线上、线下渠道一体化	基于生鲜业务所拥有的高频流量，以 OEM 等方式布局预制菜	优势：C 端渠道触达优势 劣势：以 OEM 为主，品控力较弱	盒马鲜生、美团买菜、叮咚买菜
专业预制菜派	主要以 B 端为主，近两年往 C 端消费者靠拢，渠道上以线上、经销商为主	产品以自研自产为主，聚焦不同细分客户	优势：产品丰富、专业度高，品牌塑造经验丰富 劣势：多数企业较小，且品控力较弱，工厂自动化程度不高	味知香、好得睐、彭记坊、新聪厨
新锐派	借助抖音、天猫等电商渠道的流量优势实现快速扩张，逐步拓展线下渠道	成立年限较短，在资本的助力下投身于较为成熟的赛道	优势：多以互联网思维进行轻资产扩张，经营灵活，营销能力较强 劣势：多数以 OEM 为主，研发能力弱，线下渠道布局较弱	珍味小梅园、麦子妈

资料来源：红餐产业研究院。

（1）上游食材派：原材料成本优势突出，品牌塑造能力待加强

上游食材派企业通常以肉类、禽类养殖和屠宰起家，在原材料获取及成本优势上较为明显。并且，多数企业原本就从事调理肉制品、肉制品加工等业务，其产业链建设亦较为完善。基于掌握的原材料以及渠道优势，上游食材派企业将现有产业线延伸，研发预制菜产品。

这类企业的预制菜产品以加工程度较低或利润空间较低的调理肉制品为主。这类企业要想在预制菜领域做大做强，需在新品研发能力、渠道建设等方面多加努力。

表 2-9　部分上游食材派企业布局预制菜情况

企业名称	2022 年收入（亿元）	预制菜布局
双汇发展	625.76	预制菜成为其企业产品结构调整的战略布局板块。2022 年以来，相继推出了蒜香排骨等半成品菜，佛跳墙等成品菜肴，以及啵啵袋等方便速食产品。2023 年围绕“八大菜系 + 豫菜”，关注不同区域的消费需求，加强预制菜产品研发，完善多元化产品矩阵
龙大美食	161.16	2022 年预制菜业务实现 13.14 亿元收入，同比增长 11.16%。提供预制菜食材、预制半成品和预制成品三大品类产品，产品包括精加工食材、黄喉、酥肉等。以 B 端销售为主，C 端预制菜的销售占比较低
圣农发展	168.17	现有食品板块（预制菜）食品生产线和工艺标准化程度高，2022 年食品板块（预制菜）收入超 73 亿元，其中 C 端收入突破 14 亿元，同比增长了 64%
国联水产	51.14	2022 年预制菜收入 11.31 亿元，占总收入的比重为 22.12%，推出了菠萝烤鱼、剁椒金鲳鱼、奶香麦片脆皮虾等 20 余款预制菜新品

资料来源：企业财报，红餐产业研究院整理。

红餐网 | 红餐大数据

（2）速冻食品派：起步稍晚，具备技术和渠道优势

速冻食品派企业本身做速冻半成品起家，做预制菜的优势在于先进的冷冻技术，以及较为全面的经销网络。这类企业的主营业务通常为速冻米面制品和速冻火锅料制品，并且在工厂布局、经销商布局、冷链能力和品牌认知上具备一定的优势。但是，目前多数企业布局预制菜时间相对短，尚处于尝试阶段。

表 2-10　2020 — 2022 年速冻食品派企业的速冻菜肴收入情况

单位：亿元

企业名称	2020 年收入	2021 年收入	2022 年收入
安井食品	6.73	14.29	30.24
海欣食品	0.07	0.11	1.62
千味央厨	0.50	1.30	2.13

资料来源：企业财报，红餐产业研究院整理。

以安井食品为例，凭借自有的技术、渠道优势掘金预制菜领域，2022 年安井食品预制菜营业收入同比增长 111.6%，达到 30.24 亿元。除了“安井”品牌之外，安井食品还推出了“冻品先生”“安井小厨”这两个主营预制菜的品牌。具体来看，“安井”品牌主要聚焦虾滑，“冻品先生”品牌聚焦酸菜鱼，“安井小厨”品牌则聚焦小酥肉、荷香糯米鸡。其中，2022 年“安井小厨”实现营业收入近 2 亿元，“冻品先生”实现营业收入超 5 亿元。

表 2-11　部分速冻食品派企业布局预制菜情况

品牌	渠道	特色产品	生产方式	特色
冻品先生	C 端为主	酸菜鱼、香脆藕盒	以 OEM 方式为主	以先轻后重方式密集快速上新，具有上下游供应链快速响应机制，依托清晰的选品逻辑以及高性价比策略，逐渐积累口碑
安井小厨	B 端为主	小酥肉、糯米鸡	自研、自产	依托安井食品在全国的渠道布局，形成自研、自产、自销的供应链模式

资料来源：公开信息，红餐产业研究院整理。

（3）餐饮企业派：距离消费者较近，生产能力相对弱

这类餐饮企业通常拥有自己的特色菜品和品牌认知，它们开拓预制菜业务的优势在于距离消费者较近。但是，为了布局预制菜，餐饮企业需建设供应链、仓储、物流等体系，还需铺设零售销售渠道。这对于中小型餐饮企业来说门槛较高。

目前，广州酒家、西贝、同庆楼、九毛九、眉州东坡等餐饮企业都推出了半成品菜，通过线上电商平台、线下门店和商超等多种渠道售卖。其中，一些餐饮企业取得了不错的成绩。例如，广州酒家的速冻食品收入从 2019 年的 5.5 亿元增加到 2022 年的 10.58 亿元，增长速度较快。

不过，并非所有的餐饮企业布局预制菜都能取得较好的业绩。以烤鸭为预制菜代表食品的全聚德为例，其早期开发的预制食品均以老北京风味为主，地域风味明显。2022 年全聚德营业收入 7.19 亿元，同比下降了 24.16%，归属于上市公司股东的净亏损约为 2.78 亿元，而其商品销售（含预制菜）的营业收入亦从 2020 年的 2.38 亿元下降到 2022 年的 1.76 亿元。尽管全聚德很早就有预制菜产品，如烤鸭、鸭香肠、卤鸭、鸭腿等，但是这些产品的表现并不突出，地域风味亦在一定程度上限制了其预制菜业务的发展。

表 2-12　2020 — 2022 年餐饮企业布局预制菜相关业务收入情况

单位：亿元

企业名称	2020 年收入	2021 年收入	2022 年收入
广州酒家（速冻食品）	7.75	8.48	10.58
全聚德（商品销售）	2.38	2.28	1.76
同庆楼（食品业务）	—	0.15	0.94

资料来源：企业财报，红餐产业研究院整理。

红餐网 | 红餐大数据

（4）生鲜电商平台派：仓储、物流体系完善，研发能力相对弱

生鲜电商平台布局预制菜的优势是具备完善的前置仓建设与物流配送体系，能以自有渠道触及消费者，其预制菜产品能够与生鲜到家场景相结合。目前，以盒马鲜生、美团买菜、叮咚买菜为代表的生鲜电商平台在预制菜市场均有亮眼表现。

盒马鲜生是较早入局预制菜的生鲜电商平台。2017 年，盒马鲜生推出盒马工坊正式布局预制菜，紧接着，在 2020 年推出 3R（Ready to cook，Ready to heat，Ready to eat) 事业部，研发即烹、即食、即热类型的预制菜。2023 年 3 月，盒马鲜生与新消费品牌 Moodles 联名推出了一系列鸡肉、虾肉面，销售量以超过 60% 的周环比增长率增长。2023 年五一假期，盒马鲜生的烧烤预制菜和预制小龙虾的销量亦取得了较大的业绩增长。

叮咚买菜平台显示，2022 年叮咚买菜自有品牌预制菜（包括叮咚王牌菜、拳击虾、蔡长青等）销量相比 2021 年增长超 2 倍。

生鲜电商平台派距离消费者近，对消费者需求把握精准，在预制菜的研发、创新上更有优势。但目前大多数生鲜电商平台的预制菜产品主要通过 OEM 方式，在出品把控上存在一定的劣势，质量很难保障，且供应稳定性不足。同时，生鲜电商平台派在核心产品打造、产品研发上均存在一定的不足，成长空间也易受自身网点布局能力的限制。

（5）专业预制菜派：企业总体规模偏小，亟须发力突围

专业预制菜派企业通常已经在预制菜行业深耕数年，在产能、产品、客户资源等方面已积累了一定的实力，且产品体系比较完善，在 B 端、C 端市场均有一定的消费基础。

例如“预制菜第一股”味知香，旗下有“味知香”和“馔玉”两个品牌，分别面向 B 端和 C 端客户。2022 年，其公司实现营业收入 7.98 亿元，净利润 1.43 亿元，相比 2021 年分别增长了 4.40% 及 7.95%。其中，零售渠道在主营业务中的占比为 69%。

还有主营业务为研发、生产和销售鱼虾类等水产品预制菜的鲜美来，其主要服务大型商超、电商零售平台、食品加工企业以及海底捞、呷哺呷哺等连锁餐饮企业。2022 年，其营业收入首次突破 10 亿元，净利润超 8,500 万元。

虽然专业派选手有自己的独特优势，但是总体规模相对偏小。同时，专业预制菜派企业以家族企业居多，区域化经营特色较为明显，对外部资本的介入和全国化扩张的态度相对保守，它们需通过新品拓展、渠道扩张以实现全国化的能力。

表 2-13　2020 — 2022 年专业预制菜派企业收入情况

单位：亿元

企业名称	2020 年收入	2021 年收入	2022 年收入
味知香	6.22	7.65	7.98
鲜美来	8.50	9.15	10.59

资料来源：企业财报，红餐产业研究院整理。

红餐网 | 红餐大数据

（6）新锐派：以 C 端为主，从线上起家

新锐派预制菜企业主要聚焦 C 端市场，产品生产以 OEM 方式居多，并且这类新型预制菜企业多借助资本力量布局。具体来看，它们一般先通过抖音、天猫等电商渠道塑造品牌影响力，再逐步往线下渠道扩张。这类企业在产品研发和品控上往往存在一定的问题，要补齐短板，则需要加强关注差异化产品的研发、自土生产线的建设、线下渠道的构建等多方面的能力。

总体来看，上游食材、速冻食品和专业预制菜企业一般都在原有领域深耕，以 B 端客群为主，在成本、产品研发、规模生产、渠道方面享有优势，但在品牌力打造与 C 端消费者触达等方面则相对弱势。而餐饮企业、生鲜电商平台及新锐派企业则大多专注于 C 端客群，消费者洞察能力、品牌塑造能力相对较强。

未来，预制菜龙头企业极有可能在占据渠道优势（B 端为主，C 端造势）、具备产品特色（顺应需求，研发能力强）以及冷链物流体系完善的综合型企业中诞生。

三、水产预制菜表现突出，特色产品成差异化突破口

预制菜按照原材料可分为肉禽预制菜、水产预制菜、米面蔬菜类三大板块。

近年来，肉禽预制菜市场的需求量在不断上涨，带动了我国肉禽预制菜市场规模持续扩大。红餐大数据显示，我国肉禽预制菜市场规模有望从 2020 年的 2,300 亿元上涨到 2023 年的 2,800 亿元左右。基于此，好得睐、龙大美食、圣农发展、新希望、春雪食品等不少企业纷纷推出肉类预制菜单品，如小酥肉、扣肉、糖醋里脊等。这类单品为上述企业带来了可观的营业收入，比如新希望六和食品的小酥肉产品，仅 2022 年就实现了超过 10 亿元的销售额。

同时，冷冻面食、烘焙面团类企业在近年的表现同样突出。比如 2021 年 9 月在深交所上市的千味央厨，作为百胜中国、海底捞、华莱士等餐饮企业的供应商，为它们提供众多传统米面产品，如油条、芝麻球等。2022 年，千味央厨实现营业收入约 14.89 亿元，同比增长了 16.9%。

在冷冻烘焙领域，很多冷冻烘焙半成品如麻薯、蛋挞皮、蛋糕等在 B 端市场亦被广泛应用，一些主打冷冻烘焙的企业迎来了较快的发展。例如为盒马鲜生提供网红爆款麻薯半成品的立高食品，于 2021 年在深交所上市，2022 年实现了 29.11 亿元的营业收入，同比增长了 3.32%。为奈雪的茶、盒马鲜生等企业提供千层蛋糕、蛋糕卷、泡芙等冷冻烘焙半成品的恩喜村，近年来在资本的助力下，亦发展迅速。相关数据显示，恩喜村年销售额早在 2021 年就已突破了 10 亿元。

表 2-14 2023 年部分预制菜企业及爆品概况

类型	代表企业	代表产品
肉禽预制菜	新希望、正大食品、龙大美食	小酥肉、扣肉
水产预制菜	国联水产、信良记、海文铭	小龙虾、酸菜鱼、佛跳墙
米面蔬菜类预制菜	千味央厨、立高食品、恩喜村	油条

资料来源：红餐产业研究院。

此外，我国水产预制菜近年来也迎来了较快的发展，是表现较为突出的预制菜细分赛道。

1. 水产预制菜连年长红，产品丰富度待提升

由于我国水产资源丰富，水产预制加工市场潜力巨大。随着我国消费升级的潮流，人们更加注重健康饮食，对于蛋白质的需求提升，且年青一代追求饮食便利，有望推动水产类预制菜市场持续发展。据红餐大数据，2022 年我国水产预制菜行业规模为 1,047 亿元，同比增长 22.3%；预计未来将保持较高的增长速度，2023 年市场规模有望达到 1,230 亿元。

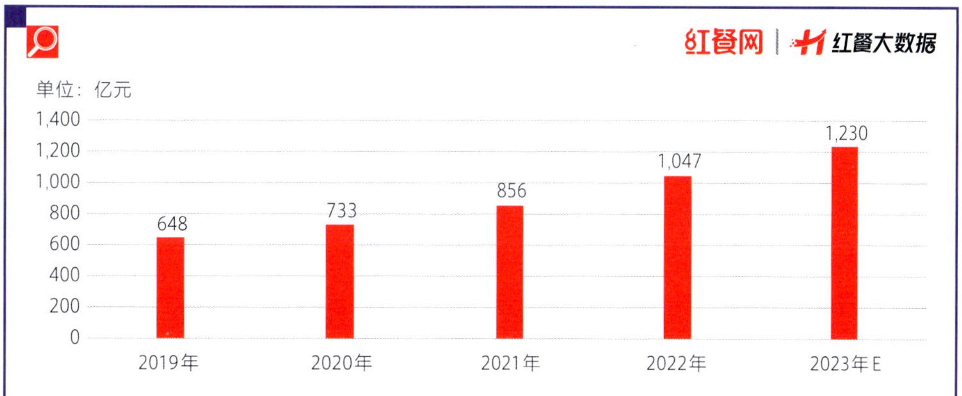

资料来源：红餐大数据。

图 2-11 2019 — 2023 年全国水产预制菜市场规模概况

从供需两端分析，不难看出，水产预制菜有着需求量大、供给充足、技术成熟等特点。

在需求端，相比肉类产品，水产品的加工、处理、烹饪过程较为烦琐复杂，水产预制菜可以大大简化处理流程。于B端餐饮企业而言，水产预制菜的出现可以简化水产菜品的加工流程和减少食材损耗，并节约餐厅后厨空间，满足餐厅降本增效的需求。于C端消费者而言，选择水产预制菜进行烹饪，无须繁杂的准备步骤，只需通过简单加工，就可以做出海鲜大餐，十分便捷。尤其是在春节、冬至等我国的传统节庆日，家家户户均有着阖家聚餐的需求，味道鲜美、营养丰富的海鲜就成了聚餐必选菜品之一，而水产预制菜亦顺势登上了消费者的饭桌。据京东数据，2022年京东生鲜年货节期间，佛跳墙、海鲜礼盒等水产预制菜产品成为成交额最高的年夜饭品类。其中，以鲍鱼、海参等水产为主产品的佛跳墙礼盒，其关键词在年货节期间的搜索频次突破了10万次。

在供给端，水产品供给颇为便利。一方面，我国水产资源丰富，水产品品类多样，且分布地域较广，水产品供给、市场价格已较为稳定；另一方面，近年来国内速冻保鲜、冷链物流技术也在不断升级，已经能够满足水产品对仓储保鲜和冷链运输的高要求。凭借成熟的液氮速冻、极速锁鲜技术，水产品可以实现全年供给。

在水产预制菜赛道中，小龙虾是发展较为成熟、普及度较高的产品。目前，我国小龙虾的预制菜加工企业主要有以下三类。

第一类是由传统水产加工企业扩产而成的小龙虾深加工企业。如国联水产，其早在2019年就开始着手打造自有电商渠道，大力推广小龙虾预制菜。第二类是在自身深加工基础上投资建设小龙虾工厂、自产自销的企业。如安井食品于2022年3月宣布拟投资10亿元，在湖北省建立预制菜肴生产项目，推进小龙虾预制菜的品类开发。第三类则是深耕小龙虾品类或具备强大供应链能力的餐饮企业以及生鲜电商平台，它们多采取借助小龙虾加工工厂代工、自行销售的模式。如盒马鲜生、叮咚买菜等生鲜电商平台，海底捞、西贝等连锁餐企。

在这三类小龙虾预制菜企业中，又以专注于小龙虾品类的餐饮企业优势最为明显。例如创立于2008年，已经开出了30余家直营门店的肥肥虾庄。其创立15年以来，一直在不断夯实品牌根基，围绕“产品+门店+品牌”层面建立了一套全方位的运营体系。在稳步发展的同时，肥肥虾庄亦在尝试其他可能性。2019年，肥肥虾庄开始布局小龙虾预制菜赛道，基于其线下门店多年的口味探索和经验积累，推出了多种口味的小龙虾预制菜产品。在品牌的加持下，肥肥虾庄预制菜业务取得了较好的成绩。相关数据显示，2022年，肥肥虾庄的预制小龙虾共卖出了200余吨。而肥肥虾庄也成为近年来少有的逆势拓店的小龙虾品牌。据了解，2023年肥肥虾庄仍将在小龙虾赛道中保持稳步有序的扩张态势。

在这三类企业的共同推动下，目前，小龙虾预制菜在B端和C端消费市场的普及度非常高。小龙虾作为消费者接受度相对较高的单品，通过前些年的市场教育，已经培养了消费者的消费习惯。而小龙虾预制菜的出现，打破了季节性的限制，可以作为线下门店渠道的补充，未来还有一定的成长空间。

但值得注意的是，大部分企业在进入水产预制菜赛道之时，基本都遵循“大单品”思路，围绕酸菜鱼、小龙虾等来展开生产，产品有同质化倾向，水产预制菜的丰富度有待提升。

2. 甲鱼、河豚等特色食材出圈，创新成就更多爆品

除了小酥肉、小龙虾之外，不少预制菜企业也在不断研发更多的新产品，希望能打造出更多的爆品。其中，不少预制菜企业将目光转向了特色食材，比如河豚、甲鱼等预制菜产品也取得了一定的成绩。

在我国，河豚曾因含有毒素被禁止食用，但是随着河豚养殖技术的发展，无毒河豚开始出现在一些高端餐厅的菜单上。在消费者对河豚关注度进一步提升时，不少企业也开始研发河豚预制菜产品，希望能打造出另一款爆品。例如肆月河豚、江苏豚岛食品、江苏帅楷、江苏鱼天下食品等企业，均先后研发推出了红烧河豚、河豚水煮鱼、河豚火锅、河豚佛跳墙等河豚预制菜产品。

甲鱼同样被不少预制菜企业所重视。大湖股份、宁圣国际、安井食品等企业都纷纷推出了甲鱼预制菜产品。在被称为“甲鱼王国”的河南信阳潢川，当地的食品农业企业也开始发展甲鱼预制菜。比如，农都农业开发了半成品冰鲜甲鱼、卤甲鱼等面向 C 端的预制菜产品。2022 年，其甲鱼系列产品年产量达 500 吨，在电商平台及商超渠道的销售额达 5,000 万元。此外，澳嘉食品、

润燊食品也推出了甲鱼预制菜系列产品，销售业绩亦颇为亮眼。

业内人士指出，河豚、甲鱼等这类处理制作有门槛的食材，比较适合被开发为预制菜大单品。而对于预制菜企业而言，打造此类小众、特色的预制菜相对容易形成差异化的竞争优势，有助于企业实现弯道超车。未来，研发生产小众特色的预制菜产品或成为预制菜企业突围的重要方向。

目前，不管是发展态势良好的水产预制菜企业，还是肉禽等其他类型预制企业，当下面临的主要问题就是产品同质化的问题。预制菜企业要想在竞争激烈的赛道中脱颖而出，还需要在产品研发方面多下功夫。预制菜企业可以化被动为主动，结合自身产业优势，不断深挖终端消费者需求，并研发出相应的产品。相信，经过不断的试验、创新，企业终会拥有属于自己的爆品。

就整个预制菜产业来看，政府的扶持和资本的进入将更有利于提升预制菜行业的规范程度，同时，不同企业的进入则能让行业百花齐放，提升市场热度。但随着各类企业的入局，预制菜赛道势必会越来越拥挤，竞争会越加激烈。此外，当前预制菜依然存在标准化、规范化不足的问题，各大预制菜企业在未来的发展中仍然任重而道远。

03

第三节

复合调味料：

中餐连锁化发展的味道“引擎”

我国的饮食文化博大精深，美食种类丰富多样，其中调味料功不可没。无论是从调味料应用的久远历史来看，还是从调味料的数量和品种来看，我国都居世界首位。我国的消费市场对于调味料有着巨大的需求。

在此背景下，我国的调味料市场发展迅速。近年来，随着消费者对口味多样性和烹饪便捷度的需求不断提高，具备“一料成菜”特点的复合调味料市场发展得尤其迅猛。

一、2023 年市场规模预计超 2,000 亿元，中式复合调味料增速快

总体来看，调味料可以分为基础调味料与复合调味料。基础调味料是指主要提供单一味型的调味料，比如盐、糖、酱油、醋、味精等产品。复合调味料是指以由两种或两种以上的基础调味料加工搭配而成的调味料，包括中式复合调味料、西式复合调味料等。

红餐大数据显示，2023 年在我国的调味料市场中，基础调味料约占 62% 的市场份额，复合调味料（非定制）约占 32% 的市场份额，定制调味料约占 6% 的市场份额。由于复合调味料能确保餐饮门店菜品口味的稳定和统一，对烹饪者的烹调技术要求也有所降低，便于连锁餐饮品牌实现规模化发展。因此，近年来，我国复合调味料市场规模得以稳健增长。

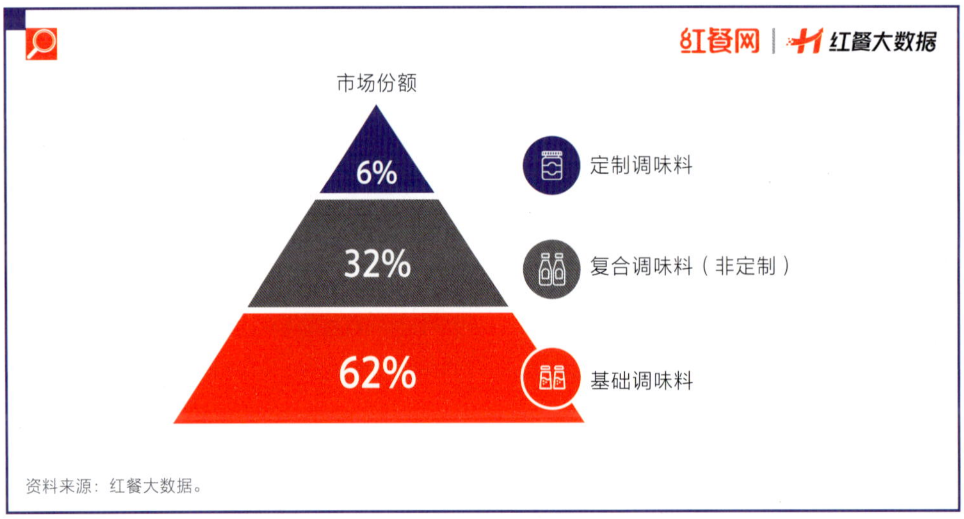

图 2-12　2023 年我国调味料市场概况

红餐大数据显示，2022 年，我国复合调味料市场规模达到了 1,751 亿元，较 2021 年同比增长了 10.5%。随着 2023 年我国消费市场逐步复苏，复合调味料市场将继续保持高速增长态势，市场规模有望突破 2,000 亿元。

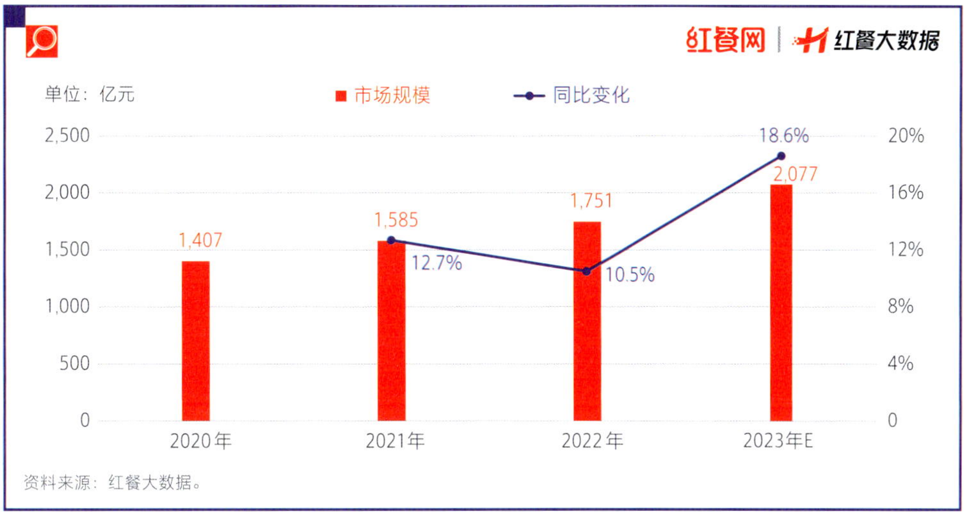

图 2-13　2020 — 2023 年全国复合调味料市场规模概况

相关数据显示，相比美国、日本等复合调味料市场起步较早的国家，我国的复合调味料市场的渗透率相对较低。随着人均 GDP、城镇化率的增长，以及社会餐饮连锁化率的提升，无论外出就餐，还是在家烹调，消费者对于饮食的需求日益倾向于稳定、便捷。而复合调味料的使用则能较好地提高烹饪的便捷度和标准化。在此背景下，我国复合调味料需求将加速增长，我国的复合调味料市场势必迎来黄金发展期。

复合调味料赛道的火热也吸引了资本的目光，2022 — 2023 年上半年这一年半以来，多家复合调味料企业获得了融资。基础调味料头部企业如海天味业、李锦记、中炬高新、恒顺醋业也纷纷布局复合调味料市场。

表 2-15　2022 — 2023 年上半年全国复合调味料相关企业融资情况（不完全统计）

企业名称	披露时间	融资轮次	融资金额	投资方
伊品生物	2022.3	拟收购	约 15 亿元	星湖科技
独凤轩	2022.4	首轮融资	1 亿元	中国农垦产业发展基金、海南博怀企业管理合伙企业、个人投资者
宝立食品	2022.7	IPO	4.02 亿元	公开发行
倍乐	2022.9	A+ 轮	数千万元	暴龙资本、美味投资
澄明食品	2022.11	战略融资	未披露	锅圈供应链（上海）有限公司
吉得利	2023.1	B 轮	2 亿元	江苏省产业基金、物产中大、温氏投资
广东美汁源	2023.5	收购	未披露	广盐股份

资料来源：红餐大数据。

在复合调味料赛道中，中式复合调味料为崛起较为迅速且空间广阔的细分赛道之一。中式复合调味料是指具备包装形式、针对中餐研制开发而成的方便型复合调味料。其主要用于制作一些程序复杂的中式菜肴。常见的中式复合调味料有火锅底料、麻辣香锅配料、鱼露、鱼香肉丝调料、酸菜鱼配料、粉蒸肉调料、红烧肉调料、麻婆豆腐调料、宫保鸡丁调料等。其中，火锅底料和川菜调味料是中式复合调味料市场中占比较高的细分领域。

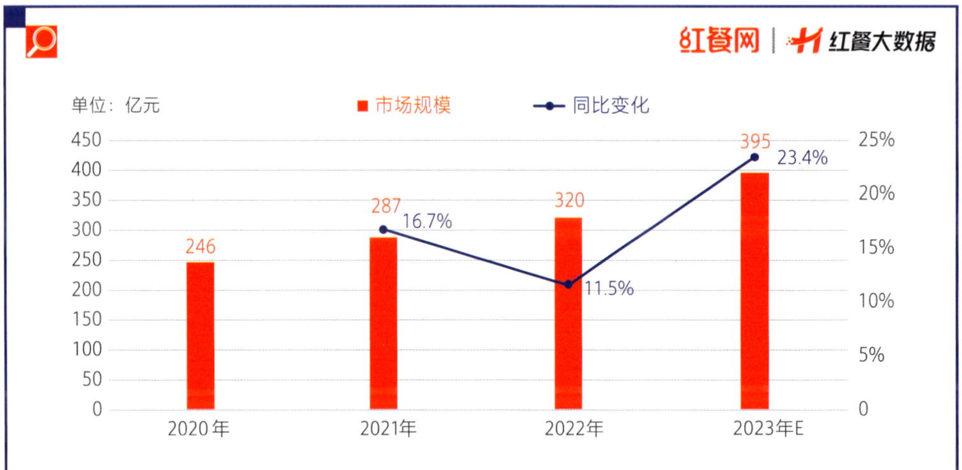

资料来源：红餐大数据。

图 2-14　2020 — 2023 年全国中式复合调味料市场规模概况

近年来，中式复合调味料市场规模增速较快。红餐大数据显示，2022 年我国中式复合调味料的市场规模约为 320 亿元，2023 年有望接近 400 亿元。同时，随着火锅、中式正餐等中餐品类在我国的进一步发展，未来中式复合调味料的增速有望保持高速增长的态势，甚至将高于整体的复合调味料市场的增速。

二、定制趋势：从细分到定制，餐饮企业专属复合调味料潜力大

复合调味料平衡了中式连锁餐饮规模化、标准化与用户体验之间的关系，是打开中餐连锁化的一把钥匙。按准备烹饪的复杂程度，复合调味料的产品形态依次为拌饭酱、给家常菜调味用的调味料包、能够拓展出更多菜谱的汤料包或底料包等。

目前，复合调味料市场主要参与者有颐海国际、天味食品、日辰股份、聚慧餐调、川娃子、味远红芳、草原红太阳、丁点儿、幺麻子、翠宏、独凤轩、仟味高汤、川海晨洋、澄明食品、贺盛食品等企业。

其中，颐海国际、天味食品、日辰股份均为上市公司，颐海国际和天味食品主营火锅底料与川式复合调味料；日辰股份主要专注于禽肉类加工产品辅料、风味汤等产品。聚慧餐调和川娃子主打火锅底料与川式复合调味料，草原红太阳主打火锅和烧烤调味料，丁点儿主打川式复合调味料，幺麻子聚焦于藤椒油，翠宏主推辣椒类调味料，仟味高汤主打高汤调味料，澄明食品专注于番茄类复合调味料。

表 2-16　2023 年全国部分复合调味料企业概况

企业名称	主营产品
颐海国际	火锅底料、川式复合调味料等
天味食品	火锅调料和川式复合调味料等
日辰股份	禽肉类加工产品辅料、风味汤等
宝立食品	复合调味料、轻烹解决方案和饮品甜点配料等
丁点儿	川味复合调味料、川味特色花椒油等
仟味高汤	高汤、酱汁、卤水等
川海晨洋	调味油、植物油、复合型调味料等
聚慧餐调	火锅底料、烧烤调味料、中式复合调味料等
草原红太阳	火锅底料、烧烤调料以及风味快手调料等
翠宏	辣椒类调料
森态牛油	味控大师、精制牛油、老火锅牛油等
圣恩股份	火锅调味料、烧烤调味料等
幺麻子	藤椒油等调味油、调味酱、调味汁等
贺盛食品	麻辣烫调味料、鸡精、中式复合调味料等
川娃子	拌饭酱、火锅底料等

资料来源：公开信息，红餐产业研究院整理。

红餐网 | 红餐大数据

从主要参与者的主营产品来看，近年来，复合调味料企业正在往专业化、细分化的方向进化。卡位连锁化率较高、预制需求较高的品类（如火锅、烧烤），瞄准受众较广泛、发展较快的大单品食材，是近年来发展较快的复合调味料企业不约而同的选择。

早期出现的复合调味料产品多为通用型产品，如不同菜系均可使用的鸡精。随着餐饮品类逐步细分，不同品类的基本味型不同，特别是一些菜系的热门单品更是基于一个独具记忆点的味型。而个性化的味型需要定制化调味料的支撑，复合调味料使用场景细分化由此成为趋势。

比如，针对不同的菜系，采用不同的复合调味料。目前，中式正餐菜系中的川菜、湘菜、粤菜均有相对应的复合调味料产品，并且催生出了一批复合调味料企业。比如在川式赛道中，涌现出了颐海国际、天味食品、川海晨洋等调味料企业。

而在粤式复合调味料赛道中，仟味高汤算是其中的佼佼者。23余年来，仟味高汤坚持用好的原料，用足够的食材、时间和精力，熬出真材实料的高汤，主要的产品包括鲜鸡汤、猪骨汤、牛肉汤、金汤、酸辣金汤、菌汤、猪肚鸡汤、卤水、酱汁等多种类型，与五爷拌面、季季红、蒙自源、大师兄、蛙来哒、集渔、大米先生、乡村基、老娘舅等行业标杆品牌在内的众多餐饮连锁品牌达成了合作关系。目前，仟味高汤在广州、河南、江苏布局了3间工厂，总占地168亩（1亩 = 666.67平方米），共有40条高汤酱料生产线，日产能超过380吨。同时，其还设有20间爆品菜研创体验中心，配有专业的厨房。仟味高汤不仅能快速满足全国各地客户对优质高汤的要求，还能提供味道标准化的解决方案。

表 2-17　复合调味料分类情况

分类		代表产品	代表企业 / 品牌
通用型复合调味料		鸡精	太太乐、家乐、贺盛食品
		豆瓣酱	鹃城牌郫县豆瓣
专用型复合调味料	川式	火锅底料、烤鱼调料	颐海国际、天味食品、川海晨洋
	粤式	猪肚鸡汤酱料	仟味高汤
	湘式	紫苏牛蛙酱料	味远红芳
	疆式	大盘鸡调料	笑厨

资料来源：公开信息，红餐产业研究院整理。

红餐网 | 红餐大数据

菜系的标准化程度越高，在全国的普及度越高，菜系内的热门单品体量越大，则相应菜系的专属调味料市场也会越大。除了知名度较高的酸菜鱼、小龙虾、牛蛙等单品之外，其他菜系的单品也有崛起的迹象，比如新疆大盘鸡未来有可能会随着新疆菜的发展而壮大，而生产大盘鸡料的复合调味料企业笑厨等也将迎来较好的发展机遇。

此外，定制化亦成为复合调味料的一个发展趋势。随着餐饮行业的竞争加剧，为了稳稳立足，餐饮企业倾向于推出更多差异化的创新菜式，打造富有个性化的品牌印记。这必然会对复合调味料的市场细分化提出更高的要求，如何快速响应客户需求进行柔性生产，满足小批量、多批次的生产需求，且能平衡成本、效率和体验，是复合调味料企业面临的新课题。

而深耕餐饮调味料赛道近 30 年的川海晨洋或许能给复合调味料定制化发展提供参考。川海晨洋始于 1994 年，是集生产、研发、服务于一体的专业餐饮定制调料生产企业。其产品涵盖了调味油、植物油、复合型调味料，拥有 3,000 多项定制配方，为包括锅圈食汇、谭鸭血、马路边边等在内的 6,000 余个品牌提供调味料产品和服务。

目前，川海晨洋已构建出了完善的 OEM 定制生产研发系统，可为客户提供专业且持续的研发服务。多年来，川海晨洋通过安全、稳定、可控的生产与服务，保障了产品的独特性与创新性，满足了不同客户差异化的定制需求，获得客户的一致肯定，从而迎来了快速发展。

三、模式趋势：以知名菜品为切入点，探索 B 端和 C 端双轮驱动

复合调味料有着精确的市场需求卡位，且自带 B 端和 C 端双轮驱动效应。以知名菜品为切入点，探索 B 端和 C 端市场，是当前复合调味料发展模式的一大特征。

相关资料显示，中国复合调味料消化渠道来源于餐饮、家庭和食品工业三个方面，占比分别为 45%、30%、25%。因此，在渠道上占据 B 端餐饮及 C 端家庭“两座堡垒”，实现双轮驱动、线上线下全覆盖，对复合调味料企业的发展起着至关重要的作用。

在 C 端，在“懒人经济”叠加“单身经济”两大消费趋势之下，消费者偏好使用方便快捷、风味多样的复合调味料代替口味单一的基础调味料，加速了调味料行业产品的迭代和新产品的出现。随着消费人群年轻化和闲暇时间碎

片化趋势显现，复合调味料针对某一菜式或味型来设计的特质恰好迎合了家庭烹饪场景下对于快速、简单烹调的需求，让原本复杂的调味工艺变成了“开卷答题”，缓解了厨房“小白”的焦虑。

例如2023年开年拿到融资的吉得利，在新冠肺炎疫情期间深耕C端市场，得到了“居家做饭”的红利，也得到了调味料“大单品”爆款的红利。2020年，空气炸锅的火爆，让它的奥尔良腌料、面包糠等几款复合调味料成为爆款；2021年，居家健身概念火热，其海盐黑胡椒调味料亦成为爆款；2022年，其0糖、0脂、0卡的酱料和调味料又成为爆款。据了解，这些爆款产品火爆的当年，吉得利整体的销量都有较大的增长。

在餐饮端，餐饮连锁化率的提升对菜品标准化程度提出了更高的要求，带动了复合调味料定制业务的发展。复合调味料既能满足餐饮业“稳定发挥”的要求，又可以解决“口味不稳定”和“过多依赖厨师”的问题，降低管理成本和人力成本。在餐饮连锁化进程中，复合调味料是餐企稳定发展的基石。

复合调味品B端和C端双轮驱动的特性在市场端的表现为：由B端推出的爆款热门菜品教育了市场，继而居家烹饪下的消费者发现由复合调味料做出的大菜和堂食口味接近，因而开始在家庭烹饪中使用复合调味料，如此便形成了在B、C两端同时推动复合调味料市场的扩容。

很多的复合调味料都是以知名菜品为切入点，以各种鱼、兔、鸡以及近年热门的小龙虾为原材，辅以各种口味，丰富了复合调味料的味型。例如，颐海国际推出了酸菜鱼、小龙虾、宫保鸡丁等口味的调味料，千禾味业推出了回锅肉、麻婆豆腐、青笋土豆烧鸡等口味的调味料，好人家推出了麻辣红油味钵钵鸡、麻辣烤鱼、麻辣小龙虾等口味的调味料……

综观整个复合调味料赛道，尤其是上述以知名菜品为切入点的复合调味料，除了鱼调料较为成熟之外，其他品类还有较大的爆品打造空间。

四、口味趋势：鲜味、健康、新颖成发力点

以中国人的口味基本盘为母体，以消费者口味需求特别是年轻消费者的口味偏好为指南针，复合调味料口味当前的创新体现在鲜味、健康、新颖三个方面。

其一，复合调味料越来越注重鲜味。美团用户问卷调研显示，2022 年精致餐饮的消费者对“鲜味”最为偏好。

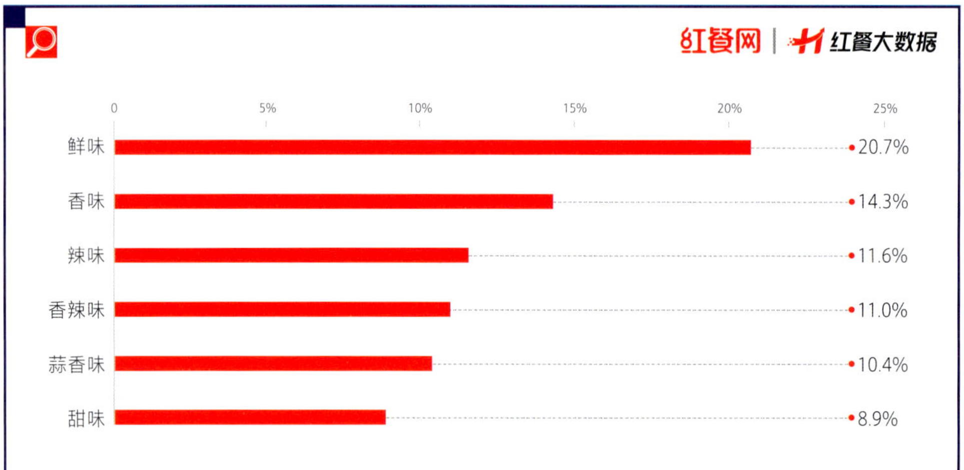

资料来源：美团，红餐产业研究院整理。

图 2-15　2022 年精致餐饮消费者口味偏好分布

目前市面上大部分菜品式调料，虽然多以川菜、火锅的“辣”为基调，但也对“鲜”的表达极为重视，比如川渝复调品牌川娃子，将“为消费者不断创造惊喜”作为底层逻辑，并关注到消费者在餐饮端对“鲜辣”的需求高于传统的“辣”，率先提出了“鲜”酱即食的产品概念，以人气单品“烧椒酱”为核

心延伸，继而切入年轻消费者的“一人食”场景，以及个性化、多样化需求，在味型上，推出了皮蛋烧椒酱、牛肉烧椒酱、蒜蓉鲜椒酱等创新产品，实现了品牌的焕新 。

其二，复合调味料对于健康的重视度亦在提升。近年来，消费者对于健康饮食的需求日益强烈，相应地，对于健康调味料的需求也在不断上涨。艾媒咨询数据显示，在“2022 年中国调味料行业消费者购买关注因素调查”中，64.2% 的消费者较关注配方健康。同时，据《天猫 2023 复合调味料趋势白皮书》数据，“无添加”类调味料较受消费者喜爱，2023 年 4 月的销售额同比增速高达 69%。基于消费者较重视调味料的健康度，调味料品牌“松鲜鲜”开发出了松茸调味料产品，打出“0 添加”“钠含量比鸡精低 30%”等概念。

其三，复合调味料也越来越重视产品的新颖度。目前，一些复合调味料企业的产品出现了一定程度的同质化，也出现了对新生代年轻人的饮食需求洞察不足的现象。这些复合调味料企业要想在市场立足、获得较好的市场反馈，就需要顺应消费者的需求，在口味呈现、出品形式上做创新。以重庆火锅餐饮企业德庄火锅为例，其洞察了消费者对不同辣度的需求，把火锅底料分隔出不同的辣度，做出了口味的差异化创新。同时，其还在包装上采用独立小包设计，为使用场景提供便利性。

总之，复合调味料研发需要很强的技术实力，企业需要对口味有深湛的理解，更需要有对消费者口味需求变化的精准洞察。立足于有多年发展历史、高普适度的传统口味，不断挖掘它的深度、探索它的新度、激发它的热度，是复合调味料企业发展的原动力所在。

CHINA CATERING

04

第四节

冷链物流：从“小、散、乱”走向“大整合”

从 1000 多年前唐代的“一骑红尘妃子笑，无人知是荔枝来”，到 19 世纪 90 年代，贝克尔船长将开利博士发明的制冷技术安装在轮船上把成熟的香蕉完好地运往美洲，冷链物流在不同的时代以不同的形式存在于人类社会生活中。

当技术积累奇点降临，市场就会成倍爆发。而当前的冷链物流市场，正在数字化的加持下，迎来新的发展风口。

一、冷链物流基本面：行业粗具规模，呈持续上涨态势

“冷链物流”从字面上看很简单，但实际上其产业内部构成异常复杂，是人流、物流、资金流、信息流的复杂交互。作家马伯庸在其著作《长安的荔枝》中描绘了冷链物流行业一个基本的横切面：

“这一份新鲜荔枝的转运之法，关涉物候、邮驿、州县、钱粮等几大领域，内中细碎繁剧之处，密如牛毛，外行人根本难以想象。从驿站之调度、运具之配置、载重与里程之换算，乃至每一枚荔枝到长安的脚费核算。几乎每一个环节，都须做到极细密、极周至方可。

“如此施为，荔枝抵达长安时，庶几在色变与香变之间，勉强还算新鲜！可光有想法还不成，具体到执行，至少涉及二十多个州县的短途供应，何处调冰，何处接应，如何屯冰，冰块消融速度是否赶得及，等等，不尽早规划，根本来不及。”

从上述文字中可以看出，冷链物流行业的关键核心不是一个“冷”字，而是一个“链”字，如果一个环节“掉链子“，哪怕其他环节都做到位，整体效果都将受到影响。因此，冷链物流要确保全程温控不断链，要调度人、财、物，要筹划时间、线路、运力，而这些均需要强大的算法支撑。

从冷链物流的定义来看，冷链物流是指以冷冻工艺学为基础、以制冷技术为手段，根据物品特性，从生产到消费的过程中使物品始终处于保持其品质所需温度环境的实体流动过程。由此可见，我国冷链物流产业是随着科学技术的进步、制冷技术的发展而建立起来的。

图 2-16　2020 — 2023 年全国冷链物流服务市场规模概况

经过多年的发展，我国冷链物流行业已经粗具规模，并且保持持续上涨态势。中国物流与采购联合会冷链物流专业委员会（以下简称中物联冷链委）数据显示，2022 年我国冷链物流服务市场规模近 5,000 亿元，按照每年以 10% 的速度增长估算，2023 年我国冷链物流服务市场规模有望突破 5,500 亿元。

冷链物流服务主要可分为运输、仓储和包装、分拣、贴标等其他环节。前瞻产业研究院数据显示，在冷链物流服务链条中，运输环节产生的价值最高，占冷链物流市场的 40%，而仓储环节和其他环节平分秋色，各占 30%。

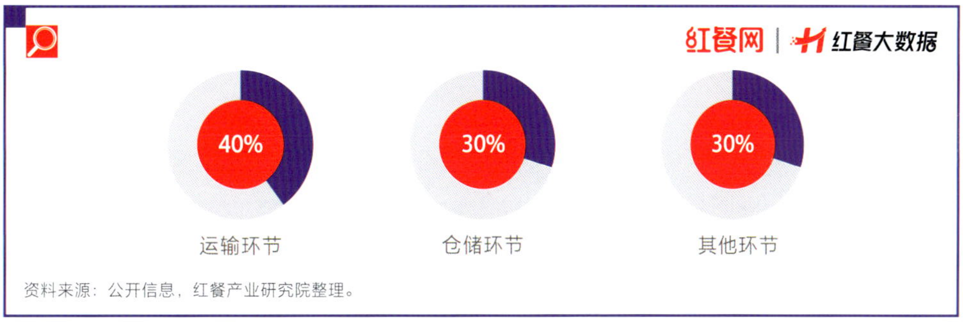

图 2-17　冷链物流服务主要价值构成环节

从构成上来看，冷链物流产业链可分为上游冷藏基础设施供应商、中游冷链物流服务企业和下游销售端三部分。上游包括冷藏车、冷藏集装箱及冷藏设备的生产企业，中游包括运输型、仓储型和综合型冷链物流企业，下游销售端主要分布于食品、医疗产品以及其他行业中。

根据中物联冷链委的估算，上游基础设施提供商（设备）2020 年总市场规模为 600 亿～700 亿元（不含基建），2025 年总市场规模预计为 1,650 亿元。

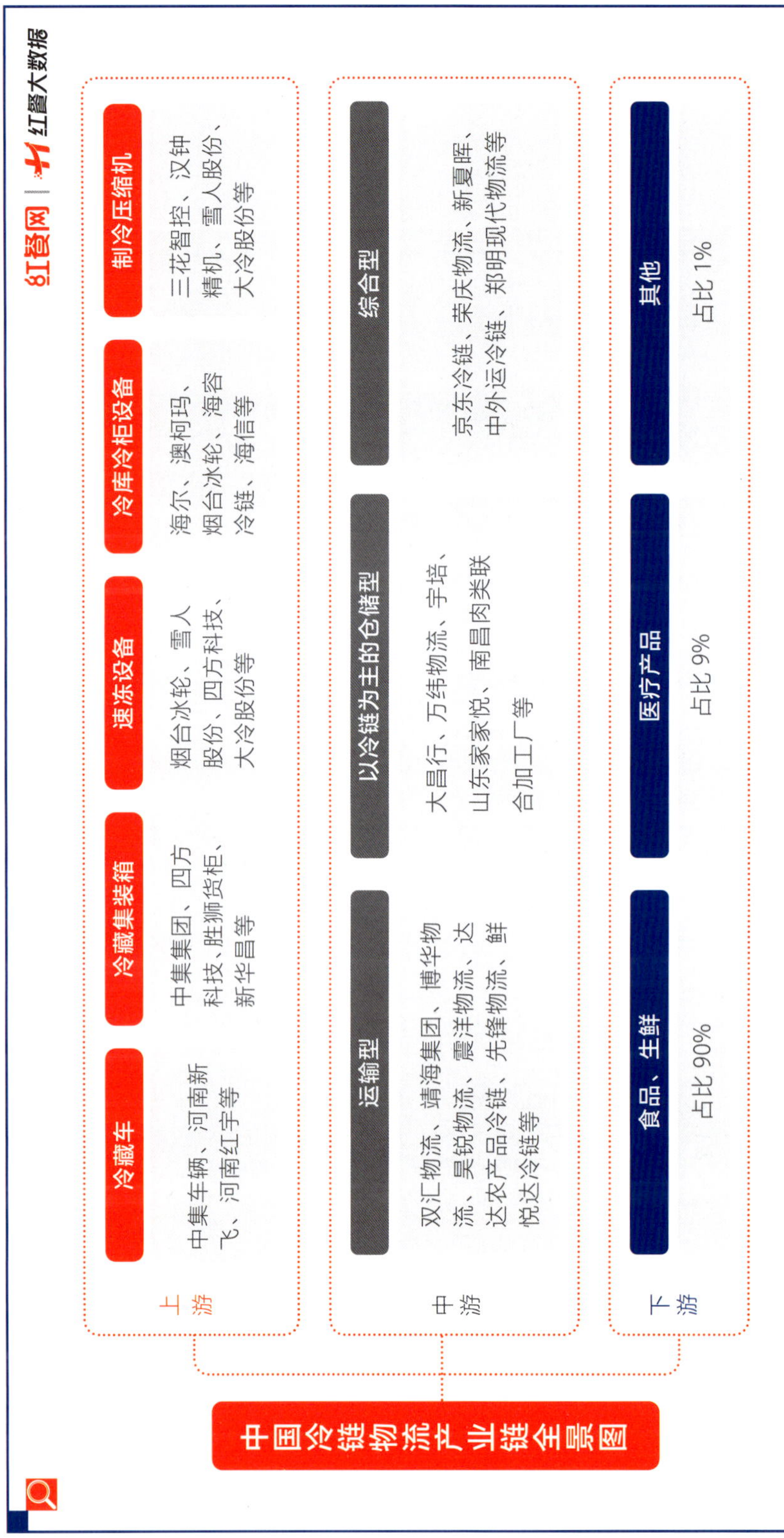

资料来源：中物联冷链委，红餐产业研究院整理。

图 2-18　中国冷链物流产业链全景图

从细分板块来看，冷链物流按行业，可分为医药、食品、危化品三大板块，其中，食品冷链主要分为整车、零担两类。整车赛道的头部公司有荣庆物流、双汇物流等；零担赛道的头部企业则有华鼎供应链等。

按商业模式来分，冷链物流可分为综合类平台型公司和专业型公司。综合类平台型公司如运荔枝，从供应链整体优化视角，打造出了“调度大师、智能供销、防窜货、履约驾驶舱、动态安全库存、商圈画像、T+1”等冷链行业大数据应用产品，依托鲜生活冷链体系自有仓储运力资源以及自建网络货运平台，为中餐连锁、西餐连锁、食品工贸、商超零售、休闲食品等客户提供全国一站式冷链服务。

专业型公司如主攻物流地产（有园区、重资产）的普洛斯、万科旗下的万纬、京东旗下的宇培等，快递专业冷链物流公司则有京东、顺丰两大巨头。

二、冷链物流市场演化：从“小、散、乱”走向“大整合”

近年来，受新冠肺炎疫情等多种因素的影响，线上交易和线下配送需求大幅提升，冷链物流市场扩容较快，但整个冷链行业当前的痛点亦较明显，即上游货品、干线运输、冷库、城市配送等各板块之间存在割裂问题。围绕链路打通、效率提升等升级诉求，冷链物流行业近年来快速进化，不断向最先一公里延伸，向最后一公里下探。总结来说，其变化体现在“一个中心，四个基本面”上。

“一个中心”指的是“从物流到供应链化”。从唐朝的荔枝运输到现在的货品运输，1000 多年以来冷链物流行业的本质都没有变化，变化的只是交通工具，从马到马车，再从汽车、火车到飞机，效率不断提升，但商业逻辑没有发生本质的变化，挣的还是“搬运工”的钱。整个行业的利润率相对低，相关数据表明，我国冷链物流行业的利润率目前在 2% 左右。在此背景之下，诸多的冷链物流企业较难维持盈利。

对比全球最大生鲜食材供应链平台Sysco 的盈利能力，其净利率在 2% 上下，但其营业收入超过 600 亿美元(2021 财年年销售额为 686 亿美元），基于这样高的营业收入规模，Sysco 才保持了良好的利润水平。而我国的冷链物流企业普遍规模较小，为了扩大规模，提高营业收入，我国的冷链物流企业纷纷向供应链化转型，即朝着信息流、商流、物流一体化模式发展。

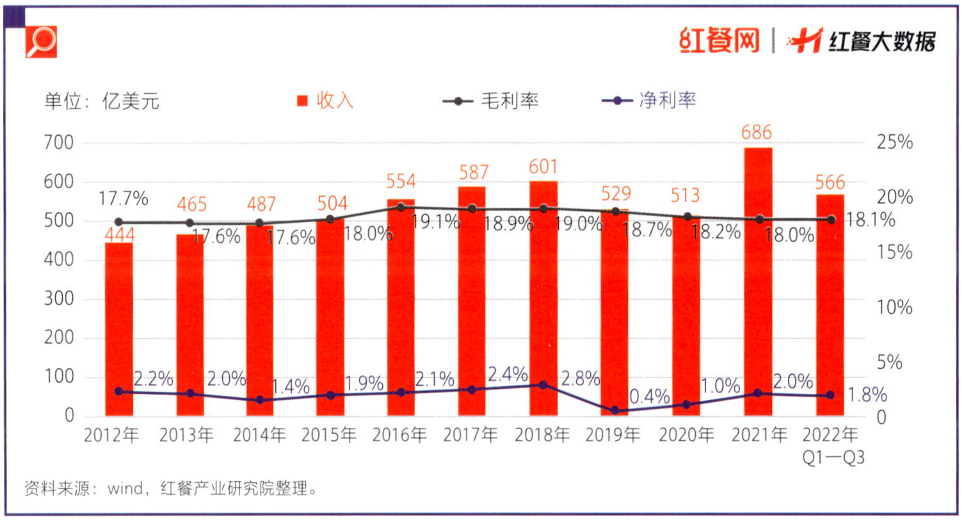

图 2-19 2012 — 2022 年三季度全球最大生鲜食材供应链平台 Sysco 盈利情况

围绕这“一个中心”，目前，我国冷链物流行业的变化主要体现在“四个基本面”。

其一是向平台型转变。近年来，整个行业从原来的“小、散、乱”到“区域化”集中，冷链企业都想通过平台模式去链接整合车辆资源、货品资源，结成更大范围的网络协同，促成更大规模的交易，并从中创造增量价值。如华鼎供应链、瑞云冷链、运荔枝等发展较快的冷链企业均成立于 2019 年，它们的业务逻辑均是向平台型企业转变。

一家企业较难把冷链物流所有的环节都囊括进来，因为完善的体系构建对于企业的资金和管理能力均提出了较高的要求。而立足于平台模式，相应的门槛则降低了很多。例如，满帮集团就源于其强大的信息部，通过数字化、标准化和智能化物流基础设施设计和开发，建设了一套全面的公路运输交易规则和应用程序，实现了货主高效找车、司机快速找货，让物流更智慧。

其二是向网络化协同。以一家餐饮连锁企业的日常需求为例，统配食材要从大本营配送到全国各地的门店，可能需要多个物流企业配合。因为每个区域的天气、地形不一样，并且不同区域的物流企业服务标准不一样，价格也不一样。因此，“一对多”模式让餐饮连锁企业的冷链物流管理变得非常烦琐。同时，配送中途过多的转换流程也存在着一些隐患。基于这一行业痛点，冷链物流行业开始向网络化发展，冷链物流企业的业务覆盖面从区域向全国延伸，这意味着餐饮连锁企业若是需要把食材配送到全国，只需要对接单个的冷链物流企业即可。

其三是向专业化细分。冷链物流行业存在“三高一低”的行业现状，即人工、仓库、车辆成本高，行业毛利低。在此背景下，诸多的冷链物流企业不得不将业务聚焦，主打车辆、仓储、线路中的一种，新进入企业想做综合型冷链物流企业的难度较高。即使是平台型企业，它们的经营逻辑也在加长自己的长板，其他环节则选择和其他专业选手协同。例如华鼎供应链为了更快速地发展，在系统和技术人才的专业板块重投入，而在仓库、车辆板块则采取轻量化的操作。业内人士表示，为了提升冷链物流企业的效率、降低成本，专业化、细分化是行业发展的大趋势。

其四是向智能化演进。从设备角度来看，冷链物流作业条件特殊，设备的自动化程度不及快递和普通货运行业。这是由于整个冷链物流行业重资产投入的企业较少，仓库的自动化货柜的铺设密度还很低。不过，目前行业的智能化投入在持续增加，冷链物流行业逐步向智能化推进。例如波士顿动力的仓库机器人，正在沿着设备的自动化和操作的自动化不断演化，能够代替人工在仓库中的作业，且自带算法。海尔也在孵化物联网研究中心。随着大型知名企业纷纷布局智能化业务，冷链物流智能化的未来可期。

除此之外，我国冷链物流行业的供应链化的趋势亦较明显。具体来看，主要有商流带动物流和物流反哺商流这两个方面的表现。

一方面，商品流通方式决定了物流配送方式，商品的流动方式对于物流配送方式的影响较大。发展至今，我国商品的流通方式大体经历了三个时期。

在最早的第一个时期，我国商品流通的特征为产品为王、资源驱动，即工厂只负责生产，产品的流通主要通过经销商，一批、二批、三批往下逐级走。基于这样的流通模式，整车业务得以一直存在。

而近10年来进入了第二个时期，“四通一达”、京东、顺丰的崛起则缘于电商的逐步普及，货物的流通除了依赖经销商渠道之外，还依赖诸多的快递公司。

如今进入第三个时期，商品的流通模式又出现了较大的变化，电商、社区团购已高度普及，借助互联网、大数据，上游工厂可以直接触达下游企业和消费者。这样一来，上游的供应链企业不仅可以开设工厂生产产品，还可以自产自销，工厂直销模式就有了可能。

加上消费者越来越倾向于“吃新鲜”“吃特色”，餐厅也更多地将“原产地”“新鲜”作为卖点，整个商业模式、销售方式发生了根本性的变化。相应地，冷链物流的小批量、多频次需求变多，零担冷链物流市场空间逐步打开。

随着市场需求和赛道逻辑的变化，整个行业向供应链化发展。从“第三届中国餐饮产业红牛奖”的“2023年度餐饮冷链物流企业TOP10”企业来看，超过半数的入选企业均在自己的企业名称中强调了“供应链”的定位。

表 2-18　2023 年度餐饮冷链物流企业 TOP10

企业简称 / 品牌名	企业全称
餐北斗供应链	深圳市餐北斗供应链管理有限公司
传胜供应链	传胜供应链管理（上海）有限公司
华鼎供应链	河南华鼎供应链管理有限公司
京东冷链	北京京邦达贸易有限公司
绝配供应链	上海绝配柔性供应链服务有限公司
荣庆物流	荣庆物流供应链有限公司
顺丰冷运	顺丰速运有限公司
新夏晖	夏晖物流（上海）有限公司
圆规物流	上海圆规企业发展有限公司
运荔枝	成都运荔枝科技有限公司

资料来源：红餐产业研究院。

红餐网 | 红餐大数据

另一方面，物流配送亦能反哺商品的流通。物流企业连接着产销两端，对于产销两端的情况均相对熟悉。因为冷链物流企业的物流业务发展到一定量级，对于上游的产品产地、下游的销售情况会比较了解。简而言之，即在数字化的加持下，冷链物流企业占有两端的情报优势，或能反哺商品的流通，为商品的上下游的流通提供助力。

此外，该优势对于冷链物流企业来说亦是拓展业务的机遇，它们能站在平台的全息视角下，让供需高效匹配，并向产销两端不断延伸。向产品端延伸是指冷链企业可以投资工厂，孵化产品平台，将产品卖给自己的终端客户，让有潜力的好产品卖得更多，从而加速上游生产的规模化。向销售端延伸是指冷链物流企业通过订单集采的方式，把成本更优、规模更大的上游产品加密卖向更多的网点。例如华鼎供应链投资孵化了互联网生态服务平台冻品批，就是通过商流的集约，让订单集中化，解决冷链物流行业订单过于分散的痛点，从而让物流的履约效率更高、成本更低。

三、从冷链物流看餐饮品类：回归本质，靠供应链挣钱

冷链物流行业和餐饮行业是相互影响的。一方面，从餐饮各品类在冷链物流侧的交易表现，可以洞察到餐饮品类的发展动向；另一方面，餐饮行业发展逻辑的变化也会对冷链物流行业产生一定的影响。

首先，从冷链物流侧的交易表现可以探寻到餐饮行业各品类的发展概况，因为食材配送额是衡量餐饮品类发展速度的参考因素之一。例如，从华鼎供应链服务的餐饮客户来看，食材配送额体量较大的品类有火锅、茶饮、快餐等，这和三大品类的连锁化率程度较高的特征相吻合。

基于上述冷链物流侧的品类洞察，再结合品牌的门店扩张速度，可以看到——近年来，高性价比的小吃快餐品牌发展速度较快，尤其值得关注的是“小吃的正餐化”，即“把小吃当饭吃”成为一大趋势。以伍学长羊肉串夹烧饼为例，其核心产品为饼夹羊肉串。相较于同样以肉串形式呈现的炸串小吃，饼夹羊肉串的人均价格更低，性价比也相对高。同时，其还可突破烧烤消费场景的限制，消费场景相对灵活。

从冷链物流食材配送额来看，猪脚饭品类发展亦较快。其快速发展的原因和饼夹羊肉串类似，也是有肉、有饭、有菜，且性价比较高。美团外卖数据显示，2022 年，北京、山东、陕西、甘肃等区域的猪脚饭交易额增速在 150% 以上。

其次，餐饮发展逻辑的变化和经营重心的迁移也在塑造包括冷链物流在内的产业板块的发展。

一方面，整个餐饮行业以降本增效为主旋律。餐饮企业为了减少人工，同时提升出品效率，加大了预制菜的使用率，助推了预制菜赛道的快速发展，而预制品的增加又会提升餐饮行业对冷链配送服务的需求；与此同时，为了争取更多加盟合作伙伴，提高门店的成活率，餐饮连锁加盟品牌的经营策略从品牌制胜转为供应链制胜，依靠快招收加盟费的模式日渐式微，餐饮连锁加盟行业回归常识、回归价值、回归吃的本质，做产品、做供应链，靠供应链挣钱成为行业共识。

另一方面，餐饮连锁化率的提升会拉动餐饮行业对冷链物流的需求。餐饮企业要实现规模化连锁化发展，必然要构建完善的供应链体系，而在这个体系中，冷链物流是一个重要的环节。

由此看来，随着我国餐饮行业进一步发展，我国冷链物流行业成长空间巨大，有希望孕育出一批实力雄厚的冷链物流企业，“中国版的 Sysco”必然会诞生。

预制菜

大单品食材供应链

冷链物流

线上线下双主场

中式正餐

资本化

麻辣烫

面

加盟白热化

泰国菜

粉

复合调味料

专业化

西式快餐

火锅

馄饨餐

性价比

新中式烘焙

烧鸟

咖饮

中式汉堡

小前店大后台

数智化

『卖水人』生态

日式料理

产品零售化

茶饮

规模集中化

降本增效

资本化

细分化

餐饮智能设备

资本化

团餐

万店时代

养生风潮

烧烤

地方菜

新中式拉面

轻量化

卤味

B端和C端一体化

新疆米粉

区域品牌崛起

包点

饺子

中式米饭快餐

有料火锅

第三章

Part Three

餐饮重点品类解读 》

PART THREE

01

第一节

中式正餐：

市场规模回升至万亿元，川湘菜赛道表现亮眼

近年来，中式正餐品类呈现出了百花齐放的发展态势，湘菜、川菜在爆品支撑以及不断细分中持续扩容，粤菜在平价化改造中扩大连锁化发展，还有不少地方菜系在头部品牌的带动下加速开启全国化进程。

一、黑马品牌逆势，市场规模有望回升至万亿元

近年来，在一些外部因素的影响下，不少中式正餐品牌发展受限。为了寻求进一步的突破，一些中式正餐品牌纷纷进行升级破局。在这个过程中，有些品牌大刀阔斧地进行产品、服务、环境等门店模型的创新，还有一些品牌尝试开拓外卖小份菜、预制菜等新的业务模式。

1. 多家上市餐饮企业持续亏损，2023 年开启止跌企稳

2022 年，受到多种外部环境的影响，中式正餐品类承受着较大的经营压力，多家上市中式正餐企业亏损。例如全聚德，2022 年归属于上市公司股东的净利润约为亏损 2.78 亿元，亏损幅度同比扩大 76.86%。唐宫（中国）6 年来首次出现亏损，其归母净利润从 2021 年的 0.41 亿元转为亏损 1.51 亿元。

表 3-1　2017 — 2022 年部分上市中式正餐企业归母净利润情况

单位：亿元

企业名称	2017 年	2018 年	2019 年	2020 年	2021 年	2022 年
广州酒家	3.40	3.84	3.84	4.64	5.58	5.20
九毛九	0.67	0.70	1.64	1.24	3.40	0.49
全聚德	1.36	0.73	0.45	-2.62	-1.57	-2.78
上海小南国	1.02	-0.76	-1.65	-3.19	-0.82	-0.69
同庆楼	1.59	2.00	1.98	1.85	1.44	0.94
西安饮食	-0.11	0.09	-0.47	0.09	-1.69	-2.21
望湘园	0.35	0.17	-0.40	-0.44	0.15	-0.47
唐宫（中国）	1.31	1.15	0.91	0.04	0.41	-1.51

资料来源：企业财报，红餐品牌研究院整理。

红餐网 | 红餐大数据

九毛九也出现了营业收入、利润均下滑的情况，其 2022 年收入 40.06 亿元，同比减少了 4.2%，经调整纯利为 6934.3 万元，同比减少 81.77%。零售属性较强的广州酒家的利润也出现了下滑，2022 年年报显示其年内归属于上市公司股东的净利润 5.20 亿元，同比下滑了 6.68%。并且，其餐饮毛利率较 2021 年也下滑了 7.49 个百分点，仅为 1.92%。

除了上述上市企业，众多的中小型正餐企业也承受了较大的经营压力。红餐大数据显示，2022 年全国中式正餐的市场规模较 2021 年有所下滑，降至 7,867 亿元，是 2022 年增速下滑幅度较大的餐饮赛道之一。

表 3-2　2017 — 2022 年部分上市的中式正餐企业营业收入同比增幅情况

单位：%

企业名称	2017 年	2018 年	2019 年	2020 年	2021 年	2022 年
广州酒家	13.1	15.9	19.4	8.5	18.3	5.7
九毛九	26.2	28.9	42.0	1.0	54.0	-4.2
全聚德	0.7	-4.5	-11.9	-50.0	21.0	-24.2
上海小南国	-4.5	-8.5	-17.9	-47.6	7.3	-52.9
同庆楼	12.9	3.7	-1.8	-11.4	24.1	3.9
西安饮食	-1.4	0.5	0.9	-17.9	26.4	-6.7
望湘园	6.8	5.1	-15.0	-41.3	17.0	-43.3
唐宫（中国）	8.6	10.0	0.2	-26.1	23.2	-30.8

资料来源：企业财报，红餐品牌研究院整理。

红餐网 | 红餐大数据

资料来源：红餐大数据。

图 3-1　2016 — 2023 年全国中式正餐市场规模概况

进入 2023 年，随着全国经济环境整体向好，餐饮行业加速复苏，一些中式正餐品牌的业绩也迎来了反弹。例如翠华控股在持续亏损 3 年后，2023 年一季度实现扭亏为盈，利润同比增长超过 200%。广州酒家 2023 年第一季实现营业收入约 9.2 亿元，同比增长 23.1%。可见，2023 年的中式正餐赛道整体在回暖，预计 2023 年中式正餐的市场规模将回升至 1 万亿元规模。

2. 连锁巨头谨慎开店，黑马品牌逆势扩张

2022 年，迫于经营和盈利的压力，不少中式正餐连锁企业谨慎开店，甚少扩张。红餐大数据显示，2022 — 2023 年上半年，全国 51~100 家的中式正餐品牌数占比有微弱的下滑，而 50 家及以下区间的中式正餐品牌数占比有所上升。这在一定程度上反映了大型中式正餐连锁品牌对于开新店的态度相对谨慎。

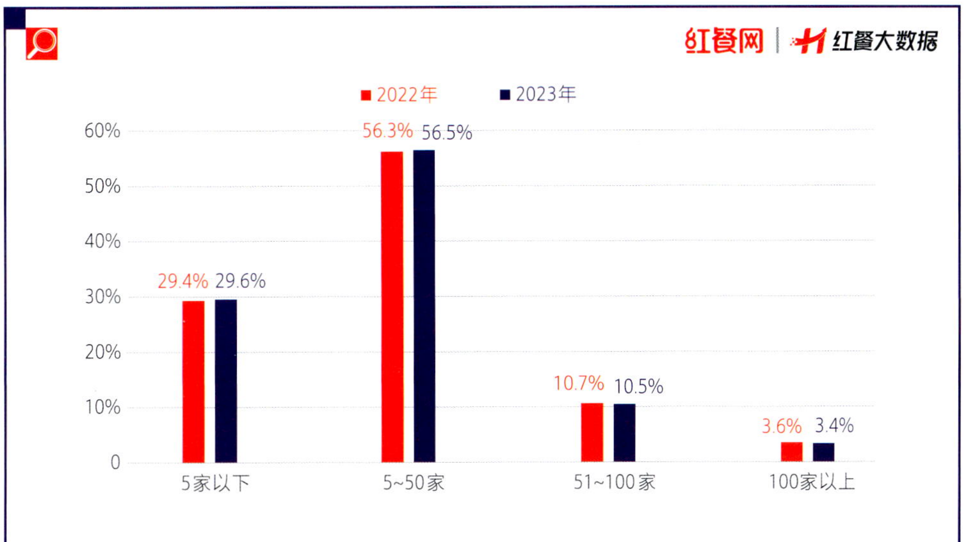

资料来源：红餐大数据。

图 3-2 2022 — 2023 年全国中式正餐品牌门店数区间占比分布

近年来，西贝莜面村、九毛九西北菜、眉州东坡等头部品牌放慢了开店步伐。九毛九年报显示，2022 年其餐厅数量同比减少了 7 家。进入 2023 年以来，上述中式正餐巨头均有新店开出，但是总体上来看，拓店还是偏慎重。

在一些品牌谨慎扩张的时候，也有一批主打性价比的黑马品牌实现了逆势增长。例如小菜园、兰湘子、紫光园等品牌，在 2022 年的门店数均有较大幅度的增长。

徽菜品牌小菜园人均消费约为 80 元，瞄准了家庭客群，用“优质食材 + 现场制作 + 海底捞式服务”的卖点构建起了高性价比的品牌“护城河”。具体来看，一方面，小菜园在后端自建供应链，利于降本提效，为高性价比的品牌定位提供基础。另一方面，其采用的门

店合伙人模式（由厨师长担任店长，店长培养徒弟的模式）有效增强了团队的稳定性与积极性，便于门店管理。在以上因素的共同作用下，小菜园实现了门店规模的快速增长，2022 年新开门店 100 余家。截至 2023 年 6 月，小菜园 2023 年已连续开出 20 余家新店。

聚焦湘菜小炒的兰湘子同样定位性价比餐厅，人均消费约 55 元，成为异军突起的湘菜黑马。兰湘子创立于 2019 年，短短几年便发展出了 160 余家直营门店，这些门店主要分布于陕西、河南等地。作为在“外”出生的湘菜品牌，兰湘子的主要特色在于创立伊始就打破了人们对正宗湘菜的固有认知，根据北方人的口味对产品进行了创新改良，由此在北方城市实现了大幅扩张。

近年来，还有不少中式正餐连锁餐饮品牌尝试社区小店模型，亦取得了较好的市场表现。例如京菜品牌紫光园，2020 — 2022 年开出了约 150 家新店，成为新冠肺炎疫情期间转型较为成功的老字号品牌。其从档口模式慢慢衍生出来纯档口店、档口 + 面馆、档口 + 快餐、档口 + 早餐 + 正餐、电商五种模式。全时段、全业态的开拓，不仅降低了紫光园的经营成本，也覆盖了更为广泛的消费人群，开拓了营收渠道。

金戈戈香港豉油鸡则是创新性尝试正餐“快餐化”思路，通过社区小店模型，把门店打造为餐饮和新零售的结合体。其社区店以外带为主、外卖为辅，仅提供少量的堂食座位或者完全不设堂食服务。在这种模式下，门店整体的投资经营成本得以降低，也使得品牌得以逆势发展。

3. 外卖小份菜成增长契机，预制菜新增量待探究

2020 — 2022 年，餐饮的消费习惯发生了较大的转变，外卖也从一个锦上添花的增收渠道，变成大多数餐饮企业必不可少的经营阵地。

九毛九的年报显示，其集团 2020 年、2021 年、2022 年外卖业务收入分别是 4.73 亿元、6.22 亿元、7.87 亿元，外卖业务收入占总收入的比例也由 2020 年的 17.5% 上升至 2022 年的 19.7%。

相比小吃快餐、西式快餐等品类，中式正餐的外卖难度相对较高，但通过“大菜小做”的方式，不少中式正餐品牌在“小份菜”的经营中找到了新商机。

例如北京的福兰德酒楼，新冠肺炎疫情后顺应消费趋势开始做外卖，但在单店单月外卖订单量达到 3,000 单后陷入瓶颈期。之后其通过把菜量减半，价格下调 40% ~ 50% 的方式来推广小份菜，2022 年其单店单月的订单量提升到了近 10,000 单，净收入额增长率超过 200%。

有百年历史的东兴楼也在外卖平台推出了多种小份菜，例如一人份的红烧肉卤蛋套餐、小份的醋熘白菜，价格从十几元到几十元不等。这些小份菜均是消费者相对熟悉的家常菜，经济实惠，受到不少消费者的喜爱。北京的便宜坊也调整了线上菜品结构，推出了小份菜，例如其招牌菜烤鸭，在半份、整份的基础上推出了四分之一份，专门面向单人订餐群体。

美团数据显示，2022 年，消费者主动在美团搜索“小份”关键词的频次超 13 万 / 日，美团 App 上销售小份菜的商户比 2020 年增长了近 1 倍。

随着 2023 年餐饮消费需求逐渐回归正轨，中式正餐外卖的增长或将回落到 2020 年之前的水平，或难有爆发式增长。但是，小份菜在线上点餐场景中的价值依然存在，仍是中式正餐企业外卖升级的重点方向。对于小份菜，中式正餐品牌应理性看待其价值。

同时，近年来预制菜的兴起亦为中式正餐品牌带来了发展新机遇。一方面，餐饮品牌在后端采用预制食材可以提高产品的标准化程度，帮助中式正餐品牌实现规模化复制。但对大多数中式正餐企业来说，核心竞争力在于消费者的堂食体验，在预制菜应用方面需要把握与口感、锅气之间的平衡（预制的程度与比例）。

另一方面，对在餐饮供应链端有布局实力的中式正餐品牌来说，通过预制菜可以就特色菜肴进行工业化生产，并将这种预制菜产品在线上线下零售渠道中进行销售，也可以向第三方餐馆供货，

从而发展企业的“第二增长曲线”。

目前，预制菜赛道的餐饮企业参与者主要有广州酒家、西贝、同庆楼、海底捞、眉州东坡、紫光园、和苑酒家、陶陶居等。

广州酒家在预制菜业务上深耕已久，主打盆菜熟食预制菜产品，具备较强的产品研发能力。旗下盐焗鸡、豉油鸡、佛跳墙盆菜年货大礼包、豉汁排骨、紫金酱凤爪等产品在京东等电商平台上好评率较高。2023 年 3 月，广州酒家公司公告称与六位合伙人共同出资设立广东广梅预制菜产业投资基金。基金主要围绕预制菜、食品加工产业链及食材产业链等相关产业进行投资，并且已于 2023 年 4 月 23 日完成了私募投资基金的备案。

西贝也一直在发力预制菜。一方面，西贝从贾国龙功夫菜到美食市集，在不断探索预制菜在堂食门店的盈利模型。另一方面，西贝在零售端的预制菜业务在不断增长。西贝相关信息显示，2022 年西贝的零食业务相比 2019 年增长了 257%。

老字号全聚德在 2022 年年报中介绍，公司围绕全聚德、川老大、丰泽园的老字号品牌矩阵，采取多品牌、分步骤上市策略，目前已研发出了 30 个品类的预制菜和熟食产品进入市场销售。同庆楼 2022 年年报提到，旗下的“大厨菜”（预制菜）业务发展迅速，目前重点开发了多个系列的产品。据了解，其先后开发出了红烧系列、清蒸系列、酸菜系列、丸子系列、虾系列、鱼系列等预制菜菜品。

从整个预制菜市场的竞争格局来看，餐饮企业的占比并不大，且入局的大都是一些有较强实力的品牌。因此，对于市场上的中小型中式正餐企业来说，囿于研发成本高昂、产品品类单一、口味还原、生产标准化等难题，或许并不适合入局预制菜赛道。

同时也需要注意，随着各类企业不断入局，C 端预制菜在供应端的产量将会非常充足，C 端预制菜赛道的竞争将会日益加剧。一些实力偏弱、产品创新力不足的企业将会被逐步淘汰，预制菜强者有望诞生，而预制菜赛道的集中度也会被逐渐提高。按照此发展逻辑，已经入局的中式正餐企业想在预制菜赛道稳稳立足，也将面临不小的挑战。

二、爆品效应助推川湘菜持续扩容，精致化、融合化成趋势

红餐大数据显示，截至2023年6月，在中式正餐样本品牌中，湘菜是门店数最多的菜系，占比为18.5%。其次是川菜，门店数占比为17.5%。粤菜的门店数居于第三位，占比为14.7%。

随着餐饮消费需求转变升级，各个地方菜系也呈现出了不同的发展趋势。湘式小炒在全国流行，市场进一步扩容。川菜持续分化，催生出一批聚焦爆品的连锁品牌。一些粤菜品牌通过平价化的改造，开启全国化扩张。江浙菜的本地化发展特征明显，有待创新品牌引领破局。此外，一些地方菜系也迎来发展新契机。例如徽菜、湘菜等在头部品牌带动以及地方政府的支持下迎来规模化发展新机遇。

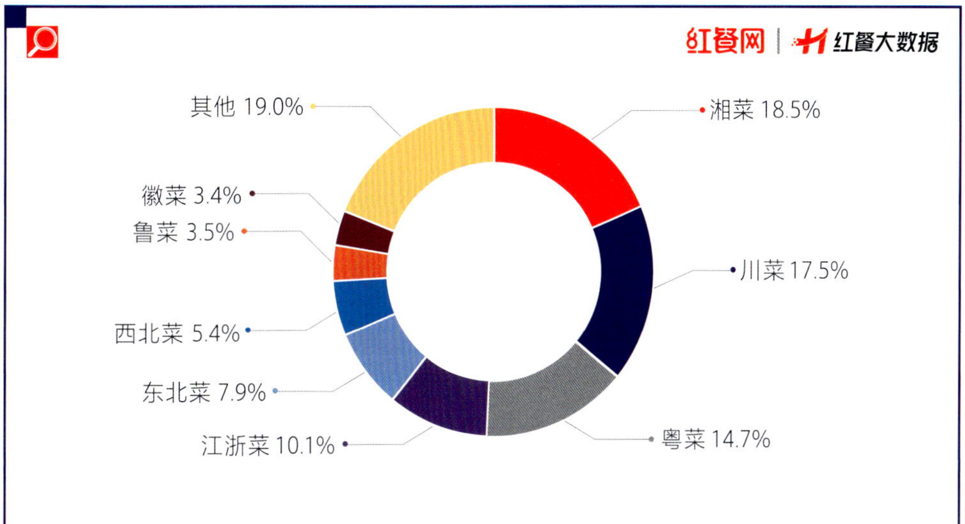

资料来源：红餐大数据，数据统计时间截至2023年6月。

图3-3 2023年中式正餐细分菜系样本品牌门店数占比分布

1. 湘菜：爆品策略带火“湘式小炒”的全国热度

曾经，在一些传统的湘菜馆中，存在炒菜种类较多、出品分量大、对门店环境和消费者体验的重视度相对低的问题。如今，不少湘菜品牌对传统湘菜馆进行了升级，聚焦“湘味小炒”的概念，精简SKU，并对门店服务、出餐效率等多种层面进行升级，同时，利用爆品策略提升了消费者对于品牌的认知，从而实现了快速发展。

表 3-3 2023 年全国部分湘菜品牌概况

品牌名称	门店数（家）	人均消费（元）	门店主要分布区域
彭厨	230+	74	广东、湖北、湖南、山西
厨嫂当家	180+	68	广东
兰湘子	160+	55	陕西、河南、山东
毛家饭店	150+	67	广东、湖南、山东
阿瓦山寨	120+	69	山东、山西、河南
湘阁里辣	110+	58	广东
农耕记	60+	85	广东
爷爷的土钵菜	60+	63	江西、湖南、湖北
胡子大厨	70+	57	上海
费大厨辣椒炒肉	60+	75	湖南、广东、上海、北京
饭菜真湘	40+	47	广东
吃饭皇帝大	40+	80	湖南、浙江
炊烟	30+	84	湖南、上海
以饭湘许	30+	67	广东
巡湘记	30+	98	上海
望湘园	20+	106	上海
回家湘	20+	66	广东
俏九州	20+	73	广东
老湘村 · 湖南土菜	20+	73	广东
佬麻雀	20+	94	广东
水墨田塬	20+	74	广东
湘辣辣	20+	80	广东
辣可可湖南菜	10+	80	广东
遇见湘	约 9	72	广东
新长福	约 9	288	湖南
君庭中餐馆	约 8	308	湖南
晴溪庄园	约 4	298	湖南

资料来源：红餐大数据，数据统计时间截至 2023 年 6 月。 红餐网 | 红餐大数据

例如费大厨主打辣椒炒肉，同时以大厨现炒的方式升级顾客体验，目前已在湖南、广东、上海、北京等地开出了 60 余家门店。炊烟主打小炒黄牛肉，以优质食材以及持续保温的精致呈现为卖点，在湖南开出了数十家门店后走向了上海市场，目前在上海拥有 3 家门店。

以饭湘许则以独特的品牌定位立足湘菜赛道，主打年轻化的新湘菜，坚持“好吃且符合现代人饮食习惯”的产品研发理念，为消费者提供更年轻化、更干净卫生的全新门店体验，以及充满热情活力的服务。2019 年，以饭湘许成立了独立运营的供应链公司，确保了核心食材的高品质和稳定性。凭借着创新的产品思维、年轻化的环境服务，该品牌近年来受到较多关注，获得了“第四届中国餐饮红鹰奖 · 2022 年度餐饮区域标杆品牌”“2022 广州 · 亚洲地标美食大奖”“2023 年餐饮金虎奖”等多项荣誉称号。自 2015 年创立以来，以饭湘许在全国已开出了 30 余家门店，未来其将继续深耕广东市场，辐射华南区域，并逐步向全国其他地区扩张。

在头部品牌的带动下，湘菜赛道迎来了快速发展期，一批聚焦爆品、小炒的湘菜新品牌在全国各地快速跟进。它们以辣椒炒肉、小炒黄牛肉等爆品菜品为代表，再辅以不同食材组合而成的各式小炒，塑造了一个个形象鲜明的湘菜品牌。比如上海的胡子大厨、西安的兰湘子等品牌均以湘菜小炒为卖点，近年来发展势头尚可。

总而言之，主打辣的口味，注重现炒的锅气，分量适中且出品精致，价格亲民且较注重体验，构成了当下湘式小炒品牌的主要特点。基于以上特性，这类湘式小炒品牌受到了诸多消费者的追捧。而湘式小炒甚至还呈现出了跨菜系发展之势，出现在川菜、江浙菜、粤菜等众多菜系的餐厅中，甚至在西式快餐中也能看到辣椒炒肉与汉堡 / 比萨结合的身影。

与此同时，精致湘菜亦受到了一些关注。近年来，一些定位为商务宴请的湘菜品牌开始对湘菜进行高端化、精致化改造，它们或引入鲍参翅肚等名贵食材，或融合粤菜、淮扬菜等其他精致菜系，同时升级餐厅的环境体验，把人均消费拉高到 300 元左右。例如新长福，通过精选世界各地的招牌食材以及国内的高品质地理标志性产品，用精湛的制作工艺进行融合表达，带来了精致湘菜的新体验。目前，这种“精致化”受到了一定的市场认可，新长福、君庭中餐馆、晴溪庄园这几个品牌均有餐厅上榜了“2023 年黑珍珠一钻餐厅”。

此外，湘菜中的“院子餐饮”业态近年来关注度颇高。不同于 1.0 时代的有一个院子即可，2.0 时代的院子餐饮，则是从多维度进行了升级。不仅空间开阔、自带景观、场景体验丰富，而且产品也更强调原生态的品质感。院子餐饮如今成了集用餐、休闲于一体的热门消费场所。湘菜的爆炒、烟火气等特色和院子餐饮具有较高的适配性，再加上情绪消费、田园消费流行，院子餐饮的热度逐渐高涨。主打院子餐饮的晴溪庄园、王捌院子、小鳖大院、我家小院等品牌也被越来越多外地游客所了解。

毋庸置疑的是，任何菜系的繁荣都不是一蹴而就的。当下的湘菜热度较高，湘菜品牌也在不断探索，相信未来会出现更多特色品牌引领湘菜的繁荣发展。

2. 川菜：川菜精致化趋势渐显，细分化仍是增长动力源

很多消费者对川菜的认知还停留在重油重辣，但近年来，川菜越发重视“一菜一格，百菜百味”的本味。取材广泛、调味多变、百菜百味的川菜品牌涌现，其中尤以精致化、高端化的川菜品牌表现较为亮眼。

精致化川菜的代表品牌有玉芝兰、柴门荟、许家菜、南堂馆、子非、廊桥、隐庐 · 古法川菜、兰亭永、宋 · 川菜等。这些精致川菜品牌聘请大师级主厨，通过对食材、烹饪技法以及就餐环境的创新，带给消费者独到的味觉体验和文化内涵。它们定位多偏向于中高端，餐厅服务和体验更好。例如许家菜，由许凡大师主理，秉持“不时不食，家的味道”的经营理念，把寻常食材、家常菜式做出了独特的味道。隐庐 · 古法川菜则聚焦“古早味”的老川菜菜品，通过精选食材、烹法回溯、容器再造等手段竭力还原旧式川菜风貌。还有的精致川菜品牌精选全球珍稀食材，借鉴融合西式烹饪技法，出品的菜肴别有一番风味。例

如宫保法国鹅肝、鹅肝麻婆豆腐、鲍鱼海参毛血旺等中西合璧的菜式出现在川菜餐厅的菜单上。还有不少精致餐饮品牌在环境打造上颇有新意，它们或闹中取静、充满情调，或极具中式美学、优雅大气。

值得一提的是，精致川菜餐厅不仅在川渝地区蓬勃发展，在川渝以外的一线城市亦受到了较多的关注。例如广州的宋 · 川菜，主打传统川菜和北京烤鸭，是中国大陆地区第一家米其林一星川菜餐厅。上海的南兴园、景忆川 · 川粤菜、北京的梧桐 Plus、三样菜 · 玺川府等，深圳的椿庐、梅须里、荣川菜等品牌，在当地均拥有较高的人气和口碑。

一些业内人士表示，精致川菜是川菜高端化发展的产物，也是近年川菜表现较为突出的发展特征。早些年，大众化的川菜餐厅作为“先锋队”，在全国各地奠定了广泛的群众消费基础，为如今川菜的高质量、高端化发展奠定了基石。

随着川菜的高质量发展，川菜品牌的集团化运作特征亦较为突出。一些口碑较好的精致川菜品牌，实际上由同一个餐饮集团运营。比如南堂馆、南堂小馆、南堂听香、南亭茶事、南堂含翠等品牌均隶属于成都南堂馆餐饮管理有限公司。而成都柴门餐饮旗下则有柴门荟、柴门头啖汤、柴门饭儿、柴门公馆、柴门鱼鲜馆等多个不同人均定位的川菜品牌。成都映象餐饮有限公司旗下亦有成都映象、转转会、崇德里等多个子品牌。

此外，川菜细分化的发展态势进一步延续。继酸菜鱼、冒菜、烤鱼、钵钵鸡、水煮鱼等众多细分品类崛起后，近年来跷脚牛肉这个细分品类亦开始冒头，还催生出了全牛匠川小馆、肖四女乐山跷脚牛肉、冯四嬢跷脚牛肉等连锁品牌。这类品牌亦以“大单品”切入，快速占领了细分品类的认知。近年来，它们的扩张速度较快，目前全牛匠川小馆的门店有 50 多家，后两者的门店数均已超过 100 家。

麻婆豆腐作为川菜的经典爆品，之前助推了周麻婆实现了规模化发展。如今，这个爆品又被眉州东坡看中了。2023 年，眉州东坡在上海开出了多家眉州东坡 · 麻婆豆腐特色店，人均消费在 90 元左右，菜品 SKU 相对少，上菜速度快，定位也更偏向于轻正餐。

除了挖掘爆品之外，川菜的持续分化还体现在品牌越来越倾向于从更细分的川菜品类中发现商机。例如杨记隆府打造的新品牌民间粮仓，主打重庆菜，如今已在重庆、湖北、河南等地发展了近 20 家门店。

表 3-4　2023 年全国部分川菜品牌概况

品牌名称	门店数（家）	人均消费（元）	门店主要分布区域
先启半步颠小酒馆	250+	83	江苏、浙江、上海
周麻婆	180+	42	福建
徐鼎盛民间菜	120+	68	重庆
冯四孃跷脚牛肉	120+	53	四川、江苏
肖四女乐山跷脚牛肉	110+	74	江苏、浙江、上海
椒爱 · 水煮鱼川菜	110+	97	辽宁、山东、河北
九锅一堂酸菜鱼	80+	66	重庆、四川、陕西、湖北
蜀都丰 · 手工水煮活鱼	70+	84	福建
眉州东坡	60+	100	北京
一把骨	60+	66	成都、重庆
全牛匠川小馆	50+	71	北京、广东
大蓉和	40+	111	四川、重庆、广东
茅庐川菜	40+	68	山东、江苏
杨记隆府	30+	88	重庆
渝乡辣婆婆	30+	88	河北
峨眉酒家	20+	105	北京
陶然居	10+	80	重庆
悦百味	10+	125	成都
百年神厨	10+	66	成都
民间粮仓	10+	75	重庆、河南、湖北
陶德砂锅	10+	58	成都
红杏酒家	10	94	成都
南堂小馆	约 9	191	成都
饕林餐厅	约 8	85	成都
许家菜	约 8	409	成都、北京
胡大饭馆	约 7	127	北京
柴门头啖汤	约 7	195	成都、上海、重庆
不二隐庐	约 6	228	成都
椿庐	约 4	245	深圳、北京
南堂馆	约 4	200	成都
马旺子川小馆	约 3	127	成都、深圳
柴门荟	约 2	748	成都、上海
梅须里	约 2	290	深圳
子非	约 2	1000	成都
宋 · 川菜	约 1	267	广州

资料来源：红餐大数据，数据统计时间截至 2023 年 6 月。

与此同时，川菜的融合化发展趋势亦较明显。新派川菜越来越多地融合了其他菜系的经典菜品，增加本菜系的新鲜感和适口度。例如椒点 · 川粤精品、景忆川 · 川粤菜等，均为主打川粤口味的融合菜品牌。事实上，上述提到的多家精致川菜品牌亦不同程度地借鉴融合了西式菜肴以及川菜以外的其他地方菜肴的特征。

值得一提的是，随着川菜在全国的快速发展，以及在地方政府的支持下，川式调味品产业市场日益繁荣，各类产品品种丰富，从火锅底料、鱼调料到小龙虾调料、烧烤调料、烤鱼调料等一应俱全，一批实力川调品牌顺势崛起。而川调产业的不断成熟又反过来促进了川菜品牌的标准化、规模化发展。在川菜产业上下游相互协同的过程中，川菜产业的市场规模得以进一步壮大。

3. 粤菜：细分化趋势明显，顺德菜表现突出

粤菜烹饪制法考究、精细，常被视为精致餐饮的代表菜系。“2023 黑珍珠餐厅指南”显示，本年度在全国范围内共有 54 家粤菜餐厅上榜，粤菜的上榜餐厅总数在各大地方菜系中拔得头筹。

但是，粤菜在全国的普及度明显低

于湘菜、川菜，大部分粤菜餐厅分布在以广东为主的南方市场。

同其他菜系一样，粤菜在发展的过程也呈现出细分化、融合化的特征。粤菜餐厅逐渐演变出了茶点、卤鹅、啫啫煲等专门店，而且门店模型也有做轻的趋势。与此同时，为了满足多样化的消费需求，部分粤菜品牌在保持粤菜精华的基础上不断借鉴其他菜系进行创新。例如广州日航酒店在粤菜产品创新中就融入了剁椒鱼头、水煮鱼、酸菜鱼等川湘菜品，并且融入了西餐元素。

粤菜具有博采众长、善于变化、勇于创新的特点，但是大部分粤菜品牌却秉承低调务实的态度，专注于在某一区域发展。此前，在华南地区之外，如北京、上海等地，多数粤菜品牌均以高端、精致等特点著称。近年来，一些粤菜品牌开始打破这样的格局，尝试"走出去"，通过平民化的策略，逐步迈向全国市场。例如点都德、陶陶居、蔡澜港式点心、克茗冰室等品牌已经在全国化连锁上迈出了坚实的步伐。

百年老字号陶陶居这些年一直在做年轻化的尝试，并坚持"走出去"的策略。经过多年的探索，目前陶陶居已经将门店开到厦门、上海、北京、成都等城市，接下来会选择像昆明、贵阳这类省会城市，以及当地的一线商圈进行扩张。老字号品牌点都德，目前已发展出了 70 余家门店，遍及上海、浙江、四川等地。蔡澜港式点心也已开出 50 余家门店。主打高性价比港式点心的添好运，连续 12 年被评为香港米其林一星餐厅。2022 年 8 月，该品牌被菲律宾餐饮巨头"快乐蜂"看中收购，估值已达 27 亿港元，如今正开启加速拓店模式。自从 2020 年在中国内地市场开出首店以来，目前，其在我国内地市场共开了 20 余家门店。

这类品牌主营烧腊、粤式小炒、广式茶点等，人均消费在百元左右，有效地扩大了粤菜的受众群体。这些粤菜品牌的扩张也向全国消费者普及了干炒牛河、肠粉、艇仔粥、萝卜牛杂等粤式经典小吃。

表 3-5 2023 年全国部分粤菜品牌概况

品牌名称	门店数（家）	人均消费（元）	门店主要分布区域
太兴餐厅	80+	71	香港、广东、北京
避风塘	70+	96	上海、江苏、浙江
点都德	70+	96	广东、上海、浙江
顺德佬	60+	113	广东
如轩海鲜砂锅粥	50+	74	广东
翠华餐厅	50+	69	广东、香港、上海
客语	50+	79	广东
蔡澜港式点心	50+	91	广东、北京、上海
高第街 56 号港式餐厅	40+	81	山东
唐宫（中国）	30+	170	上海、北京、广东、四川
添好运	30+	92	上海、台湾、香港、北京
陶陶居	30+	122	广东、上海、北京
利苑酒家	20+	321	香港、广东、北京
广州酒家	20+	126	广州
陈鹏鹏潮汕菜	20+	99	深圳
半岛餐饮	10+	156	广州
大鸽饭	10+	96	广东、湖南
惠食佳	10+	208	上海、广东
海门鱼仔店	10+	115	广州
大榕树下	10+	76	广州
凤小馆 · 顺德菜	10+	87	广东
潮界	10+	108	上海
顺峰山庄	10+	217	广东、北京
炳胜品味	约 7	250	广东
小荔园	约 7	86	广州、佛山
好客家	约 7	78	广东
滋粥楼	约 6	133	广州
潮江春	约 9	155	广东、香港
菁禧荟	约 3	1200	上海

资料来源：红餐大数据，数据统计时间截至 2023 年 6 月。

而粤菜中的顺德菜，近年来凭借着平价化、标准化改造，在北方市场风生水起，在北京发展得尤为顺利。美团餐饮数据显示，2020 — 2022 年，美团平台上北京地区的顺德菜门店数量逐年增长。在北京，一些顺德菜连锁品牌发展较好，比如粤京熹 · 顺德菜、星爷鸡煲 · 广东顺德菜等，在北京均已发展出了 5 家以上的分店。在广东省内，主打顺德菜的滋粥楼、顺意 ·

顺德家乡菜等品牌亦拥有一定的认知度，且均开出了数家门店。

而在顺德本地，一些品牌也迎来了“走出去”的发展契机。例如太艮堡毋米粥在广州和珠海均有开出门店，而猪肉婆亦把门店开到了珠海、中山（已签约未开业）。同时，聚福山庄、顺峰山庄、珍之宝等餐企亦收到了来自广州、深圳等商场的开店邀请。

业内人士表示，粤菜的发展必然是需要精致餐饮和大众餐饮“两条腿”走路的，粤菜平民化有利于品牌顺利走出广东，发展全国连锁。而精致粤菜未来的创新方向也将有所改变，从以前比拼食材的稀缺性，到如今趋向于“平料高工”，即把普通的优质食材做出不一般的味道，突出粤菜的鲜味。总的来看，随着粤菜品牌不断“走出去”，粤菜餐厅在全国市场的渗透度将进一步提升，粤菜的一些大型连锁品牌也有望诞生。

4. 江浙菜：“快时尚”热度下滑，亟须品牌引领创新

红餐大数据显示，2022 年，江浙菜（含本帮菜）在中式正餐总门店数里的占比为 10.9%，仅次于湘菜、川菜和粤菜，属于一个较大的菜系，同时也属于偏高端、精致化的菜系。总体来看，大部分江浙菜餐厅主要分布在江苏、浙江、上海一带。

前些年，绿茶、外婆家、新白鹿等品牌在全国快速化扩张，一度在国内掀起江浙菜快时尚餐厅风潮，加速了江浙菜在全国的普及度。外婆家这类快时尚餐厅的菜品价位低，后端标准化程度高，门店翻台率高，就餐环境有设计感，亦讲究动线和接待量等效率指标，属于“价低量大”的经营模式。这种模式需要人流量大才能成型，所以快时尚餐厅大都开在大型购物中心，而前些年随着国内大型购物中心的快速发展，品牌亦实现了快速拓店，同时也促进了江浙菜的全国化发展。

然而，随着商场红利期消退，加上江浙菜头部品牌创新动力不足，诸多江浙菜品牌近年发展陷入了瓶颈期。外婆家拓店速度较慢，而绿茶餐厅连续多次递交招股书欲冲击港股，至今都未能成功。

表 3-6　2023 年全国江浙菜部分品牌概况

品牌名称	门店数（家）	人均消费（元）	门店主要分布区域
绿茶餐厅	280+	78	广东、浙江、北京
外婆家	100+	79	浙江、北京
南京大牌档	90+	75	江苏、北京
東大方传统苏杭味	60+	98	浙江
新白鹿	40+	71	浙江
丰收日	30+	139	上海
小厨娘淮扬菜	30+	130	江苏
楼外楼	30+	88	浙江
外婆印象	30+	61	陕西
涌上外婆桥	30+	71	浙江
老阿爸 · 江浙土菜馆	30+	97	江苏
老头儿油爆虾	30+	93	浙江
弄堂里	30+	74	浙江
桂满陇	30+	83	上海、江苏
上海小南国	20+	215	上海
老鸭集	20+	99	浙江
新荣记	10+	826	浙江、上海、北京
松鹤楼	10+	183	江苏、北京
新梅华	10+	91	江苏
苏浙汇	10+	208	上海
荣小馆	10+	193	浙江
江南厨子	10+	154	广东
和记小菜	10+	125	上海
知味小馆	10+	67	江苏、浙江、上海、广东
江南雅厨	约 9	238	苏州
民国红公馆	约 5	485	南京
金海华 · 华宴	约 4	546	苏州

资料来源：红餐大数据，数据统计时间截至 2023 年 6 月。

红餐网 | 红餐大数据

在快时尚江浙菜餐厅陷入发展瓶颈的时候，对江浙菜进行高端化尝试的品牌发展势头较好，例如新荣记、甬府、金海华 · 华宴、民国红公馆等。新荣记不拘一格挖掘地方特色菜，不仅将小众的台州菜带向了全国，还形成了自成一派的“荣家菜系”，成为国内荣获“米其林餐厅”称号数量最多的品牌。目前，其在浙江、北京、上海等地开出了 10 余家门店，并且发展了荣府宴、荣小馆等多个子品牌。甬府也打造出甬府 · 北外滩、甬府尊鲜、甬府小鲜等人均消费处于不同价格区间定位的多个浙菜品牌。

任何品类的持续繁荣离不开代表品牌的不断创新破局，或因地制宜地做菜品融合创新，或聚焦特色爆品突围。从这个角度来看，江浙菜在全国化发展的道路上仍需更多创新品牌引领。

5. 徽菜发展提速，新京菜俘获“新贵”阶层

近年来，徽菜的门店数有较大幅度的增长。红餐大数据显示，2022 年徽菜门店数在中式正餐总门店数的占比为 3.4%，相比 2021 年的 2.2% 有了明显提升。

这背后或有赖于头部品牌同庆楼上市、小菜园全国规模化扩张的带动。2023 年 3 月，定位新徽菜的小菜园获得加华资本数千万美元投资，目前其已在全国上百个城市开出 440 余家直营门店。据相关媒体报道，2022 年小菜园实现了 40 亿元的营业收入。同庆楼于 2020 年 7 月在上交所上市后，门店数量也不断增加，2022 年公司总收入达到了 16.7 亿元。

品牌的规模化发展离不开菜品标准化的支撑，近年徽菜的供应链体系亦在逐步完善。例如徽菜的代表菜品臭鳜鱼、毛豆腐等菜品的供应链均得到了优化，鳜鱼用腌制发酵工艺解决了耐储问题，便于徽菜品牌进行规模化扩张。

徽菜发展势头向好还有一些因素助推，例如徽菜的口味特点是“味鲜浓郁，汤汁厚重”，符合消费者当下的饮食追求。再如徽菜的代表菜臭鳜鱼、胡氏一品锅等，在预制菜的加持下，近年来知名度、普及度大涨，进一步提升了消费者对于徽菜的认知度。

此外，一些徽菜餐厅采用的白墙黛瓦式设计风格，辨识度相对高。例如小菜园充分利用徽派古建筑元素：白墙、黑瓦、马头墙、假山、流水等，打造出了清新典雅的餐厅环境，让人印象深刻。

总的来说，徽菜市场的寡头效应明显，未来整个菜系的繁荣还有待更多像小菜园一样的创新品牌出现。

表 3-7　2023 年全国徽菜部分品牌概况

品牌名称	门店数（家）	人均消费（元）	门店主要分布区域
小菜园	440+	78	江苏、安徽
同庆楼	40+	138	江苏、安徽
徽商故里	20+	161	安徽、北京、浙江
杨记兴 · 臭鳜鱼	10+	120	北京
刀板香安徽菜	10+	83	合肥
皖厨	10+	108	广东、安徽
庐州太太	约 8	67	合肥
半勺 · 新徽菜	约 5	100	合肥
披云徽宴	约 3	232	北京
皖宴	约 2	1030	上海、合肥

资料来源：红餐大数据，数据统计时间截至 2023 年 6 月。

红餐网 | 红餐大数据

相对于徽菜的势头上升，京菜也有自身的发展逻辑。近年来，在一些品牌的创新升级中，“新京菜”的概念开始流行。相比传统北京菜，新京菜展露出时尚化、国际化的特征。产品上较多采取了中西融合的手法，就餐环境、服务体验也更注重高级感的塑造，人均消费普遍在 300 元以上。新京菜较为注重塑造针对城市新贵的全方位用餐体验，年青一代对于生活方式和品质的需求是新京菜追求的目标。其代表品牌有拾久、提督 · TIDU、新拾玖、柿合缘等。

表 3-8　2023 年全国部分京菜品牌概况

品牌名称	门店数（家）	人均消费（元）	门店主要分布区域
紫光园	150+	50	北京
全聚德	80+	134	北京、江苏
大鸭梨	60+	101	北京
小吊梨汤	40+	100	北京
便宜坊	30+	125	北京
旺顺阁鱼头泡饼	30+	153	北京
四季民福	20+	170	北京
那家小馆	20+	127	北京、江苏
花家怡园	10+	186	北京
大董	10+	534	北京
小大董	10+	129	北京、上海
局气	10+	105	北京
提督 · TIDU	约 7	304	北京
晟永兴	约 4	509	北京、上海
厉家菜	约 4	506	北京
拾久	约 2	338	北京

资料来源：红餐大数据，数据统计时间截至 2023 年 6 月。

红餐网 | 红餐大数据

例如拾久，其菜品充满融合中西、并蓄南北的巧思，如意大利黑醋汁带鱼表面上看是一道异国料理，实则借鉴了传统鲁菜九转大肠和京菜中的香酥带鱼。再如法式酸黄瓜辣炒锡盟羊排、法国鹅肝芝麻酱烧饼等，都是中西合璧的创新菜品。在新冠肺炎疫情期间，拾久还开启了按位上餐的位上制，以此提升顾客的体验感。

旺顺阁打造的新锐京菜品牌提督 · TIDU，将卷着吃的传统烤鸭升级为小汉堡式的“五味三吃鱼子酱烤鸭”。再如店内的招牌必吃“荷香牛肋排”，将西餐与中式烹调技法融合，处处体现“京

情西韵”的出品理念。同时，提督·TIDU 还注重营造优雅舒适的沉浸式用餐环境，旨在让消费者享受到较好的用餐体验。

这类新京菜餐厅也受到了市场的认可。目前，提督·TIDU 已在北京、上海等地开出 7 家门店，每家店均拥有较好的消费者口碑。新拾玖·新京菜的市场反馈亦较好，其成都两店入选了“2023 成都米其林指南”。柿合缘·新京菜亦入选了“2023 上海米其林指南”，还入驻了上海环贸 iapm、深圳万象天地、南京国金中心等多个商场。

总的来说，随着餐饮消费日益多元化、个性化，南北方特色饮食逐渐相互渗透、融合，中式正餐的各个菜系均迎来全国化进程的新阶段。但是，不同的中式正餐的细分菜系呈现出了不同的发展特性，餐饮经营者需要及时洞察，并结合目标群体的消费需求，不断去创新迭代自身的产品及经营模式，以更好地在市场上立足。

CHINA CATERING

02

第二节

小吃快餐：

细分品类渐出圈，中式汉堡崛起

一、中式米饭快餐：探索全时段、多品类，品牌寻求新增量

中式米饭快餐是小吃快餐赛道的重要组成部分，在我国的餐饮市场中占有一定的市场份额，也是 2022 年为数不多的市场规模实现正增长的餐饮品类之一。然而，目前的中式米饭快餐品类依然存在后端效能不足、成本高企等亟待破解的难题。为寻求突破，中式米饭快餐品牌需要探索新的出路。

1.“中式快餐第一股”难产，后起之秀拓店势头猛

随着我国城镇化的快速推进，快节奏的生活成为多数人的常态。在此背景下，消费者对于便捷性餐食的需求也日益强烈，具有刚需、高频率、高性价比这三大显著特征的中式米饭快餐便成了消费者日常餐饮消费的重要组成部分。

红餐品牌研究院“2023 年餐饮消费大调查”显示，在中式米饭快餐的消费者中，每周至少吃一次中式米饭快餐的占比达到了 76.5%，其中每天都会吃中式米饭快餐的消费者将近两成。据红餐大数据，人均消费价格分布于 10~30 元之间的中式米饭快餐品牌占比达到了 66.3%。针对便捷和果腹的需求，相比于其他餐饮品类，中式米饭快餐更可能成为消费者的首选。

在此背景下，我国中式米饭快餐的市场规模逐年攀升。据红餐大数据，2022 年我国中式米饭快餐的市场规模为 2,209 亿元，同比增长了 3.1%。由于

受到新冠肺炎疫情的冲击，餐饮门店营业、消费者外出就餐受到一定的影响，近 3 年我国中式米饭快餐的市场规模增速有所下降。2023 年，随着全国经济逐步复苏，餐饮行业整体经营状况已经有所改善，中式米饭快餐整体市场规模预计将突破 2,300 亿元。

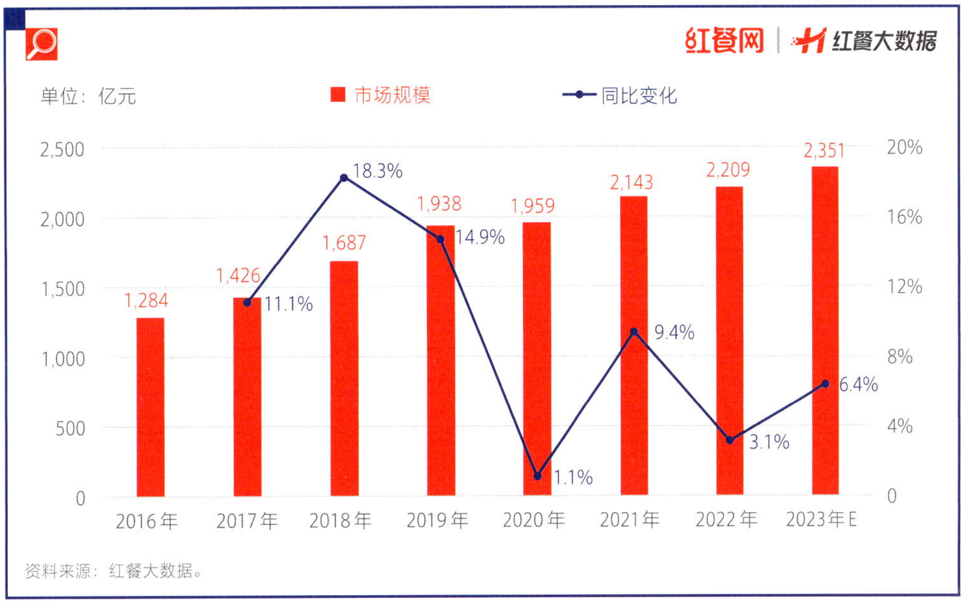

图 3-4　2016 — 2023 年全国中式米饭快餐市场规模概况

相较上一年度，2023 年中式米饭快餐品牌的竞争格局并未出现大的变化。据红餐大数据，在中式米饭快餐品类中，门店数最多的品牌依然为杨铭宇黄焖鸡米饭，其全国门店数量超过 2,500 家。

门店总数居于第二位的中式米饭快餐品牌为老乡鸡，目前其门店数达到了 1,100 余家。自 2020 年以来，老乡鸡加快了拓店步伐，先后入驻了深圳、北京、杭州等城市。同时，老乡鸡加盟业务的占比亦在逐年升高。据老乡鸡招股书，2020 年、2021 年和 2022 年 1 — 6 月，加盟收入占老乡鸡营业收入的比重分别为 0.3%、1.9% 和 3.3%。

2022 年冲击 IPO 的三大中式米饭快餐企业，老乡鸡、乡村基、老娘舅目前均尚未成功上市，“中式快餐第一股”遭遇“难产”。2023 年，这三家企业均有新的上市相关的动态披露：老娘舅、乡村基分别于 2023 年 2 月和 4 月更新了招股说明书，老乡鸡主板 IPO 则于 2023 年 3 月获上交所受理。

从 2020 — 2022 年的营业收入情况来看，三家企业的营业收入情况整体较为稳定，甚至有的还呈现出略微上涨的趋势，但是它们的净利润情况却不甚理想。这种增收不增利的情况是多种因素共同作用而成，中式米饭快餐企业的成本支出居高不下或是其中的重要原因。

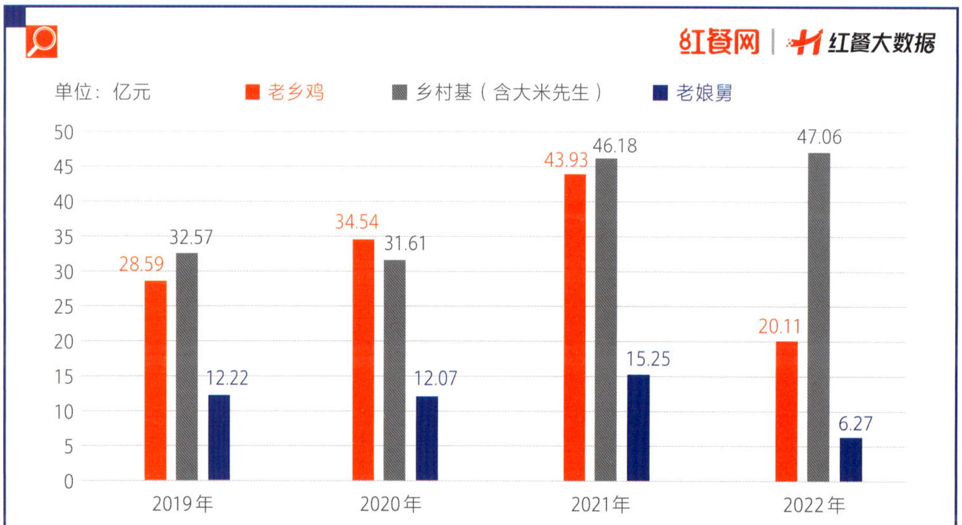

注：关于图中 2022 年的数据，老乡鸡、老娘舅为 2022 年上半年营业收入，乡村基为 2022 年全年营业收入。
资料来源：企业招股说明书，红餐品牌研究院整理。

图 3-5　2019 — 2022 年三大中式米饭快餐企业营业收入情况

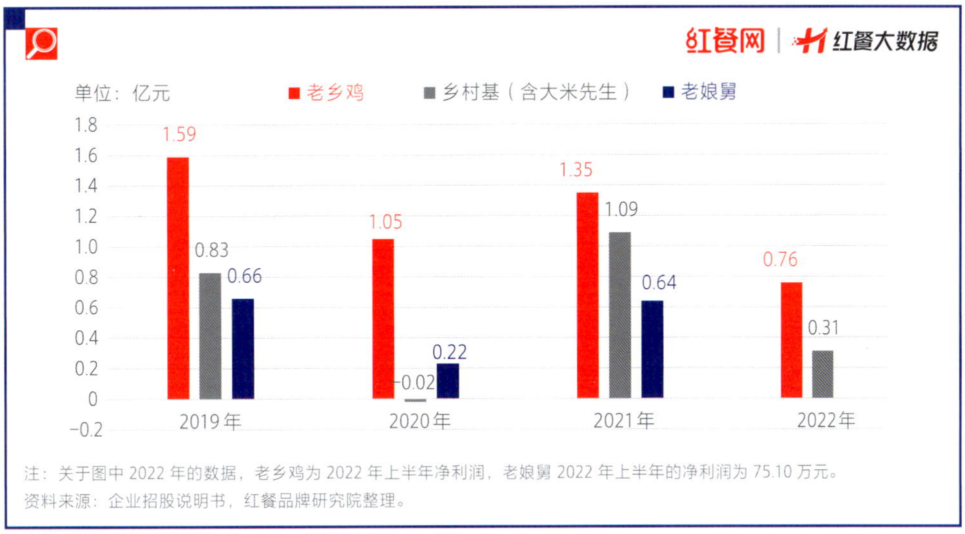

图 3-6　2019 — 2022 年三大中式米饭快餐企业净利润情况

据企业的招股书，2020 — 2022 年，老乡鸡、乡村基、老娘舅这三大企业的人工成本在主营业务成本中的占比均呈现出上涨的趋势。在中式米饭快餐品类薄利多销的生意逻辑下，成本高企一直是困扰中式米饭快餐品牌规模化发展的大难题。未来，率先在降本增效难题上有所突破的品牌将获得先发性优势。

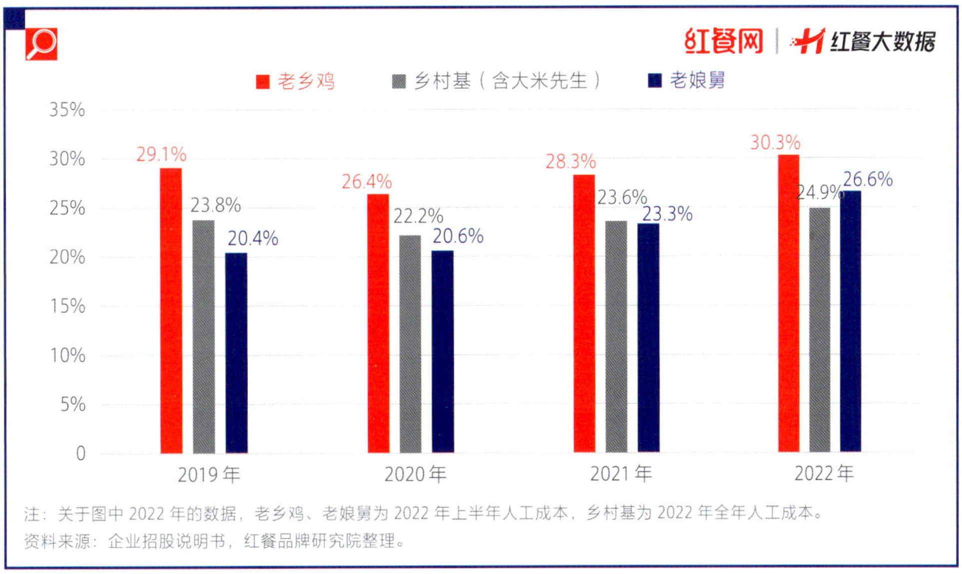

图 3-7　2019 — 2022 年三大中式米饭快餐企业人工成本占比情况

除了以上中式米饭快餐“IPO 三剑客”，近年由于受到众多客观因素以及自身发展遇挫等多重因素的影响，真功夫、永和豆浆、大家乐等中式米饭快餐品牌的发展亦陷入了瓶颈期，扩张速度在放缓。

此外，中式米饭快餐品牌后起之秀出现了“后浪超前浪”的情形，部分品牌甚至在 2022 年实现了逆势扩张。例如，主打朝鲜族传统石锅拌饭的米村拌饭，2022 年新开门店超过 270 家，目前其全国门店数为 750 余家。主营猪脚饭的猪角 · 闽南猪脚饭 2022 全年新开门店近百家，2023 年前 3 个月开店 13 家，目前全国门店共计 370 余家。

表 3-9　2023 年全国部分中式米饭快餐品牌概况

品牌名称	门店数（家）	门店入驻省份数（个）	门店入驻城市数量（个）
杨铭宇黄焖鸡米饭	2,500+	31	252
老乡鸡	1,100+	10	30
张秀梅张姐烤肉拌饭	1,000+	30	241
米村拌饭	750+	12	93
大米先生	650+	16	27
香他她煲仔饭	640+	9	51
晨曦炖品	610+	31	150
乡村基	580+	8	27
永和豆浆	540+	30	139
超意兴	530+	3	12
真功夫	520+	19	52
犟骨头超级排骨饭	430+	22	78
永和大王	420+	18	52
老娘舅	410+	6	19
大家乐	400+	15	34
猪角 · 闽南猪脚饭	370+	16	33
米多面多	330+	24	100
霸碗盖码饭	240+	9	21
和合谷	180+	9	13
南城香	140+	1	1
煲仔皇	130+	12	28

资料来源：红餐大数据，数据统计时间截至 2023 年 6 月。

红餐网 | 红餐大数据

目前，实现全国化发展的中式米饭快餐品牌屈指可数，区域化布局仍然是多数中式米饭快餐品牌的共性。红餐大数据显示，截至 2023 年 6 月，门店覆盖超过 200 个城市的仅有同样采取加盟模式扩张且品牌管理相对粗放的杨铭宇黄焖鸡米饭和张秀梅张姐烤肉拌饭。尽管这些品牌的门店分布于全国多个省份，但实际上其主营区域以外的省份门店密度相对较低，区域化特性在这些品牌中依然存在。

近年来，不少中式米饭快餐头部品牌尝试跨区域布局，正在逐步从区域市场迈向全国。老乡鸡在深圳、北京、江苏、浙江等多地进行大幅扩张，乡村基挺进江浙沪等沿海地区，大米先生开拓上海、湖南、深圳、湖北等地区的市场。

综观整个赛道，对比其他的小吃快餐细分品类，中式米饭快餐品牌在全国化布局上仍有较大的发展空间。据红餐大数据，2023 年中式米饭快餐品牌的平均城市覆盖率为 3.6%。在小吃快餐细分品类中，中式米饭快餐品牌的平均城市覆盖率位于中间水平，低于西式综合快餐品牌的平均城市覆盖率（6.5%）以及麻辣烫品牌的平均城市覆盖率（5.5%）。

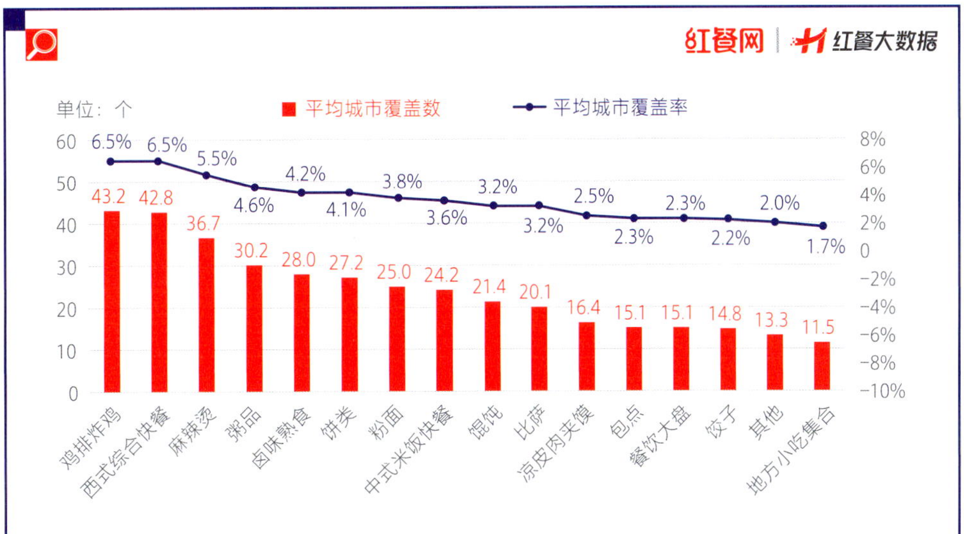

注：平均城市覆盖数为各品牌旗下门店覆盖城市数量的平均值，平均城市覆盖率为某品类所有品牌城市覆盖率的平均值，城市覆盖率 = 品牌旗下门店覆盖城市数量 / 全国总城市数量。

资料来源：红餐大数据，数据统计时间截至 2023 年 6 月。

图 3-8 2023 年部分小吃快餐品类的品牌城市覆盖情况

中式米饭快餐品牌跨区域开店需要过硬的组织管理、物流配送、食材供应等方面的能力。品牌不仅要锻造出能够支撑全国开店的强大后端供应体系，还要打磨出一个适用于规模化拓展的单店模型，跨区域开店对于品牌的综合实力要求较高。

相比在国内开出了数千家门店的肯德基、麦当劳等西式快餐品牌，中式米饭快餐品牌想达到同等规模，还有较长的路要走。

2. 探索全时段、多品类，品牌全方位寻增量

从产品模式上看，目前市面上的中式米饭快餐品牌主要分为以下两大类：一类是以米饭快餐产品为主，同时覆盖其他快餐产品的综合型米饭快餐品牌；另一类是主打某一细分品类，产品结构相对单一的大单品型米饭快餐品牌。

红餐大数据显示，在全国所有的中式米饭快餐品牌中，综合型米饭快餐品牌数的占比超过六成，大单品型米饭快餐品牌数的占比不到四成。虽然品牌数占比不及综合型米饭快餐品牌，但是近些年大单品型米饭快餐品牌的整体表现较出色。它们通过抢占细分赛道，走出了差异化的发展道路。其中，煲仔饭、拌饭、黄焖鸡米饭是发展相对较快的三个细分品类。

图 3-9　2023 全国中式米饭快餐品牌类型

（1）综合型品牌：全时段运营突破消费场景限制

为了满足消费者多样化的消费需求，部分综合型米饭快餐品牌开始尝试全时段营业模式，突破午餐、晚餐有限的消费时段，延伸至早餐、下午茶、消夜等多个消费场景，以提高门店经营效益。以老乡鸡、永和大王、超意兴等综合型米饭快餐品牌为例，其门店除了提供主食类产品之外，亦有早餐类产品、小吃类产品供应。

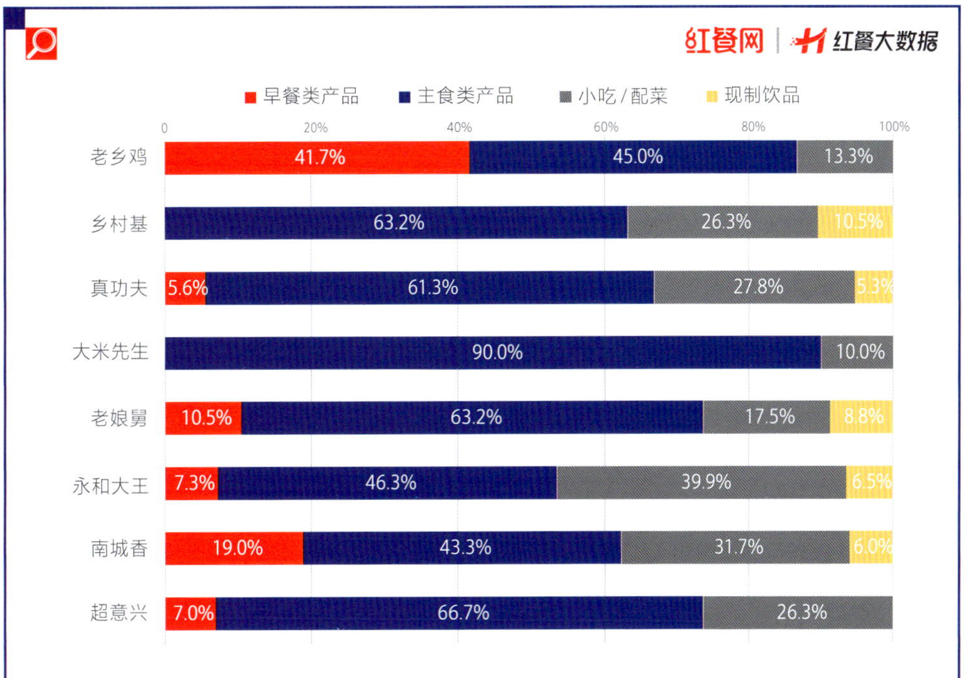

资料来源：公开信息，红餐品牌研究院整理，数据统计时间截至 2023 年 6 月。

图 3-10　2023 年全国部分综合型米饭快餐品牌菜单结构

此外，一些中式米饭快餐品牌还在门店菜单中增加了现制饮品系列产品。如老娘舅、乡村基相继在门店推出了现制茶饮产品，这些茶饮产品的单杯售价为 5~10 元。“中式米饭快餐＋茶饮”的模式可提高早餐、午餐、下午茶等时段配餐饮品的丰富度，进而提高了门店的客单价。同时，茶饮又能吸引更多的消费者进店。

除了扩充产品之外，还有一些品牌在营业模式上做出了探索。例如聚焦于北京市场的南城香主打“全时段社区餐饮”，将门店经营时间延长至十几个小时，再以多元化的产品组合覆盖不同时段的消费需求，受到了诸多消费者的青睐。据南城香官方透露，2020—2022年，南城香的门店数量和营业收入均翻了一倍，成为中式米饭快餐赛道中表现较为亮眼的品牌。红餐大数据显示，南城香目前门店数已经超过 140 家。

综合来看，多品类、多时段的复合型营业模式降低了消费者的决策成本和时间成本，可满足消费者多样化的需求，有利于吸引消费者进店消费，也能有效提升门店的经营效率。但是多品类、多时段经营对品牌的供应链能力和门店的运营能力提出了较高的要求，并非所有品牌都适合复合型营业模式。

（2）大单品型品牌：围绕拳头产品扩充产品线

为了满足消费者个性化、多样化的米饭快餐消费需求，部分中式米饭快餐品牌聚焦于某一细分赛道，产品策略从“大而全”转变为“小而精”。相比综合型米饭快餐品牌，这类品牌主打某一类单品，降低了供应链体系建设的难度。近年涌现的一批大单品型米饭快餐品牌均是凭借此策略成功地开辟了差异化突围路径。

然而，单品经营模式也存在一些瓶颈。单品型米饭快餐品牌的产品较单一，创新空间相对有限，易导致同质化。此外，大单品型米饭快餐品牌对单一食材依赖性高，这对于品牌供应链稳定性的要求较高。

近年来，为了突破产品单一的瓶颈，大单品型米饭快餐品牌在细分品类的基础上不断丰富产品口味，为消费者提供更多选择。例如聚焦于煲仔饭的香他她煲仔饭，研发出了多样化的煲仔饭口味。红餐品牌研究院统计发现，其不同口味的米饭产品达到了 25 个。犟骨头超级排骨饭、外婆屯卤肉饭、煲仔皇也分别推出了 10 余款不同口味的米饭产品。

图 3-11　2023 年全国部分大单品型米饭快餐品牌米饭产品数

除了不断丰富米饭产品的口味之外，横向扩充产品种类也是很多品牌的通用做法。红餐品牌研究院统计发现，在部分大单品型米饭快餐品牌的菜单中，除了米饭、粉面、粥品等主食类产品以外，炸物、卤味熟食、饼类、烤物等休闲小吃也是品牌跨品类拓展产品线的热门选项。

与综合型米饭快餐品牌的“大而全”模式不同，大单品型米饭快餐品牌的多口味、跨品类融合模式则主要是在拳头产品的基础上做延伸。例如徐大川剁椒猪脚饭推出了隆江猪脚、明炉烧鸭、卤豆干、虎皮鸡爪等 10 余款烧腊、卤味熟食。

表 3-10　2023 年全国部分大单品型米饭快餐品牌菜品概览

品牌名称	米饭	汤品	卤味熟食	炸物	烤物	粉面
猪角 · 闽南猪脚饭	✓	✓	✓	✓	✓	✓
犟骨头超级排骨饭	✓		✓			
米村拌饭	✓	✓				
外婆屯卤肉饭	✓	✓	✓	✓		
煲仔皇	✓	✓	✓	✓		
香他她煲仔饭	✓	✓	✓			
徐大川剁椒猪脚饭	✓	✓	✓			

资料来源：公开信息，红餐品牌研究院整理，数据统计时间截至 2023 年 6 月。　红餐网 | 红餐大数据

多口味、跨品类融合的菜单结构对于中式米饭快餐品牌来说，既可以丰富门店的产品组合，有效提高客单价和复购率，也能够将目标客群拓宽到更广泛的消费群体，为门店吸引更多的客流。

（3）社区餐饮需求强劲，连锁品牌存机遇

近年来，我国社区餐饮市场需求强劲，是餐饮市场中发展潜力较大的赛道。据红餐品牌研究院发起的“2023 年餐饮消费大调查”，在中式米饭快餐消费者中，57.1% 的消费者通常选择在居住社区附近的中式米饭快餐店消费，高于大商场里和商业步行街的消费者占比。

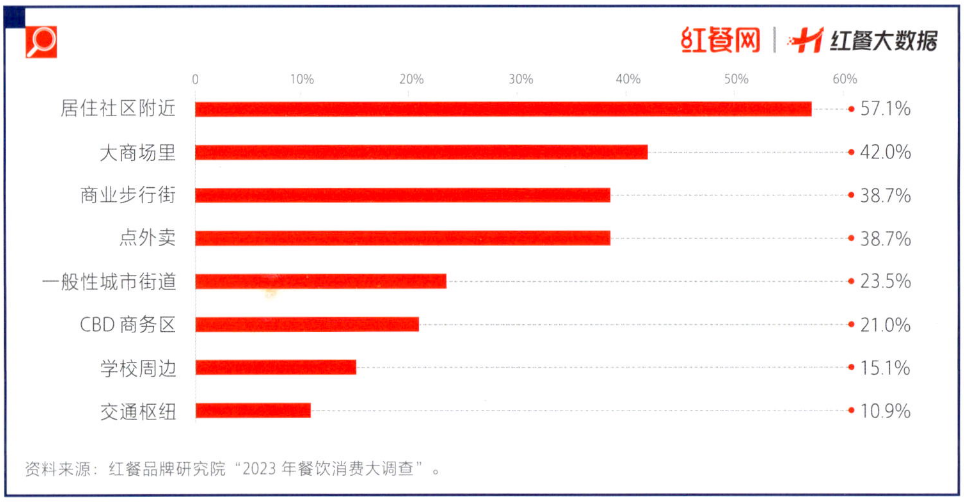

图 3-12　2023 年中式米饭快餐消费者购买中式米饭快餐的渠道分布

可见，对于多数中式米饭快餐消费者来说，居住社区附近的米饭快餐店是他们较常光顾的场所。相比商场以及商业区的米饭快餐店，社区米饭快餐店距离消费者更近，消费人群相对稳定，品牌投入的宣传成本相对低。加上受多种因素的影响，消费者居家的时间变多，社区餐饮迎来了发展契机，众多餐饮品牌纷纷进军社区餐饮市场，南城香等聚焦社区餐饮市场的品牌得以脱颖而出。

此前，我国社区餐饮多以夫妻店的形式存在，少有连锁品牌入驻。总体来

看，连锁餐饮品牌在门店运营管理以及出品标准化上要优于夫妻店，既能提供品质较高的菜品，又能够让消费者获得较好的体验感，在社区餐饮竞争中享有较大的优势。因此，相对于竞争激烈的商超餐饮市场，社区餐饮市场尚有一定的增长空间，对于连锁餐饮品牌来说也是一个发展契机。

（4）短视频成品牌曝光新阵地，渗透率大幅上升

近年来，随着各大短视频平台用户量日趋庞大，短视频平台迎来了红利期。越来越多的餐饮品牌将目光投向平台背后巨大的流量池，通过短视频、直播等方式来提升品牌曝光，而一些中式米饭快餐品牌亦不例外。

据红餐大数据，2022 年中式米饭快餐品类在抖音平台中的渗透率最高，达到了 77.9%，其次是小红书平台，渗透率也达到了 63.6%。随着抖音在本地生活和餐饮领域中加速布局，2023 年上半年中式米饭快餐品类在短视频平台的渗透程度更加深入，其中抖音的渗透率更是达到了 89.7%，渗透率增长速度要快于其他视频平台。

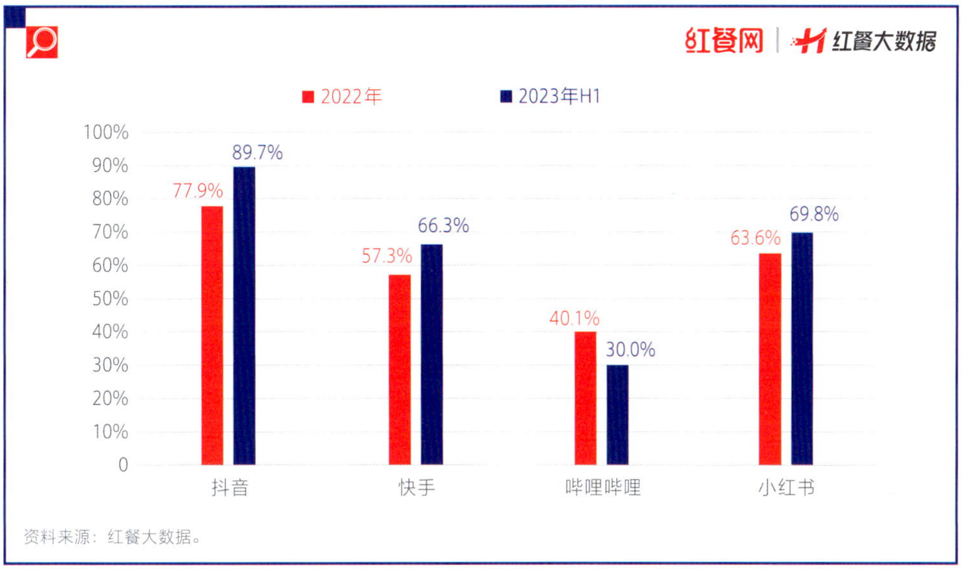

图 3-13 2022 — 2023 年上半年全国中式米饭快餐品类短视频平台渗透率

总体来看，老乡鸡是在短视频运营领域表现较为突出的中式米饭快餐品牌。凭借出色的运营表现，老乡鸡在短视频平台上拥有较多的粉丝数量。截至 2023 年 6 月，老乡鸡在抖音上的粉丝数量已经超过了 45 万，小红书的粉丝数量也超过了 22 万。永和大王的抖音粉丝数量达到 27.2 万，通过直播带货的形式售卖门店套餐，在增加品牌曝光度的同时，拓宽了线下门店产品售卖渠道，可谓是一举多得。

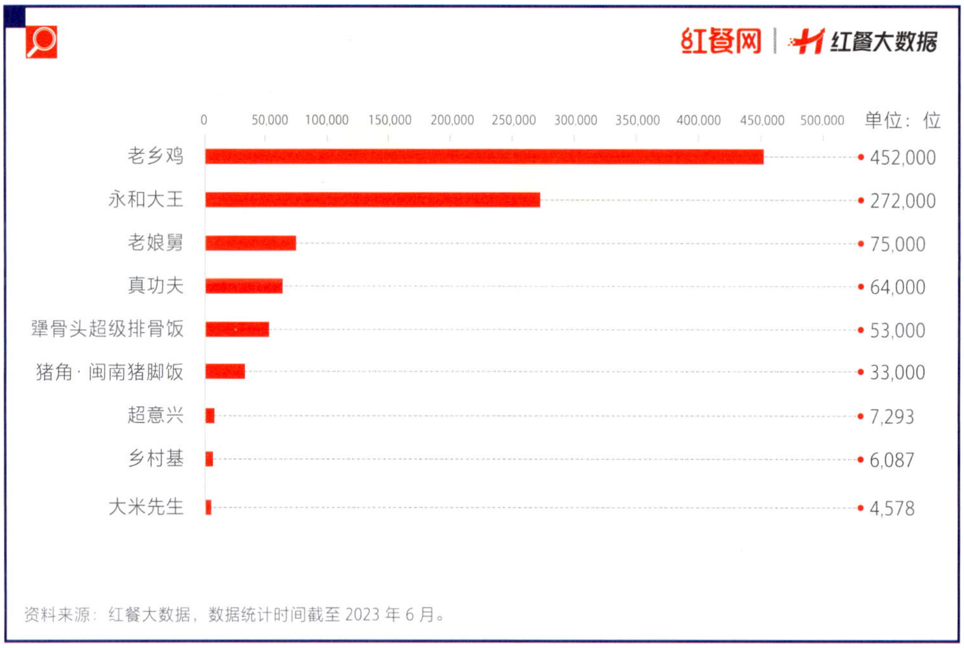

图 3-14　2023 年部分中式米饭快餐品牌抖音粉丝数量

曾经埋头开店的中式米饭快餐品牌们如今也在与时俱进，通过直播带货、短视频引流的方式让品牌势能不断提升，以便更好地与年轻消费者产生互动。

3.“智能设备 + 数字化”成连锁扩张有力武器

数字化、标准化体系的建设是中式米饭快餐品牌降本增效的重要抓手，也是影响中式米饭快餐品牌扩张速度的关键因素之一。近年来，乡村基、老乡鸡等头部品牌在供应链与数字化层面不断做出尝试，已经取得了一定的成就。在食材成本、人力成本高企的当下，中式米饭快餐品牌要实现降本增效还需要做出更多探索。

相对中式正餐的众多复杂菜品来说，中式米饭快餐的菜品大多属于较为常见的家常快手菜，炒制的复杂程度相对较低，对于厨师的技术要求也相对较低。而目前智能烹饪设备技术日趋成熟，使得利用智能设备取缔部分人工已经成为可能。在中式米饭快餐门店中，用智能设备代替人工，既可以降低菜品出错率，还可以更好地优化成本，提升后厨效率。

此外，智能设备的使用或能在一定程度上缓解现炒的高人工成本问题。前些年，现炒模式在中式米饭快餐赛道受到追捧，大米先生、小女当家等品牌发展较为迅速。不过值得注意的是，经过这些年的发展，目前现炒快餐市场的体量仍然相对较小，这或是由于现炒快餐模式并未完全跑通，依然存在一些问题尚待解决。

相比非现炒的快餐模式，现炒快餐模式对于后厨人员配置要求高，配菜、炒制等环节均需配置较多的人力，人力成本相对较高。而中式米饭快餐品牌做的是薄利多销的生意，过高的人力成本会影响品牌的整体营收。为了实现更好的营收增长，品牌需要严格控制成本支出、优化成本结构，而这对于品牌的整体运营管理水平要求较高，多数品牌未必能满足。

如今，有了智能设备的助力，现炒快餐品牌高人力成本的难题有望得到缓解。通过“智能设备 + 现炒”的模式，品牌既能保持现炒的锅气和烟火气，又能提升效率、降低人工成本。

例如霸碗盖码饭便是在后厨使用炒菜机器人炒菜，不仅出餐速度快，还比较注重现炒的锅气和温度。据红餐大数据，截至 2023 年 6 月，霸碗盖码饭的门店数超过 240 家，主要分布在湖南、广东等地。

另外，小女当家亦通过引入智能烹饪设备降低了后厨对厨师的依赖。2023 年初，小女当家完成了门店升级，其 3.0 旗舰店最大的亮点便是引入了智能化岛台。该岛台包括智能投料、智能蒸菜等烹饪设备。据小女当家官方介绍，此前一家 200 平方米左右的小女当家门店需配置 12 名厨师，而引入智能烹饪设备的 3.0 旗舰店，门店面积更大（400~500 平方米），且仅需配置 2 名厨师。

目前，智能烹饪设备定制和维护门槛依然较高，尚未在中式米饭快餐品类中普及开来。随着智能烹饪技术的革新以及中式米饭快餐赛道的进一步发展，智能烹饪设备的普及率有望提升，品牌有望打造出更加标准化、更低成本的中式米饭快餐门店模型。

除此之外，在降本增效的经营大背景下，数字化也是当下中式米饭快餐品牌升级重点。一方面，线上渠道对于快餐品类的重要性越发凸显，线上线下“双主场”发展策略让不少中式米饭快餐品牌越加重视自身数字化转型的问题。另一方面，传统的管理体系无法很好地适配供应链、门店、用户等方面的精细化运营需求，一定程度上限制了中式米饭快餐品牌的扩张。这些都促使中式米饭快餐品牌加快数字化建设的步伐。

目前，超意兴、大米先生、维小饭

等中式米饭快餐品牌的数字化建设已经初见成效。例如，主打“健康新中餐”的维小饭探索出了一种新的中式米饭快餐模式。在产品方面，维小饭将餐食的营养成分、热量等数据进行可视化，为消费者点餐提供参考，帮助其进行饮食营养量化管理。乘上“大健康”的东风，维小饭在消费端颇受欢迎。在经营模式方面，维小饭采用“大央厨 + 终端小站”的快餐模式，即菜品由中央厨房集中生产，通过冷链冷藏配送运输至各个终端小站进行交付。这一模式不仅规避了分散生产带来的食品安全风险，还保证了食品口味、营养成分的稳定性。由于标准化程度高、运营模式相对简单且易于复制，目前维小饭已发展出独立店交付、社会店交付两种交付形式。此外，2023年维小饭还在原有独立店的基础上着重发展“店中店”，即在便利店、咖啡店、食品店等终端门店设立“店中店”。

中式米饭快餐品牌降本增效迫在眉睫，智能化、数字化建设的重要性不言而喻。同时，全时段运营、多品类组合、抢占社区位点以及开拓短视频渠道等措施均是不同中式米饭快餐品牌实现降本增效的举措。面对依旧不确定的大环境，中式米饭快餐品牌需要适当求变。

二、粉面：细分品类渐出圈，产业协同效应增强

粉面作为一个消费场景丰富、消费频率较高的餐饮品类，近年来保持良好的增长态势。粉面细分品类如兰州拉面、新疆米粉、螺蛳粉等陆续崛起，粉面市场规模有望在2023年突破2,000亿元。

1. 概述：头部品牌引领赛道迈入2,000亿元大关

“南人饭米，北人饭面”，清末明初的文学家李渔在《闲情偶寄》中如此写道。从古至今，粉面可谓我国最重要的主食。红餐品牌研究院发起的“2023年餐饮消费大调查”显示，超过76%的粉面消费者每周至少消费一次粉面。

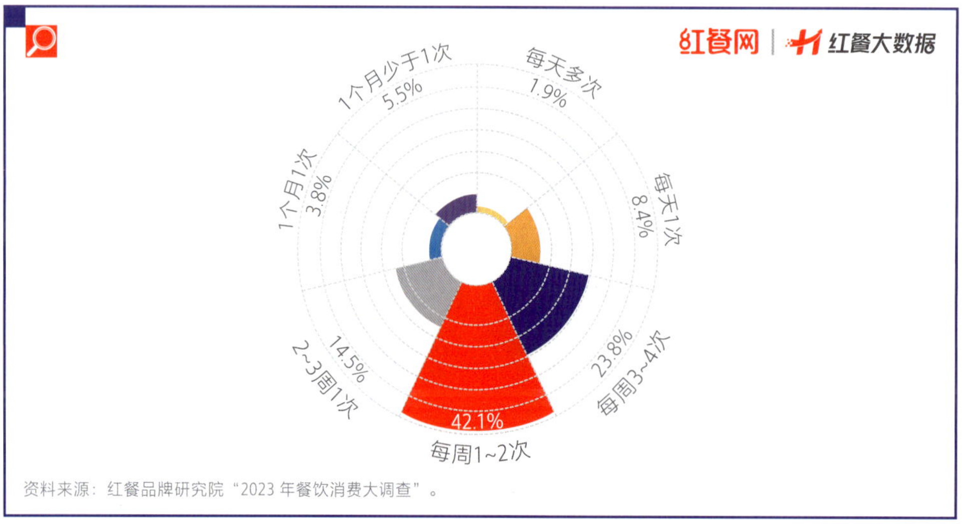

图 3-15　2023年粉面消费者消费频率情况

由于刚需属性强，粉面品类在近年新冠肺炎疫情期间也依然保持着坚挺的发展态势。红餐大数据显示，2022 年在整个餐饮行业营业收入下跌 6.3% 的情况下，粉面品类实现逆势增长，市场规模达 1,778 亿元，同比增长 5.4%。进入 2023 年，在疫情管控政策优化的大背景下，创业者对于粉面赛道的信心增强，粉面头部品牌如蒙自源、五爷拌面等陆续宣布加速扩张，粉面品类的增速有望超过 2022 年，市场规模预计将超过 2,000 亿元。

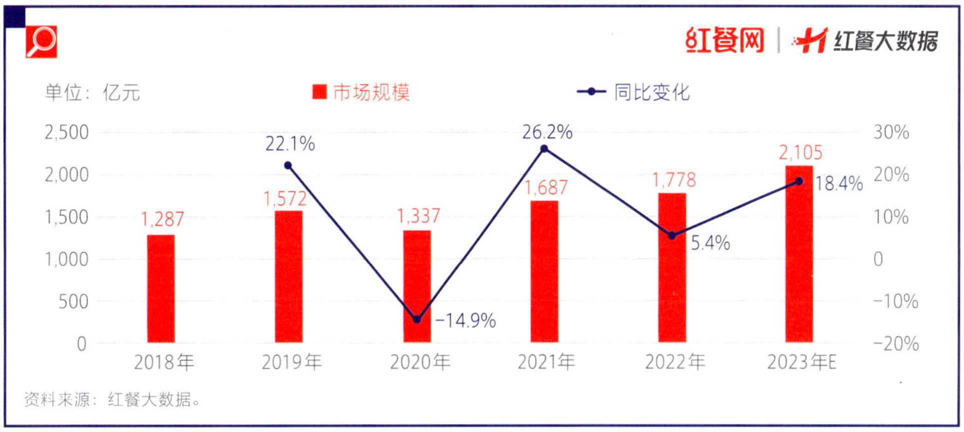

图 3-16　2018 — 2023 年全国粉面品类市场规模概况

全国粉面门店众多，无论是市井街头，还是城市 CBD 附近，均有粉面店的存在。品牌门店与夫妻店、小作坊共同构成了粉面赛道的经营主体。红餐大数据显示，全国粉面门店数超 78 万家。

粉面品种的多样性，粉面文化的地域差异，汤底、浇头、码子的不同制作方式及其混合搭配方式，造就了每家粉面店口味的独特性。随着“美食旅游”的兴起，在街头巷尾寻找“宝藏粉面店”，更成为不少消费者热衷的觅食活动。

粉面的百地百味、消费者的口味差异使得粉面细分品类众多。目前，兰州拉面、云南米线、重庆小面、广西螺蛳粉等都是粉面赛道中较为热门的细分品类，并在赛道中占据了一定的市场份额。比如，云南米线赛道的代表品牌蒙自源、阿香米线、大鼓米线、哚哚米线等，均在市场上有着不小的体量。其中，蒙自源拥有 1,100 余家门店，阿香米线开出了 700 余家门店。重庆小面的代表品牌则有秦云老太婆摊摊面、遇见小面等。其中，秦云老太婆摊摊面门店主要分布于重庆、四川等地，已开出 480 余家门店；遇见小面主要分布于广东、北京等地，也已开出 230 余家门店。广西螺蛳粉代表品牌小蛮螺螺蛳粉、柳螺香、螺鼎记螺蛳粉等，发展势头也不容小觑。其中，小蛮螺螺蛳粉已开出 780 余家门店，门店集中于河南、山东、河北等地；柳螺香近年拓店速度亦较快，2022 年还获得了来自广西微念实业有限公司的投资，已开出了 650 余家门店，门店集中于广西、广东等地；螺鼎记螺蛳粉目前开出了 620 余家门店，门店集中于湖南、四川等地。

除了上述细分品类之外，河南烩面、陕西油泼面、武汉热干面、北京炸酱面、山西刀削面、四川担担面、日式拉面、南昌拌粉、新疆米粉、酸辣粉、湖南米粉、贵州米粉、桂林米粉等都是粉面赛道中较具代表性的细分品类。近年来，在上述细分品类中亦有一些新锐品牌出现。

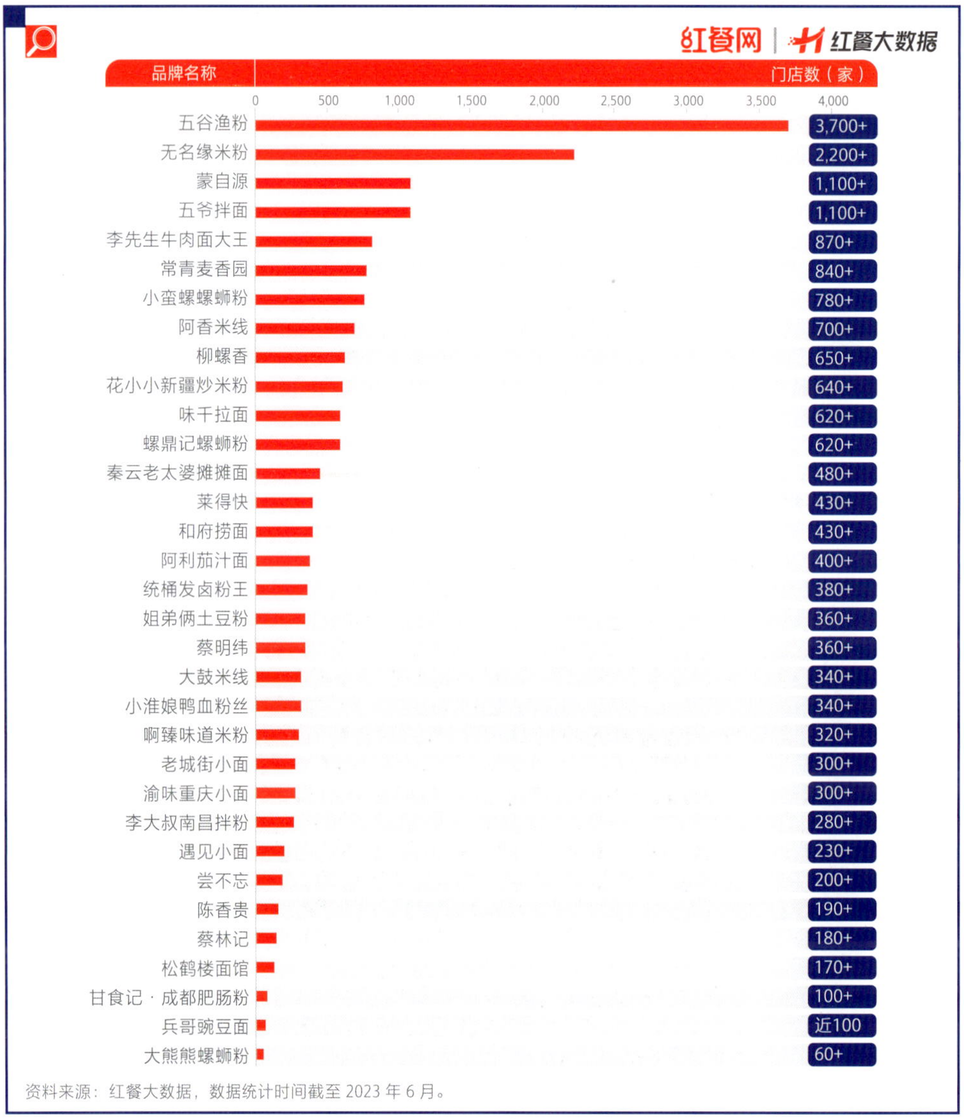

图 3-17　2023 年全国部分粉面品牌概况

可以预见，在头部品牌的引领之下，粉面赛道在 2023 年将有更多新的想象空间。

2. 面馆：品类升级进行中，新式兰州拉面步入常态发展期

近年来，我国的面馆赛道正在经历品类升级的过程，不少面馆品牌都更加注重品牌化经营，以实现快速扩张。相比依赖人工操作的传统面馆，这类面馆品牌更加注重后端的供应链、中央厨房的建设，实现产品的标准化供应。例如，SKU 丰富的五爷拌面在沈阳、长春、济南投入上亿元建设自有粉面加工工厂；和府捞面在成立初期就早早布局供应链，现建有 10 万平方米的现代食品产业园；遇见小面则选择与益海嘉里、新希望等成熟的供应商合作，打造标准化生产流程。

在前端，这类面馆着重打磨门店模型，借此拓张门店版图。例如，五爷拌面推出了精益小店模型，以夫妻小店为原型，并对此进行优化升级，配合其强大的供应链系统和管理系统，精简后厨流程，降低人力成本。凭借小面积、少人工、高效率的门店模型，五爷拌面实现快速拓店。红餐大数据显示，截至 2023 年 6 月，五爷拌面已开出了 1,100 余家门店。

一些品牌通过定位小众品类切入市场，以独特的产品突围而出。例如遇见小面主打重庆小面，以商场店、全链条数字化的模式为重庆小面赛道打开了新局面。四川本土品牌兵哥豌豆面则聚焦豌豆面这一川渝传统美食，在继承传统技艺的基础上，不断对其做出改良、创新。同时，兵哥豌豆面也不断强化供应链方面的建设，建立了中央工厂，在标准化生产的同时，又保留了传统锅气。而兵哥豌豆面也凭借口味佳、真材实料的产品赢得了消费者的欢心，在社交媒体平台上被誉为“成都必打卡面馆”。目前，兵哥豌豆面已走出四川，在黑龙江、广东、浙江、陕西、西藏等地开出近百家门店，不断加快全国化的征程。

此外，面馆赛道近年来还出现了一波新中式风潮：品牌以定位新中式、精装修、商场店的做法实现品类升级。此前，和府捞面就是通过打造新中式面馆的品牌定位突围而出，以中式书房装潢、精致的面食、重点打造供应链等特点受到市场的关注。

近几年，以马记永、陈香贵、张拉拉手撕牛肉面为代表的新锐面馆品牌则对兰州拉面进行了一番新中式的改造。不少业内人士认为，这类新式兰州拉面品牌参考了日式拉面专门店的风格，在点单形式上也做出了个性化的设置，如消费者可以选择不同的配料以及面条的粗细度等。

这类品牌的升级做法拓展了面馆的溢价空间，提高了客单价，并在后端建立起了标准化程度更高的供应链，以降低运营成本。这为曾经“有品类无品牌”的粉面赛道带来了极具想象力的拓展空间。资本闻风而至，怀着打造“粉面界麦肯”的野心纷纷下注新式兰州拉面品牌。

然而 2022 — 2023 年上半年，面馆赛道的高光褪去。在新中式面馆赛道中，曾经风头很旺的新式兰州拉面品牌大多放缓了开店步伐，并时有关店的消息传出。例如，马记永在 2023 年上半年仅开出 10 余家新店，开店速度与 2022 年同期相比下降了近九成，而陈香贵和张拉拉手撕牛肉面的开店速度亦有所放缓。

表 3-11　全国部分新式兰州拉面品牌概况

品牌名称	总门店数（家）	2021 年新开门店数（家）	2022 年新开门店数（家）	2023 年上半年新开门店数(家)
马记永	240+	100+	100+	10+
陈香贵	190+	190+	60+	10+
张拉拉手撕牛肉面	50+	约 60	20+	约 7

资料来源：红餐大数据，数据统计时间截至 2023 年 6 月。

部分业内人士认为，当时社会客观环境的影响是一些新式兰州拉面品牌在 2022 年发展失速的大背景。然而，进入 2023 年后，一些新式兰州拉面品牌的发展仍没有明显的起色。经研究，红餐品牌研究院认为，其陷入颓势的主要原因在于“尝鲜热”过后，很多消费者不再愿意为高溢价的面条买单，复购率有所下滑，而品牌方要在营收下降、成本持续高企的情况下维持较好的盈利难度很高。

消费者复购热情不高，与上述品牌选择的细分赛道有关。首先，消费者一直以来对于兰州拉面有着分量足、经济实惠的认知，而单价较高的新式兰州拉面品牌所传递出来的品牌形象则与这一品类认知有所不同。红餐大数据显示，兰州拉面赛道中大部分门店人均消费价格在 15~25 元之间，而新式兰州拉面馆的人均消费则达到了 35~40 元。

其次，传统兰州拉面店遍布全国各地，体量庞大，有着规模优势。根据兰州拉面行业协会数据，目前全国开设的兰州拉面馆达 3.5 万余家。

与新式兰州拉面品牌相比，传统的兰州拉面馆有着性价比高的竞争优势。新式兰州拉面品牌既要应对激烈的市场竞争，又要破解重塑品类认知的难题，这些对于创立不久的新锐品牌来说均是考验。

虽然新中式拉面品牌的消费升级实践遇到瓶颈，但在苏式面赛道中却有品牌成功实现了消费升级。苏帮菜老字号松鹤楼于 2019 年推出面馆品牌“松鹤楼面馆”，人均消费价格在 60 元左右，与普通面馆相比定位更加高端。相较新式兰州拉面赛道，松鹤楼选择的苏式面赛道讲究面、浇头的搭配，有着相对高端、精致的消费认知。一方面，苏式面的浇头多达数十种，其中甚至还包括鳝鱼、虾蟹等高价值感食材；另一方面，苏式面浇头的做法多样，煎、炸、卤多种做法一应俱全。通过提供颇具价值感的浇头、点心等，品牌方得以提升客单价。而兰州拉面（又名兰州牛肉面），主要包括“一清（汤）二白（萝卜）三绿（香菜、蒜苗）四红（辣子）五黄（面条黄亮）”等食材，其浇头种类也偏少，价值感相对弱。

相比传统的兰州拉面，新式兰州拉面的创新点主要在于品牌调性、选址、装修环境等，其在产品、食材等方面并没作出太多的改变。因此，新式兰州拉面如要维持较高的单价，则需要思考如何让产品、服务更具价值，让消费者接受其品牌溢价。

3. 米粉：地方米粉出圈，产业化发展打破“地域紧箍咒”

近年来，米粉赛道中一个较为明显的趋势是地方米粉品牌陆续崛起。这些地方米粉品牌在各自的区域蓬勃发展，还逐步打破了米粉赛道的“地域紧箍咒”，开始跨地区发展，向全国市场进击。

例如，向来在消费市场中较有知名度的云南米线赛道出现了首个千店品牌——蒙自源。蒙自源自 2020 年起开始提速扩张，即便是在被餐饮业普遍认为最难的 2022 年，依然逆势开出了 450 多家新店。据红餐大数据，截至 2023 年 6 月，蒙自源的总门店数超 1,100 家。蒙自源之所以能实现快速规模化，主要是其打造了渠道布局更灵活的“小店模型”。在与品牌后端强大的供应链体系和信息化系统的相互配合下，蒙自源得以降低加盟商的开店成本，同时提升毛利率，实现快速拓张。

新疆米粉赛道的发展势头也较为良好。目前，新疆米粉赛道中已出现了花小小新疆炒米粉、啊臻味道米粉、吴佳拌米粉、辣风芹酱香米粉、玲玲米粉等 50 余个品牌。其中，新疆米粉品牌花小小占位一线、新一线市场，3 年间开出了 640 余家门店。另外，创立于新疆的啊臻味道米粉、吴佳拌米粉、辣风芹酱香米粉等米粉品牌的门店均超过 200 家。值得注意的是，上述品牌近年来逐步向其他地区拓展，在甘肃、陕西、四川、广东等地均有一定的门店布局。

表 3-12　2023 年全国部分新疆米粉品牌概况

品牌名称	门店数（家）	发源地	门店主要分布区域
花小小新疆炒米粉	640+	北京	上海、北京、山东
啊臻味道米粉	320+	乌鲁木齐	新疆
馋兜兜	280+	南京	江苏、浙江、安徽
吴佳拌米粉	270+	乌鲁木齐	新疆
辣风芹酱香米粉	250+	乌鲁木齐	新疆
西雅苏	250+	石家庄	河北、河南
抖喜	140+	北京	北京、河北
疆小乐	100+	广州	广东、江苏
楼兰辛香	60+	上海	湖南、河北、山东

资料来源：红餐大数据，数据统计时间截至 2023 年 6 月。

红餐网 | 红餐大数据

新疆米粉的兴起有多方面的原因。首先，其爆辣口味极具记忆点。其次，新疆米粉起源于贵州，改良于新疆，兼顾南北口味差异，这一特点为其走向全国奠定了基础。再次，小红书、抖音、快手等平台中有大量美食博主分享吃新疆米粉或分享其制作过程，加速了新疆米粉在消费者中的传播。最后，新疆米粉的零售产业已成型，各品牌的零售产品在各大电商平台上火热销售，进一步助推了新疆米粉的热度。

江西米粉近年来也颇为出圈。以李大叔南昌拌粉、子固路老南昌拌粉为首的江西米粉品牌提供的辣风味拌粉，配以牛肉、猪耳朵、牛肚等浇头，搭配鸡蛋肉饼汤、香菇肉饼汤等瓦罐汤的产品在消费者中引起关注。这类品牌主打高性价比，比如一些品牌推出了“拌粉＋瓦罐汤”套餐，套餐价格在15~40元之间，价值感十足。目前，已经有一些江西米粉的品牌崭露头角，例如李大叔南昌拌粉开出了280余家门店，覆盖80余个城市；子固路老南昌拌粉开出240余家门店，覆盖了50余个城市。

成都肥肠粉也凭借着具有话题性的肥肠食材获得颇多关注。近年来，以甘食记·成都肥肠粉为代表的肥肠粉品牌用品牌化、标准化、连锁化方式重做肥肠粉，让这一细分赛道焕发出了全新的活力。作为成都非遗的百年品牌，甘食记·成都肥肠粉为了不断突破生命周期的限制，不断迭代店面模型。比如2022年，为了更好地迎合餐饮消费市场的发展趋势，甘食记开发出了对标茶饮门店模型的小店模型，该模型相比标准店模型有着店型更灵活、成本更低的优势。首先，其店铺面积从标准店的60~80平方米降至20~40平方米，拓宽了开店渠道；其次，其菜品SKU数量减半，亦降低了门店经营的难度。无论是在购物中心、写字楼，还是在旅游商圈、交通枢纽商圈等各级小商圈，这种小店模型都能灵活铺开。基于此，甘食记的门店经营效率得以大幅提升，消费客群亦得以拓宽，从而实现了品牌的快速发展。进入2023年后，甘食记开出了更多的小店，加速向全国市场扩张。

在地域米粉集体出圈的背后，是一些地方政府对于当地米粉产业的积极投入，以及米粉产业上下游企业的通力合作。为了推动米粉产业的高质量发展，促进米粉的品牌化发展，部分地方政府近年来持续发力建设米粉产业链，从资金投入、税费减免、平台搭建等方面给予了全方位的扶持。米粉产业上下游的企业也积极投身产业建设，加大技术研发、工厂建设、原料种植等方面的投入。

表 3-13 全国地方米粉产业建设动态（不完全统计）

地方米粉品类	措施
广西柳州螺蛳粉	•柳州市政府牵头成立螺蛳粉技术研究中心，柳州市政府印发《关于推动柳州螺蛳粉全产业链标准体系建设的实施》《扩大柳州螺蛳粉出口工作若干措施》《柳州市柳州螺蛳粉产业发展条例》等；柳州市政府建设柳州市螺蛳粉产业园区。 •好欢螺、螺霸王、柳州人家等知名企业投建技术研发中心、自动化生产车间、仓储物流系统等
江西米粉	•印发《江西省政府办公厅关于进一步提升江西米粉竞争力和附加值的实施意见》，提出实施产业集群发展、品牌价值推广等共计 20 条具体举措。 •“中国米粉节”作为 20 条具体举措的其中一项，已取得了亮眼的成绩。“中国米粉节”连续两年在江西成功举办，并落户江西。展会之上，米粉原料、机械、速食品、餐饮、调味品、包装等米粉上下游品牌企业和服务商实现了多维度的交流和合作，其中“第二届中国米粉节”线上线下交易额达到了 3.4 亿元
河南酸辣粉	•河南省于 2022 年印发《河南省酸辣粉产业发展行动计划（2022 — 2025 年）》，提出到 2025 年，力争河南酸辣粉规模以上企业达到 60 家，总体产业产值达 300 亿元。 •开封市于 2023 年 2 月发布《关于加快通许县酸辣粉产业高质量发展的实施方案》，提出设立总规模 10 亿元的酸辣粉产业引导基金，通过“基金招商”的方式吸引域外酸辣粉相关优秀企业落地。同时，以“主导性产业 + 主导性园区 + 主导性基金”的发展模式，支持中小型企业升规，助推大型企业上市
四川绵阳米粉	•绵阳市于 2022 年 6 月制订了绵阳米粉产业发展计划。 •首届中国（绵阳）米粉节于 2022 年 2 月成功举办，加快发展百亿米粉产业集群
湖南常德米粉	•常德市人民政府发布《关于常德米粉产业发展的指导意见》和《常德市支持常德米粉产业发展的十条政策措施》，且已发布 11 个“常德米粉”团体标准。 •首届“常德米粉”餐饮名品评选活动于 2023 年 2 月成功举办

资料来源：公开信息，红餐品牌研究院整理。 红餐网 | 红餐大数据

此外，“美食旅游热”也成为地方米粉的一个发展动力。进入 2023 年，国内旅游热度持续走高，在 2023 年的“五一”假期达到一个小高峰，其中“淄博烧烤”成为一个“美食旅游”带动地方餐饮产业发展的绝佳样本。广西柳州也凭借着螺蛳粉、自然 / 人文风光等成为热门旅游目的地。数据显示，2023 年“五一”假期期间，柳州市共接待游客 390.14 万人次，同比增长 103.6%。截至 2023 年 6 月，抖音“柳州”话题累计播放超过 170 亿次，小红书与“柳州”相关的话题发布了超过 107 万篇笔记。要想学习柳州和淄博的走红路径，地方政府、餐饮企业一方面需要思考如何引爆地域米粉的热度，另一方面也要做好承接流量的准备，并懂得借助流量最终实现地方米粉产业的进一步发展。

可以预见，随着地方政府的大力扶持以及米粉产业链的逐步优化，地域米粉品类的产业化发展有望在未来进一步提速。

4. 新零售浪潮汹涌，特色产品零售化成新亮点

近年来，在餐饮零售化浪潮的带动之下，粉面品类在新零售领域的发展越发迅猛，越来越多粉面品牌推出了零售产品。

表 3-14　2023 年已推出零售产品的粉面餐饮品牌（不完全统计）

品牌名称	零售产品概况		
	速食粉面种类（款）	调味品	其他小吃
真尝家	约 20	—	小笼包
霸蛮湖南米粉	10+	爆炒酱	鱼竿罐头、臭豆腐、响铃卷、萝卜干
五谷渔粉	10+	—	—
蔡林记	8	芝麻酱、芝麻油、拌面酱、卤汁、香菇酱、牛肉酱、小龙虾风味酱、蒜蓉辣椒酱、鸭脖风味酱	泡藕带、辣萝卜、酸豆角、卤花生、辣海带
和府捞面	6	—	五香牛肉、卤牛腱、卤鸭头
秦云老太婆摊摊面	5	醋包	卤猪蹄、榨菜
宛禾米线	4	—	—
老盐街米粉	4	卤水（家用版 + 商用版）	锅烧肉、酸笋、叉烧肉、花生、腐竹皮
复记老友粉	4	—	—
柳螺香	3	—	—
明桂米粉	3	—	—
啊臻味道米粉	3	鸡肉酱、辣椒酱	年糕
吴佳拌米粉	3	香辣鸡肉酱、香辣牛肉酱	—
辣风芹酱香米粉	3	—	—
周真真南昌拌粉	2	—	—
桥香园云南过桥米线	2	—	鲜花饼
遇见小面	2	—	—

资料来源：红餐大数据，数据统计时间截至 2023 年 6 月。

在产品策略方面，不少粉面品牌在速食粉面之外还推出了调味品、小吃等零售产品。基于此，粉面赛道的零售化潮流中出现了调味品化、特色产品零售化的特征。调味料产品主要是粉面的酱汁、底料，例如老盐街米粉的米粉专用卤水，以及啊臻味道米粉的鸡肉酱、辣椒酱等。小吃产品则包括各类地方特色小吃、卤菜等，例如老盐街米粉推出的广西小吃锅烧肉，和府捞面推出的五香牛肉、卤牛腱、卤鸭头等。这些产品能够帮助粉面品牌丰富产品线，增加营业收入。

不少粉面品牌都在零售化业务上取得了较好的成绩。2023 年 6 月天猫平台的销售数据显示，蔡林记的热干面产品月销量为 3 万余单，霸蛮湖南米粉、啊臻味道新疆米粉、辣风芹酱香米粉、五谷渔粉等品牌的零售产品月销量也较可观。

粉面品牌入局零售领域，一方面能够借力线上渠道实现业绩增长，补足线下渠道的不足。例如宛禾米线的线下门店虽然仅 30 余家，且超九成门店位于河南省内，但天猫平台 2023 年 6 月的销售数据显示，宛禾米线的速食米线产品在天猫上的月销量超过 1 万单，零售化策略有效地为该品牌开启了第二增长曲线。另一方面，零售产品的线上销售情况又能够为品牌开店、产品研发提供数据支撑，从而反哺线下渠道。例如，霸蛮湖南米粉接受红餐网采访时表示，其通过分析零售产品的线上销售情况，可以了解到不同地区对于霸蛮湖南米粉的接受程度，从而决定是否在该区域开出新店。

此外，新零售浪潮也有助于地域粉面品类的推广。近年来，贵州米粉、新疆米粉、海南米粉、四川面条等粉面品类逐渐受到关注。事实上，这类小众粉面主要是通过线上渠道被更多的消费者熟知。在新零售化的浪潮下，叠加地域文化的流行，更多的粉面“小品类”有机会成为“大赛道”。

总体而言，细分种类多、分支庞杂、地域性强是粉面市场的一大特征。随着一批粉面品牌的崛起和加速扩张，政府、企业合力推动粉面产业升级，粉面赛道的品牌化程度、规模化程度将不断提升。

三、卤味：从“鸭货制霸”转向“多爆品时代”

近年来，卤味品类的发展出现了多种变化：卤味上市巨头再添一员，头部品牌盈利整体下滑，新锐卤味零食品牌持续火热……在新的变局中，卤味代表品牌步履不停，对卤味品类发展方向作出深度再思考，或入局“餐桌战场”、或研发新爆品、或加速产业生态布局。在这些品牌的引领下，卤味品类有望走向新的发展阶段。

1. 赛道变局：巨头遭遇“超强鸭周期”，新锐品牌伺机“上位”

在相当长的时间里，卤味都以小作坊或者小店的形式进行售卖。这类小作坊多主打“前店后厨”，部分设有明档斩料，技术壁垒主要在于卤水的制作。20 世纪 80 至 90 年代，在上游养殖业的带动下，卤味逐步开启了工业化生产、批量化制作的模式——门店的后厨被搬进了工厂。卤味店也开始萌生了品牌意识，2000 年前后，周黑鸭、绝味鸭脖等卤味品牌相继成立，并逐步扩张门店，推动了卤味品类的品牌化发展。

其后，卤味头部品牌快速铺向全国，供应链建设不断完善。2012 — 2017 年间，煌上煌、周黑鸭、绝味鸭脖等卤味品牌赶上了第二波餐饮资本化的热潮，相继成功上市。卤味品类的资本化程度达到了一个新高度，如今卤味赛道共催生了 4 家上市企业，分别是绝味鸭脖、周黑鸭、煌上煌和紫燕百味鸡。其中，绝味鸭脖以超过 15,000 家门店的规模跻身我国餐饮业的“万店俱乐部”之列，在连锁程度较低的餐饮业中傲视群雄。

从以小作坊为主到诞生地方品牌，再到催生全国性品牌、孵育万店品牌，卤味赛道向市场证明了自身的规模化基因——头部品牌先是解决了小作坊式卤味的食品安全问题，打磨出更好的单店盈利模型，继而发展出过硬的供应链和连锁门店管理能力。

发展至今，卤味赛道共有 7 个品牌拥有超 1,000 家门店。此外，留夫鸭、菊花开手撕藤椒鸡、廖记棒棒鸡等品牌也在向千店规模冲刺。

表 3-15　2023 年全国部分卤味品牌概况

品牌名称	门店数（家）	创立时间（年）	门店主要分布区域
绝味鸭脖	15,000+	2005	广东、江苏、浙江
紫燕百味鸡	6,400+	1989	江苏、安徽、上海
周黑鸭	3,400+	2006	湖北、广东、湖南
久久丫	2,600+	2002	江苏、浙江、上海
煌上煌	2,000+	1993	江西、广东、福建
九多肉多	1,400+	1997	河南、陕西、山西
卤江南	1,000+	2010	江苏、上海、浙江
留夫鸭	890+	2008	浙江、上海、江苏
菊花开手撕藤椒鸡	820+	2017	河南、山东、江苏
精武鸭脖	700+	1991	浙江、山东、河北
廖记棒棒鸡	730+	1993	四川、湖北、重庆
辣小鸭	670+	2008	吉林、辽宁、黑龙江
卤三国	630+	2008	江苏、河南、山东
德州扒鸡	550+	1692	山东
洪濑鸡爪	500+	1982	福建、江西、广东
盛香亭热卤	360+	2016	湖南、广东、江西

资料来源：红餐大数据，数据统计时间截至 2023 年 6 月。

红餐网 | 红餐大数据

2022 年，一些卤味头部品牌出现了净利润大跌的情况：周黑鸭 2022 年净利润大幅下滑超 92%，同期煌上煌净利润下滑 70% 以上，紫燕百味鸡 2022 年净利润同比下降超 30%。卤味品类 2022 年的市场规模相较 2021 年也有所下滑，据红餐大数据，2022 年卤味的市场规模为 2,977 亿元，同比下降了 5.2%，预计 2023 年卤味市场规模达 3,180 亿元。

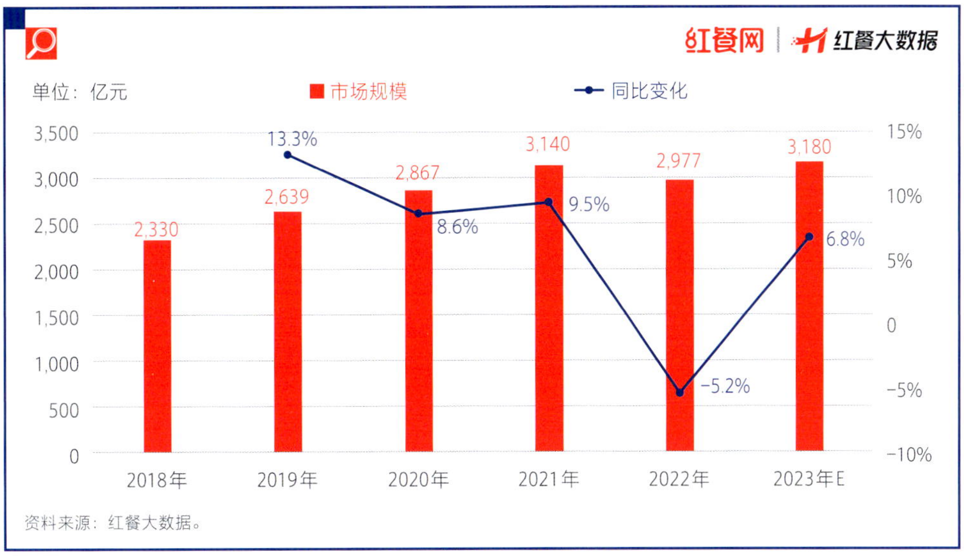

图 3-18　2018 — 2023 年全国卤味市场规模概况

另外，资本对卤味品类的投资热情亦有所降温，卤味品类 2022 年披露了 6 起融资事件，仅为 2021 年融资事件数的一半。

在消费端，“年轻人还爱吃鸭脖吗”等话题引起了热议，不少网友表示鸭脖口感相较以前有所改变，更重要的是价格还变贵了，“不是年轻人不爱吃鸭脖了，而是吃不起鸭脖了”。

究其原因，受一些客观因素的影响，食材原料价格上涨很大程度上拉高了卤鸭产品的售价。2018 — 2019 年，白羽肉鸭市场持续利好，行业大规模扩产，加之资本无序进入，使得 2020 年的白羽肉鸭产量严重过剩，大批企业亏损倒闭。经过低谷期后，2022 年白羽肉鸭产能下降至 2020 年的一半，使得食材原料售卖价格持续走高，市场进入“超强鸭周期”。同时，相关数据显示，在我国肉鸭的养殖结构中，白羽肉鸭占比超过 80%。这意味着卤鸭制品的价格很难在短期内下降。

另外，卤味品牌存在产品研发和上新滞后等问题，也使得原有的消费群体出现流失。主流卤味品牌的产品口味、消费场景较为单一，对消费体验有所影响。产品单一的问题，很大程度上是由卤制品的特性所决定的。相比茶饮、咖饮等上新较快的餐饮品类，卤制品由于标准化程度较高，新品研发涉及香料调配、高汤熬煮、卤水调制、食材腌卤等流程，生产加工链条更长，供应链的响应速度更慢，这或在一定程度上制约了卤味产品的上新速度。

与此同时，消费者对于卤味的消费偏好也在发生改变，方便携带、保存和食用的卤制食品得到了更多的关注。王小卤、馋匪等主打常温长保、小规格包装的卤味零食品牌，以剧集合作、搞笑短片、投放种草平台等方式玩转娱乐营销，获得了不少年轻消费者的喜爱，更加剧了卤味赛道竞争的激烈程度。

2. 场景：“餐桌战场”带来新想象

卤味最早是餐桌上的一种菜品，其后绝味鸭脖、周黑鸭、煌上煌等品牌以零售化、标准化的方式，使卤味成为日常消遣的零食。卤味的食品属性得以强化，与佐餐属性并行不悖。上述卤味“三巨头”陆续上市后，越发注重品牌打造，使得卤味逐渐为更多的消费者所熟知。

表 3-16　卤味的三大产品形态

产品形态	属性	特点	消费场景	代表品牌
短保冷卤	佐餐、休闲食品	中央厨房预制，门店分销，低温保存数天	外带、外卖	绝味鸭脖、周黑鸭、煌上煌、紫燕百味鸡、廖记棒棒鸡、物只卤鹅
新式热卤	小吃、快餐	菜品温热，现点即做，菜品丰富	堂食、外带、外卖	盛香亭热卤、研卤堂、热卤食光
常温长保卤味	休闲食品	食品工厂制作，常温保存，保质期较长，开袋即食	商超零售、电商平台	王小卤、卤味觉醒、小鲜卤、馋匪

资料来源：公开信息，红餐品牌研究院整理。　红餐网 | 红餐大数据

在消费端，近年来随着消费趋势的变化，卤味的佐餐属性受到了更多的关注。红餐品牌研究院发起的“2023 餐饮消费大调查”显示，在消费场景上，卤味消费者选择作为日常零食食用的比例最高，看比赛或影视作品场景时食用的比例次之。排名第三的是佐餐场景，略高于户外休闲场景，成为卤味的重要消费场景之一。

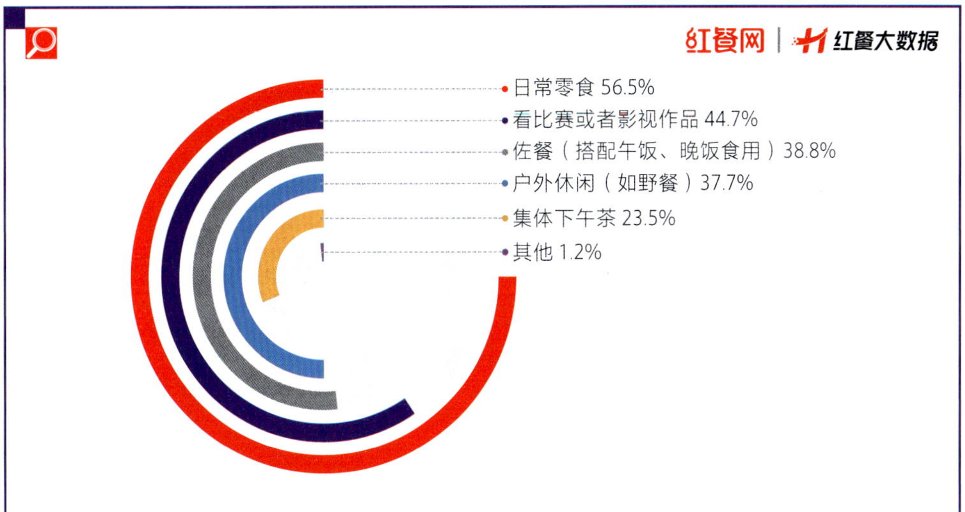

资料来源：红餐大数据“2023 年餐饮消费大调查”。

图 3-19 2023 年卤味消费者喜爱的卤味消费场景

在供给端，除了主打佐餐卤味的紫燕百味鸡成功 IPO 之外，一些具有轻餐饮属性的卤味品牌在市场上发展良好。例如近期大热的新式热卤强化了卤味的小吃快餐属性，代表品牌有热卤食光、盛香亭热卤、研卤堂等。与预加工的冷卤不同，这类品牌提供现捞现拌的热卤小吃、“热卤 + 粉面”组合的主食产品，在店内设有部分座位，非常适合即买即吃的“逛吃”和快餐消费场景。

2022 年 4 月，盛香亭热卤推出新门店模式——盛香亭转转热卤，定位近似旋转小火锅，目前在长沙已有多家门店。深耕深圳的热卤品牌一心一味选址上倾向于社区，社区店模型便于提高复购率。其在一线城市保有独特的发展特性，持续稳步拓店。调整产品结构、设置堂食区域、融合其他品类、突出选址差异，热卤品牌以不同的策略强调自身餐饮元素，与已上市“卤味巨头”为代表的休闲卤味品牌建立起认知区隔。

在资本端，经历了 2021 年的投融资热潮后，热卤赛道在 2022 年有遇冷的迹象，全年仅披露了 1 起融资事件。不少业内人士普遍认为热卤品牌受到效率、成本、标准化等因素制约，实现快速扩张的难度相对较高。

随着佐餐需求上升，卤味品牌更应持续迭代，紧跟最新的消费趋势。休闲食品强调闲暇消费，佐餐则更紧密地连接着用餐场景，有着刚需属性。当下，消费者养成了相对保守的消费习惯。这在卤味赛道中有更加直观的表现，即在代表休闲消费的卤味品牌整体盈利下滑的同时，与刚需消费高度关联的佐餐卤味消费呈现出上升的趋势。

餐饮加工技术的提升，也使“餐桌战场”上涌现出了更多高质量的卤味产品。例如现捞现拌的热卤本就在农贸市场的摊档、快餐店的档口中存在，但大部分档口卫生条件相对简陋，缺乏冷柜和消毒设备，存在较大的食品安全隐患。中央厨房、预制菜、冷链物流等技术的兴起和普及，也使热卤的标准化、品牌化成为可能。餐饮生产力的提升亦为卤味赛道的变革提供了动力。

除了立足热卤之外，众多品牌也通过丰富佐餐产品、定位社区店等方式，深挖卤味的佐餐需求。佐餐卤味赛道在紫燕百味鸡上市之后获得市场关注，不少品牌在2022年都有了更多的新动作。

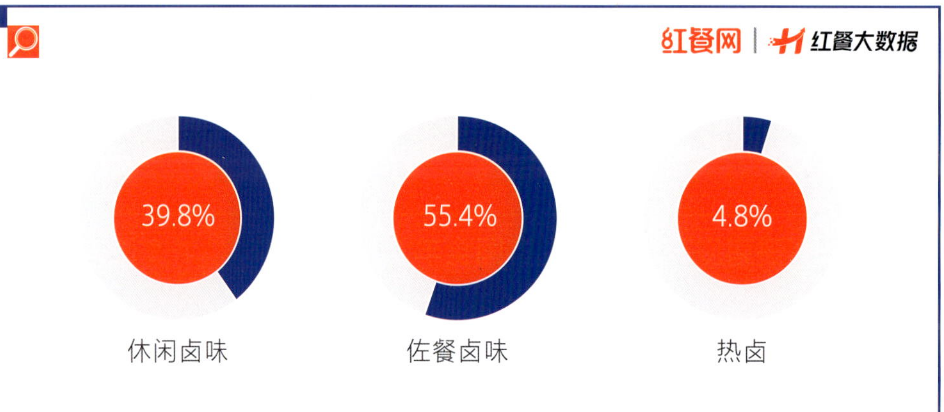

资料来源：红餐大数据，数据统计时间截至 2023 年 6 月。

图 3-20　2023 年全国各类型卤味门店数占比分布

上海的留夫鸭在2022年上新了烤鸡、烤鸭等现烤系列产品，这类烤制产品具有锅气，与传统的卤制品相比更符合国人对于餐桌菜品的要求。其中，茶香烤鸡、奥尔良烤鸡成为不少消费者“加餐”的选择，也使得留夫鸭“熟食家宴”的定位得到强化。佐餐卤味头部品牌紫燕百味鸡则在2022年开启新“副业”，推出了10余款预制菜，瞄准消费者“便捷用餐”的需求。

社区店正在成为休闲卤味品牌入局“餐桌战场”的较好切入点，社区中有庞大的餐饮消费需求，且用户黏性高、复购意愿强。此外，社区一般还有较多快餐店，卤味品牌置身其中，能够为消费者提供“卤味+快餐”的搭配选择，使得卤味产品有机会进一步往“餐桌战场”进击。

休闲卤味品牌绝味鸭脖和周黑鸭都于2022年启动了开设社区店的计划。其中，周黑鸭更联名快餐品牌维小饭，跨界推出盒饭产品，这是其针对快餐市场和社区门店的一次尝试。

3. 产品：越过鸭脖，望向“多爆品时代”

“鸭脖三巨头”绝味鸭脖、煌上煌、周黑鸭早早成名，把酱鸭脖打造成卤味赛道的超级大单品。随后，鸭架、鸭掌等鸭货也成了卤味店的热门产品。但是近年来，鸭货的关注度呈现出下跌的趋势，卤味赛道亟须更多的新爆品。

表 3-17　卤味新爆品一览

产品	特点	推出该卤制产品的品牌
小龙虾	口味众多，可佐餐也可作为休闲食品享用；小龙虾的产量季节性明显，价格随季节波动	周黑鸭、绝味鸭脖、煌上煌、菊花开手撕藤椒鸡等
鸡爪	口味和做法多样，适合卤制、先炸后卤、先卤后炸等做法，常作为休闲食品	王小卤、馋匪、周黑鸭、麻爪爪、洪濑鸡爪、卤人甲等
肥肠	气味独特，有较多油脂，原材料的清洗步骤较为讲究；做法以卤制为主；原材料以鲜货为主，相对于鸡肉、鸭肉等食材，肥肠的供应链稳定程度相对较低	热卤食光、盛香亭热卤、花卤师、馋匪等
潮汕卤鹅	主要产品有卤鹅肉、卤鹅头、卤鹅翅等，讲究“一鹅多吃”；常作为快餐、正餐中的一道菜品；多以明档现切的形式出现，具有观赏性；以澄海狮头鹅为原材料，产区主要位于广东澄海，对品牌的供应链能力要求较高	物只卤鹅、狮头牌卤味研究所等
夫妻肺片	川式辣卤的一种，以牛杂为原材料，卤煮后以酱油、红油、花椒等配料拌食；在供应链方面，牛杂产量较低	紫燕百味鸡、廖记棒棒鸡等
口水鸡	川式辣卤的一种，鲜嫩入味；以鸡肉为原材料，供应链较为成熟	紫燕百味鸡、廖记棒棒鸡、馋匪等
猪蹄	含多种胶原蛋白，佐餐食用为主；以卤猪蹄为主要菜品的猪脚饭流行于广东地区，品牌化之路尚处于初级阶段	独椒戏、王小卤、菊花开手撕藤椒鸡等
毛血旺	常出现于川菜馆、重庆火锅店，受众广泛；以鸭血、素菜为原材料，供应链较为成熟，有较多预制菜企业入局	馋匪、麻六记等
牛蛙	牛蛙单品店在餐饮市场上火爆，市场教育相对成熟，供应链在不断完善中；卤牛蛙以冷吃、油卤的制作工艺为主	馋匪、冷帮主等

资料来源：公开信息，红餐品牌研究院整理。

红餐网 | 红餐大数据

至于如何打造爆品，卤味品牌或可以从两个方向入手。

其一是锚定网红单品，用卤制的方式将其“重做一遍”。

周黑鸭于 2017 年就开发火爆全国的小龙虾单品，在研发端、养殖端布局多年，目前已取得了亮眼的成绩。周黑鸭财报显示，虾球类产品在 2022 年上半年高速增长，单月最高销量超 100 万盒，是其近期疲软业绩中的一抹亮色。其后，绝味鸭脖、煌上煌也陆续入局小龙虾市场。

肥肠也是被卤味品牌看上的网红单品。近年来，肥肠以其独特且上瘾性强的口味成为网红爆款小吃，热门美食纪录片《风味人间》如此评价肥肠：“大肠脂肪囤积充裕，由此得名肥肠。它质地紧实，柔滑而富有弹性。有人因为它部位特殊，望而生畏。但更多勇于尝试的食客，为它的肥美倾倒。”有不少餐饮业内人士认为其有望成为下一个“螺蛳粉”。

截至 2023 年 6 月，抖音上，“肥肠”话题下的视频播放量高达 57.0 亿次。其中，“卤肥肠”相关的视频播放量较高，达到了 10.5 亿次，超过了“肥肠鱼”“肥肠面”等相关话题。在品牌端，热卤食光、盛香亭热卤、花卤师等品牌则把卤肥肠以新式热卤的形式带到了餐饮市场，受到广大消费者的喜爱。

这类网红单品本就有一定的消费基础，卤味品牌选择将其重做一次，可以规避市场教育的成本，更重要的是，经过市场考验的网红单品在原料供应方面更为稳定。如小龙虾从 2015 年开始走红，至今其养殖、分拣、运输、批发等环节已经基本实现了标准化和产业化，可以助力卤味品牌更加有效地把控食材品质和供应稳定。

其二，挖掘地域特色卤味的爆品潜力。

我国卤味食品的地域性口味众多：四川的辣卤、广东的潮卤、江南的糟卤等都各具特色，制作方法和口感各有不同，对于品牌而言是有待挖掘的宝库。

表 3-18　全国地域卤味一览（不完全统计）

地域卤味种类	特点	特色产品
湖南药卤	以药为卤，以糖上色	卤豆制品、卤鸭、卤排骨、蘸水肥肠等
四川辣卤	麻辣辛香	棒棒鸡、甜皮鸭、卤兔子等
湖北酱卤	味道浓郁	卤鸭脖、卤鸭掌等鸭制品等
广式卤水	白卤，咸香、甜香、芳香融合	卤鹅掌翼、卤乳鸽、白切鸡等
潮式卤水	红卤，着色较深	卤鹅、隆江猪脚等
江南糟卤	指用酒糟制作的食物，咸鲜爽口，可用来制作的食材较为丰富	糟鸡、糟猪肚、糟鸭、糟毛豆等
福建卤味	鲜嫩微甜、不油腻	鸡爪、卤肠头、卤肺头、卤猪皮等

资料来源：公开信息，红餐品牌研究院整理。

红餐网 | 红餐大数据

地域特色卤味更能吸引精准的消费客群。例如，物只卤鹅和狮头牌卤味研究所深耕潮汕卤鹅，在潮汕人较为集中的广东地区享有较高的知名度，物只卤鹅更是把卤鹅带到了泰国、英国等海外市场，满足了海外潮汕人的恋家味蕾。

同样起源于广东潮汕地区的隆江卤猪脚也有着相似的地域属性。由隆江猪脚衍生出的米饭快餐细分品类——隆江猪脚饭，凭借其嫩糯的口感、高性价比的饱腹感在华南地区广泛流行，并逐步往华东、华中地区发展。但由于缺乏知名的连锁品牌，且受限于卤制工艺的门槛，猪脚饭一直被认为是一个“大而不强”“地域性强”的赛道。随着预制菜兴起，卤猪脚有望实现标准化、工业化生产。2023 年的热播剧集《狂飙》更带火了“猪脚面”这一美食，供需两端的共振，让卤猪脚具备成为爆品的潜质。

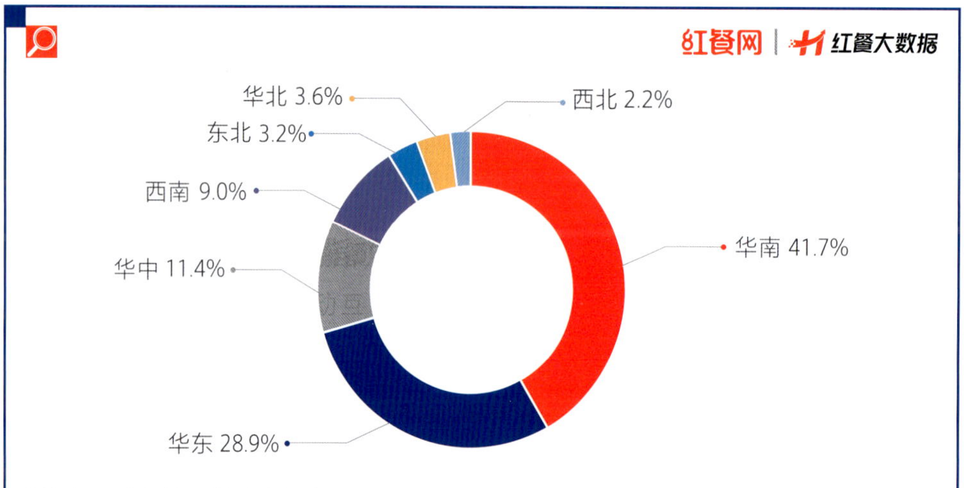

资料来源：红餐大数据，数据统计时间截至 2023 年 6 月。

图 3-21　2023 年全国各区域隆江猪脚饭门店数占比分布

在选择方向上，卤味品牌若要走向全国市场，规划主打产品时，可以选择一些普适性较强的地域卤味产品，例如常见的夫妻肺片、口水鸡以及冷吃兔丁等川味卤制品。以夫妻肺片为王牌单品的紫燕百味鸡在 2022 年上市，其财报显示，2020 年夫妻肺片就为其带来了 8 亿元的收入，贡献了紫燕接近 1/3 的收入。四川品牌廖记棒棒鸡主打夫妻肺片、口水鸡以及冷吃兔丁等川味卤制品，其于 2021 年获得融资，在 2022 年实现了加速扩张。

此外，海鲜、红肉、红肠等食材则在连锁卤味门店中越来越常见。例如留夫鸭就设有荤食海鲜系列，提供干煎带鱼、芥末海螺片等产品。九多肉多则提供五香带鱼、深海香鱼等产品。

可以预见，在一众品牌的产品革新策略之下，卤味赛道将加速走向“多爆品时代”。

4. 赛道加速整合：纵向深耕，巨头引领产业升级

卤味赛道在下沉市场有着众多的夫妻店、小摊贩，导致市场格局较为分散。此外，这类门店采取小作坊、手工制作的经营模式，在食品安全上缺乏保障。这种情况或会在未来得到改善。

2022 年至今，卤味巨头们仍旧加大马力开店，赛道集中度有望进一步提高。紫燕百味鸡在上市之后加速了全国化征程，在华东大本营之外加速向华中、华北、西南、华南区域迈开步伐。周黑鸭则推出了单店特许经营 2.0 轻盈版，扩大了准入市场区域，且降低了投资门槛。截至 2022 年底，周黑鸭特许经营门店达到 1,983 家，特许业务收入在总营业收入中的占比在两成左右。

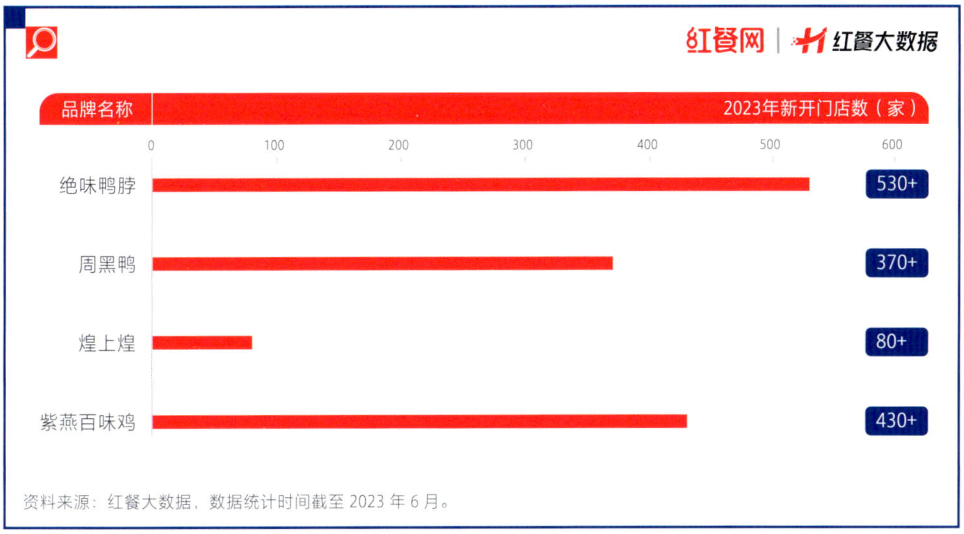

图 3-22　2023 年“卤味四巨头”新开门店数

而走在规模化前列的绝味食品则提出了更有前瞻性的加盟模式。绝味食品自 2021 年开始筹备“星火燎原”计划，鼓励绝味食品骨干雇员返乡开店，加快下沉市场布局。进入 2022 年，绝味食品同步开启了“海纳百川”计划，对下沉市场的食品店面进行翻牌加盟（翻牌成绝味鸭脖的门店）。

值得留意的是，“海纳百川”计划中的中小型副食品店供货渠道将完全纳入绝味工厂。不难发现，绝味食品或有通过供应链整合卤味赛道的计划。

与此同时，卤味巨头们的扩店、扩

产正在同步进行。2022 年末，绝味食品成功募集 11.8 亿元，拟扩张 9.07 万吨产能，并在食品研发方面加大投入。煌上煌也在 2023 年 3 月发布公告称拟定增不超过 4.5 亿元的资金，用于加强鸭产品加工能力，并于华东和海南地区分别增加 8,000 吨和 4,000 吨的产能。周黑鸭则在华北、华中、华东、华南四个生产中心的基础上，于 2022 年在华西投建一个新的生产中心，以期更为灵活地调配产能。

可以预见，卤味巨头们的产能和效率上升到新台阶，将对卤味赛道产生辐射效应。以绝味食品为例，目前其供应链能力已经开始外溢。公司投资了精武鸭脖、廖记棒棒鸡、盛香亭热卤等卤味品牌，对这些品牌实现了采购、仓配协同和产能输出。

从整个餐饮业的角度来看，在产业升级的大背景下，头部品牌对于品类的带动效应进一步增强。例如在热门的饮品赛道，瑞幸咖啡、蜜雪冰城等新一代的餐饮连锁品牌正在带动饮品赛道进入“超级供应链”时代。这些头部品牌以开放资源、整合产业链等方式深入地介入了饮品产业链的升级。

至于卤味赛道，卤味头部品牌除了提升产能和效率之外，还不断丰富销售渠道。近年来，周黑鸭、煌上煌、久久丫等都进驻了美团买菜、叮咚买菜等生鲜电商平台。在生鲜电商平台上，卤味产品与肉禽、蔬菜、水果等商品搭配销售，卤味品牌得以借力平台以满足生鲜电商消费者的需求。在头部品牌的引领下，卤味赛道有望加快进入以多渠道、多层级为特征的发展新时代。

总体而言，卤味是餐饮行业中的一个大赛道，增长空间较广阔，但是目前其遭遇了增长困境。为应对此状况，品牌方可以从产品、消费场景等方面入手实现创新，与时代发展同频共振。

四、西式快餐：中式汉堡品牌探索“新本土化”

2022 年，西式快餐市场规模的增速稍有放缓，巨头们的业绩也不甚亮眼。在此背景下，众多西式快餐品牌不得不寻求“进化”，比如推出中式汉堡来探索“新本土化”革命，或专注于细分赛道以实现突围。

1. 西式快餐赛道韧性强，细分赛道存发展机遇

红餐大数据显示，2022 年西式快餐的市场规模为 1,890 亿元，同比下跌 2.8%。进入 2023 年后，国内餐饮业加快复苏，预计 2023 年我国西式快餐市场规模将突破 2,000 亿元。

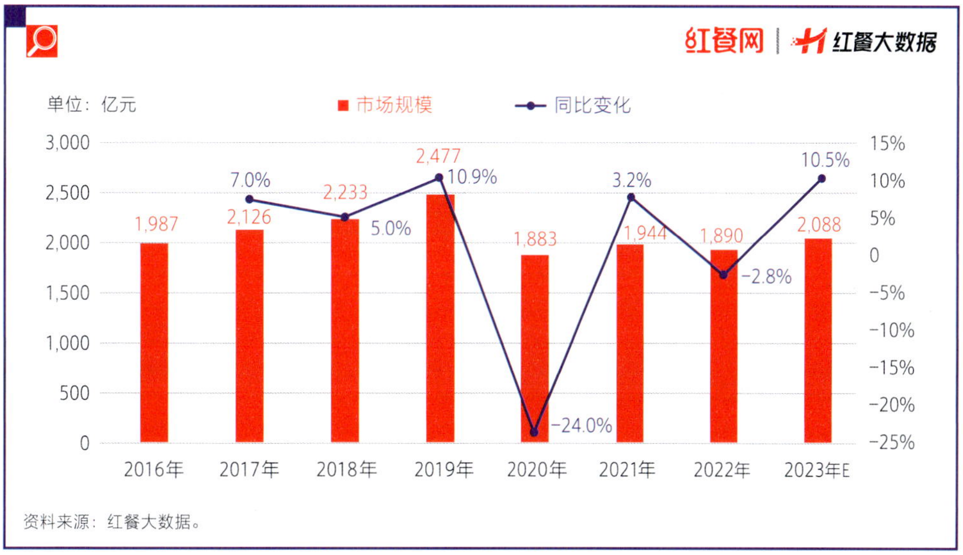

图 3-23　2016 — 2023 年全国西式快餐市场规模概况

2022 年西式快餐的市场规模整体下滑，一些西式快餐头部品牌的发展同样不甚乐观。巨头肯德基、麦当劳的业绩在 2022 年出现下滑；华莱士、德克士品牌老化；三明治老牌玩家赛百味被传出售；被百胜中国寄予重望的墨西哥快餐品牌塔可贝尔门店收缩；初代美式网红汉堡品牌卡乐星关闭了国内的所有直营门店；部分高端汉堡品牌，如 Shake Shack、Cheers Burger、Five Guys 在我国遭遇发展瓶颈……

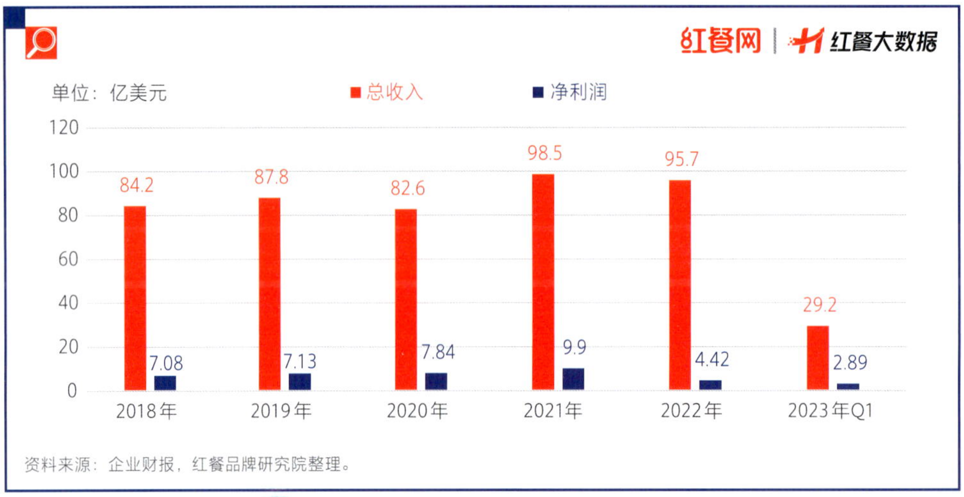

图 3-24　2018 — 2023 年第一季度百胜中国营业收入概况

值得留意的是，部分西式快餐品牌在加速发展，表现颇为亮眼。例如，近年来主打国潮风的中式汉堡快速拓店；主打平价餐食的萨莉亚意式餐厅稳步增长；“栖身”于社区的尊宝比萨密集拓店；主打“外送 30 分钟必达”的比萨品牌达美乐比萨于 2023 年挂牌上市，并计划于 2023 年新增约 180 家门店……

资料来源：红餐大数据，数据统计时间截至 2023 年 6 月。

图 3-25　2023 年全国部分西式快餐品牌概况

在上述代表品牌之外，一些走独特路线的品牌亦在西式快餐赛道表现亮眼。例如，比萨玛尚诺主打薄底的意式比萨，与美式比萨品牌必胜客的产品差异明显。为了更好地满足国内消费者的需求，其还于 2022 年推出了国潮风比萨。截至 2023 年 6 月，其共在国内开出了 50 余家门店。

菲律宾品牌 Potato Corner 专注于风味薯条，以现炸薯条搭配风味调味粉，走出了不一样的“网红之路”，品牌人气较高。

可见，无论是聚焦国潮风，还是挖掘意式比萨、爆蛋吐司、风味薯条等细分赛道，都是品牌寻求差异化、细分化的一种探索。于大赛道中觅革新，在小赛道中翻浪花，是新时代下西式快餐品牌的基调。

2. “品价比”之战一触即发，下沉市场竞争升级

从西式快餐的人均消费价位分布来看，40 元以下的平价西式快餐仍是市场主流，但讲究“品价比”的市场趋势变得更为明显，很多西式快餐品牌不再一味追求低价。红餐大数据显示，人均消费在 20 元以下的西式快餐品牌数占比从 2022 年的 63.5% 下降至 2023 年的 60.5%，人均消费在 20~40 元之间的品牌数占比从 2022 年的 28.7% 上升至 2023 年的 32.8%。

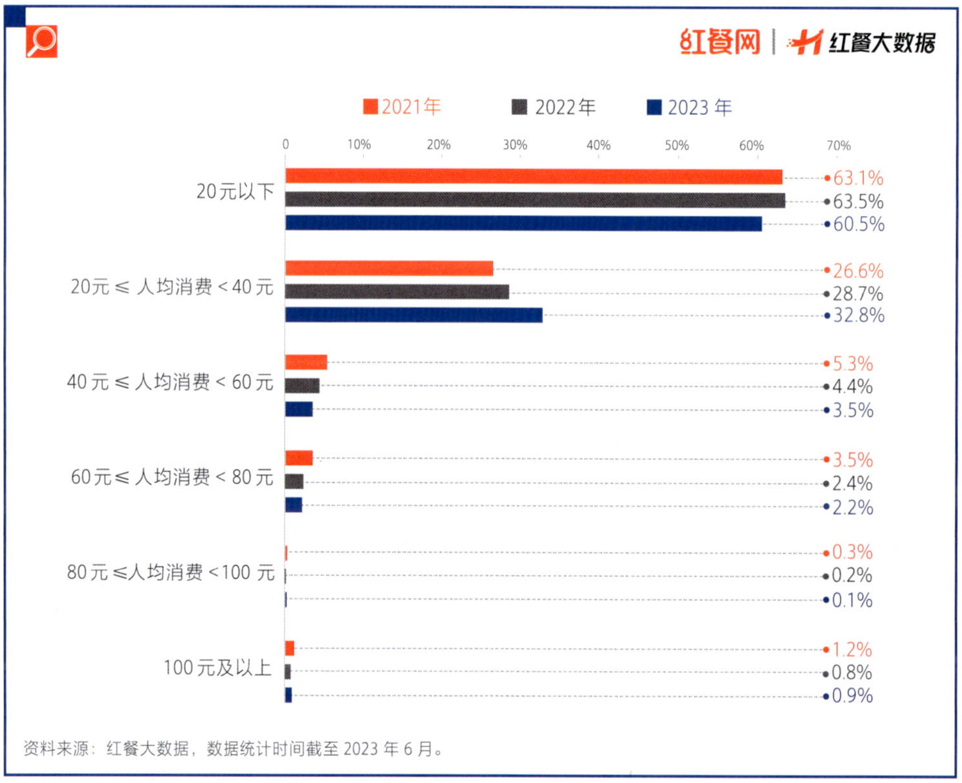

图 3-26　2021 — 2023 年全国西式快餐品牌人均消费价位占比分布

事实上，人均消费 20 元以下的区间是华莱士、贝克汉堡等本土连锁品牌的主力价位区间。这类连锁品牌追求极致性价比，为消费者提供价格低、分量足的产品，但其产品品质和口味都与巨头肯德基、麦当劳存在着一定的差距，一些品牌甚至屡次出现食品安全问题。这类品牌提供的产品和服务恐较难满足消费者对于品质升级的追求。

近年来，这类品牌的开店速度有所放缓。红餐大数据显示，华莱士、德克士、贝克汉堡、快乐星汉堡等品牌均在 2022 年放缓了门店扩张的速度，其中华莱士 2022 年仅新开了 1,700 余家门店，相比 2021 年新开 5,400 余家的门店数下滑了超 60%，其 2023 上半年新开门店数为 190 余家。

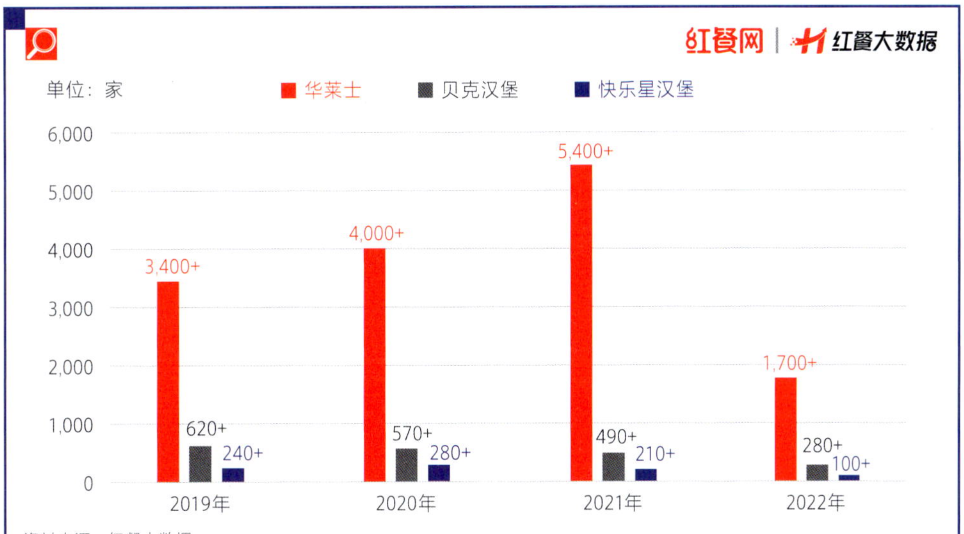

资料来源：红餐大数据。

图 3-27　2019 — 2022 年华莱士、贝克汉堡、快乐星汉堡新开门店数

经红餐品牌研究院分析，新冠肺炎疫情只是影响其门店数增长放缓的外在因素，品牌缺乏创新、形象老化或是其业绩不佳的主要原因。如今，品质升级、讲求“品价比”已成为西式快餐的发展趋势。与过去流行的“性价比”经营策略相比，“品价比”则更侧重于品质，表达出物超所值的消费观。以往提起“性价比”，大部分消费者会联想到“价格便宜”“廉价”，而如今提起“品价比”，大部分人会首先想到“品质”“价值超越价格”。

据红餐品牌研究院发起的“2023 年餐饮消费大调查”，在选择西式快餐餐厅时，65.4% 的西式快餐消费者最关注口味，52.9% 的西式快餐消费者最关注价格，47.8% 的西式快餐消费者最关注卫生。可见，在口味、价格、卫生等方面做得较好的品牌会得到更多消费者的关注，继而更有可能实现可持续发展，仅关注其中一两个维度的品牌或许能在一段时间内获取关注，但难以长久地立足于市场。

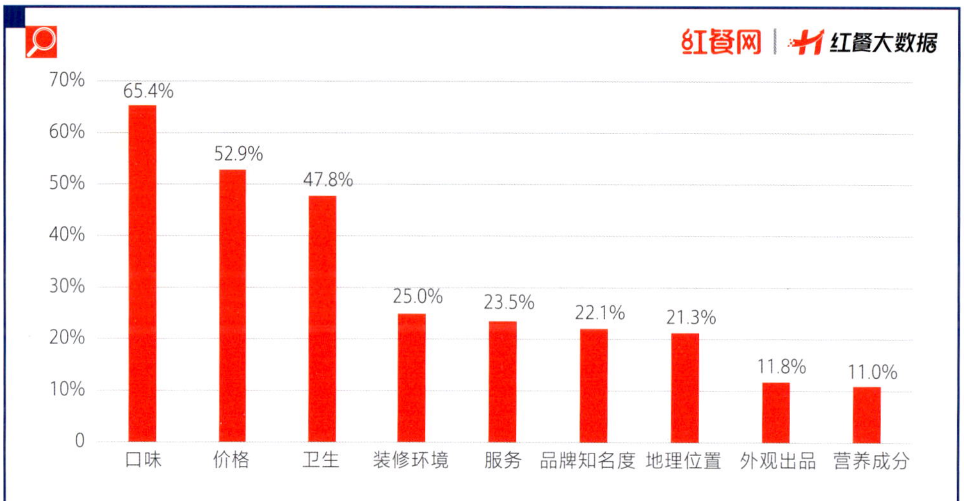

图 3-28　2023 年西式快餐消费者选择西式快餐厅时最关注的因素

例如本土品牌派乐汉堡就洞察到了这一趋势，较早实现了全面的品质化升级。在前端，派乐汉堡注重产品创新，开创独特卤辣风味，并专注打造小镇市场“第三空间”；在后端，其则从夯实供应链、加强加盟店管理入手，为稳步发展奠定基础。

红餐大数据显示，三线、四线、五线城市的每万人西式快餐门店数分别为 4.1 家、4.1 家、4.2 家，与一线、新一线、二线城市的每万人西式快餐门店数存在着一定的差距。总体来看，我国西式快餐在下沉市场的增长空间较大。

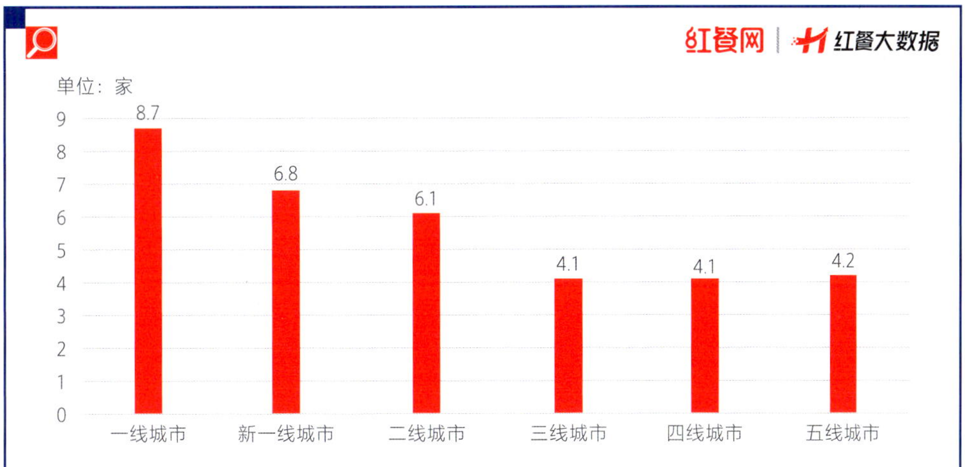

资料来源：红餐大数据。

图 3-29　2023 年全国各线级城市每万人西式快餐门店数

基于此，诸多西式快餐品牌纷纷瞄准下沉市场，下沉市场的竞争渐趋激烈。据红餐大数据，2022 年全国现存的西式快餐门店近五成分布于三线及以下城市。华莱士、塔斯汀等本土品牌在下沉市场均有大量的门店布局。

而早在几年前就开始布局下沉市场的肯德基、麦当劳再度提速。红餐大数据显示，在肯德基和麦当劳 2022 年新开的国内门店中，分别有 34.7%、21.8% 的门店位于三线及以下城市。进入 2023 年，肯德基、麦当劳等巨头的下沉策略仍在继续推进，比如麦当劳宣布年内在华新开门店将达到 900 家，还将在中国新增约 1,000 家麦咖啡，并且主要分布于三线城市。

而从下沉市场的竞争格局来看，麦当劳和百胜中国的扩张策略已有了一定的收获。红餐大数据显示，截至 2023 年 6 月，肯德基在三线及以下城市有着 3,300 余家门店，是下沉市场中门店数第二多的西式快餐品牌，仅次于华莱士；麦当劳在三线及以下城市有着 1,200 余家门店，与深耕下沉市场多年的德克士门店数相差不大。与此同时，“后浪”塔斯汀在这两年疯狂拓店，两年间新开超 3,000 家门店，在三线及以下城市布局了 2,000 余家门店，其在下沉市场中的门店数居于西式快餐品类中的第三位，反超德克士。

资料来源：红餐大数据，数据统计时间截至 2023 年 6 月。

图 3-30　2023 年全国三线及以下城市门店数 TOP10 西式快餐品牌

可以预见的是，随着肯德基、麦当劳等巨头深入下沉市场，2023 年西式快餐品类在下沉市场的争夺会更激烈。

3. 品类创新点：产品“中体西用”，多点发力突围

近年来，一些头部品牌在产品、渠道、营销、门店模式方面不断发力革新，并且取得了显著效果，值得一众品牌学习借鉴。

（1）产品融合：“中体西用”熨贴“中国胃”

中式汉堡崛起，是近年来西式快餐品类的一个明显变化。以塔斯汀、“贾国龙中国堡”为首的中式汉堡品牌推崇“中体西用”，即以中式味道 + 西式标准来熨贴“中国胃”，主打“80% 的熟悉 +20% 的意外”的中式汉堡产品。

例如，塔斯汀所有的汉堡现点现做，并且采用现擀现烤的面包坯，强调烘烤的油香味和烟火气，与汉堡老牌选手的流水式、自动化作业区分开来。在传统的牛肉饼、鸡排等馅料之外，还充分考虑国人的口味需求，推出了小龙虾、北京烤鸭、火爆辣子鸡、鱼香肉丝等特色馅料。店面装修强调国潮风，以“中国红”、汉字 logo、国风图腾等为主要设计元素。西贝的子品牌“贾国龙中国堡”则以浙江桐庐的酒酿空气馍对标西式汉堡，以中式发酵的方式制作汉堡的面饼。

此外，主打中式汉堡的品牌相比传统的本土西式快餐品牌更具有文化自觉性，其品牌定位、产品口味、美学风格都与国潮文化深度结合。比如，塔斯汀就打出了“就是中国胃，就爱中国堡”的口号。“贾国龙中国堡”则在菜单中主推地方特色产品如酸米浆、烤鸡架等，以“好吃的中国汉堡”为品牌口号。

截至 2023 年 6 月，塔斯汀在中国已开出了超 4,000 家门店，以质优价廉的定位打开了下沉市场，并逐步往一线、二线城市拓展。此外，享哆味、楚郑、乾代、仙堡、林堡堡等中式汉堡品牌也受到了一定的关注，部分品牌更是获得了资本的青睐。

随着我国经济社会的发展，国潮风的兴盛以及消费市场上一系列国产品牌的崛起，当代年轻人的文化自信在不断增强，“中式汉堡”的流行正是此趋势的一种表现。

对比过去其他品牌的本土化尝试，无论是麦肯的本土化产品，还是华莱士、德克士的本土化商业模式，都可视作西式快餐在传统的、以西方为中心的叙事框架下的改良。而塔斯汀们引领的“新本土化”革命，则打响了“中式汉堡”

的名头，开辟出新的细分赛道。

“中式汉堡”目前的规模并不算大，仅有塔斯汀和享哆味两个品牌门店数破千，其他品牌的门店数均在100家店以下，且大部分中式汉堡的门店都集中于二线和三线城市。同时，受限于现场烘烤的手作模式，中式汉堡品牌的标准化程度不足、出餐效率较低、就餐体验不佳等问题也为消费者所诟病。

此外，一些业内人士认为，中式汉堡的概念并未明确，容易与肉夹馍混淆，创新空间相对有限。总体来看，中式汉堡的未来走向还有待市场检验，但对比日式汉堡在日本的发展轨迹，中式汉堡在我国有一定的可拓展空间。

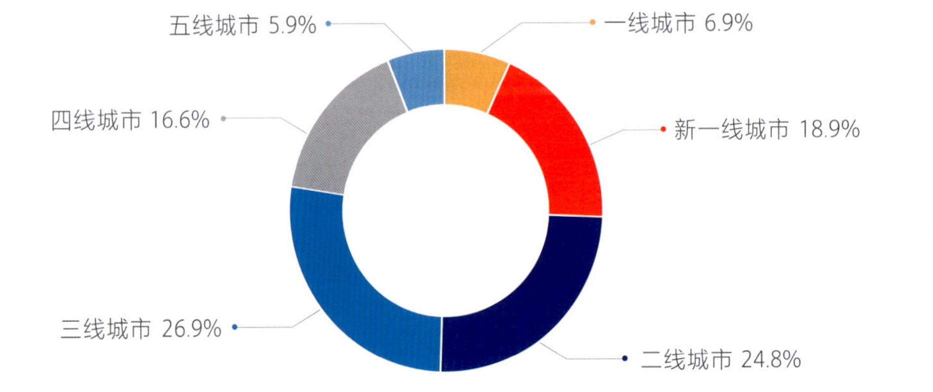

资料来源：红餐大数据，数据统计时间截至2023年6月。

图 3-31　2023年全国各线级城市中式汉堡门店数占比分布

日本品牌摩斯汉堡就有过类似的本土化尝试，或能给国内的本土汉堡品牌发展提供一些参考思路。摩斯汉堡定位为高品质的日式汉堡，是一种“有点慢的快餐”。摩斯汉堡在日本有着超1,300家门店，以及接近50年的发展历程，是日本首屈一指的连锁汉堡品牌。

摩斯汉堡之所以能打响日式汉堡的名头，主要归功于其多年来在不断对汉堡产品进行本土化改良。比如为了满足日本消费者的需求，摩斯汉堡先后推出过强调饼皮创新的“米汉堡”（以米饭作饼皮）和强调日式酱汁和日式口味的汉堡（如以酱油、味噌调味的照烧鸡腿堡）等。不少消费者认为，其与美式汉堡的“浓味、油腻”相比有着差异化特色：“不会很重味、不会很淡，不会很冷也不会很热，摆盘很美，整个感觉很日式。”

可见，摩斯汉堡对于“日式汉堡”的认知和思考并不是一蹴而就的，也是在发展过程中不断优化和迭代的，从单纯地强调日式食材，进化至捕捉日式餐饮的精神，即从味道、温度甚至摆盘等多维度来定义“日式汉堡”，这一点十分值得中式汉堡学习与借鉴。

(2) 渠道创新：外卖双管齐下飙高线上收入

随着外卖消费习惯不断成熟，对于品牌方而言，外卖市场已成了“兵家必争之地”，西式快餐品牌也不例外。

肯德基和麦当劳作为西式快餐行业的巨头，率先洞察到了这一消费趋势，于2006年前后便自建了外卖配送平台，甚至比国内诸多外卖平台的大规模崛起还要早很多年。

如今，肯德基、麦当劳已发展出“双管齐下”的外卖业务模式：在与第三方外卖平台合作的同时，其自建的外卖系统亦持续发挥着作用。较其他品牌而言，肯德基和麦当劳有着高度密集的门店，其外卖业务能够覆盖到更为广泛的消费群体。随着外卖市场的成型，外卖业务给它们带来的收益越发可观，这一点在堂食受限的 2020 年至 2022 年期间中表现得更为明显。

百胜中国财报显示，肯德基的外卖收入占总收入的比重从 2019 年的 20% 增长至 2022 年的 39%。尤其是在 2022 年下半年，肯德基的外卖收入较为理想，第三季度肯德基的外卖业务占比较 2021 年同期增长约 4 个百分点，第四季度的外卖业务占比较 2021 年同期增长约 10 个百分点。

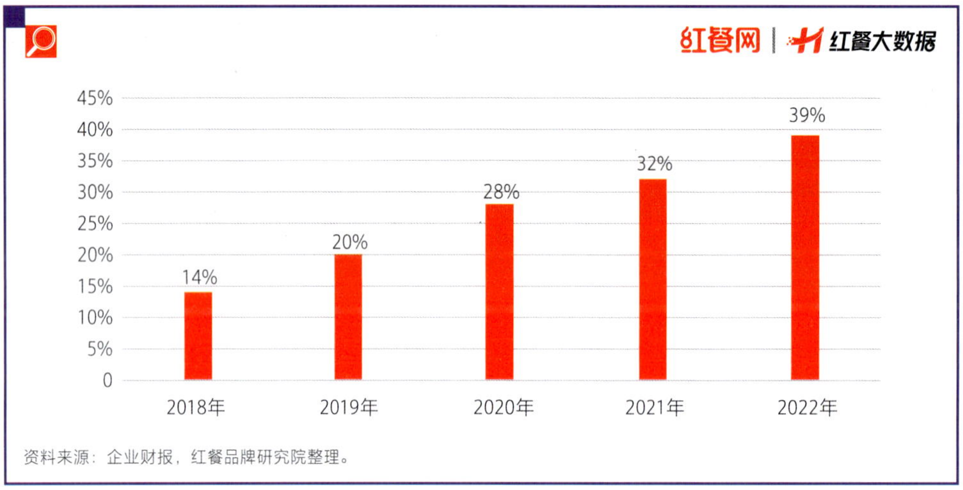

图 3-32　2018 — 2022 年百胜中国外卖收入占餐厅收入比例

相关数据显示，麦当劳在中国内地的外卖收入占总收入的比重也从 2019 年的 21% 上升至 2022 年的约 30%。

同时，自建外卖渠道还能够为肯德基和麦当劳有效地降本增效。一方面，自建渠道能够更为灵活地应对突发事件带来的业务挑战，例如麦当劳就在 2022 年卡塔尔世界杯期间根据赛程延长营业及外送时间。另一方面，这种模式省去了第三方外卖平台的抽佣和服务费，肯德基和麦当劳把物流配送的业务外包给第三方配送商，并对配送商设了严格的 KPI 评价系统，在降低成本的同时又保证了服务质量。

因此，肯德基和麦当劳在与第三方外卖平台的对弈之中，不仅没有被压制，还能顺势而为，借“东风”飙高线上收入。

（3）营销创新：多平台种草齐“撩”消费者

近年来，以微博、小红书、抖音、快手为代表的新媒体快速发展，这些平台成了消费者了解品牌的重要渠道。红餐品牌研究院发起的“2023 年餐饮消费大调查”显示，通过朋友推荐了解西式快餐品牌、自己看到店铺的西式快餐消费者占比最高，分别达到了 54.4%、47.8%；通过本地生活平台推荐、种草平台推荐、短视频广告了解品牌的西式快餐消费者的占比分别达到了 41.9%、35.3%、22.8%。

如今，这些新媒体平台逐步开拓了线上销售渠道，如抖音在 2023 年初开启了团购配送项目，进一步赋能餐饮品牌。通过这些平台，品牌不仅能高效地触达目标消费者，还可以直接引流转化。因此，不少西式快餐品牌利用这些社交媒体的发展红利，发力新式内容营销。2022 年，肯德基和麦当劳的新式内容营销就取得了较为显著的效果。

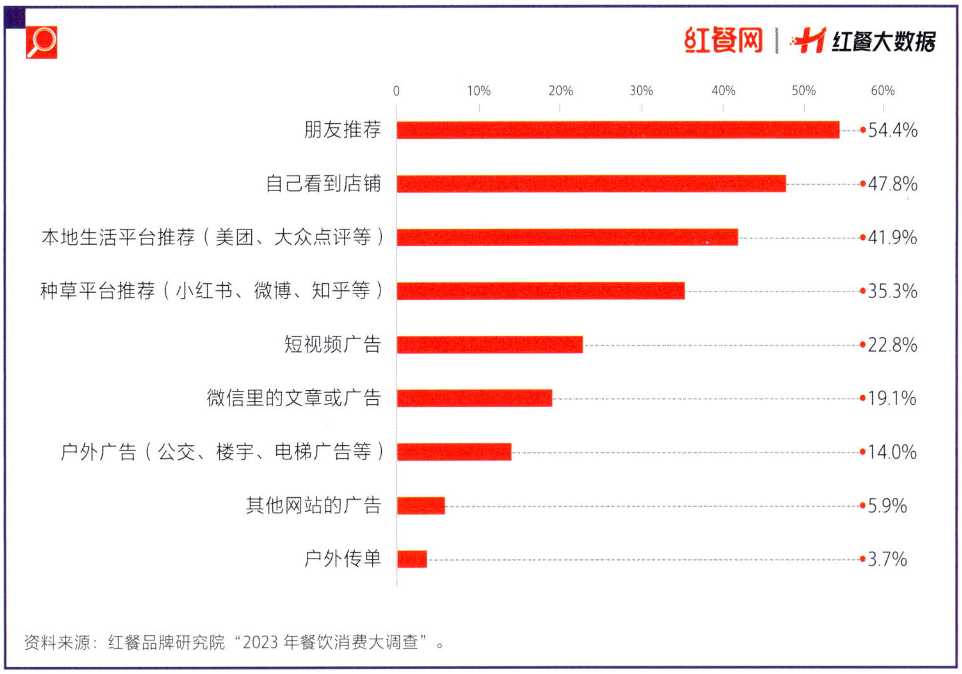

图 3-33　2023 年西式快餐消费者了解西式快餐品牌的渠道分布

例如，“可达鸭音乐盒”和“麦门文学”便是其中颇具代表性的事件。在这两起营销事件中，品牌方为了深挖年轻人的消费潜力，纷纷采取了互动式营销方式。

肯德基在 2022 年的儿童节推出了可达鸭音乐盒等周边玩具。消费者可以在可达鸭上贴上“招财”“暴富”等字条，配上魔性的摇摆动作和音乐进行二次创作，相关的图片和视频很快引爆了抖音、小红书、微博等社交媒体。截至 2023 年 2 月，抖音平台上“可达鸭”话题下的短视频播放量已经达到了 19.6 亿次。

麦当劳在 2022 年末玩起了“小票文学”，以“麦门文学”推动线上线下的麦当劳玩梗热潮，与肯德基“疯四文学”同场竞技。在短短 2 个月的时间里，抖音平台上“麦门文学”话题下的短视频播放量已超 3,000 万次。不少网民都自称“麦门人”和“麦门信徒”，对于麦当劳的产品进行评价，让原本分散的麦当劳粉丝在网络上得以集结。

如果说可达鸭音乐盒营销事件，是肯德基对新媒体平台病毒性传播特性的一种把控，那么麦当劳的“麦门文学”则是在网络空间下，打破用户的孤立状态，重新集结社群。两者均是通过采用年轻消费群体喜爱的互动式营销方式，再借助抖音等新媒体平台的传播，让品牌的影响力得以快速渗透。

（4）网点加密：加码“店中店”拓展新品类

近年来，门店模型也是头部西式快餐品牌探索的重点之一。例如麦当劳和肯德基就着重挖掘“店中店”模式，在原有的门店内增设柜台售卖新品类，并不断加密这种门店布局。肯德基在门店内设有 KCOFFEE 柜台，截至 2022 年上半年，其已在国内开设了超过 8,500 个布点。麦当劳亦在门店里设有麦咖啡柜台售卖咖啡，近年来还在不断加设门店，麦咖啡从 2020 年的 800 家已增加至 2022 年的 2,500 家，并预计 2023 年于三线城市新开设 1,000 家麦咖啡。

此外，肯德基于 2021 年开始在部分门店中推出了预制菜专柜“自在厨房”，售卖炒饭、鸡汤、意大利面等预制产品，意在抢占预制菜市场。2022 年，其还进一步推进了“自在厨房”业务，并取得了较好的成绩。百胜中国财报显示，2021 年百胜中国新零售产品（含电商渠道和门店渠道）销售额约 5 亿元，2022 年该销售额直线上涨，达到了近 9 亿元。

肯德基和麦当劳的“店中店”门店模式不仅能充分利用品牌的门店、供应链、人力、配送等资源，还可以丰富消费场景和产品结构，为品牌实现降本增效。

4. 市场教育渐普及，高频次、多渠道消费习惯养成

从消费端来看，经过多年的市场培育，西式快餐的消费习惯已然普及。据红餐品牌研究院发起的“2023 年餐饮消费大调查”，超四成的西式快餐消费者每周至少购买 1 次西式快餐，其中 11.8% 的西式快餐消费者每周购买 3~4 次西式快餐。

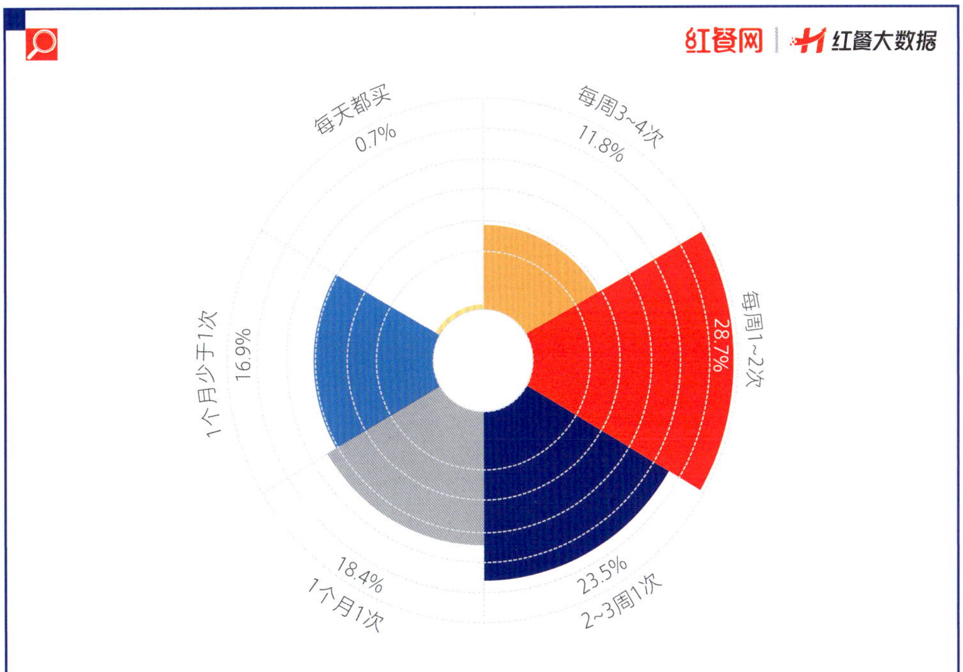

资料来源：红餐品牌研究院“2023 年餐饮消费大调查”。

图 3-34　2023 年西式快餐消费者消费频率情况

在消费渠道上，西式快餐已发展出较为多样的渠道。大商场店、社区店、商业步行街店、外卖都是西式快餐的主流消费渠道。“2023 年餐饮消费大调查”数据显示，选择在大商场店就餐的西式快餐消费者占比最高，为 57.4%；选择社区店和商业步行街门店的西式快餐消费者占比相当，均为 39.7%；选择点外

卖的西式快餐消费者则达到了 33.8%。

另外，选择在 CBD 商务区就餐的西式快餐消费者的占比也接近三成，西式快餐在商务区有着一定的增长潜力，这一点十分值得品牌关注。目前，肯德基、麦当劳已在 CBD 商务区进行了布局，瞄准白领们的一日三餐需求，其早餐业务和“智能取餐模式”在 CBD 商务区得到了充分的发展。

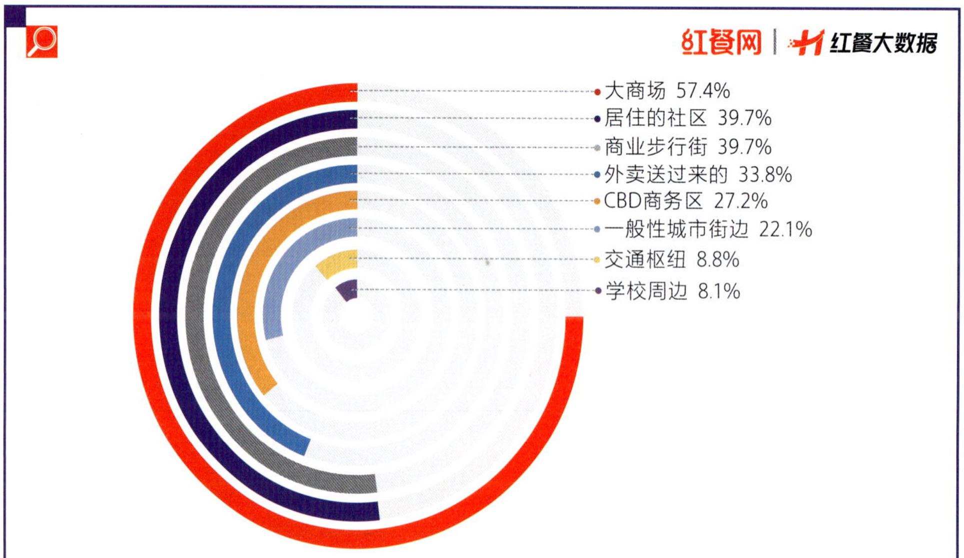

资料来源：红餐品牌研究院“2023 年餐饮消费大调查”。

图 3-35　2023 年西式快餐消费者喜爱的西式快餐消费场景

在促销偏好上，75.0% 的西式快餐消费者喜欢西式快餐商家使用打折优惠券做促销；74.3% 的西式快餐消费者喜欢西式快餐商家使用套餐优惠做促销；36.8% 的西式快餐消费者喜欢多人团购优惠券的促销方式；喜欢积分奖励和充值赠送的西式快餐消费者占比均不足两成。头部品牌早已洞悉了此类偏好，麦当劳推出的随心配套餐、肯德基推出的“疯狂星期四”等系列优惠活动，均是打折优惠券、套餐的变体。肯德基和麦当劳精准洞察消费需求，并依据消费需求推出相应的优惠活动的思路，亦值得其他品牌参考学习。

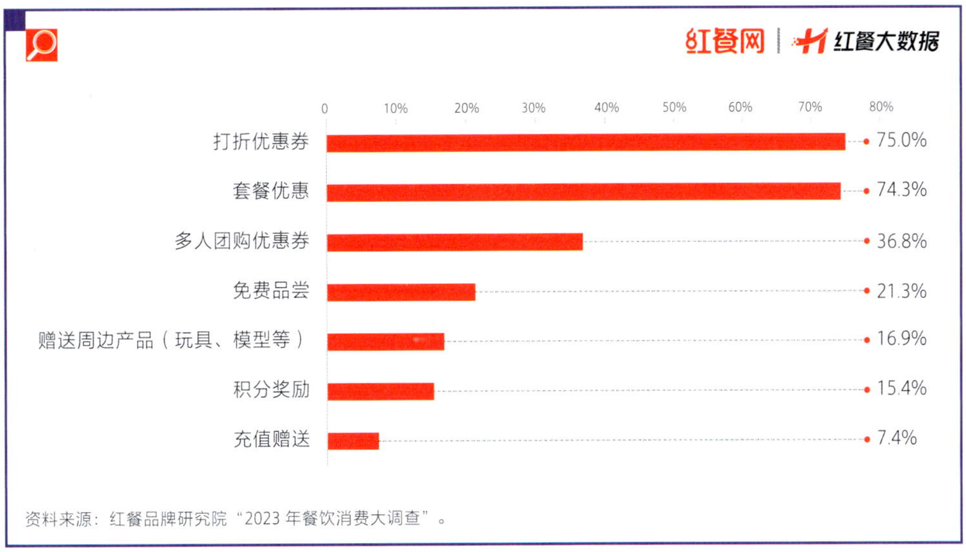

图 3-36　2023 年西式快餐消费者喜爱的促销方式

总体而言，西式快餐外来玩家和本土玩家的多年探索、革新，很大程度上强化了国内消费者的西式快餐消费习惯。同时，我国消费环境的快速变化，如外卖体系的成熟、新媒体平台的崛起，亦倒逼着西式快餐品牌作出策略调整以谋求进一步的发展。

五、包点：“小”体量寻求“宽”出路，进击千亿元市场

近年来，包点这条传统赛道迸发出新的活力。新锐品牌创新包点馅料，打造出多元菜单结构，并以不同的运营模式打破包点的消费场景限制。头部品牌如巴比馒头则持续扩大市场份额，同时进击团餐市场。在这些品牌的引领之下，包点的市场规模有望进一步上涨。

1. 包点进击千亿元市场，连锁化程度小幅提升

包点是我国的传统面食，其受众广泛、刚需性强。基于上述特点，包点的市场规模朝着千亿元级别进击。据红餐大数据，截至 2023 年 6 月，全国包点门店总数近 15 万家；2023 年包点市场规模预计达到 660 亿元，较 2022 年增长 5.3%，市场规模小幅上涨。

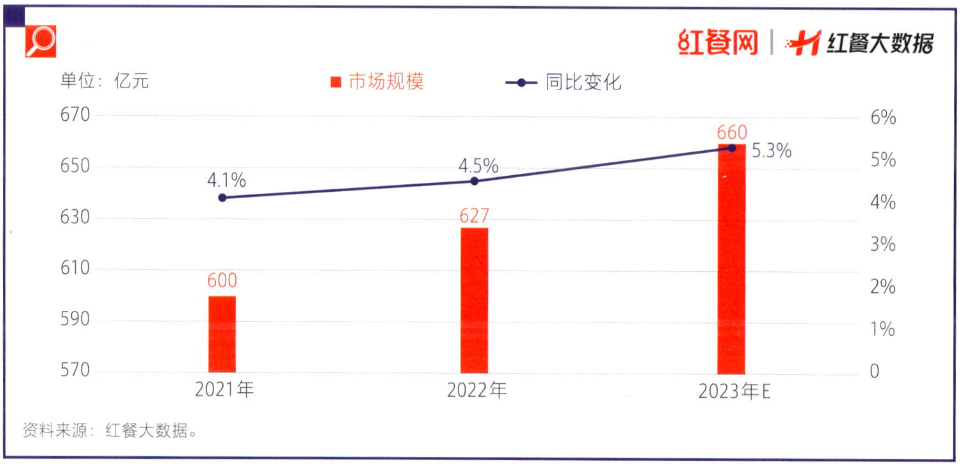

图 3-37　2021 — 2023 年全国包点市场规模概况

虽然包点的门店分布广泛，但品牌的连锁化程度不高，接近六成品牌的门店规模在 50 家以下。相较 2022 年，包点品类中百店规模的品牌数占比增长了 1.3 个百分点，达到了 20.2%，其中千店规模的品牌数占比也有小幅提升。由此可见，包点品类正在品牌化、规模化的路上小步前进。

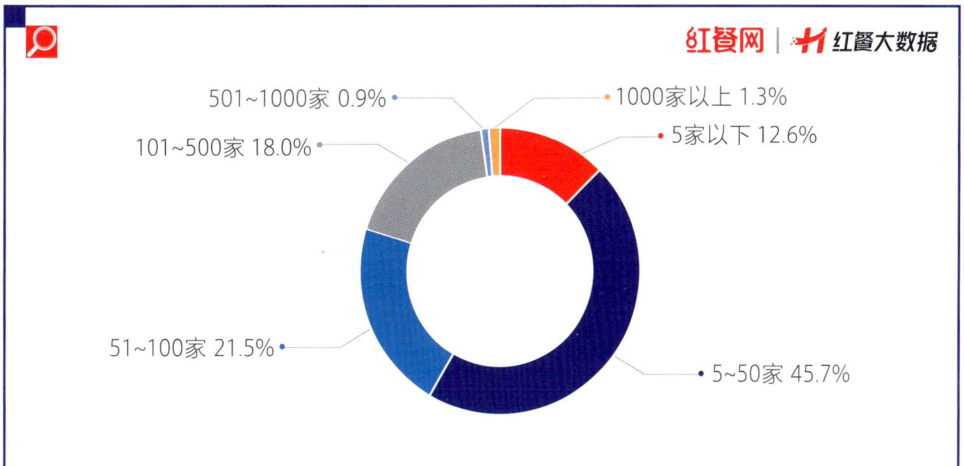

资料来源：红餐大数据，数据统计时间截至 2023 年 6 月。

图 3-38　2023 年全国包点品牌门店数区间占比分布

从市场竞争格局来看，包点赛道主要有三类品牌：第一类是成立时间较长的包点老字号，代表品牌有庆丰包子铺、鼎泰丰、狗不理等。近年来，部分老字号因品牌老化、产品更迭慢、数字化运营脚步慢等原因发展趋缓。

表 3-19　2023 年全国部分包点品牌概况

品牌名称	门店数（家）	创立时间（年）	门店主要分布区域
巴比馒头	4,000+	2003	江苏、浙江、上海、广东、北京
三津汤包	2,200+	2014	广东、湖南
老台门汤包	2,000+	2002	山东、浙江、陕西
和善园	1,200+	2005	江苏、湖北
早阳鲜包	1,000+	2010	浙江、广东、江苏
蒸旺	830+	2015	广东、湖南
沈老头包子	800+	1989	辽宁、吉林、新疆
蜀食一家五馅包	490+	2018	四川、重庆
东坡肉包	480+	2009	黑龙江、辽宁
包道广式点心专门店	460+	2014	广东、广西
包客里	340+	2012	浙江、湖南、江西
包馔夜包子	280+	2020	江苏、浙江、上海、广东
小杨生煎	260+	1994	江苏、浙江、上海
青露馒头	250+	2009	江苏
庆丰包子铺	240+	1948	北京
肚子里有料	190+	2017	福建、浙江、广东
李与白包子铺	190+	2020	四川、山西
老盛昌汤包	180+	2007	上海
甘其食	120+	2009	浙江
偶遇楼兰新疆烤包子	70+	2022	江苏、山东、广东、河南
鼎泰丰	60+	1972	江苏、浙江、上海、广东
狗不理	约 7	1858	天津

资料来源：红餐大数据，数据统计时间截至 2023 年 6 月。

红餐网 | 红餐大数据

第二类是供应链体系、门店管理体系较为成熟的知名连锁品牌，这类品牌依靠强大的后端管理能力实现快速扩张，拥有数百甚至上千家门店，代表品牌有巴比馒头、三津汤包、老台门汤包、和善园等。

例如，三津汤包设有成熟的加盟流程，建有面积达 6.8 万平方米的食品产业园，是珠三角地区的包点龙头品牌，其门店数量从 2022 年的 1,200 余家快速增长至 2023 年（截至 6 月）的 2,200 余家；和善园拥有多座标准化生产工厂和大型蔬菜基地，设有完整的产业链条，门店规模从 2022 年的 900 余家上升至 2023 年的 1,200 余家，跻身“千店包点品牌”之列。

包点赛道中第一家上市企业巴比馒头，更是凭借着品牌优势、强大的生产配送能力，开拓出“连锁门店销售为主，团体供餐销售为辅”的运营模式。

在连锁门店布局方面，巴比馒头已开出了 4,000 余家门店，从华东地区逐步拓展至华南、华北市场，以密集的门店布局成为包点品类中品牌影响力第一的品牌。

在拓展团餐业务方面，巴比馒头的团餐业务发展迅猛。巴比馒头从 2014 年开始布局团餐业务，目前为数百家食堂提供面点食品，同时还与一批知名的便利连锁、酒店连锁、餐饮连锁、生鲜电商平台建立了业务合作关系。其财报数据显示，巴比馒头团餐业务于 2022 年实现了 3.32 亿元的收入，相比 2021 年同比增长了 54.5%；进入 2023 年，其团餐业务收入维持着增长的态势，第一季度收入同比增长 6.9%，达 6,893 万元。此外，巴比馒头团餐业务占总收入的占比也在逐年增长，从 2020 年的 13.8% 增长到 2022 年的 21.8%。2023 年第一季度，团餐业务在巴比馒头总收入的占比为 21.6%。

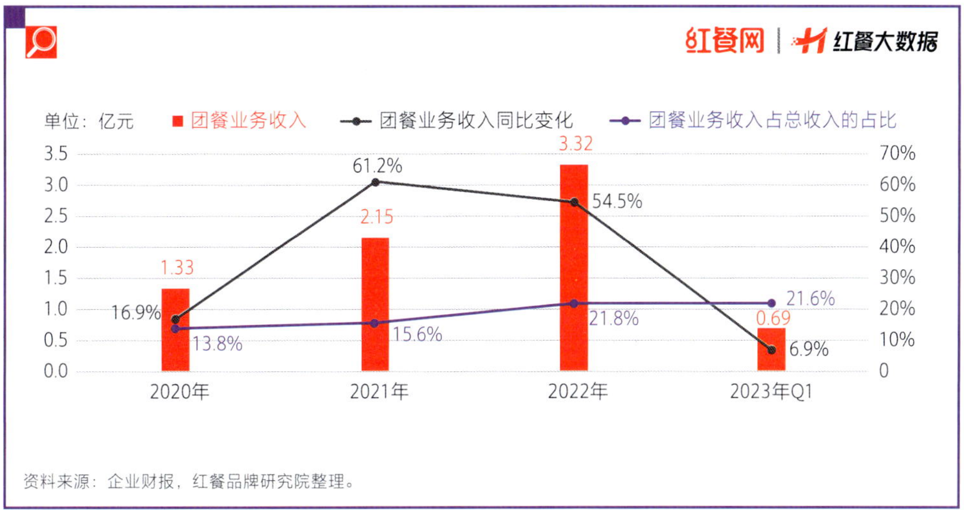

图 3-39　2020 — 2023 年第一季度巴比馒头团餐业务概况

第三类则是近年来崛起的、创新能力颇强的新锐品牌，代表品牌有包馔夜包子、李与白包子铺、湘十二炒码包子铺、毛大庆包子铺等。这类品牌拓店速度快，例如包馔夜包子、李与白包子铺均成立于 2020 年，现已分别开出了 280 余家、190 余家门店。

2. 品类“重做”风盛，新锐品牌自带大众传播“基因”

与传统包点品牌相比，以包馔夜包子、李与白包子铺等为代表的新锐包点品牌在品牌调性、口味、营业时段等方面做出了改变，以“重做”品类的思维切入市场。

其一，新锐包点品牌善于打造出年轻化的品牌形象。例如，包馔夜包子只在晚上营业，只卖 4 种包子，品牌个性突出，并以流行的克莱因蓝打造品牌视觉，受到了一些消费者的喜爱。李与白包子铺以明档展示手工现包，并在包子的颜色上做了创新的尝试，推出黑色的黑猪肉黑金包、绿色的现炒蔬菜小笼包以及红色的“开运大红包”等，吸引了诸多年轻消费者的关注。

其二，在口味方面，新锐包点品牌着重打造口味有记忆点的产品。例如，包馔夜包子以川味的麻辣小笼包闻名，也推出了泰式冬阴功和虾仁灌汤等限定口味包子；李与白包子铺的招牌产品有川味的成都酱肉包、火锅肥肠包；湘十二炒码包子铺独创湘菜炒码包，以小炒黄牛肉、萝卜干腊肉等地道湘菜作为包点的馅料，自带大众传播“基因”。

表 3-20　2023 年全国部分新锐包点品牌产品概况

品牌名称	SKU 数量（个）	部分招牌产品
包馔夜包子	4	川味麻辣小笼包、川味火锅小笼包
李与白包子铺	3	成都酱肉包、火锅肥肠包、什锦粉丝包
湘十二炒码包子铺	8	小炒黄牛肉炒码包、香菇酱肉炒码包
毛大庆包子铺	6	鲜肉咸蛋包、麻婆豆腐包
肚子里有料	8	爆汁流沙包、四方叉烧包
蜀食一家五馅包	5	竹笋鲜肉包、五馅包

资料来源：公开信息，红餐品牌研究院整理。

红餐网 | 红餐大数据

对于包点品牌来说，保持产品的好味道是抓住消费者味蕾的根本。但值得留意的是，在创新包点口味之时，品牌还需考虑消费者的口味接受度。口味猎奇的产品或能在短时间内引来流量，但如果口味普适性不强，产品的热度难免快速消散。如何在新奇与普适性之间拿捏平衡度，是新锐包点品牌必须思考的重要课题之一。

其三，新锐包点品牌的消费时段向着全时段扩展，打破了“包点只在早餐时段吃”的传统印象。从夜宵摊起步的包馔夜包子从晚上 8 点营业到凌晨 1 点，使包点从“早餐时段的主食”变成了“夜宵时段的休闲小吃”；李与白包子铺在菜单中加入面条、饮品等，拓宽了产品线，营业时间包含了早、午、晚餐时段。

除了上述对品类做出升级改造的新锐品牌之外，一些具有区域特色的包点细分品类亦开始跑出新品牌。例如，近年来新疆美食风盛，新疆烤包子随着遍布全国的新疆菜餐厅被人们所熟知。在这股风潮之下，新疆烤包子专门店应运而生，代表品牌有偶遇楼兰新疆烤包子等。红餐大数据显示，截至 2023 年 6 月，偶遇楼兰新疆烤包子开出了 70 余家门店，门店分布于江苏、山东、广东等地。

总体而言，包点市场空间广阔，随着一众连锁品牌加速扩张，未来有望跑出更多的千店品牌。而在品类升级、细分品类崛起的风潮之下，小小包点或将大有可为。

六、麻辣烫：新形式、新概念频出，麻辣烫持续“进化”

从四川乐山的码头食肆，到哈尔滨宾县的路边小馆，麻辣烫撤下了红油，换上奶白的骨汤和香浓的麻酱，在东北迎来了快速发展期。麻辣烫在东北市场遍地开花，催生出了杨国福麻辣烫和张亮麻辣烫这两大巨头。近年来，为了争取更多的发展可能性，麻辣烫品类开始“进化”，迭代出了各种各样的变型。

1. 在波动中回暖，2023 年市场规模有望超 1,400 亿元

麻辣烫从四川传入东北地区后，为了更好地满足当地人的饮食口味，东北人对麻辣烫做出了适当的改良：把汤底由红油换成骨汤，并配上东北人喜爱的麻酱。改良后的麻辣烫很快在东北地区迎来了发展机遇，从一个默默无闻的品类摇身一变成为知名度颇高的赛道。当时，推动这种改变的主导因素有两方面：一方面，改良后的麻辣烫保留了价格低廉的特性，并且口味更具有普适性；另一方面，彼时的东北地区的经营环境出现变化，这成为麻辣烫发展的加速器。

20 世纪 90 年代，东北地区出现了“下岗潮”，麻辣烫由于具有低成本、低技术的特性成为下岗工人们的热门创业项目。据企查查数据，1992—2000 年，东北区域的麻辣烫相关企业数量年复合增长率达到了 57.9%。

时至今日，东北三省的麻辣烫企业数量依旧庞大。企查查数据显示，截至 2023 年 6 月，在麻辣烫相关企业存续、在业数量最多的前 10 个省份中，吉林、黑龙江、辽宁这 3 个省份排在前五名，其中吉林省和黑龙江省居于前两位。上述 3 个省份的麻辣烫相关企业存续、在业总数量超过 5 万家。

东北三省之所以有如此多的麻辣烫

企业，跟它的产业集群化有一定的相关性。与资溪面包、化隆拉面的发展模式相似，麻辣烫品类在东北区域的发展初期也存在“亲帮亲，邻帮邻”的现象。在产业集群化的助力下，麻辣烫品类得以在东北地区快速发展，这也使得其后续的全国化扩张成为可能。

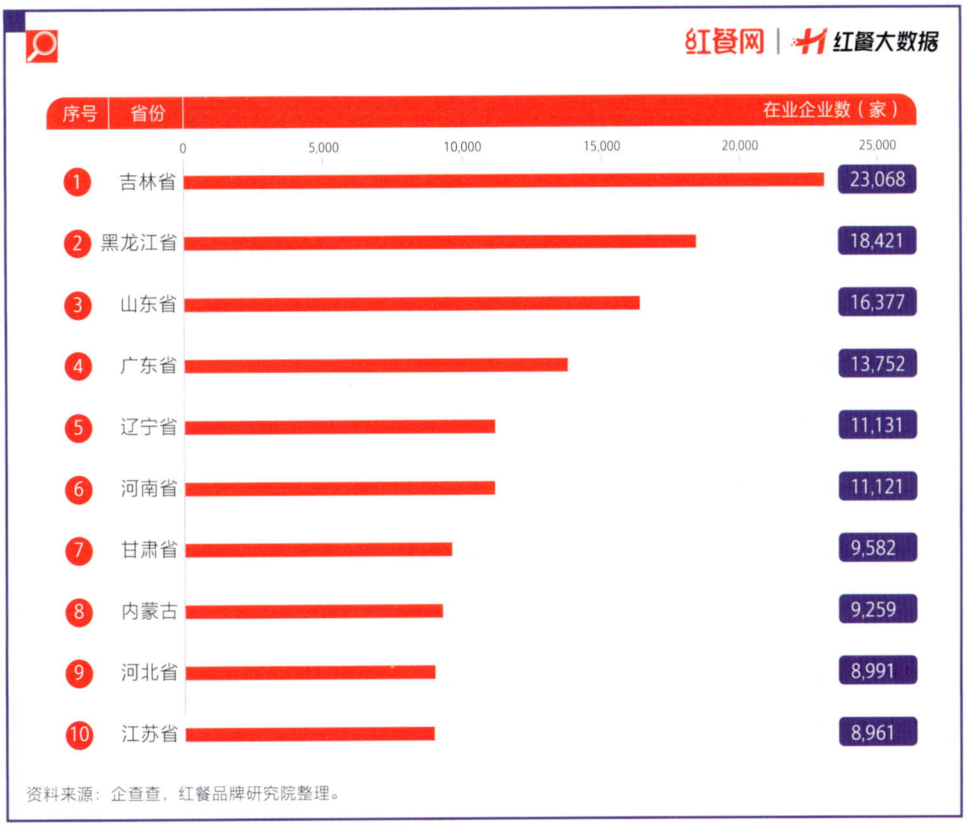

图 3-40　2023 年全国麻辣烫相关企业数量 TOP10 省份

如果说产业集群化是麻辣烫从东北走向全国的基础，那么东北的人口流出或许是其走向全国的加速器。据东北三省人口研究相关文献，1981 — 1985 年间，吉林和黑龙江人口迁移率由正转负，净迁出人口分别为 10.3 万、20.2 万人。进入 21 世纪，东北三省人口流出情况加剧。2013 — 2019 年，东北三省合计净流出 164 万人口。东北三省的 2022 年国民经济和社会发展统计公报数据显示，2022 年辽宁、黑龙江和吉林三省共减少超 86 万人，其中流出人口约占四成。基于这样的社会背景，改良后的东北麻辣烫随着东北人的足迹被带到全国各地，而麻辣烫门店亦得以在全国多地出现。

虽然麻辣烫在全国的走红离不开东北人的带动和传播，但归根到底，麻辣烫之所以能在短时间走出东北，其品类特性才是起主导作用的因素。从品类优势来看，麻辣烫品类具有食材丰富、高性价比的优势，奠定了其广泛的受众基础。从投资创业的角度来看，麻辣烫具有投资成本低、客群广、价格低、易烹饪等特点，技术门槛较低，门店容易复制，这无形加快了其在全国的扩散速度。

现实中，凭借着出餐效率高、性价比高、口味丰富等特点，麻辣烫确实受到了诸多消费者的喜爱。红餐品牌研究院“2023 年餐饮消费大调查”显示，将近四成的麻辣烫消费者每周至少吃 1 次麻辣烫，超过九成的麻辣烫消费者每月至少吃 1 次麻辣烫。

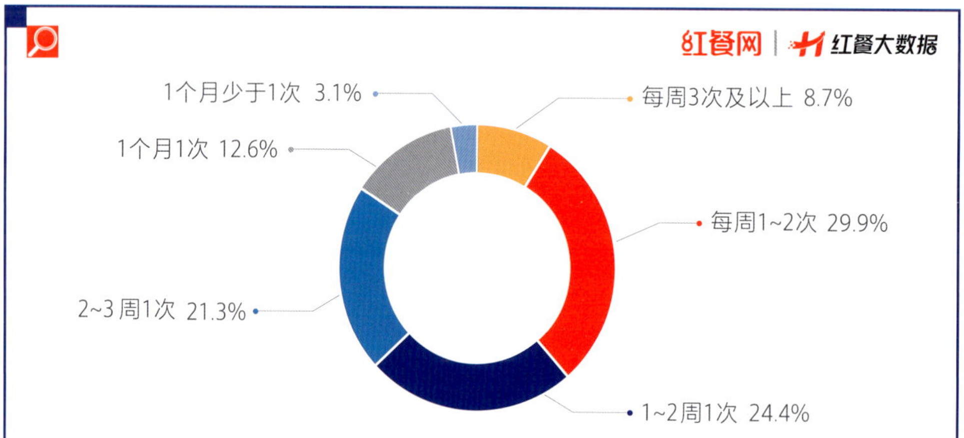

资料来源：红餐品牌研究院“2023 年餐饮消费大调查”。

图 3-41　2023 年麻辣烫消费者消费频率情况

麻辣烫品类因为其独特的品类基因，发展势头一直不错。整体上看，2016 — 2022 年，我国麻辣烫市场规模从 968 亿元增长至超 1,300 亿元，年复合增长率达到了 5.1%。随着国内餐饮消费逐步复苏，2023 年全国麻辣烫品类将保持上涨态势，整体市场规模有望超过 1,400 亿元。

图 3-42　2016 — 2023 年全国麻辣烫市场规模概况

2. 头部品牌拓展赛道容量，中腰部品牌加速拓店

从品类特征上看，麻辣烫标准化程度较高，具有前端服务轻、后端操作简单的特性。因此，麻辣烫是小吃快餐赛道里有较大机会跑出“万店规模”的品类。

目前，麻辣烫品类中最接近万店规模的品牌是张亮麻辣烫和杨国福麻辣烫。红餐大数据显示，截至 2023 年 6 月，张亮麻辣烫和杨国福麻辣烫的门店数分别达到 5,600 余家和 5,500 余家。但综观整个麻辣烫赛道，除上述两个品牌之外，仅有刘文祥麻辣烫的门店数超过千家，其他品牌的门店数均未突破千家，马太效应明显。

表 3-21　2023 年全国部分麻辣烫品牌概况

品牌名称	门店数（家）	发源地	门店主要分布区域
张亮麻辣烫	5,600+	哈尔滨	全国范围
杨国福麻辣烫	5,500+	哈尔滨	全国范围
刘文祥麻辣烫	1,000+	黑龙江	黑龙江、吉林、辽宁、浙江
小谷姐姐	880+	天津	京津冀地区、广东
老街称盘麻辣烫	860+	成都	四川、江苏、山东、河南
觅姐	810+	上海	江苏、浙江、上海、广东
吉阿婆麻辣烫	720+	杭州	浙江、江苏、山东
川天椒麻辣烫	670+	长春	黑龙江、吉林、辽宁
刁四藤椒麻辣烫	500+	石家庄	京津冀地区
汤火功夫麻辣烫	440+	哈尔滨	黑龙江、吉林、内蒙古

资料来源：红餐大数据，数据统计时间截至 2023 年 6 月。

红餐网 | 红餐大数据

在这样的市场格局下，头部品牌希望进一步发展，扩大品牌优势，中腰部品牌则希望缩短和头部品牌的距离，跻身品类“头牌”。于是，寻找增量市场和加速扩张成为这些年大部分麻辣烫品牌的重要举措。

作为门店规模遥遥领先的麻辣烫头部品牌，张亮麻辣烫和杨国福麻辣烫对于麻辣烫品类的引领作用明显，它们通过自身的多种尝试在不断拓展赛道容量。

如麻辣烫品类的头部品牌之一杨国福麻辣烫，就试图通过冲击资本市场和拓展零售业务，拓宽赛道容量。2022年，杨国福麻辣烫分别于2月和10月向港交所递交上市招股书，冲击“麻辣烫第一股”。虽然截至目前尚未有其成功IPO的消息披露，但是杨国福此举也让麻辣烫赛道的其他参与者看到了赛道的更多可能性，并在一定程度上提振了整个赛道从业者的信心。

2021年起，杨国福麻辣烫陆续推出了多款麻辣烫零售产品。截至2023年6月，其在自有小程序商城上售卖的零售产品数量达到了20余款，包括自热麻辣烫、自煮麻辣烫以及火锅底料、牛肉酱等系列产品。据杨国福招股书，其2021年前三个季度零售产品贡献了3,716万元的营收，在其2021年前三季度总收入的占比为3%。并且，杨国福麻辣烫还计划于2023年推出约20~25款零售产品。

与线下门店堂食相比，零售产品能够通过电商、商超、市场等终端渠道触达消费者，具有渠道丰富、灵活度较高的特征。对于麻辣烫品牌而言，拓展零售业务能够覆盖更广泛的消费者，开拓出新的增收渠道。

此外，麻辣烫头部品牌也正在通过布局海外市场寻求增量。据了解，2023年除了在国内市场持续拓店，张亮麻辣烫还持续发力海外市场，进一步扩大其在国际餐饮市场中的影响力和市场份额。张亮麻辣烫于2019年正式布局海外市场，通过近年的海外拓展尝试，不仅将麻辣烫这款美食带出了国门，同时还将自身的品牌影响力扩大至海外市场。凭借着经典麻辣、番茄浓汤、菌菇鲜汤等多种不同口味的汤底，以及丰富多样的食材和小料，张亮麻辣烫在国外市场受到众多消费者的追捧。据统计，截至2023年6月，张亮麻辣烫已经在亚洲、北美、大洋洲、欧洲等地区的10余个核心国家开设了50多家门店。

此外，杨国福麻辣烫也已在海外市场布局了数十家门店，分别位于澳大利亚、加拿大、韩国、美国、日本和新加坡等国家。

弗若斯特沙利文报告显示，2022年国际中式餐饮市场已开始复苏，市场规模预计将由2021年的2,611亿美元增长至2026年的4,098亿美元，年复合增长率为9.4%。在整个中餐市场复苏的大背景下，近年来在海外市场亦受到较多关注的麻辣烫也迎来了新的增长机遇。

头部品牌在持续寻求增量，一些麻辣烫的腰部品牌则在趁势扩张，开店速度明显加快。例如刘文祥麻辣烫，在新冠肺炎疫情期间保持着快速的增长态势，2022年全年新开了470多家门店，2023年前5个月也开出超过110家新门店。目前其门店数达到了1,000余家，成为继张亮麻辣烫、杨国福麻辣之后，门店数最多的麻辣烫品牌。

老街称盘麻辣烫可谓麻辣烫品类的黑马品牌，其2020年创立于成都。红餐大数据显示，其2021年新开店300余家，2022年开出了600余家新门店。目前，该品牌有860余家门店。小谷姐姐门店数量的增速亦较快，在2021年、2022年均新增了300多家门店，目前总门店数也达到了880余家。

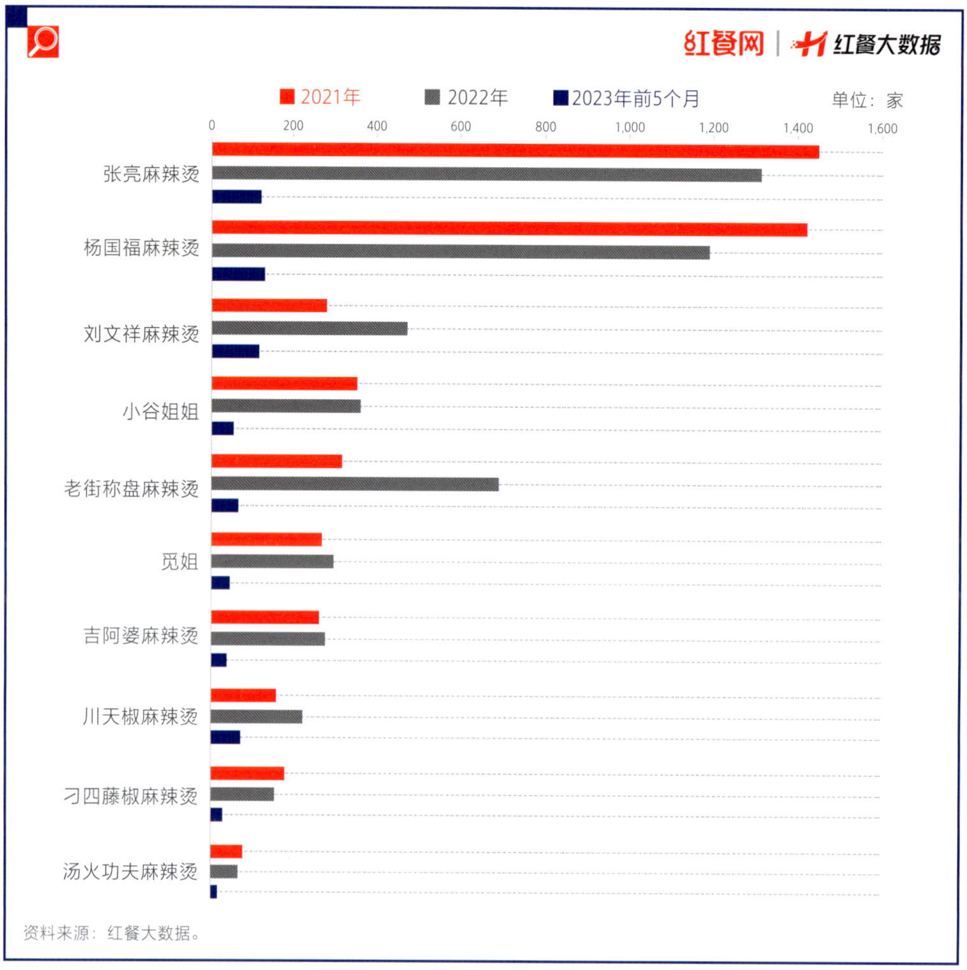

图 3-43　2021 — 2023 年前 5 个月全国部分麻辣烫品牌新开门店情况

总的来说，在麻辣烫赛道上，杨国福麻辣烫、张亮麻辣烫堪称“巨无霸”品牌，后入局者要想抢占更多的市场份额，其机会并不在于跟随和学习，而在于升级和创新。在这个“不破不立”的追赶过程中，拥有较强供应链管理能力的品牌或有较大机会率先突围。

3. 多口味、多人食、多形式，麻辣烫品牌谋变

作为小吃快餐的热门品类，“食材丰富、好吃实惠”曾经是消费者对于麻辣烫的普遍认知。但是近年来，除了要求“食材丰富、好吃实惠”之外，消费者对于麻辣烫的消费需求变得更为多元。

红餐大数据显示，在麻辣烫消费者的消费评价词频中，“味道赞”“服务热情”“食材新鲜”“菜品健康”出现的频次较高，其次才是“性价比高”“价格实惠”。可见，消费者对麻辣烫的关注度已经从单纯关注价格、食材扩充到更为细致的需求，不仅要食材丰富、好吃实惠，还要营养健康，这对麻辣烫门店的食材品质和服务提出了更高的要求。

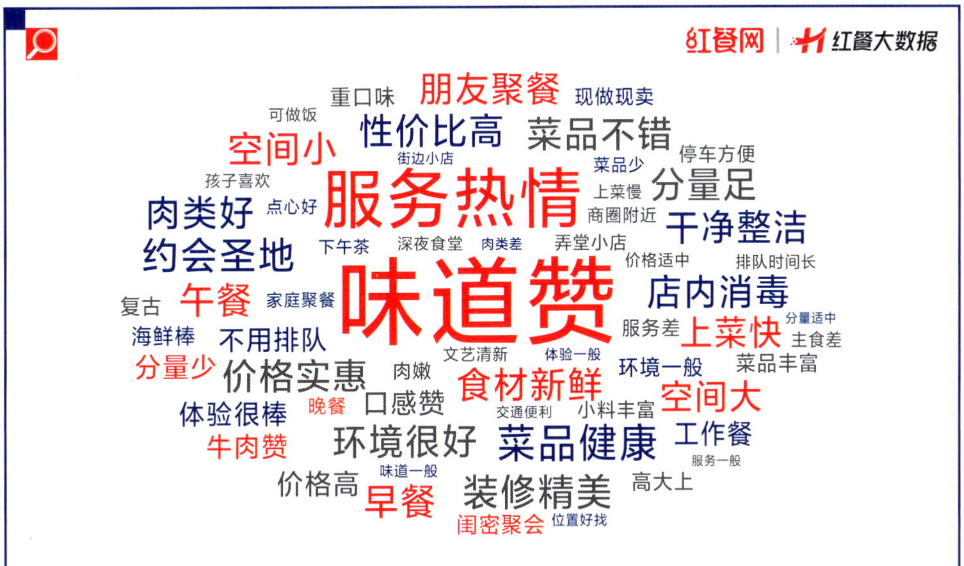

资料来源：红餐大数据，数据统计时间截至 2023 年 6 月。

图 3-44　2023 年麻辣烫消费者评价关键词词云图

随着杨国福麻辣烫、张亮麻辣烫以及其他实力品牌的迅速崛起，麻辣烫基本完成了市场教育。然而，消费代际更迭使市场需求的变化日新月异。同时，随着品类的进一步发展，麻辣烫赛道中出现了同质化问题。为了差异化突围，不少麻辣烫品牌围绕着汤底口味、出餐形式、食材等方面进行升级，产品形态整体呈现出“求多”和“求精”这两大特点。

首先，“求多”体现在“多口味”的尝试上。如今麻辣烫的汤底除了红油、骨汤之外，已经衍生出了多种口味，有向火锅靠拢的态势。例如张亮麻辣烫和

杨国福麻辣烫的汤底有多种口味，包括原味骨汤、番茄汤、菌菇鲜汤等。

除了常见的汤底口味之外，近年来，以冬阴功汤、咖喱汤为汤底的泰式麻辣烫亦较受欢迎，一些代表品牌的发展势头较好。比如，超级泰 · 泰式麻辣烫 2022 年新开门店 40 余家，截至 2023 年 6 月其总门店数约为 100 家。杨国福在 2022 年也推出了一个泰式麻辣烫品牌吗啦吗啦，该品牌的首店落地上海。目前，其已经在上海开出了第二家门店。消费者对于该品牌的就餐评价多偏正面，并且排队就餐的现象在门店也时有发生。

此外，提供多种浇头可供消费者选择的浇头麻辣烫亦是麻辣烫进行多口味化尝试的一个思路。2023 年初，主打浇头麻辣烫的虎拌还获得了天使轮融资。

表 3-22　2023 年全国部分连锁麻辣烫品牌口味统计

品牌名称	原味骨汤	番茄汤	菌菇鲜汤	冬阴功汤	香辣	藤椒	酸甜
张亮麻辣烫	✓	✓	✓	✓	✓	✓	✓
杨国福麻辣烫	✓	✓	✓	✓	✓	✓	✓
刘文祥麻辣烫	✓						
小谷姐姐	✓	✓			✓		✓
老街称盘麻辣烫	✓						
觅姐	✓	✓				✓	
吉阿婆麻辣烫	✓	✓					
川天椒麻辣烫	✓						
刁四藤椒麻辣烫	✓	✓			✓	✓	
汤火功夫麻辣烫	✓	✓		✓			

资料来源：红餐大数据，数据统计时间截至 2023 年 6 月。

红餐网 | 红餐大数据

其次，“求多”还体现在“多人食”的就餐场景上。事实上，早期的麻辣烫本就以“多人食”的形式出现。在码头食肆中，商家用竹签把食材穿成串，消费者围炉而坐，以热辣的食物慰藉肠胃。其后，麻辣烫传入东北地区后逐渐转变为“一人食”。近年来，“围炉”风潮又吹到了麻辣烫赛道，“多人食”麻辣烫升级回归。比如广州深圳地区热度高涨的益阳麻辣烫，结合了关东煮和串串香的特点，消费者围炉进餐，按签收费。围炉麻辣烫、串串麻辣烫凭借着较高的社交属性获得了关注。

最后，“多形式”亦是“求多”特征的表现。麻辣拌、油泼麻辣烫的出现改变了传统麻辣烫的形式，让麻辣烫菜品化了。菜品化后的麻辣烫不仅可以作为一道主食享用，亦能搭配米饭食用。比如主打油泼麻辣烫的每味每客以及加入了麻辣香锅配米饭的阿上阿上麻辣烫、刁四藤椒麻辣烫等品牌，均从菜品化的角度出发，让麻辣烫的食用方式灵活性更高。

同时，麻辣烫的装盘形式也出现了微创新。例如，“盘盘麻辣烫”异军突起，基于“盘子比脸大”的特性而快速出圈，全国多地均有“盘盘麻辣烫”品牌出现。其中，老街称盘麻辣烫和辣盘盘是发展较为迅速的代表品牌。老街称盘麻辣烫是目前门店数最多的盘盘麻辣烫，截至 2023 年 6 月已开出了 860 余家门店。辣盘盘麻辣烫则于 2022 年 3 月完成了千万元级别的 A 轮融资，目前已开出 140 余家门店，门店主要分布于四川、江苏等地。

“精品化”亦是麻辣烫品类近年来的一个尝试。长久以来，很多消费者对于麻辣烫品类的认知均为便宜、实惠。近年来，部分品牌却另辟蹊径，以高品质的食材和制作工艺对麻辣烫进行品质化升级，开拓了麻辣烫高端市场。例如，成都你六姐以牛肉食材切入品质麻辣烫赛道；张亮麻辣烫在哈尔滨开出的哈西旗舰店，在店内引进了龙虾、鲍鱼等海鲜食材。这些品牌通过高端食材增加顾客用餐消费的价值感，填补了高端麻辣烫市场的空白。

此外，对麻辣烫的各类原料进行革新也是麻辣烫品牌的尝试思路。食材丰富、选择自由是麻辣烫的品类优势，但也成为其品类发展的限制因素。由于食材原料多样且相对分散，麻辣烫的供应链较难实现集中化采购。红餐品牌研究院统计发现，肉类是麻辣烫主要的原材料，包括培根、肥牛、鸭血、肉丸等多个品种。此外，蔬菜类、非蔬菜类素食以及主食类产品的品种也较多。例如杨国福麻辣烫的菜品数量约 200 余种，其中肉类菜品超 100 种，而其他麻辣烫品牌的菜品种类亦较多。

表 3-23 2023 年全国部分连锁麻辣烫品牌菜品统计情况

单位：款

品牌名称	蔬菜类	肉类	主食类	非蔬菜素食类	合计
张亮麻辣烫	43	79	26	18	166
杨国福麻辣烫	45	106	44	24	219
刘文祥麻辣烫	40	33	10	9	92
小谷姐姐	26	27	15	16	84
老街称盘麻辣烫	14	32	4	8	58
觅姐	26	37	10	10	83
吉阿婆麻辣烫	25	30	11	10	76
川天椒麻辣烫	26	50	12	10	98
刁四藤椒麻辣烫	16	28	9	3	56
汤火功夫麻辣烫	39	53	9	5	106

资料来源：公开信息，数据统计时间为 2023 年 6 月。 红餐网 | 红餐大数据

综观市面上的麻辣烫门店，虽然菜品种类多样，但是菜品普遍相似，口味上也甚少差异化。若要在产品上实现差异化突围，基于麻辣烫的丰富菜品库，再对麻辣烫的各类原料进行革新或者“再造”，或是麻辣烫品类的进化方向之一。

综观麻辣烫赛道近年的发展，从顾客就餐方式，到产品的出餐形式，再到菜品扩充，麻辣烫品类并未停下“进化”的脚步。在头部品牌的引领之下，麻辣烫赛道未来还有很多的想象空间。

七、饺子馄饨：立足“小吃小喝”赛道，品牌探寻升级新方向

近年来，随着以袁记云饺、熊大爷、吉祥馄饨为代表的饺子馄饨品牌持续受到关注，饺子馄饨赛道的热度逐步走高。这类品牌通过不断在产品、门店模型上打磨，满足了当下消费者的多元化需求。在新的时代，饺子馄饨品类正展现出新生机、新活力。

1. 概述：“小吃小喝”特性明显，20 万家门店同场竞速

总体来看，饺子馄饨有着受众广泛、创业门槛低的品类特性。首先，从受众角度来看，饺子馄饨在我国有较好的群众基础。饺子馄饨作为我国的传统食物，发展至今，早已融入国人日常的饮食生活。其中，饺子在我国更有着较强的文化象征意义。在我国北方，每逢春节、冬至等传统节日，几乎家家户户都会吃上一盘饺子，寓意吉利和喜庆。其次，从运营难度上看，饺子馄饨是典型的“小吃小喝”赛道，多以小门店、轻投资的模式运营，投资成本较低。

基于上述特性，饺子店、馄饨店在我国早已有较为广泛的分布。红餐大数据显示，截至 2023 年 6 月，全国共有近 20 万家饺子馄饨门店。

虽然门店数众多，但饺子馄饨的品牌化、规模化程度较低。饺子馄饨赛道中有着较多的夫妻店、街边店。红餐大数据显示，截至 2023 年 6 月，在饺子馄饨品类中，门店数在 5~50 家的品牌

最多，占比为 59.5%，超半数的饺子馄饨品牌处于连锁化的初始阶段，仅有不到两成的饺子馄饨品牌拥有百家以上的门店。因此，在不少消费者的印象里，饺子馄饨店市井气息浓厚，产品和服务水平参差不齐。

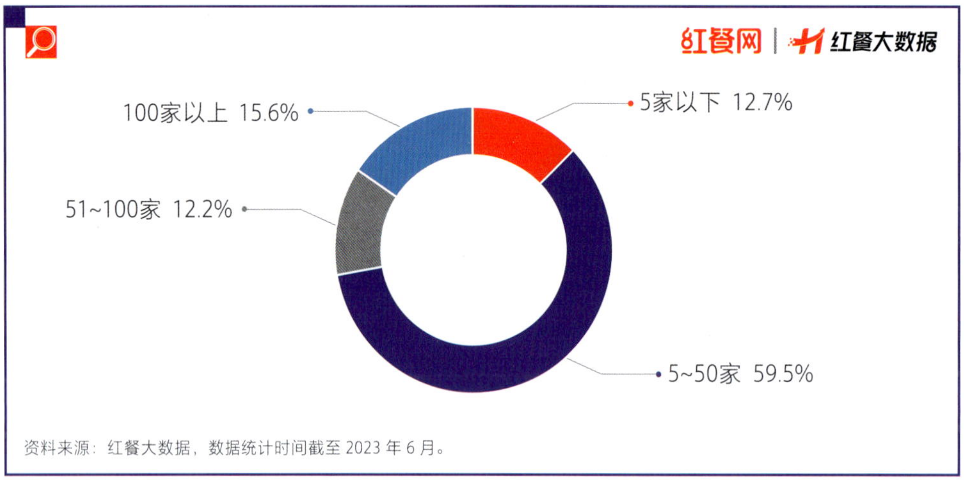

图 3-45　2023 年全国饺子馄饨品牌门店数区间占比分布

为了改变人们对于饺子馄饨的传统认知，提升品牌化程度，不少饺子馄饨品牌都作出了自己的努力。例如，喜家德虾仁水饺定位中高端，选址倾向于购物中心，用料精良，现已开出了 760 余家门店；袁记云饺主打现包现煮，讲求标准化生产和管理，已开出 2,500 余家门店；吉祥馄饨着重产品研发，不断打磨馄饨的口味、形态，现已开出了 2,500 余家门店；如意馄饨供应馄饨、饭类、面点、小吃，主打多元化的产品种类，现已开出了 1,400 余家门店。

表 3-24　2023 年全国部分饺子馄饨品牌概况

品牌名称	门店数（家）	门店主要分布区域
袁记云饺	2,500+	广东、江苏、上海、浙江
吉祥馄饨	2,500+	浙江、上海、河北、辽宁
如意馄饨	1,400+	江苏、湖北、浙江
喜家德虾仁水饺	760+	黑龙江、山东、辽宁、吉林
熊大爷	540+	四川、北京、江苏、广东
第 9 味老上海馄饨	450+	广东、海南、江西
满宝馄饨	430+	辽宁、黑龙江、吉林
粤饺皇	350+	广东、四川
里手馄饨	330+	湖南、广西、广东
大娘水饺	200+	江苏、浙江、上海
清和传家	100+	辽宁、吉林
小恒水饺	90+	北京
东方饺子王	80+	吉林、黑龙江、北京
玉口馄饨	50+	山东、山西、河南
船歌鱼水饺	40+	山东、北京
大清花饺子	40+	河北、辽宁、内蒙古
饺鲜说	20+	河南、上海

资料来源：红餐大数据，数据统计时间截至 2023 年 6 月。

红餐网 | 红餐大数据

2. 产品：增加菜品 SKU 与丰富馅料口味并行

在饺子馄饨赛道，部分品牌为了提高消费者的就餐频率和提升客单价，采用打造多样化的产品策略。在产品多样化方面，饺子馄饨品牌主要从增加 SKU 数量和丰富馅料种类两个方向切入。

在增加 SKU 数量方面，饺子馄饨门店一般会在饺子和馄饨的基础上，搭配一些制作简单的凉菜、卤味和饮品等产品，如炒土豆丝、拍黄瓜、酱大骨和可乐等。除此之外，部分饺子品牌更把面食、饭、粥、汤、炒菜甚至刺身都端上了餐桌，馄饨品牌如吉祥馄饨、如意馄饨也将面食、小吃和其他主食列入了菜单。

表 3-25　2023 年全国部分饺子馄饨品牌 SKU 数量一览

单位：个

品牌名称	饺子	馄饨	面食	小吃	饮品	饭类	粥类	汤品	炒菜	刺身
熊大爷	8	4	3	—	—	—	—	—	—	—
喜家德虾仁水饺	5	—	—	4	—	—	—	—	—	—
船歌鱼水饺	13	—	—	18	10	1	—	—	14	—
大清花饺子	23	—	6	14	5	1	1	3	57	3
袁记云饺	6	9	6	6	2	—	—	—	—	—
粤饺皇	14	7	4	7	2	—	—	—	—	—
大娘水饺	17	—	2	6	2	2	1	5	—	—
吉祥馄饨	—	20	6	7	1	2	3	—	—	—
如意馄饨	17	4	5	6	—	0	—	—	—	—
第 9 味老上海馄饨	8	23	9	16	5	5	1	4	—	—

资料来源：公开信息，红餐品牌研究院整理，数据统计时间截至 2023 年 6 月。

红餐网 | 红餐大数据

在馅料方面，饺子馄饨的馅料主要由荤菜和素菜搭配而成，不少品牌就从丰富荤菜、素菜的种类入手，推出不同荤素搭配的饺子 / 馄饨。例如，在荤菜馅料方面，在常见的猪肉、牛肉、羊肉之外，大清花饺子加入了鹿肉，吉祥馄饨则加入了腊肉。在素菜馅料方面，大清花饺子加入了酸菜、蕨菜和西红柿等馅料，粤饺皇加入了莲藕、竹笋等馅料。

此外，更有一些饺子品牌另辟蹊径，以高端海鲜入馅料。船歌鱼水饺更专注于海鲜馅饺子产品，原材料包括黄花鱼、鲅鱼、墨鱼、海胆、鲍鱼等产品价值相对高的海产品。而此产品策略也使得船歌鱼水饺把人均消费提升至80元区间，锚定了高端水饺的差异化定位。

表 3-26　2023 年全国部分饺子馄饨品牌的馅料食材一览

品牌名称	馅料食材				
	肉禽蛋类	蔬菜类	水产海鲜类	菌菇类	其他
熊大爷	猪肉、鸡蛋	冬菇、马蹄、白菜、大葱、茴香、韭菜、荠菜、玉米	虾仁、蟹籽	香菇	—
喜家德虾仁水饺	猪肉、鸡蛋	西芹、韭菜、葱、胡萝卜	虾仁、海参、鲅鱼、鱿鱼	香菇、平菇	—
船歌鱼水饺	猪肉、鸡蛋	黄瓜、胡萝卜、白菜、韭菜、菠菜汁、南瓜汁、荠菜、玉米、海苔、香菜、小茴香	黄花鱼、鲅鱼、墨鱼、海胆、鲍鱼、虾仁	—	榴梿、山楂、花（重瓣红玫瑰、菊花）
大清花饺子	鸡蛋、猪肉、鹿肉、羊肉、牛肉	胡萝卜、木耳、西红柿、芹菜、韭菜、蕨菜、葱、角瓜、酸菜、白菜、茴香	虾仁、鲅鱼	香菇、白蘑菇、肉蘑	—
袁记云饺	猪肉、鸡肉	马蹄、白菜、大葱、紫菜、玉米、韭黄、香菜	虾仁、蟹籽	香菇、虫草花	—
粤饺皇	猪肉、鸡蛋	玉米、胡萝卜、韭菜、山芹、白菜、竹笋、韭黄、荠菜、芹菜、紫菜、香菜、马蹄、莲藕	鲍鱼、虾仁、蟹籽	香菇	—
大娘水饺	牛肉、猪肉、羊肉	西芹、白菜、荠菜、青菜、洋葱、韭菜、竹笋、玉米、青豆、酸菜	虾仁	香菇	豆腐干、芝士
如意馄饨	猪肉、鸡肉	豆角、玉米、香芹、番茄、荠菜、韭菜、白菜	虾仁、鱼类	香菇	—
吉祥馄饨	猪肉、蛋黄、腊肉、鸡肉、牛肉	荠菜、芹菜、玉米、胡萝卜、香菜、酸菜、番茄、白菜	虾仁、虾滑、鱼类	香菇	—
第 9 味老上海馄饨	猪肉	白菜、芹菜、马蹄、韭菜、荠菜、玉米	虾仁、鱼类、小龙虾	香菇、杏鲍菇、白蘑菇、虫草花	—

资料来源：公开信息，红餐品牌研究院整理，数据统计时间截至 2023 年 6 月。

红餐网 | 红餐大数据

3. 动向：生鲜外带饺子盛行，馄饨品类等待破局

近几年，饺子赛道掀起了现包现卖的潮流，以袁记云饺、熊大爷为代表的生鲜外带饺子品牌受到了消费者的喜爱，在餐饮市场上快速扩张。

在这类生鲜外带饺子品牌崛起之前，饺子赛道中主要存在两类门店形态：第一类是依靠标准化供应链推进发展的连锁门店。喜家德虾仁水饺、大娘水饺、船歌鱼水饺等知名品牌都是其中的代表。其优点是产品口味稳定，食品安全有保障。

第二类是纯依赖手工的单体店，馅料、饺子皮的制作、饺子的包制等流程都由人工操作。这类门店多为夫妻店、街边店、特色饺子店，其优点是烟火气足。但烟火气的另一面是生产流程的标准化程度不足，存在产品口味和品质不稳定的隐患。

上述两种门店形态都主打堂食，而主打生鲜外带的饺子品牌则对此做出了创新。这类饺子门店的销售渠道较为多元，以生鲜产品和熟食产品切入了堂食、外带、外卖等渠道。这种模式使得品牌不仅能满足消费者对于熟食的需求，还能够满足消费者对于生鲜饺子的需求，能够提升门店的客流量和盈利能力。

此外，这类饺子品牌还有烟火气足、开店成本低、扩张速度快等优点。

在门店模型方面，这类饺子品牌主打“中央厨房生产原料，门店端展示包制过程”的模式：后端采用中央厨房配制原料，保证饺子的标准化程度与食品安全，提升产品制作的效率；前端则以明档厨房展现手工现制过程，保留饺子的烟火气，使顾客能够感受到手工制作的价值感。

在成本控制方面，这类饺子品牌主打小档口的形式，门店面积大多在10~15平方米，且大部分的后厨工作如馅料、饺子皮的制作已在后端的中央工厂完成，门店员工仅需负责包饺子、煮制等操作。这一模式能够有效压缩人力、租金成本。

基于上述优势，加上品牌方拥有较强的运营和管理能力，这类品牌能够快速在全国市场铺开。目前，袁记云饺、熊大爷在饺子赛道中的门店规模领先。红餐大数据显示，截至2023年6月，

在饺子赛道中门店数 TOP3 的品牌分别是袁记云饺、喜家德虾仁水饺、熊大爷。

在这股热潮之下，市面上出现了越来越多的生鲜外带饺子品牌，如饺鲜说、团圆妈妈鲜饺等。其中，饺鲜说是速冻饺子龙头企业思念食品于 2022 年推出的子品牌，其主打现包水饺与广式云吞，目前已开出了 20 余家门店，覆盖河南、上海、浙江等省市。

饺子在品类进化的路上步履不停，但馄饨品类的发展似乎略显迟缓。目前大部分馄饨品牌的创新主要还是集中在产品的研发上，对于门店模式的创新较为缺乏。而在品牌化发展方面，馄饨品类的知名连锁品牌相对较少，在全国市场上享有一定知名度的馄饨品牌仅有吉祥馄饨、如意馄饨、第 9 味老上海馄饨等。其中，深耕华南市场的第 9 味老上海馄饨发展势头良好，是馄饨品类近年来跑出的一匹黑马。

这主要是由于馄饨的品类认知较为模糊，给馄饨的全国化发展带来了一定的难度。其一，在馄饨的定义上，我国不同地区对于馄饨的称呼不同，这在一定程度上造成馄饨的认知混乱，也影响了品牌的推广。如广东的云吞、闽南的扁食、四川的抄手、新疆的曲曲等均属于馄饨品类。其二，馄饨的消费属性较为模糊。不同于饺子明确的主食属性，馄饨既能作为主食，又能作为小食。

针对这种情况，部分馄饨品牌给出了相应的应对措施。比如，吉祥馄饨一方面从产品入手，在门店同时提供大馄饨和小馄饨，满足不同的消费需求。另一方面，吉祥馄饨着重整合资源，以此加速品牌升级。红餐大数据显示，在 2022 — 2023 年上半年期间，吉祥馄饨获得了 3 轮融资，投资机构分别是番茄资本、弘章资本、绝了基金。这些投资机构均在餐饮行业涉猎颇深，能够为品牌带来充足的行业资源。

另一馄饨品牌玉口馄饨母公司宏琰国际集团亦于 2023 年 3 月完成 1.2 亿元人民币 A 轮融资，其有望在资本的加持下加快升级发展。

总体而言，饺子馄饨受众广泛，创业门槛较低，但品牌化、规模化程度不足，品类亟须升级进化。随着饺子馄饨品牌在消费市场和资本市场的关注度进一步提升，饺子馄饨品类将有望加速转型升级。

03

第三节

火锅：

重庆火锅风靡，小吃化、甜品化趋势明显

随着新冠肺炎疫情的影响逐渐消散，重社交属性、符合减压经济特征的火锅品类率先迎来复苏。海底捞 2022 年业绩实现扭亏为盈，并在 2023 年持续向好。其他火锅头部品牌也开始发力扩张，如呷哺呷哺、巴奴毛肚火锅在各地开新店。火锅食材超市的代表品牌锅圈食汇向港交所递交了上市申请。沉寂一时的火锅市场有望再次热烈沸腾。

一、赛道竞争加剧，火锅新势力强势突围

2023 年以来，餐饮市场持续恢复。2023 年 1 — 5 月的全国餐饮收入将近 2 万亿，同比增长 22.6%。“五一”假期期间，餐饮消费市场呈现出火热态势，据商务部数据，重点餐饮企业销售额同比增长 57.9%。在此背景之下，社交属性较浓的火锅品类也迎来了复苏。

1. 火锅赛道迎新契机，部分品牌发力抢占市场

2022 年，受到多种因素的影响，一些火锅品牌进入了经营的深水区，发展以收缩为主，火锅市场的整体规模也进一步缩水。红餐大数据显示，火锅市场规模增速从 2021 年的 6.9% 降至 2022 年的 -13.4%，2022 年市场规模约为 4,876 亿元。随着 2023 年餐饮市场逐渐复苏，火锅品类也将迎来反弹，市场规模有望回升至 5,200 亿元左右。

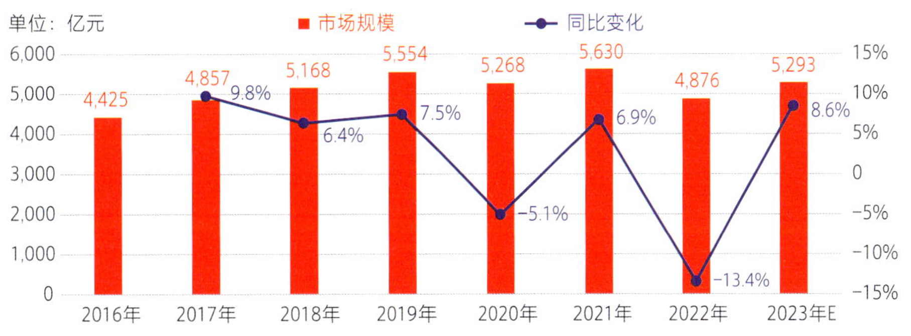

图 3-46　2016 — 2023 年全国火锅市场规模概况

2022 年，重社交属性的火锅赛道迎来洗牌期。不少火锅品牌面临闭店的困境，例如谭鸭血老火锅、德庄火锅、贤合庄卤味火锅等品牌的门店规模相比上一年均出现不同程度的缩水。进入 2023 年，随着火锅市场逐渐复苏，部分火锅品牌的拓店意愿也逐渐增强。

表 3-27　2023 年全国部分火锅品牌概况

品牌名称	门店数（家）	创立时间（年）	细分品类
海底捞	1,300+	1994	川渝火锅
呷哺呷哺	850+	1998	台式火锅
马路边边	740+	2016	串串火锅
黄记煌三汁焖锅	630+	2004	其他
小龙坎火锅	600+	2014	川渝火锅
谭鸭血老火锅	600+	2018	川渝火锅
虾吃虾涮	510+	2014	鱼虾火锅
德庄火锅	470+	1999	川渝火锅
楠火锅	470+	2018	川渝火锅
蜀大侠	460+	2015	川渝火锅
洞氮胡记羊肉馆	390+	1999	其他
大斌家串串火锅	390+	2015	川渝火锅
七欣天	360+	2006	鱼虾火锅
钢管厂五区小郡肝火锅串串香	330+	2013	串串火锅

资料来源：红餐大数据，数据统计时间截至 2023 年 6 月。

红餐网 | 红餐大数据

续表

品牌名称	门店数（家）	创立时间（年）	细分品类
朝天门火锅	270+	1935	川渝火锅
刘一手	230+	2012	川渝火锅
季季红火锅	230+	2001	川渝火锅
湊湊火锅	230+	2016	川渝火锅
贤合庄卤味火锅	200+	2019	川渝火锅
大龙燚火锅	190+	2013	川渝火锅
卤校长老火锅	190+	2017	川渝火锅
大渝火锅	180+	2007	川渝火锅
东来顺	150+	1903	北派火锅
捞王锅物料理	150+	2009	粤式火锅
左庭右院鲜牛肉火锅	110+	2015	粤式火锅
巴奴毛肚火锅	110+	2001	川渝火锅
哥老官美蛙鱼头	90+	2014	川渝火锅
朱光玉火锅馆	80+	2020	川渝火锅
珮姐重庆火锅	40+	2013	川渝火锅
润园四季椰子鸡	20+	2009	粤式火锅

资料来源：红餐大数据，数据统计时间截至 2023 年 6 月。

火锅赛道的创业热情亦有所降温。企查查数据显示，2022 年全国火锅餐企的注册量相比 2021 年减少了 25.7%，仅有 5.22 万家，不到 2019 年新注册量的六成。

注：统计的为餐饮业中企业名称、品牌产品、经营范围内含“火锅”的企业数量。
资料来源：企查查，红餐品牌研究院整理。

图 3-47　2018 — 2023 年上半年全国火锅餐企注册量

进入 2023 年以后，火锅因强社交属性、符合减压经济的特征而迎来复苏，火锅赛道的创业热情有所升温。2023 年上半年，我国火锅餐企的注册数量达到了 2.21 万家。

与此同时，火锅消费市场亦呈现火爆开局的态势。尤其是“五一”假期期间，不少火锅门店重现排队等位的场景。怂重庆火锅厂广州正佳广场店，翻台率达到 7.3 次 / 天。凑凑火锅广州门店的客流比 2022 年同期平均增长两成以上，多家门店的平均翻台率达到 7 次 / 天。“五一”假期前 3 天，海底捞全国门店累计接待顾客约 530 万人次，比 2022 年同期增长约 65%。

在此背景下，越来越多的火锅品牌趁着这股东风加速攻城略地，推进全国化布局。呷哺呷哺对外表示，2023 年将继续推进全面扩张战略，全年计划新开呷哺呷哺和凑凑火锅等门店 230 余家。巴奴毛肚火锅则在 2023 年 1 一 6 月，在深圳、北京、上海、西安、郑州等城市连开新店，不断加大在这些城市的渗透力度，进一步推进全国化布局。

2. 头部品牌业绩疲软，纷纷改革破局

2022 年火锅赛道总体发展不甚理想，多数品牌以蛰伏发展为主，聚焦门店内功的修炼，头部品牌业绩亦表现疲软。例如呷哺呷哺，2022 年收入 47.25 亿元，同比减少 23.14%，公司拥有人应占年内亏损由 2021 年的 2.93 亿元增加到 3.53 亿元。

2022 年，呷哺呷哺提出回归“高性价比”模型，主推高性价比的单人套餐，试图通过深度挖掘“一人一锅”的核心竞争力与价值，来吸引更多消费者。此举作用较为明显，进入 2023 年，呷哺呷哺呈现扩张势头。红餐大数据显示，截至 2023 年 6 月，呷哺呷哺 2023 年上半年新开出了近 50 家门店。

表 3-28　2019 — 2022 年呷哺集团的经营情况

年份（年）	营业收入（亿元）	同比增长率（%）	翻座率（倍）	同店销售增长率（%）
2019	60.30	27.38	2.6	-1.4
2020	54.55	-9.53	2.3	-23.9
2021	61.47	12.69	2.3	-8.3
2022	47.25	-23.14	2.0	-23.0

资料来源：企业财报，红餐品牌研究院整理。　红餐网 | 红餐大数据

海底捞等实力火锅品牌则因为较早采取转型调整举措，2022 年反而实现了扭亏为盈。海底捞 2022 年财报显示，全年营收 347.41 亿元，净利润约 13.73 亿元，对比上年度净亏损约 41.61 亿元，实现了较大增长。

这背后与海底捞及时推进“啄木鸟计划”和“硬骨头计划”的改革举措密切相关。2021 年底，海底捞大刀阔斧地关停 300 家左右盈利不达预期的门店，2022 年下半年又逐步重启部分关停门店。在这个过程中，海底捞实施了一系列管理架构、KPI 绩效考核、产品、品牌营销、外卖及信息化系统等方面的梳理和调整，实现了降本增效。

表 3-29　2019 — 2022 年海底捞经营情况

年份（年）	营业收入（亿元）	净利润（亿元）	整体翻台率（次/天）
2019	265.56	23.47	4.8
2020	286.14	3.10	3.5
2021	411.12	-41.61	3.0
2022	347.41	13.73	3.0

资料来源：企业财报，红餐品牌研究院整理。　红餐网 | 红餐大数据

整体来看，火锅头部品牌的竞争格局相对稳定，海底捞和呷哺呷哺依然稳坐火锅门店规模榜前两名，近一年来门店数量变化不大。其余规模榜 TOP10 品牌的门店数虽均有不同程度缩水，但各品牌在规模榜单上的名次并没有发生较大变化。由此可见，火锅市场依然被传统强势品牌主导。随着头部品牌改革成效渐显，也意味着 2023 年将进一步抢占市场份额，马太效应加剧。

3. 火锅“新势力”突围，差异化“定位驱动”效应明显

近年来，火锅赛道整体发展不尽如人意，一些品牌闭店收缩、蛰伏待机，还有一些品牌被迫离场。但是，也有一些品牌凭借亮眼的表现实现了逆势突围，无论是其门店数还是业绩均呈现出了增长之势。

总体来看，逆势扩张的火锅“新势力”主要分为两大类型。一类火锅“新势力”为迅速出圈并已经开始全国化布局的品牌。例如楠火锅，仅 2022 年新开门店数就超过了 200 家，目前其已开业门店总数超过 470 家。怂重庆火锅厂的业绩实现了逆势增长，据九毛九 2022 年财报数据，2022 年怂重庆火锅厂净增门店 18 家，总营业收入达到了 2.59 亿元，同比增长了 196.8%，同店销售增长 6.4%。其 2023 年上半年新开门店数达到了 13 家。

再如朱光玉火锅馆，创立于 2020 年 9 月，2 年多的时间开出了 80 余家门店。其主要凭借特色场景和各式创新甜品引流，在川渝火爆之后成功入驻北上广，在大众点评上品牌热度持续高涨。此外，五里关火锅、后火锅等品牌在全国的扩张速度亦较快。

另一类火锅“新势力”则为在区域市场广受好评、名声渐起的品牌。例如北京的醉二肥肠火锅专门店、井重山老火锅、壶·茶馆火锅，广州的羊没了内蒙菜、加个蚝友·生蚝椰子火锅，上海的鸿姐老火锅；武汉的火瀑椒麻火锅等。

表 3-30 2023 年全国部分火锅“新势力”品牌概况

品牌名称	门店数（家）	创立时间（年）	发源地	门店主要分布区域	主要特色
楠火锅	470+	2018	重庆	四川、江苏、湖北、广东	原创甜品爆品较多
五里关火锅	100+	2017	成都	四川、江苏	寻根火锅老手艺，主张锅底是火锅灵魂
朱光玉火锅馆	80+	2020	重庆	重庆、四川	开创“废墟风”的门店场景以及创新甜品
鸿姐老火锅	80+	2019	上海	江苏、上海	坚持手工炒料的重庆私房火锅
后火锅	50+	2021	重庆	重庆、四川	开创了烧菜火锅
怂重庆火锅厂	40+	2020	广州	广东	以鲜牛肉为头牌产品，主张娱乐主义，和年轻人一起玩
醉二肥肠火锅专门店	10+	2021	北京	北京	主打肥肠等重口味火锅
井重山老火锅	10+	2016	北京	北京	主打怀旧复古风的正宗重庆火锅
火瀑椒麻火锅	10+	2017	武汉	湖北	主打椒麻锅底

资料来源：红餐大数据，数据统计时间截至 2023 年 6 月。

在年复一年的“内卷式”进化中，火锅“新势力”品牌逐渐摸索出了一套突围的有效路径，即试图在消费者心智中打造出独特的差异化烙印（品牌形象），倾向于以一种独特的个性和消费者对话，并建立情感连接。

其一，一部分品牌凭借差异化的品牌定位脱颖而出。例如怂重庆火锅厂独辟蹊径，走出一条娱乐主义道路，主打潮流、快乐文化。“管他几岁，开心万岁”“你开心就好”，这是在怂重庆火锅厂常见的标语。

其二，还有一些火锅“新势力”品牌从创新品类入手，例如加个蚝友 · 生蚝椰子火锅，开创了椰子鸡搭配生蚝的火锅新吃法，不少网友评论既能吃椰子鸡，又能吃海鲜，还能吃牛肉，一举多得。聚焦细分品类的醉二肥肠火锅专门店，其主打肥肠锅、螺蛳粉火锅等“重口味”特色，受到了一些消费者的喜爱，目前已在北京开出了 10 余家门店。火瀑椒麻火锅则是以独具特色的椒麻锅底为切入点，在白热化的火锅市场占据了一席之地，连续 3 年登上武汉地区的“大众点评必吃榜”。

其三，从场景上和竞争对手做区隔，也是“新势力”品牌的惯用做法。这类火锅品牌善于在场景上打造沉浸式的就餐体验。在环境上，品牌注重塑造独特的用餐场景；在产品上，这类品牌则追求新鲜、现做，致力于让消费者感受到热气腾腾的锅气和美味。

例如朱光玉火锅馆以“废墟风”的装修风格出名，成为场景引流的典型样本；鸿姐老火锅把进店的动线设计得狭小、曲折，还在门店里设置糖水铺，向消费者展示现熬红豆冰稀饭、现煮手搓汤圆，试图帮消费者找回重庆“洞子火锅”的熟悉感。五里关火锅在店门口现捣糍粑，在店内现做冰汤圆、现打柠檬茶，让消费者感受古法手工菜的匠心。在广州市场较受欢迎的羊没了内蒙菜，以蒙古包的就餐环境为特色，搭配简约装饰，给消费者营造了“置身于内蒙古”的沉浸式体验。

其四，有的“新势力”品牌在产品或者宣传手段上做了较大革新，获得了较多关注。例如楠火锅以极具创新性的特色甜品小吃作为打卡驱动因素，并且擅长通过短视频“种草”年轻人。通过创新性的宣传手段，楠火锅不仅吸引了较多的人流量，也成为短视频平台上人气较高的火锅品牌。

火锅赛道细分品类众多，竞争相对激烈，消费者的注意力较分散。如何吸引注意力，在消费者心智中占据差异化有价值的地位，成为火锅品牌突围的首要战略。品牌要打造差异化的形象和价值定位，则需要持续不断的文化展现和个性化表达，以及长时间的口碑沉淀。

4. 火锅产品“内卷”加剧，小吃化、甜品化趋势渐显

随着消费者追求越来越丰富的口感体验，火锅店引入的小食也越来越多。从之前的茶饮、甜品，到如今的卤味小吃，甚至各种主食也开始轮番上阵。川渝火锅在这方面起了很大的引领作用。例如，楠火锅从创立之初就选择了一个新的切入口，打造出了“火锅 + 颜值甜品”的品类融合模式，将甜品打造为全线产品中的一个重要品项，其推出的多款雪山冰甜品有着味道佳、颜值高等特点，受到了众多消费者的喜爱。在此策略的助推下，楠火锅一举成名，很快在消费者的心智中建立了较为清晰的品牌认知，成为近年来异军突起的火锅黑马品牌。据了解，除了甜品类产品以外，楠火锅还推出了耙鸡脚、耙肥肠等多款卤味类菜品，亦引起了较好的市场反响。

再如，朱光玉火锅馆把流行于重庆街头的滑肉搬进了火锅店，现点现滑的形式很受消费者喜爱，其还引进了粤式菜品虎皮凤爪，形成了独特的产品特色。萍姐火锅则直接把“小吃夜市”搬进了门店，让消费者拥有更丰富的选择，其大众点评商家招牌菜前 4 名都是甜品。吼堂老火锅的老四川酸菜炒饭、糖油果子焦糖雪花冰也受到消费者青睐。

表 3-31　2023 年全国部分火锅品牌小吃、甜品、饮品类产品一览（不完全统计）

品牌名称	小吃	甜品	饮品
楠火锅	耙鸡脚、耙芋儿、耙肥肠	红豆抹茶牛奶冰、芒果绵绵冰	暴打柠檬茶、酸梅汁
朱光玉火锅馆	虎皮鸡爪、手摇掌中宝	整颗芒芒牛乳冰、红丝绒芝士牛乳冰	暴打柠檬茶、暴打红石榴
鸿姐老火锅	鸿姐炸蛋、蛋炒饭、小酥肉、蛋煎糍粑	醪糟冰汤圆、红糖冰粉	手打柠檬茶、折耳根柠檬茶、马蹄爆珠生椰水
萍姐火锅	糯糯的鸡爪、虎皮蹄花	真真正正菠萝冰、乌漆嘛黑冰汤圆、春夏甜品冰豆花	招牌手打油柑汁、现榨回甘汁
吼堂老火锅	老四川酸菜炒饭	熊猫恋米苏、碧潭飘雪三花冻	熊猫竹筒奶茶、茉影浮动柠檬饮
捞王锅物料理	双腊煲仔饭、捞王卤香三宝	椰林冰淇淋炖蛋、花生冰沙	马蹄竹蔗水、沁爽有料绿豆饮

资料来源：公开信息，红餐品牌研究院整理，数据统计时间截至 2023 年 6 月。　红餐网 | 红餐大数据

除了川渝火锅，其他细分赛道的火锅品牌在菜单上也丰富了小食选项，例如捞王锅物料理推出了椰林冰淇淋炖蛋、花生冰沙等产品。

5. 火锅外卖增速放缓，需寻求新突破

2022 年的火锅外卖市场相较 2021 年有了明显降温，线上订单增速放缓。但由于火锅的食材种类丰富，味型多样，能给消费者带来较强的满足感，外卖订单量增速仍然领先于其他品类。美团数据显示，2021 年火锅外卖订单量增速为 60.96%，2022 年的订单量增速降至 21.97%；而 2022 年地方菜系、小龙虾、烧烤外卖订单量增速分别为 15.39%、13.83%、3.31%。相比之下，火锅外卖订单量的增速相对较高。

根据海底捞发布的财报，2022 年其外卖业务收入为 12.80 亿元，同比增长了 103.3%，约占总收入的 4.1%。海底捞方面表示，外卖业务收入之所以有大幅的增长，主要原因在于其成立了社区营运事业部，外卖业务覆盖的城市和门店数量增加，使得外卖订单增量显著。

海底捞财报数据显示，其外送网点从 2022 年初的少于 450 个扩充到年末的约 1,400 个，覆盖了全国 300 多个城市。海底捞的社区运营不仅包括火锅外送，还有社区快餐、预制菜等多项业务，成熟的供应链体系支撑其快速开发适合外卖的多样化产品。因此，海底捞的外卖业绩增长并不能代表整个火锅外卖市场日趋兴盛，而且海底捞的外送模式也不适用于其他中小型火锅品牌。

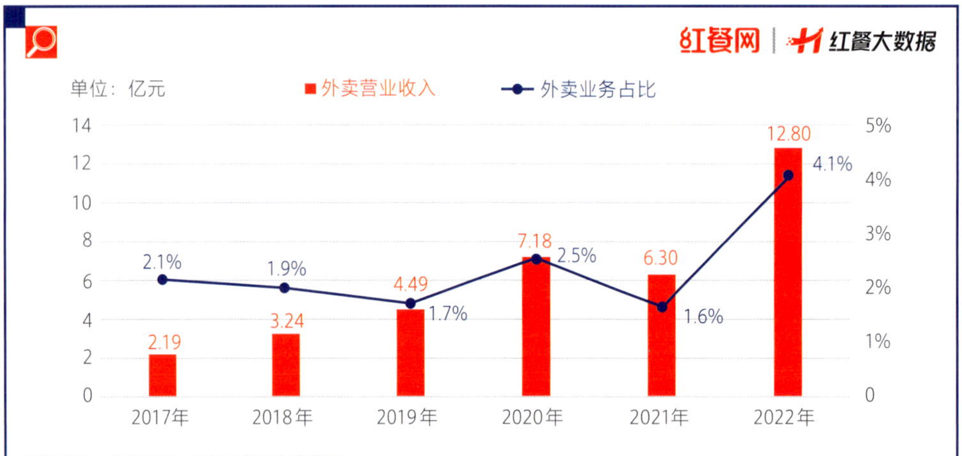

资料来源：企业财报，红餐品牌研究院整理。

图 3-48　2017 — 2022 年海底捞火锅外卖营业收入情况

总体来说，火锅的社交属性较浓，消费者比较重视就餐环境、服务等氛围体验，火锅外卖较难满足聚餐、社交的需求。同时，火锅外卖市场还要面临锅圈食汇、叮咚买菜、盒马鲜生等企业的分流。但值得一提的是，随着火锅外卖进入存量市场，竞争亦更趋激烈，品牌需进一步开发新的外卖场景。例如在露营经济的热潮下，不少火锅品牌开拓露营火锅市场，意欲寻找增量市场。例如呷哺呷哺在 2023 年“五一”前夕上线了户外火锅业务，在全国近 200 家餐厅推出了多款户外火锅套餐产品。

二、重庆火锅日益火爆，特色火锅渐出圈

火锅细分品类众多，不同品类的特性不同，呈现出不同的发展特征。近年来，重庆火锅是表现较为突出的火锅细分品类，一批新锐品牌快速出圈。在下沉市场“闷声发财”的鱼虾火锅、地锅鸡火锅，则面临品牌化升级的发展挑战。云南糟粕醋火锅、云贵酸汤火锅开始崭露头角，地域小众火锅被越来越多的都市年轻人所喜爱。

1. 重庆火锅崛起，品牌掀起“新鲜”争夺战

在传统的消费认知中，从口味上来看，川渝火锅均属于麻辣火锅，品牌差异不甚明显。但是近年来，一批强调食材新鲜的重庆火锅品牌逆势崛起，门店规模扩张迅速，引领着重庆火锅从川渝火锅赛道中脱颖而出，逐渐风靡全国。

如今，我国餐饮市场上主打重庆火锅的品牌越来越多。例如在上海、北京、成都等城市中，珮姐重庆火锅、怂重庆火锅厂、朱光玉火锅馆、五里关火锅等重庆火锅品牌的关注度较高，受到诸多消费者的追捧。除此之外，萍姐火锅、后火锅、鸿姐老火锅、芈重山火锅、咖咖火锅等重庆火锅的品牌声量也在持续走高。

业内人士指出，这批强调“新鲜”的重庆火锅之所以受到消费者喜爱，主要是因为其率先抓住了消费需求升级的机会点。尤其是近年来，消费者对于饮食的安全健康颇为注重。

火锅消费者相关的研究结果也能印证这一趋势。红餐品牌研究院发起的“2023 年餐饮消费大调查”显示，火锅消费者选择火锅店时最关注的因素是口味，这个选项的占比超过了 70%。其次较为关注的因素则为卫生、价格和服务。火锅消费者最不关注的因素为外观出品，占比不到 7%。大体来看，火锅食材的新鲜度、是否现做等是影响口味的主要因素。火锅店无须一味追求花式各异的摆盘造型，而是需要更加重视食材本身的新鲜品质。

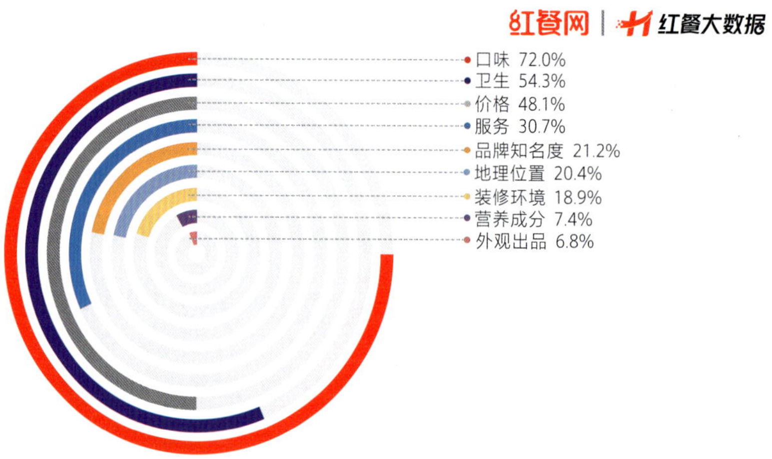

资料来源：红餐品牌研究院“2023 年餐饮消费大调查”。

图 3-49　2023 年火锅消费者选择火锅店时最关注的因素

重庆火锅属于较早主打新鲜、现做、正宗概念的细分火锅品类。通过升级食材、创新就餐环境等一系列创新，诸多重庆火锅品牌得以在火锅赛道中脱颖而出。

例如珮姐重庆火锅主打正宗，把坚守“重庆的辣”作为品牌发展战略；楠火锅把口号改为“五斤牛油一斤料，正宗重庆好味道”；鸿姐老火锅坚持每天现炒锅底；五里关火锅则主打古法手工菜，推出现捞耙鸡脚、现卤肥肠等现做菜品；怂重庆火锅厂出道时就以“屠场现杀现送、限量供应的鲜切黄牛肉”为最大宣传点，而且明确承诺：不新鲜就退菜。虽然重庆火锅品牌的表现方式不同，但可以发现一个共性，那就是它们均强调味道正宗和食材新鲜。

表 3-32　2023 年全国部分重庆火锅主要卖点盘点

品牌名称	卖点
珮姐重庆火锅	坚守“重庆的辣”，出渝开店不减辣度，坚持从重庆空运特色食材
楠火锅	“五斤牛油一斤料”的重庆味道，主推九宫格、耙鸡脚等重庆特色菜
朱光玉火锅馆	还原重庆老火锅最初的出锅方式：现调、现打、现出
鸿姐老火锅	重庆手工炒料，涮菜和材料坚持用重庆当地供应的
五里关火锅	古法手工菜，耙鸡脚、肥肠、糍粑等多种菜品现做
怂重庆火锅厂	只做一种锅底，鲜牛肉限量供应
咖咖火锅	藏在重庆老居民楼的味道

资料来源：公开信息，红餐品牌研究院整理。 红餐网 | 红餐大数据

在一些重庆火锅品牌的带领下，如今，越来越多的火锅店加入到这场“新鲜争夺赛”中。屠场以及田间直运、手打、现做成为不少火锅店的新卖点。例如，有的火锅店会在虾滑上桌前让顾客现捣，豆苗、豆芽在下锅前让顾客现割，鲜鸭血、鲜毛肚、鲜鸭肠也逐渐取代血旺、发制毛肚、冻鸭肠。在串串香火锅赛道中，一些代表品牌也开始“争鲜”。例如，拥有近 40 年历史的串串香知名品牌钢管厂五区小郡肝火锅串串香以小郡肝为主打产品，在生产制作流程上做到精益求精，以鲜美、高品质的产品获得消费者的喜爱。钢管厂五区小郡肝火锅串串香接受红餐网采访时表示，“小郡肝的选材非常严苛，只选用散养鸡的新鲜小郡肝。它的制作流程也很复杂，需要经过清洗、改刀、腌制等 6 个步骤，并且整个过程都是纯手工完成”。为了满足消费者多元化的需求，其还成立了专门的食材研发团队，专注研发高质量、口味佳的新品。此外，为了让消费者吃得放心，钢管厂五区小郡肝火锅串串香在总店中设立明档区域，通过明档区域展示了店员手工穿串的场景，展现了食物的新鲜度。据了解，该品牌已计划逐步往全国门店推广这种明档模式。

2. 鱼虾火锅、地锅鸡受青睐，有料火锅闷声发财

鱼虾火锅品类的热度不及川渝火锅、粤式火锅，但是近年来，以高价值食材和较低人均消费为主要特色的鱼虾火锅却赢得了较多消费者的青睐，不少品牌实现了逆势增长。例如李想大虾，在 2022 年新开了百家门店，目前已经发展出了 520 余家门店。李二鲜鱼火锅、虾吃虾涮等品牌拓店速度也较快。

红餐大数据显示，截至 2023 年 6 月，鱼虾火锅的门店数在整个火锅样本门店数的占比约为 11.7%，北派火锅的门店数占比为 12.5%。虽然鱼虾火锅的门店数与北派火锅的门店数相比并没有少很多，但是鱼虾火锅整体的品类声量相对较弱。这或是出于两方面的原因：一方面是鱼虾火锅的人均消费价位较低，普遍集中在 50~70 元，主流品牌的门店布局以下沉市场为主，一线城市的门店数较少，使得品类的存在感偏弱。例如李想大虾在一线城市没有门店分布，在三线及以下城市的门店数占比为 72%。齐祺渔锅在一线城市的门店占比不到 1%，而在三线及以下城市的门店占比却达到了 78.8%。另一方面则在于品类参与者的品牌化意识相对薄弱，对产品、门店进行升级的动力不足，整体呈现出散、杂的特性。这从鲜有鱼虾火锅品牌把门店开进购物中心或者商场，大部分经营者安守于区域市场的现象中可以看出。

表 3-33　2023 年全国部分鱼虾火锅品牌概况

品牌名称	门店数（家）	人均消费（元）	门店主要分布区域
李想大虾	520+	61.0	陕西、河南、安徽
虾吃虾涮	510+	70.5	河北、山东、四川、北京
槐店王婆大虾	310+	64.8	山西、河南、河北
齐祺渔锅	230+	67.2	河南、山东、安徽
小小河边鱼	230+	75.0	河南、江苏、安徽
邵汇大虾	220+	72.3	辽宁、吉林
李二鲜鱼火锅	190+	58.4	湖北、山东、陕西、河南

资料来源：红餐大数据，数据统计时间截至 2023 年 6 月。

红餐网 | 红餐大数据

总的来看，鱼虾火锅属于有料火锅，整体性价比相对高。但是，鱼虾火锅品类的品牌化意识相对薄弱，品牌知名度相对低，未来该品类的发展还有待头部品牌的引领。

近年来，另一个逆势增长的有料火

锅品类则为鸡火锅（具体指的是地锅鸡、柴火鸡、火锅鸡），多个鸡火锅品牌实现了快速扩张。例如刘记光大火锅鸡，2018 年在长春开出首店，2021 年开始快速扩张，目前门店超过了 210 家。2023 年 3 月，特色小地锅餐饮品牌锅灶一气，完成了 5,000 万元的天使轮融资。其目前已经开出了 20 余家门店。

地锅鸡和柴火鸡的制作方式、就餐形式较相似，均为现炒现焖。出餐形式为服务员先把鸡肉放进锅里炒制，随后加水进去炖煮，同时还会在锅沿内壁贴一圈玉米饼。待炖煮完成后，消费者便可食用鸡肉，而且汤汁还可继续用来涮菜。鸡火锅品牌的人均消费一般在 50~70 元，性价比相对较高。

美团线上餐饮数据显示，本地鸡窝火锅（以地锅鸡为主）的门店数继 2021 年快速增长后，2022 年持续保持着增长态势，其增速远高于其他细分类型的火锅。

地锅鸡、柴火鸡乡土风情较浓厚，受到了一些都市年轻人的青睐，这从品牌的门店分布区域可看出。比如地锅传奇约有 70% 的门店位于一线、二线城市，柴火记忆柴火鸡约有 70% 的门店位于一线、新一线城市。

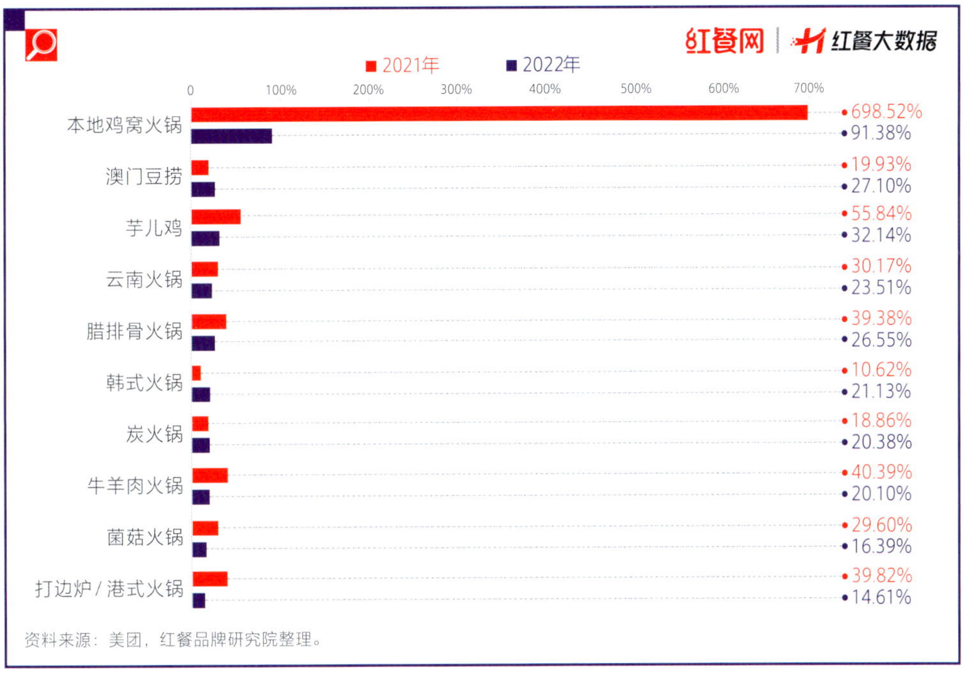

图 3-50　2021 — 2022 年火锅部分细分品类美团线上门店数增速对比

火锅鸡则是川菜中的红烧鸡与麻辣火锅的结合体。除了出餐形式不同于地锅鸡以外，火锅鸡的主要食材和食用方式跟地锅鸡较类似，人均消费亦较平价。因此，“分量足、性价比高”是一些消费者对于这类火锅店的共同评价。比如刘记光大火锅鸡在店铺前直接打出“所有青菜免费不限量”的口号，来彰显其高性价比。

虽然全国鸡火锅的门店数在快速增长，但是火锅鸡品类在消费者心目中的认知度不高，鸡火锅（地锅鸡、柴火鸡、火锅鸡）通常被视为一道农家菜。即使目前刘记光大火锅鸡在当地已经拥有一定的知名度，也尚未具备引领全国地锅鸡风潮的能力。可见，火锅鸡品类要想开辟出一条宽广的赛道，未来要走的路还很长。

3. 糟粕醋、酸汤火锅受关注，小众火锅迎来春天

近年来，具有明显地方特色的小众火锅逐渐出圈，比如云贵酸汤火锅、海南糟粕醋火锅等，不少相关火锅品牌也开始崭露头角。

虽然贵州酸汤和云南酸汤的制作工艺不同，但是它们却不约而同主打“酸味”。例如上海的茴火锅，打着“不酸不进门”的口号，推出了百香果酸汤锅、脆皮猪脚酸汤锅等特色酸味锅底。成都的黔三一安顺夺夺粉火锅，以贵州酸汤为特色，目前已经在成都开出了 3 家门店。北京的象水 · 川式酸汤火锅专门店、深圳的嗨小喵酸汤牛肉火锅等品牌在当地也拥有一定的知名度。

在云贵酸汤火锅之外，海南糟粕醋火锅亦受到了关注。2022 年以来，糟粕醋火锅门店在北京、上海、深圳、广州等城市出现，引起了消费者的“尝鲜潮”。比如上海的辞琼·老海南糟粕醋火锅的门店在高峰期就餐通常需要排队，北京的锦边炉·糟粕醋火锅门店亦拥有较高的人气。

其他细分品类火锅也有来蹭糟粕醋热度的倾向，例如一些椰子鸡餐厅顺势推出了糟粕醋锅底，组成了颇具海南特色的“糟粕醋 + 椰子鸡”双主打特色锅。而跨界力量也瞄准了这个赛道。例如盒马鲜生把海南糟粕醋火锅作为 2022 年冬季火锅的主打，并且在全国多地的盒马鲜生门店均上线了这一小众锅底，上线仅两周就跃居盒马全国锅底销量的第二名。此外，淘宝等电商平台上，亦有不少线上店铺售卖糟粕醋火锅底料。

近年来，小众火锅得以出圈主要有以下两方面的原因：从消费端来看，消费者的餐饮消费需求越来越多元化，对于新鲜食物的尝鲜意愿在不断加强。从供给端来看，云贵酸汤火锅与糟粕醋火锅的口味辨识度高、酸辣味有成瘾性。因此，这类地域小众火锅不仅能吸引大量的地域粉丝，也能勾起大众的尝鲜欲望。随着我国的冷链物流体系越来越健全，社交媒体覆盖率越来越高，很多深藏于区域的特色美食有了更多的机会被消费者发掘并喜爱。可以预见，2023 年也许还会有更多特色小众火锅被挖掘出来。

三、零售市场：火锅食材超市进入寡头时代，自热火锅痛点渐显

由于火锅的标准化程度高、受众广泛，尤其人们对居家、加班、路途等多元化场景的火锅需求不断增长，火锅很早就被开发出了零售属性，其表现方式主要有火锅外卖、自热火锅、火锅食材超市等。不同于传统火锅堂食强调体验感，火锅零售化更加注重便捷性和性价比。如今，餐饮消费需求发生了较大转变，火锅零售市场也呈现出了新的竞争特点。

1. 火锅食材超市：加速洗牌，寡头时代来临

前些年，火锅食材超市赛道迅速崛起，短时间吸引了资本、餐饮企业、食品巨头争相入局。近年来，火锅食材超市赛道迎来了洗牌期，转型闭店成为很多火锅食材超市品牌不得已的选择，一些中小型火锅食材超市企业甚至逐渐销声匿迹。

例如川鼎汇、懒熊火锅、九品锅等，目前在营门店数与高峰期相比有较大收缩。海底捞在北京开设的唯一一家外送食材超市也已停业。

在此背景下，曾经获得过多轮高额融资的锅圈食汇反而迎来了逆势增长，其 2022 年门店数量增长了 2,300 余家，与 2021 年的增速相当，目前的门店规模接近 1 万家，成为火锅食材超市领域一家独大的存在。2023 年 4 月 3 日，锅圈食汇向港交所递交了上市招股书。其招股说明书显示，其 2020 年、2021 年和 2022 年，营业收入分别是 29.2 亿元、38.8 亿元、70.6 亿元。

门店数仅次于锅圈食汇的是郐立国火锅煎烤超市，目前的门店数近 800 家。门店规模排在第三名的是鼎汇丰烧烤火锅超市，目前约 630 余家门店。值得一提的是，这两个品牌的门店数量在过去一年中增长较少。

表 3-34　2023 年全国部分火锅食材超市品牌概况

品牌名称	门店数（家）	创立时间（年）	发源地	门店主要分布区域
锅圈食汇	9,800+	2017	郑州	全国范围
郐立国火锅煎烤超市	790+	2013	沈阳	辽宁、吉林、黑龙江等
鼎汇丰烧烤火锅超市	630+	2015	沈阳	辽宁、黑龙江、吉林
川鼎汇	290+	2019	上海	湖北、江苏、福建
懒熊火锅	290+	2019	天津	山西、江苏、河南、山东
九品锅	260+	2019	北京	河南、江苏
大明火锅烤肉食材超市	230+	2017	长春	吉林
信良记预制食材超市	110+	2020	北京	河北、江苏、浙江等

资料来源：红餐大数据，数据统计时间截至 2023 年 6 月。

从争相入局到大量关店，火锅食材超市赛道经历了过山车式的发展，其背后主要有两方面原因。

其一，市场需求发生较大转变。从2021年新冠肺炎疫情常态化管控之后，消费者宅家吃火锅的需求有所下降。尤其是进入2023年，线下餐饮消费复苏，很多消费者倾向于走出家门，到线下门店吃火锅。

其二，前期入局者众多，市场竞争激烈。不仅有锅圈食汇这样的专业选手，还有三全、安井、盒马等跨界巨头来分羹。为了争夺更大的市场份额，众多品牌纷纷拓宽产品线寻求突围，主打产品从最早的火锅烧烤食材逐渐延伸到方便自加热的新零售产品，以及卤味等中餐预制菜，有的品牌甚至还延伸到生鲜、早餐、饮品等产品。

以锅圈食汇为例，官网显示其品牌定位是“火锅、烧烤、生鲜、预制菜食材超市”，产品SKU多达700余个，广告口号为“在家吃饭，就找锅圈”。据其招股说明书，火锅产品在报告期内的营业收入占比从2020年的81.9%降至2022年的75.8%，烧烤产品的营业收入占比从2020年的5.8%增长至2022年10.0%，2022年其他产品（包括饮品、一人食、即烹餐包等食品）的营业收入占比为13.8%。由此可见，锅圈食汇的产品构成较为丰富，火锅产品之外的其他产品占比在逐渐增加。同时，其营销侧重点也一直在改变，2020年主打的是宅家吃火锅的场景；2021年主推出一人食、快手菜系列产品，欲抢占新零售和预制菜的风口；2022年开始进攻露营市场，打出“露营吃喝，锅圈一站式解决”的口号。

锅圈食汇经营策略的转变也折射出了火锅食材超市业态的生存现状，随着市场需求的转变，参与者需要不断摸索、迭代才能适者生存。

业内人士称，如今火锅食材超市的商业模式基本成型，各品牌的产品、店型也基本固定，品牌之间的竞争主要集中在性价比层面，即比拼食材的丰富程度以及价格实惠力度。这个模式的底层逻辑则是比拼供应链的整合能力和运营效率。简而言之，火锅食材超市市场还是实力玩家的游戏。

2. 自热火锅：风口已过，行业呼唤革新

近年来，自热火锅迎来了高速发展期，市场规模持续扩大。但是随着市场竞争加剧，产品同质化突出、性价比不高、食品安全问题频发等行业痛点逐渐显现，自热火锅市场呈现疲软之势。

自热火锅市场的参与者众多，除了海底捞、大龙燚、小龙坎等火锅头部品牌，还有一众以自嗨锅、莫小仙、阿宽等为首的新兴快消品牌。此外，统一、今麦郎等传统食品品牌，以及三只松鼠、良品铺子等休闲食品品牌也均已入局。

为了抢占更多的市场份额，不少品牌作出了多种创新。例如把自热的食材从火锅延伸到米饭、面条、麻辣烫、酸辣粉等，甚至螺蛳粉、热干面等小吃也被挖掘了出来，一时间“万物皆可自热”成为自热锅市场突出的表现。但多样化的产品布局收效甚微，在过去的 2022 年，多个新兴方便速食品牌的热度渐趋下滑，品牌增长也陷入了瓶颈期。

自嗨锅、莫小仙、食族人、拉面说等一度霸屏各品类榜单的品牌声量不如从前，销量也不及预期。在 2022 年“618”期间，魔镜市场情报发布的天猫“方便速食 / 速冻食品”品类总榜上，曾经常位列榜首的自嗨锅降至第 20 名，莫小仙降至第 18 名。业内人士指出，自热火锅遇冷，主要是由于性价比相对较低。市场上含有荤菜的自热锅产品售价基本上都在 30 元以上，而售价十几元的产品，在口味和分量上又较难满足消费需求。

一些自热火锅品牌遭遇增长瓶颈，除了受外在因素影响之外，主要原因还在于品牌自身的产品差异性不强，背后反映的是品牌存在商业模式不可持续、供应链实力不济、监管缺失等问题。而具有较好的商业模式、较强实力的自热火锅品牌还是能够保持稳定的增长。比如颐海国际的方便速食的营业收入就保持了稳定增长态势。其财报数据显示，颐海国际方便速食相关收入逐年上涨，从 2020 年的 15.4 亿元上涨至 2022 年的 18.7 亿元，2022 年的营业收入相较 2021 年实现了 10% 的同比增长。

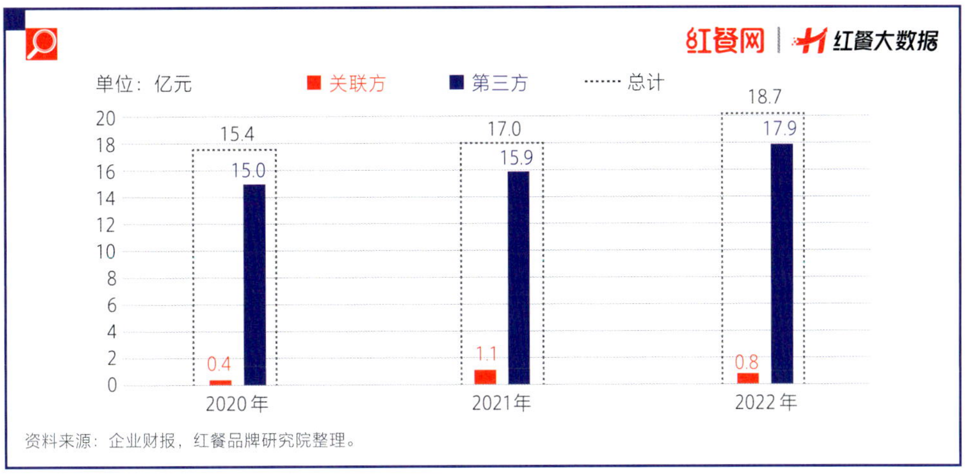

图 3-51　2020 — 2022 年颐海国际方便速食产品营业收入情况

总体来看，方便、快捷的自热火锅能满足户外、居家、旅途等多种场景的用餐需求，市场需求仍然还在。随着自热火锅赛道高速发展的“后遗症”逐步显现，市场进入了优胜劣汰的“洗牌期”，一些腰尾部品牌的生存压力也将逐渐加大。这意味着自热火锅的阶段性红利已过，2023 年自热火锅市场将面临更严峻的市场环境。

随着火锅市场的强势复苏，头部品牌和“新势力”品牌加速拓店，2023 年的火锅市场呈现出热烈沸腾的景象。与此同时，行业内卷也进一步加剧，品牌间的竞争维度上升到整个产业链的比拼。经营规模大如海底捞尚且需要不断调整、与时俱进，其他经营者更是容不得一丝懈怠。

04

第四节

饮品：

茶饮“内卷”加剧，咖饮诞生万店品牌

一、茶饮：消费版图重构，规模与效率之战再度打响

茶饮作为一个入局者众多的赛道，历来竞争十分激烈。在内卷加剧的情况下，茶饮赛道逐渐出现了增长放缓、爆款断档的现象。如今，寻找增量市场，已经成为茶饮品牌共同的议题。

1. 茶饮竞争白热化，亟须探寻新增量

前些年高速增长的茶饮赛道，在多种因素的影响下，近年来放缓了增速。据红餐大数据，2022 年我国茶饮市场规模为 1,361 亿元，同比下跌 4.1%。进入 2023 年，茶饮品牌再度加速狂奔，茶饮市场规模预计增加至 1,524 亿元，同比增长 12.0%。

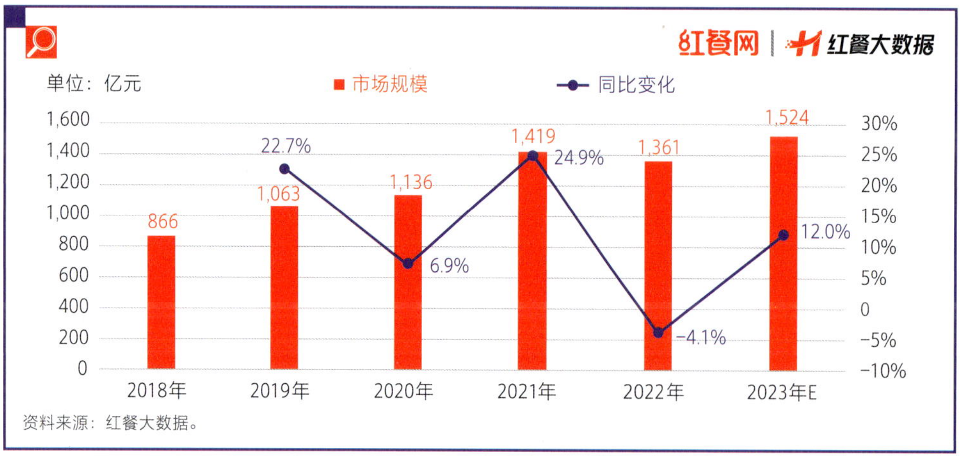

图 3-52　2018 — 2023 年全国茶饮品类市场规模概况

虽然茶饮市场规模有所增长，但赛道内的投融资事件却有所减少，资本对于入局茶饮赛道变得相对谨慎。

首先，2022 年茶饮赛道披露的融资事件数和融资金额相较 2021 年均有所下降。据红餐大数据，2021 年茶饮品类共披露了 30 起融资事件，披露的融资总金额超过 125 亿元。而 2022 年茶饮赛道共披露了 27 起融资事件，披露的融资总金额超过 45 亿元，与 2021 年相比存在一定的差距。2023 年，茶饮赛道共披露了 13 起融资事件，披露的融资总金额超过 11 亿元。其中，10 亿元的融资金额是由茶百道在 2023 年 6 月获得的，除此之外，其余多起融资事件的融资金额均相对低。

表 3-35　2020 — 2023 年上半年全国茶饮融资概览

	2020 年	2021 年	2022 年	2023 年 H1
披露融资事件数（起）	16	30	27	13
披露融资总金额（元）	超 17 亿	超 125 亿	超 45 亿	超 11 亿

资料来源：红餐大数据。

其次，2022 — 2023 年 6 月押注茶饮赛道的投资方多为个人投资者或规模较小的投资机构，知名投资机构较少。

最后，2022 — 2023 年 6 月大部分融资事件发生在天使轮，获得融资的多为新品牌，过往获得融资的头部、腰部品牌在这段时间内甚少披露新的融资消息。

表 3-36　2022 — 2023 年全国茶饮品牌融资情况

品牌名称	披露时间	融资轮次	融资金额	投资方
小仙兔	2022.1	天使轮	千万元	凯辉基金、坤言资本
柠季手打柠檬茶	2022.1	A+ 轮	数亿元	字节跳动、腾讯投资等
书亦烧仙草	2022.2	战略融资	超 6 亿元	湖南书带草私募股权投资合伙企业（有限合伙）、四川成都新津肆壹伍股权投资基金合伙企业（有限合伙）、青岛诺伟其定凯投资合伙企业（有限合伙）、HongKong YST Prosperity Limited
苏阁鲜果茶	2022.2	天使轮	未披露	苏阁投资
西琳姑娘	2022.2	天使轮	600 万元	乌鲁木齐楼兰秘烤餐饮管理有限公司
阿嬷手作	2022.2	A 轮	未披露	麦星投资

资料来源：红餐大数据，数据统计时间截至 2023 年 6 月。

续表

品牌名称	披露时间	融资轮次	融资金额	投资方
茶嘟嘟	2022.3	天使轮	约千万元	深圳市虹溪创投有限公司
放哈	2022.3	天使轮	千万元	坤言资本、上海陈香贵餐饮管理有限公司、天使投资人
好运椰	2022.3	种子轮	未披露	个人投资者
	2022.4	天使轮	千万元	个人投资者
五二兰柠檬茶	2022.4	种子轮	数百万元	能图资本
快乐番薯	2022.4	定向增发	1070 万元	在册股东
T COMMA	2022.4	战略融资	5000 万欧元	RUWISHDA
之之茶	2022.4	天使轮	500 万元	智缘桥科技
陌年餐饮	2022.4	A 轮	2000 万元	讯联基金管理有限公司
茉莉奶白	2022.5	天使轮	千万元	天使投资人、欢乐虎基金
茶乙己	2022.6	战略融资	24.85 万元	美好自有力量投资有限公司
悸动烧仙草	2022.7	天使轮	数千万美元	未披露
阿嬷手作	2022.7	A+ 轮	未披露	上海茵赫实业有限公司
糖茶水果茶	2022.8	天使轮	约千万元	天智投资（珠海市横琴）有限公司
啊爆柠檬茶	2022.8	天使轮	千万元	山竹资本
蔻蔻椰	2022.9	战略融资	未披露	头头是道投资基金
OH MY TEA	2022.10	A 轮	3000 万元	东震资本管理有限公司
茶大椰	2022.10	未披露	约千万元	青藤文化
熊姬	2022.11	天使轮	千万元	南京纯熙投资管理有限公司
乐乐茶	2022.12	战略融资	5.25 亿元	棕榈资本、美好自有力量投资有限公司
苏阁鲜果茶	2022.12	注资增持	未披露	个人投资者
咔米星	2023.1	天使轮	未披露	天欧基金管理有限公司
丘大叔	2023.1	A 轮	未披露	广州天河区引导基金
山茶润	2023.1	天使轮	千万元	国强股权投资
优莱客	2023.2	A 轮	未披露	鑫众基金管理有限公司
之之茶	2023.3	天使轮	约千万元	智缘桥科技
太阳先生茶饮	2023.3	天使轮	100 万美元	悦华贸易（香港）集团有限公司
茶小森	2023.3	战略融资	3000 万元	蚂蚁招商、得到科技集团
招财猫能量茶	2023.3	A 轮	5000 万元	泓毅基金管理有限公司
舞莓娘	2023.3	天使轮	未披露	香港梯构国际供应链、深圳市意利投资控股有限公司
萌白白	2023.4	A 轮	数千万元	盛世通基金管理有限公司
好运椰	2023.4	Pre-A 轮	数千万元	同山投资
郭氏花旦茶	2023.5	A 轮	数千万元	瀚晟基金管理有限公司
茶百道	2023.6	战略融资	10 亿元	兰馨亚洲、正心谷、草根知本、中金公司、番茄资本

资料来源：红餐大数据，数据统计时间截至 2023 年 6 月。

红餐网 | 红餐大数据

在这样的现状下，依靠现有的发展策略，新式茶饮品牌或难维持高速增长，但这并不意味茶饮品类的市场空间“见顶”。我们或可以参照美国的咖啡产业发展历程。

目前，美国的咖啡市场相对成熟，已经发展出全场景、全年龄的消费版图:美式咖啡与加入其他原料（如牛奶、酒等）的咖啡饮品在咖啡店中共存，共同组成了庞大的咖饮消费市场。此外，以咖啡胶囊、挂耳咖啡、咖啡液等为代表的个人自制咖啡也有较大的市场需求。Peet's Coffee、星巴克等知名连锁咖啡品牌的产品中也包括了咖啡胶囊、烘焙咖啡豆等，这些产品亦为上述品牌贡献了一部分的营业收入。

显然，参照美国咖啡产业的发展轨道，新式茶饮市场还有很大的增量空间。

但由于品类特征的不同，在目前的发展阶段，茶饮或较难往上下游产业（如茶叶产业等）渗透。这意味着，新茶饮品牌或较难介入原茶面向的消费市场，而且零售茶饮产品能够贡献的营业收入不多。与美国的咖啡消费版图相比，当下我国的新茶饮或面对着一个部分缺失的消费版图。

未来，如何在消费版图上尽可能地扩容，成为茶饮品类下一阶段的重大命题。但相较美国咖啡品类上百年的发展历程，茶饮品类在短短数年间已经获得如此迅猛的发展，前景十分可期。

2. 消费升级与“价格战”之下，茶饮消费版图获重构

“价格战”烽烟四起，是茶饮品类在 2022 年较为突出的表现。

作为消费升级的产物，新式茶饮主打现制果茶、乳茶等产品。与茶饮品类 1.0“粉末调制阶段”的珍珠奶茶、2.0“街头阶段”牛奶与茶叶冲泡的奶茶相比，3.0 阶段的新式茶饮讲求鲜果鲜奶，强调茶叶的品质，有着更高的价值感。随着多年的发展，新式茶饮赛道已经形成了成熟的价格体系，在高、中、低端的价格区间均有品牌分布。

表 3-37　2022 年“价格战”之前全国新式茶饮品类的价格体系

	性价比消费区间（元）	中端消费区间（元）	高端消费区间（元）
单杯价格（元）	4~15	15~25	25~35
代表品牌	蜜雪冰城、甜啦啦等	书亦烧仙草、茶颜悦色、CoCo 都可、1 點點、茶百道、古茗茶饮、沪上阿姨、7 分甜等	奈雪的茶、喜茶、乐乐茶等

资料来源：公开信息，红餐品牌研究院整理。　红餐网｜红餐大数据

然而，这一价格体系在 2022 年发生了改变。2022 年初，高端茶饮的代表品牌奈雪的茶、喜茶、乐乐茶接连发出了下调价格的通知，告别 30 元的价格带，切入中端消费区间（单杯价格在 15 ~ 25 元左右），打破了原有的价格体系。

与此同时，主打中端价格区间的品牌如书亦烧仙草、茶颜悦色、CoCo 都可、1 點點、茶百道、古茗茶饮、沪上阿姨、7 分甜亦在加速狂奔，以在“价格战”中突围而出。

主打性价比的茶饮品牌如蜜雪冰城、甜啦啦等则通过提升产品品质，加强品牌壁垒，加速跑马圈地。如发展势头迅猛的蜜雪冰城，在 2022 年就开出了 9,000 多家新店。

种种迹象显示，新式茶饮品类进入了“质优价低”的平价化时代。红餐大数据显示，人均消费在 15 元以下的茶饮品牌数占比自 2021 年起逐年提升。

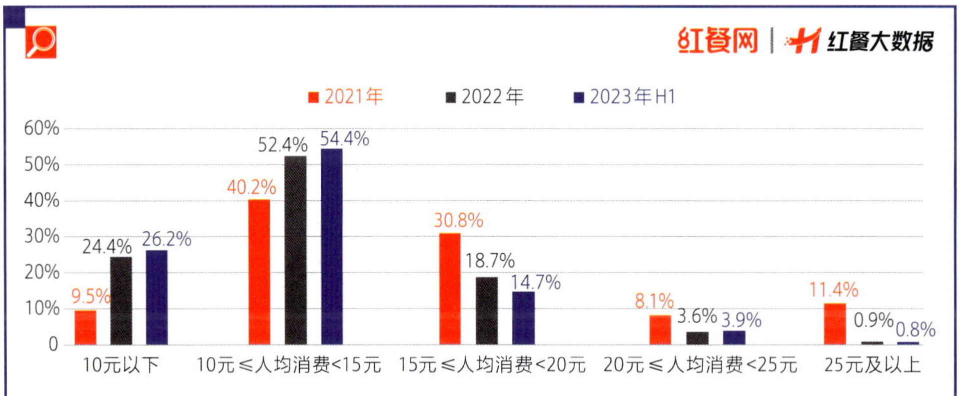

资料来源：红餐大数据，数据统计时间截至 2023 年 6 月。

图 3-53　2021 — 2023 年全国茶饮人均消费价位占比分布

新式茶饮品牌间的“价格战”，一方面是为了降低原有客群的决策成本，提升复购率；另一方面则是为了拉新获客，促进用户增长。

从提升复购率的层面来看，由于新式茶饮属于闲暇消费而非刚需消费，着重满足情绪价值而非解渴或者提神醒脑，因此新式茶饮在发展伊始着重于城市的白领人群、有闲一族中培养目标消费者。目前，上述消费人群已基本接受或养成了新式茶饮的消费习惯且对于茶饮这类闲暇消费有一定价格敏感性，而“质优价低”的产品则可以提升这类人群的复购率。

而从拉新获客的层面来看，当越来越多的茶饮品牌入局，一线、二线城市的多数消费人群已经被广泛触达后，茶饮市场的增速放缓在所难免。在此背景下，新式茶饮品牌不得不开始自上而下地寻找新的目标客群。

部分新式茶饮品牌着手布局下沉市场，希望通过“质优价低”的产品开发更为广泛的小镇青年客群。

同时，那些原本走高端路线的新式茶饮品牌则希望通过降价助力其在一线、二线城市横向拓展目标客群。基数庞大、维护着城市血管与脉络的零工、散工或是这类品牌想要扩充的客群之一。

据国家统计局数据，截至 2021 年底，我国灵活就业人员已达到约 2 亿人，这一人群在我国 9 亿多的劳动人口中占比超 20%。美团财报显示，截至 2022 年底，美团骑手数量达 624 万人，相比 2021 年增长了 97 万。同时，越来越多的年轻人参与灵活就业。

有关分析显示，这类年轻的零工人群工作时间自由，注重自我表达，有着更多情绪价值上的追求，这与新式茶饮的消费属性相互吻合。同时，这类人群价格敏感性更高，茶饮品牌的产品价格下探能够有效地释放这类人群的消费力。

消费市场的发展往往与社会阶层的变动脱离不了关系。当高速发展的社会催生出新型的劳工经济，未来一种新的茶饮消费图景或得以展现。

在广泛的客群以及加盟连锁扩张模式的加持下，茶饮品牌庞大的门店规模得以筑起，茶饮品类的连锁巨头也呼之欲出，蜜雪冰城、古茗茶饮、书亦烧仙草、茶百道便是其中的代表。红餐大数据显示，截至 2023 年 6 月，古茗茶饮、书亦烧仙草、茶百道均开出了超过 6,700 家门店。蜜雪冰城更开出了超过 2.3 万家门店，成为餐饮行业中的“庞然大物”。

表 3-38　2023 年全国部分茶饮品牌概况

品牌名称	门店数（家）	创立时间（年）	发源地
蜜雪冰城	23,000+	1997	郑州
古茗茶饮	7,800+	2010	台州
书亦烧仙草	6,700+	2007	成都
茶百道	6,700+	2008	成都
沪上阿姨	6,200+	2013	上海
CoCo 都可	4,500+	1997	台北
益禾堂	4,400+	2012	武汉
甜啦啦	4,000+	2015	蚌埠
1 點點	3,200+	1994	台北
快乐番薯	2,000+	2008	厦门
霸王茶姬	1,600+	2017	昆明
喜茶	1,600+	2012	江门
悸动烧仙草	1,400+	2007	上海
吾饮良品	1,300+	2006	武汉
7 分甜	1,200+	2015	苏州
奈雪的茶	1,100+	2015	深圳
LINLEE 林里手打柠檬茶	1,000+	2012	湛江
柠季手打柠檬茶	1,000+	2021	长沙
一只酸奶牛	1,000+	2015	重庆
茉酸奶	1,000+	2014	上海
黑泷堂	900+	2009	杭州
新时沏	720+	2013	金华
茶颜悦色	540+	2013	长沙
茉沏	510+	2016	苏州
本宫的茶	490+	2015	广州
快乐柠檬	460+	2006	上海
桂桂茶	420+	2011	上海
苏阁鲜果茶	200+	2010	广州
小鹿茶	190+	2019	北京
乐乐茶	170+	2016	上海

资料来源：红餐大数据，数据统计时间截至 2023 年 6 月。

红餐网 | 红餐大数据

3. 以规模化为导向，品牌加速扩张

以规模为发展导向，成了2023年茶饮品牌的共识。

蜜雪冰城、奈雪的茶、喜茶、古茗茶饮、柠季手打柠檬茶、霸王茶姬、沪上阿姨、茉酸奶等茶饮品牌都公布了拓店计划。其中，古茗茶饮重点拓展山东、广西、贵州、安徽四个省份（自治区），向“万店”发起冲锋。沪上阿姨、茶百道也有望于2023年冲击万店，其中沪上阿姨在2023年上半年已开出了超1,200家新店，茶百道在2023年6月获得了10亿元的融资。在头部茶饮品牌集体跑马圈地的背景下，继蜜雪冰城之后，茶饮赛道有望出现多个万店品牌。

当茶饮品类市场增长放缓，存量市场已然有限。在这样的拓店浪潮中，茶饮品牌如何用更快的速度抢占有限的市场份额，成为亟须处理的难题。

蜜雪冰城作为率先完成全国化布局的巨头，继续向下深挖乡镇市场，其在2022年8月开放全国乡镇加盟申请。进入2023年，蜜雪冰城向肯德基、麦当劳看齐，走向交通枢纽，计划以“集装箱门店”的形式把门店铺向机场、高铁站、景区、服务区、游乐场等场所。

而古茗茶饮则在过往门店密度较低的区域拓店，其2023年主攻的省份（自治区）是山东、广西、贵州、安徽。红餐大数据显示，截至2023年6月，古茗茶饮在上述省份的门店数分别为10

余家、20 余家、40 余家、290 余家，与其深耕的浙江（1,800 余家）、福建（930 余家）、江西（710 余家）等省份的门店数有较大差距。同时，这些省份并非古茗茶饮尚未涉足过的市场，此前其已开出一定数量的门店在当地试水，这些门店可以为后续进入的加盟商提供参考样本。

从强调爆品升级到强调品类，从强调好喝升级到强调健康，较快完成品牌升级的 7 分甜对于拓店策略亦有自己的思考。此前，稳扎稳打的 7 分甜深耕于华东地区，经过这么多年的积累后，7 分甜已经具备了向全国其他区域规模化扩张的实力。2023 年，7 分甜开启全国发展战略，发力华东以外地区的空白市场。据红餐大数据，截至 2023 年 6 月，7 分甜的总门店数超 1,200 家。

柠季手打柠檬茶则从品类特性上考虑拓店选位。柠季起源于湖南，计划于 2023 年深耕华南、香港地区。这两个地区商业活力较强，且柠檬茶在当地颇为火热，对于柠檬茶品牌而言是必争的战略高地。红餐大数据显示，截至 2023 年 6 月，柠季手打柠檬茶总门店数超过千家。

对于驻扎在一线、二线城市的品牌而言，下沉市场则成了下一增长点。例如，喜茶于 2022 年 11 月宣布在非一线城市开展加盟业务。据了解，截至 2022 年 6 月，喜茶已与 3~4 批加盟商签订了合约。

值得一提的是，为了寻找增量，茶饮品牌近年来开始加快走向海外市场的步伐。2023 年 3 月，喜茶在多个海外市场开放了事业合伙人申请。根据微信小程序“喜茶事业合伙助手”信息，其开放的合作区域包括日本、新加坡、泰国、越南、马来西亚、美国、加拿大等国家。蜜雪冰城也在海外市场维持着快节奏的拓店态势，截至 2022 年 3 月末，蜜雪冰城在印尼和越南分别开设了 300 余家和 240 余家门店。2023 年 5 月，7 分甜亦对外宣布加拿大市场战略正式达成，其正式开启海外市场的扩张之旅。

4. 供应链之战：从前端蔓延到后端，品牌竞争升维

事实上，规模之战的另一面是供应链之战。例如喜茶作为一个刚开放加盟的品牌，在加盟管理体系上尚待建设。据媒体报道，喜茶的选址、装修等流程有一些卡点、堵点尚待打通，这主要由于“相对已经开了数千上万家加盟店的品牌，喜茶还没有验证过在全国数百个城市铺开、设立二级、三级仓并控制好

成本的能力，也没有大量运营督导人员检查加盟商的经验”。

另外，喜茶在产品制作方面主打鲜果鲜奶，维持着较高的成本。降价之后，在供应链效率未大幅提高的情况下，其产品毛利被进一步地压低，加盟商回本的时间相对较长。这一情况对于其拓店速度有着一定的限制。

而下沉市场本就有蜜雪冰城、书亦烧仙草、古茗茶饮、甜啦啦、益禾堂等实力品牌，且这些品牌在三线及以下城市均已布局了超过 2,500 家门店，喜茶的下沉之路并不轻松。

喜茶要想在下沉市场突围而出，供应链将成为关键。

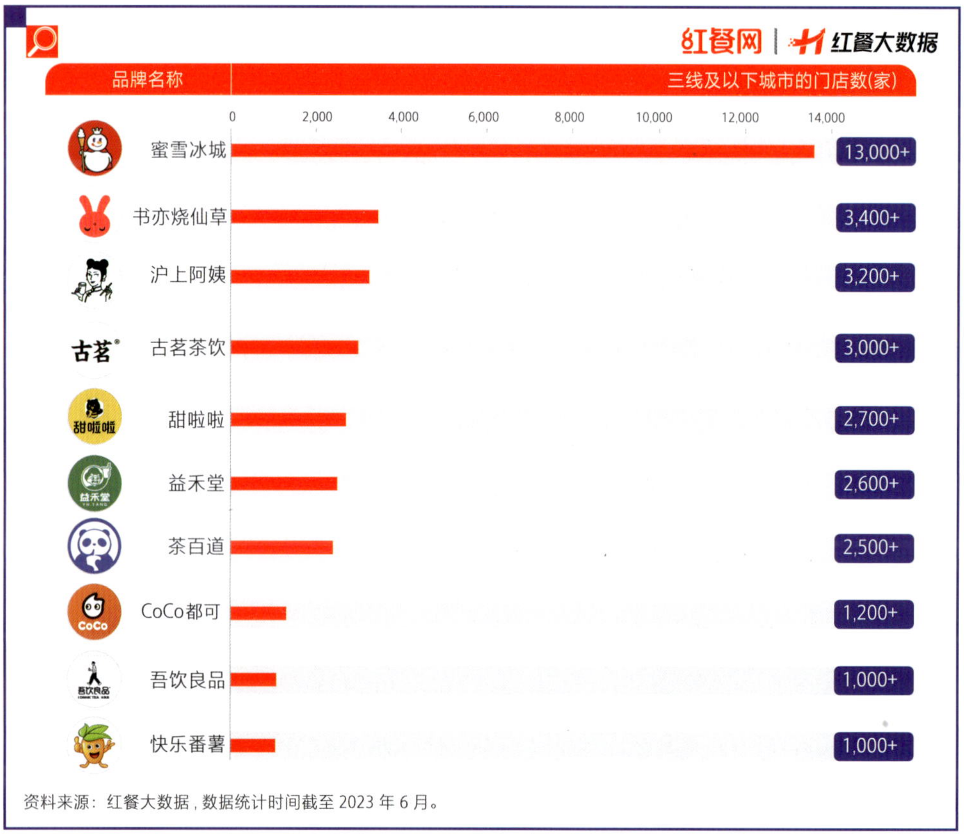

图 3-54　2023 年全国三线及以下城市门店数 TOP 10 茶饮品牌

事实上，因供应链阻碍规模化发展的品牌，喜茶并不是独一例。在业内一直被认为“筛选加盟商非常严格”的古茗茶饮，此前有一条不成文的原则：黄河以北不开店，很大的一个因素就是因为当时的供应链建设和辐射半径受限。

为了解决这个问题，2023 年，喜

茶、奈雪的茶、古茗茶饮，乃至“巨头”蜜雪冰城都不约而同地加强供应链的建设。例如蜜雪冰城正在积极扩产，希望以充足的供应链资源匹配加盟商的需求，在产销匹配上占据主导的地位。蜜雪冰城于 2022 年 9 月披露的招股说明书显示，计划募资 64.96 亿元，其中约有 45% 的资金将用于供应链建设，将在广西、重庆、河南、海南、安徽筹建五大生产基地。

蜜雪冰城作为茶饮界的“Game Changer”，其产能扩张计划目的非常明确。比如，其选择在靠近东南亚、有充足的椰子资源的海南建厂，为未来供应海外市场作准备；在大咖国际产业园二期自产植脂末，减少向供应商外购原材料（此前蜜雪冰城的植脂末都是从供应商处采购），以期进一步提升毛利率。

精细化运营亦是茶饮品牌提升供应链管理能力的一个方向。比如蜜雪冰城的大咖国际食品有限公司引进精益管理模式和数字化管理系统，打造出“最快 12 小时配送的智慧供应链”，尽可能地在生产的各个环节降本增效。

可见，在“万店规模”时代，茶饮品牌想要用更短的时间开更多的门店，后端的建设需要以补短板、有的放矢为原则。

表 3-39　蜜雪冰城募集资金投资项目之生产建设类项目

序号	项目名称	基地选址	项目定位	主要产品
1	定安县蜜雪冰城食品加工项目（一期）	海南	区域生产基地	固体饮料
				风味饮料浓浆
				其他：椰乳、咖啡制品、珍珠制品、脆筒等
2	大咖国际产业园二期项目	河南	中心生产基地	固体饮料
				植脂末
3	大咖国际冷冻水果深加工项目	广西	区域生产基地	水果制品
				芋圆
				风味饮料浓浆
				固体饮料
4	数字农业产地仓暨冷冻深加工项目	重庆	区域生产基地	水果
				水果制品
5	大咖国际产业园一期冷冻加工车间项目	安徽	中心生产基地	果酱
				芋圆

资料来源：企业招股说明书，红餐品牌研究院整理。

红餐网 | 红餐大数据

值得注意的是，除了需要加强自身的供应链体系建设以外，对于一些专业产品的供应链，茶饮品牌还需要借助专业的供应商，并与它们建立稳定的合作关系，为提升产品的标准化程度、门店的连锁管理能力提供助力。

例如在饮品的供应链领域中，晨非食品就是一家较为专业的供应商，可以作为饮品品牌重点考虑合作的对象。晨非食品专注于为茶饮、咖饮品牌提供门店产品工业化解决方案，其曾创新性地将奶盖产品工业化，并推出了生酪厚乳系列产品。进入 2023 年，其还率先推出了青稞品类创新产品，在全球植物基市场中新增中国产地标志性产品，开启健康生活方式新选择。

目前，晨非食品已形成了芝士奶盖浆品类、奶油雪顶浆品类、厚乳基底品类等多个品类产品。通过给门店提供产品工业化的解决方案，晨非食品能够在供应链管理便捷化、保护产品配方、降低食安风险等方面较好地为客户赋能。近年来，晨非食品加快了扩产步伐，在邹城、成都、青岛、新加坡等海内外地区建设有生产基地，并在青岛、上海、广州等多个城市设立应用研发中心。目前，晨非食品在饮品配方工业化、自有专利数量等多方面的综合能力均较强。

通过发力自建供应链体系以及借力专业供应商，新茶饮品牌得以加强后端供应的建设，为规模之战提供足够的“燃油”，为走向更广阔的市场奠定基础。

5. 品类进一步细分，“养生风”吹进茶饮赛道

近年来，消费者越来越重视健康、养生，而在茶饮赛道，主打养生也成为一些品牌的通用做法。在 2018 年前后，不少新锐茶饮品牌如椿风、荷田水铺等

围绕着养生概念，确立了自身的品牌定位。中医药界的老字号也以养生概念跨界入局茶饮赛道，同仁堂、童涵春堂、清心堂等都推出了养生茶饮品牌。其中，椿风凭借三款功能、使用场景明确的饮品蜂王浆熬夜水和青汁刮油水、胶原三宝鲜奶茶出圈，受到一些关注。

2022 年，茶饮界的养生风气更盛。茶饮品类兴起了更为细分的、针对女性的“姨妈热饮”。椿风、荷田水铺、炖物 24 章等品牌都推出了相关的养生茶饮产品。市面上更出现了暖燕 · 女生大姨妈伴侣、Auntea Care 姨妈热饮等瞄准生理期女性的茶饮品牌。红餐大数据显示，截至 2023 年 6 月，暖燕 · 女生大姨妈伴侣已开出了 270 余家门店，覆盖 100 个城市；Auntea Care 姨妈热饮已开出了 5 家门店，主要分布于广州。

表 3-40 2023 年全国部分主打养生的茶饮品牌概况

品牌名称	创立时间（年）	品牌简介	门店数（家）	特色产品
暖燕 · 女生大姨妈伴侣	—	女性养生茶饮品牌	270+	冰糖陈皮雪梨、阿胶粉桂圆红枣枸杞茶等
椿风	2018	养生茶饮品牌，以草本植物为主要原材料	100+	蜂王浆熬夜水、青汁刮油水、胶原三宝鲜奶茶等
荷田水铺	2020	国潮养生茶饮品牌，融合中式美学与中医养生文化	50+	桂花桃胶雪燕、熬夜大补水、羽衣排毒水等
牛茶	2018	茶饮品牌茶太良品旗下品牌，主打燕窝饮品	20+	燕窝桂花奶茶、燕窝草莓茶冻、燕窝杨枝甘露
知嘛健康	2019	中药老字号同仁堂旗下的新零售品牌，主打健康生活一站式空间，其零号店中设有膳食坊、红酒坊、茶饮坊、咖啡坊和烘焙坊等	10+	熬夜水、养生水等
清心堂草本茶	—	广东凉茶品牌旗下的茶饮品牌，融合凉茶文化和茶文化	约 9	祛湿元气奶茶、茅根清火柠茶、陈皮祛湿元气奶冻等
大益茶		云南茶叶企业大益茶业旗下的茶饮品牌	约 9	大益云雾柠檬普洱茶、养生红枣桂圆普洱茶等
童涵春堂 · 二十四节气茶	—	中医药界老字号童涵春堂旗下的茶饮品牌	约 8	黑枸杞素颜水、椰娇元气水等

资料来源：红餐大数据，数据统计时间截至 2023 年 6 月。

红餐网 | 红餐大数据

2023 年，奈雪的茶、茶百道则以推出相关新品的形式加入养生潮流：奈雪的茶联名东阿阿胶上新了阿胶奶茶系列，茶百道推出了银耳鲜炖梨。

资料来源：公开信息，红餐品牌研究院整理。

图 3-55　2023 年值得关注的养生类新式茶饮食材

对于茶饮品牌而言，推出养生茶饮可以作为打造差异化产品的尝试。品牌把桃胶、山药、人参等养生食材加入茶饮中，能使产品较好地与主流的茶饮产品区隔开来。

不过，对于年轻人而言，不少养生食材如阿胶、燕窝、人参等都与“适合中老年人”“味道奇特”等印象绑定在一起。因此在实操的过程中，品牌还需要思考——如何把养生茶饮变成年轻人喜欢的样子。

为此，不少茶饮品牌采用了养生娱乐化的策略，用造梗、造话题的形式包装养生茶饮。例如，奈雪的茶就以“联名 + 国潮风”的形式，把阿胶系列产品打造成时尚且有文化内涵的新品。新品首发当天，话题“东阿阿胶奈雪联名奶茶”即冲上微博热搜，在短短一周内该话题的阅读量超 2 亿次。椿风和“姨妈热饮”类品牌则结合当下年轻人比较关注的点，如熬夜、减肥、姨妈等，在产品名称和品牌宣发上强化，制造话题，引起年轻人的共鸣。

6. 茶饮基底创新：小料进入花式创新

近年来，茶饮品牌偏向于对小料进行多种创新，挖掘的食材越来越小众，从油柑、刺梨到甜胚子、鸡头米、海石花等，“小料内卷”变得更加激烈。

而红餐品牌研究院发起的“2023餐饮消费大调查”显示，“喝奶茶犹如喝八宝粥”的风潮不再。在茶饮的小料选择上，选择适当小料的茶饮消费者最多，占比 39.1%。其次是选择“有一点小料就好”的消费者，占比 19.6%。仅有 18.1% 的茶饮消费者认为茶饮里的小料越多越好。

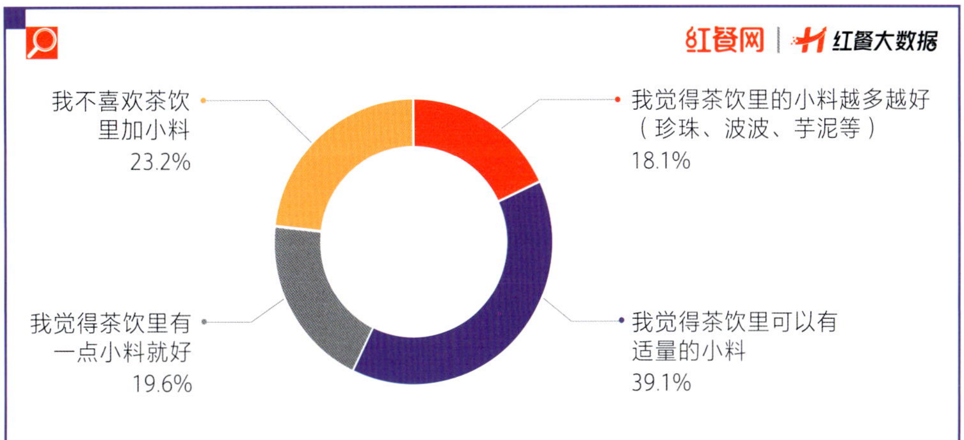

资料来源：红餐大数据“2023 年餐饮消费大调查”。

图 3-56　2023 年茶饮消费者的小料消费习惯

由此看来，一味在小料上进行创新恐非长久之计，毕竟可供挖掘的小众食材有限。为此，不少茶饮品牌开始将注意力转向茶饮基底的创新。

茶饮基底的创新方式主要分为以下两种：一种是茶底成“主角”，其存在感被强化，代表品牌有霸王茶姬、茉莉奶白、百分茶等；另一种则是用其他饮品替代茶基底，代表品牌有茉酸奶、蔻蔻椰、市井婆豆沙牛乳等。其中，霸王茶姬和茉酸奶的发展势能颇佳，拓店速度较快。红餐大数据显示，上述两个品牌均于 2023 年上半年开出了超 600 家新店，是各自所属细分赛道中的“黑马品牌”。

表 3-41 2023 年茶饮基底创新方式

基底创新方式	具体案例
茶底成“主角”，其存在感被强化	• 百分茶以竹香乌龙作茶底，推出竹香产品，如竹生空野、竹生龙眼，该系列在 2022 年国庆 7 天的销量超 60 万杯。 • 霸王茶姬聚焦原叶茶，茉莉奶白以茉莉花茶为品牌特色，两大品牌是较受关注的新锐品牌。 • 书亦烧仙草、王柠等在 2022 年上半年推出山茶花乌龙，由于香气独特，迅速出圈。 • 奈雪的茶、古茗推出龙井茶系列新品，并加入青团小料，营销上强调与西湖龙井非遗传承人樊生华合作
用其他饮品替代茶基底	（1）以酸奶为基底 • 茉酸奶主打酸奶奶昔，招牌产品牛油果酸奶奶昔，以高价值感吸引消费者，1 年卖出超 500 万杯。 • 一只酸奶牛主打新式酸奶，目前已开出超 1,000 家门店。 • 沪上阿姨、7 分甜、古茗茶饮在 2023 年陆续推出了酸奶系列产品 （2）以椰子水为基底 • 蔻蔻椰主打以椰子水、椰子乳为基底的现制茶饮和预包装即饮椰子水。其于 2020 年创立，至今获得了两轮千万级融资。 • 好运椰 LuckHaHa 主打现制椰子水饮品，已完成 3 轮融资 （3）以豆沙牛乳为基底 • 市井婆豆沙牛乳主打“X+ 豆沙牛乳”产品战略，饮品口感较细腻。 • 沪上阿姨在 2022 年 5 月推出绿豆牛乳冰，其官方公众号披露，该款产品在 2022 年全年的销量超 900 万杯；2023 年 5 月，沪上阿姨宣布绿豆牛乳冰回归，消费者热情不改 （4）以滇橄榄汁为基底 • 云南泡菜品牌山野泡泡推出衍生产品“滇橄榄汁”（滇橄榄即油柑，该款饮品是把经过泡制发酵的油柑榨汁装杯），以及橄榄汁系列饮品，引发消费者打卡热潮，单店最高日销 3,000 杯。目前，该品牌已开出近 50 家门店，分布在昆明、大理等地

资料来源：公开信息，红餐品牌研究院整理，数据统计时间截至 2023 年 6 月。

红餐网 | 红餐大数据

目前，上新仍然是品牌寻求增长的方式，但并不是品牌唯一的增长动能。正如奈雪的茶创始人彭心在 2022 年度业绩发布会上表示：“从整个品牌的角度来看，一个品牌永远要有自己的经典大单品，没有一个品牌是靠新品活着的，它的主要业绩贡献必须要来自它的经典大单品，这个品牌才是跟消费者之间有非常好的关系。”

经典产品在菜单中的地位需要被从业者们正视。新锐品牌尤其要着重打造自身的拳头产品，在消费者心目中树立清晰的品牌形象，否则容易在新品牌层出不穷的茶饮赛道中沦为面容模糊的一员。

7. 茶饮“第三空间”消费认知缺乏，模式需进一步探索

目前市场上茶饮门店的店型主要分为快取店、标准店和大店模式。目前，面积较小的快取店模式已经成为茶饮市场的主流，在这种模式下，品牌能够以较低的成本快速拓张。而标准店和大店则主打多元化产品和“第三空间”的体验，以社交属性凸显品牌价值，主要以喜茶和奈雪的茶为先行者。

在发展过程中，这些茶饮品牌的“第三空间”打造并不顺利。2022 年，在营业收入压力下，喜茶关闭了三层楼设计的手造店。与此同时，奈雪的茶也做出了战略转变，主推店型从 200~350 平方米的标准店改为80～200平方米的 Pro 店。

表 3-42　2023 年全国主要茶饮店型分类

店型	门店面积（平方米）	空间设置	主要产品	选址偏好
快取店	15~60	设有少量座位或不设座位	现制茶饮、瓶装饮品	社区、购物中心与核心商圈
标准店	60~300	设有较多的座位，部分门店设有外摆区	现制茶饮、瓶装饮品、烘焙产品	购物中心与核心商圈
大店	300~1,000	按照产品类型的不同设有不同的区域，如茶饮区、服装区、文创区等	现制茶饮、瓶装饮品、现制烘焙、文创产品、牛排、酒水、服装等	高端购物中心与核心商圈

资料来源：红餐品牌研究院整理。

红餐网 | 红餐大数据

“新茶饮 + 第三空间”未能大规模铺开，主要与产品特性和品类认知有关。“第三空间”的概念首先由星巴克引入咖啡店，随后星巴克对此概念进行了多年的实践和夯实，并凭借其“寡头”地位影响了其他咖啡品牌。“第三空间”的概念得以在不同的咖啡品牌、独立咖啡店中复制、延展，其后成为线下咖啡馆的特有标签。

但茶饮的诞生之初，大部分茶饮品牌出于成本、坪效、投入产出比等方面的考虑大多倾向于快取店模式，品类认知偏向于即取即饮。因此，即便后来有少数品牌做出大店模式的尝试，也未能在市场中建立起明确的空间消费认知。

虽然茶饮品牌对“第三空间”的打造遇到了挫折，但是它们并没有停下探索的脚步。

据了解，在我国的东北地区、南方的县镇城市等区域，茶饮店常被视作社交空间，环境舒适是县城茶饮店招徕顾客的一个重要因素，大店模式在这些地区颇受欢迎。例如在广西贵港市的平南县，一个诞生了大口九、地下铁、绿岛村等初代奶茶品牌的县城，很多年轻人会把大部分业余时间花在茶饮店中。为了迎合当地的消费群体，书亦烧仙草、茶百道、萃茶师等知名连锁茶饮品牌在平南的门店都是以大店为主。由此来看，茶饮品牌如要选择大店模式需要因地制宜。

综上所述，在头部、腰部品牌开打“规模之战”时，茶饮品类的中小品牌的生存空间将受到挤压，产品创新、打造差异化特色或成破局之路。在这种激烈的市场竞争中，茶饮赛道的格局将进一步地被重塑。

二、咖饮：品牌集体“狂飙”，加速“西体中用”

回顾近一年，咖饮赛道依旧热闹非凡，市场规模逆势增长，资本热钱不断涌入。咖饮品类的跨界入局者亦在不断增多，喜茶、书亦烧仙草、柠季手打柠檬茶、甜啦啦等茶饮品牌纷纷以投资入股、新创品牌等方式布局咖饮赛道，华为、李宁、猿辅导等其他领域的商业巨头也涉足咖啡领域，跨界入局成为近期咖饮赛道的一大特色。

同时，众多本土咖饮品牌的崛起，让咖饮品类的本土化趋势渐显，也让中国消费者对咖饮的认知得以强化，新需求、新场景正在不断重塑咖饮消费市场。

1. 咖饮市场规模高速增长，有望突破千亿元规模

近年来，随着咖饮消费需求不断释放，咖饮赛道迎来了高速发展，市场规模迅速扩容。据红餐大数据，2021 年我国咖饮市场规模达到了 608 亿元，较 2020 年增长 30.8%；2022 年咖饮市场规模继续壮大，达到 752 亿元，同比上涨 23.7%；2023 年，在餐饮行业整体复苏的大背景下，咖饮品类持续快速发展，预计其市场规模有望突破千亿元。

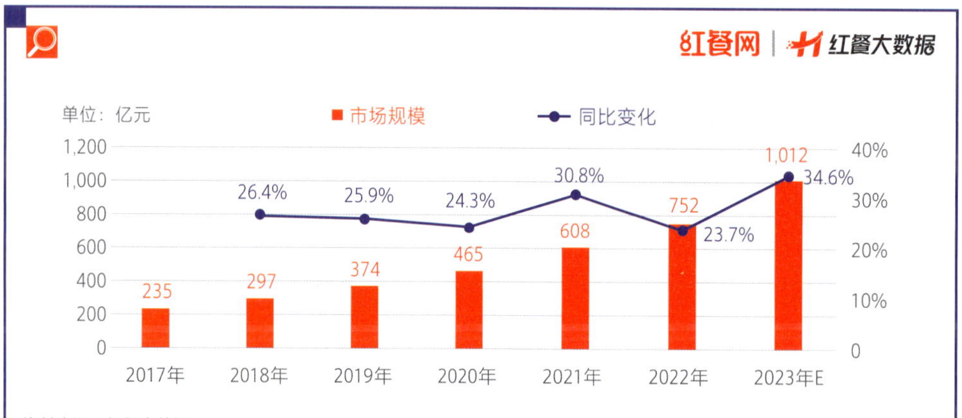

资料来源：红餐大数据。

图 3-57　2017 — 2023 年全国咖饮市场规模概况

2022年以来，我国咖饮赛道势能上扬，头部咖饮品牌发展迅速，例如瑞幸咖啡扭亏为盈成功翻盘，Tims中国在纳斯达克上市，Manner Coffee、NOWWA挪瓦咖啡大量铺店。如今，整个咖饮品类的竞争格局已经从星巴克一家独大，逐步发展成星巴克和瑞幸咖啡引领下的“两超多强”局面。

表3-43 2023年全国部分咖饮品牌概况

品牌名称	门店数（家）	创立时间（年）
瑞幸咖啡	10,000+	2017
星巴克中国	7,200+	1971
麦咖啡	2,600+	1993
幸运咖	2,200+	2017
库迪咖啡	1,600+	2022
NOWWA 挪瓦咖啡	1,200+	2019
Tims 咖啡	690+	1964
Manner Coffee	660+	2015
COSTA COFFEE	450+	1971
本来不该有	450+	2022
太平洋咖啡	320+	1992
M Stand	260+	2017
Peet's Coffee 皮爷咖啡	130+	1966
Seesaw Coffee	120+	2012
代数学家咖啡	90+	2015
%Arabica	80+	2014

资料来源：红餐大数据，数据统计时间截至2023年6月。

红餐网 | 红餐大数据

具体来看，国内门店数最多的咖饮品牌是瑞幸咖啡。瑞幸咖啡差异化地瞄准了消费者对于便捷、高性价比的消费需求，通过“小店模式”快速铺设大量门店。据红餐大数据，截至2023年6月，瑞幸咖啡的门店数超过10,000家，入驻城市超过240个，已经远超星巴克在国内的总门店数。

从上市到退市，历经两年的换血整顿、恢复调整后，瑞幸咖啡上演了“逆袭”戏码。根据其发布的2022年全年财报，瑞幸咖啡全年营业收入达到132.93亿元，同比增长66.9%，在GAAP下的营业利润达到了11.56亿元，营业利润率达8.7%。

2023年第一季度瑞幸咖啡延续了上一年的增长势头，营业收入同比增长了84.5%至44.37亿元，营业利润为6.78亿元，相当于一个季度就贡献了2022年全年近六成的营业利润。同时，该季度瑞幸咖啡净新增门店数共计 1,137 家，月均交易客户数同比增长了 84.6%，自营门店的同店销售额增幅回升至 29.6%。不难看出，门店密度的增加并未让瑞幸咖啡门店客流下滑，一定程度上说明瑞幸咖啡目前仍有较大的扩店空间。

为了进一步加速扩张，2023 年 5 月末瑞幸咖啡宣布开启“带店加盟”的模式，即针对店铺在租赁合同期内且正在经营或自有产权商铺的投资者推出的新合作模式。据了解，三线及以下城市是瑞幸咖啡此次开放“带店加盟”的重点区域。回顾近期瑞幸咖啡的加盟动向，在其开放合作伙伴招募的城市中，亦包括了部分县级城市。由此不难看出，瑞幸咖啡正在向下沉市场发起猛烈进攻。

在此发展势头之下，2023 年 6 月初，作为瑞幸咖啡在中国市场的第 10,000 家门店的厦门中山路旗舰店正式开业，标志着瑞幸咖啡成为我国首个万店咖饮品牌。达到万店之后的瑞幸咖啡具备显著的规模与成本优势。

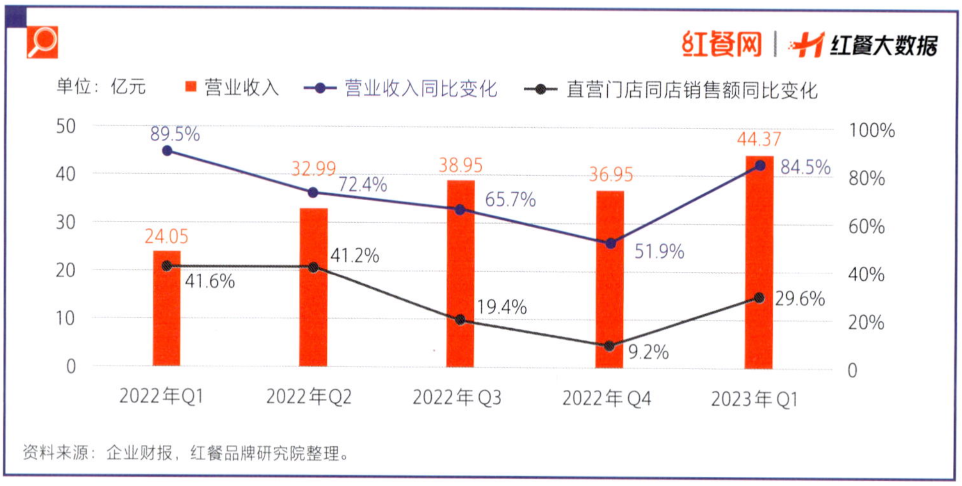

图 3-58　2022 — 2023 年第一季度瑞幸咖啡营收情况

2023 年第一季度，星巴克在中国市场也表现出了复苏之势。据其发布的 2023 财年第二季度财报（收录的为 2023 年 1 月 2 日至 4 月 2 日的数据），中国市场收入为 7.64 亿美元（折合人民币约 52.81 亿元），同比增长 3%。该季度星巴克门店扩张速度加快，新增门店达到了 153 家，同店销售额和同店交易量分别增长 3% 和 4%。

除了以上两大巨头以外，部分头部品牌也取得较好的发展。2022 年，Tims 中国在纳斯达克上市。据红餐大数据，2022 年 Tims 天好咖啡在全国范围内新开了 250 余家门店，且 2023 年仅第一季度就拓店 50 余家。同样在 2022 年发展快速的咖饮品牌还有 Manner Coffee、NOWWA 挪瓦咖啡以及幸运咖。2022 年，Manner Coffee 共开出了 200 余家新店，NOWWA 挪瓦咖啡共开出了 630 余家新店，幸运咖依靠着平价策略在下沉市场拓店迅猛，新开门店超过千家。进入 2023 年，这些咖饮品牌开店速度不减，第一季度分别拓店 90 余家、120 余家和 360 余家。据红餐大数据，截至 2023 年 6 月，Manner Coffee 总门店数量超过了 660 家，NOWWA 挪瓦咖啡门店数量已经超过了 1,200 家，幸运咖门店数更是达到了 2,200 余家。后起之秀的实力也不容小觑，例如 2022 年成立于深圳的本来不该有聚焦于鲜果咖啡，目前门店数已经超过 450 家。由瑞幸咖啡创始人陆正耀创办的库迪咖啡，成立不足一年门店数已经破千。据红餐大数据，截至 2023 年 6 月，库迪咖啡门店数约为 1,600 家。

2. “1 年多轮”融资情形不再，区域咖饮品牌获垂青

2021 年咖饮品类迎来了融资热，全年咖饮品牌融资事件达到 17 起，获得融资的品牌共有 9 个，其中 Manner Coffee、SEngine 鹰集咖啡、NOWWA 挪瓦咖啡表现亮眼，1 年内均完成了 3 轮融资。整体上看，2021 年咖饮赛道获得融资的品牌相对集中，并且“1 年多轮”的现象较为突出。

进入 2022 年，资本对咖饮赛道的热情不减，全年咖饮品牌融资事件共计 26 起，但“1 年多轮”的融资情形鲜少出现，资本的投资策略稍有调整。另外，在获得融资的咖饮品牌中，区域品牌占大多数。例如，宁波的歪咖啡、绍兴的 COCO.JULIET、长沙的 doc 当刻咖啡和 RUU COFFEE、东莞的 FELICITY ORIGIN、苏州的比星咖啡、广州的 store by.jpg、海南的小洋侨等。2023 年咖饮品类的融资热持续。2023 年上半年，全国咖饮品牌融资事件共计 12 起。

表 3-44　2022 — 2023 年上半年全国咖饮品牌融资情况

品牌名称	披露时间	融资轮次	融资金额	投资方
瑞幸咖啡	2022.1	战略融资	超 4 亿美元	大钲资本、IDG 资本、Ares SSG Capital Management
Seesaw Coffee	2022.2	A++ 轮	数亿元	黑蚁资本、基石资本
Tims 咖啡	2022.3	PIPE 轮	12.29 亿元	笛卡尔资本集团关联公司 Restaurant Brands-International、Silver Crest Management LLC、Shaolin Capital Management LLC
%Arabica	2022.4	控股投资	未披露	太盟投资集团
doc 当刻咖啡	2022.4	战略融资	未披露	宁波言之有理投资有限公司
FELICITY ORIGIN	2022.4	A 轮	1000 万元	福沃基金
小洋侨	2022.5	天使轮	约千万元	宝旭资本、个人投资者
八福咖啡	2022.5	战略融资	约千万元	香港九龙玖餐饮集团股份有限公司
RUU COFFEE	2022.5	并购	未披露	湖南柠柠麒餐饮管理有限公司
COCO.JULIET	2022.6	A 轮	未披露	博明基金管理有限公司
歪咖啡	2022.6	Pre-A 轮	未披露	林澄资本
禾舜咖啡	2022.6	Pre-A 轮	未披露	诸暨泓涛
比星咖啡	2022.7	天使轮	数千万元	顺为资本
	2022.11	天使 + 轮	未披露	前宇股权投资、峰毅远达基金
store by .jpg	2022.7	战略投资	未披露	凯辉基金
熊爪咖啡	2022.7	天使轮	未披露	未披露
vinvin 咖啡果饮	2022.8	天使轮	数千万元	个人投资者
啡之家	2022.9	天使轮	未披露	深圳前海启程基金管理有限公司
漫咖座	2022.9	天使轮	未披露	多雅基金管理有限公司
星诉咖啡	2022.1	天使轮	未披露	强讯基金管理有限公司
巡咖	2022.1	天使轮	未披露	未披露
意士多咖啡	2022.1	天使轮	数千万元	齐光资本
怪物困了	2022.11	天使轮	数百万元	美好自有力量
A 咖啡	2022.11	天使轮	约千万元	未披露
如此多娇	2022.12	天使轮	千万元	敨赋资本、华高软件
幸猫咖啡	2022.12	天使轮	2500 万元	瓜子股份
	2023.2	A 轮	1500 万美元	Bit Origin
悠小咖 UPLAYER	2023.3	A 轮	1500 万元	森信基金管理有限公司
四叶咖	2023.3	天使轮	数千万元	内向基金、天图投资
小咖主	2023.3	A 轮	1 亿元	星米资本、AD-VC 基金
AoTiger 虎闻咖啡	2023.2	天使轮	未披露	梅花创投
雷力咖啡	2023.2	A 轮	3000 万元	昕晟基金管理有限公司
由心咖啡	2023.2	战略融资	未披露	礼达基金
一口十一	2023.3	天使轮	5000 万元	欧若拉投资
星茵咖啡	2023.4	天使轮	200 万美元	香港誉邦投资有限公司
	2023.5	A 轮	2500 万美元	中天资本
布鲁熊咖啡	2023.3	天使轮	未披露	艺领基金
M stand	2023.6	B+ 轮	数亿元	小红书

资料来源：红餐大数据。

红餐网 | 红餐大数据

区域咖饮品牌受到资本青睐主要有两方面的原因。一方面，明星咖饮品牌发展迅速使得自身估值水涨船高，投资门槛也随之变高，让不少投资机构望而却步，开始寻找新的投资标的。另一方面，一批具有发展潜力的区域咖饮品牌开始出现，这些品牌大多来自新一线和二线城市，尽管门店数不多，但产品结构、团队管理、盈利模式均初步得到了市场验证，在当地拥有较高的知名度和用户口碑，从而吸引了投资机构的关注。

站在资本的角度，大多数区域咖饮品牌正处于品牌发展的早期阶段，而且规模相对较小，因此“投早”“投少”是 2022 年咖饮赛道投资的一大特色。据红餐大数据，2022 年咖饮赛道天使轮阶段的融资事件共计 16 起，约占当年总融资事件数的六成。进入 2023 年来，咖饮赛道的“投早”“投少”的投资偏好依然有延续的趋势，在 2023 年上半年的 12 起融资事件中，天使轮阶段的融资事件就占到了 5 起。

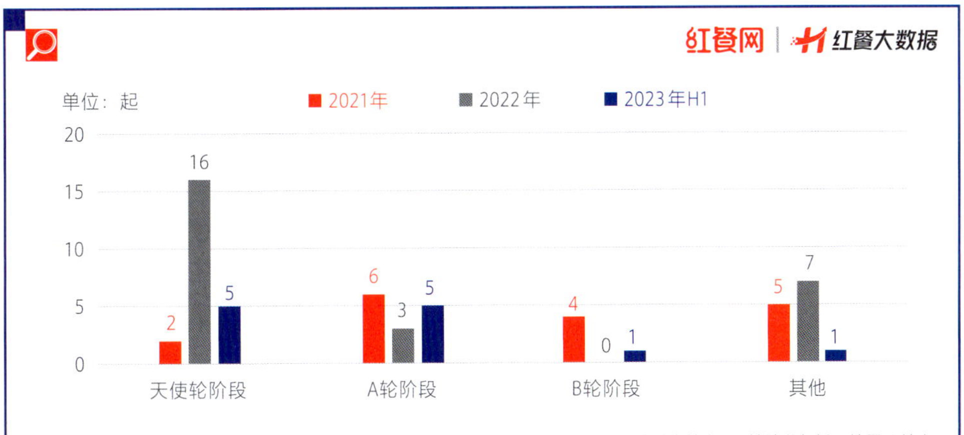

注：天使轮阶段包括天使轮至 A 轮之前的融资轮次，A 轮阶段包括 A 轮至 B 轮之前的融资轮次，B 轮阶段包括 B 轮至 C 轮之前的融资轮次，其他包括战略融资、并购、定向增发以及未披露等融资情况。

资料来源：红餐大数据。

图 3-59　2021 — 2023 年上半年全国咖饮品牌融资轮次分布情况

从融资金额上看，对比 2021 年，2022 年亿元级别以上的融资事件数大幅下降，千万元级别的融资事件数量从 2 起增加至 9 起。相比 2021 年动辄亿元级别的投资，2022 年投资机构对入局咖饮赛道趋于理性，更加关注财务健康、产品具有差异化特色、管理方式较为科学的咖饮品牌。

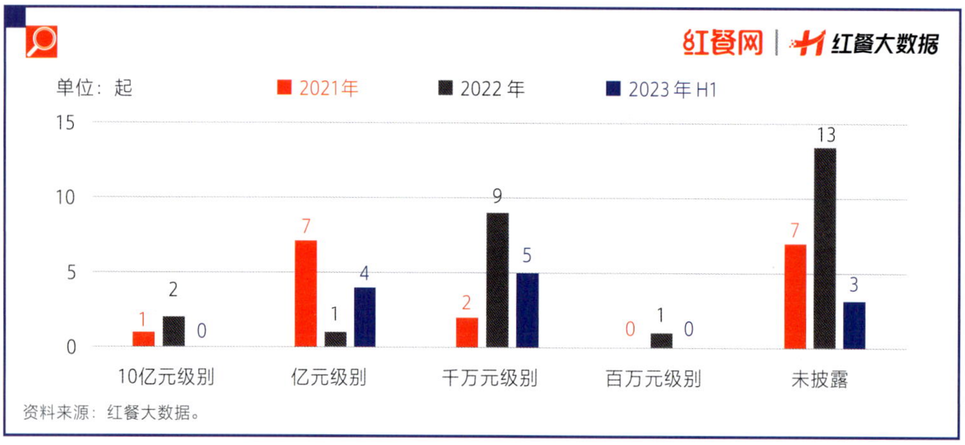

图 3-60　2021 — 2023 年上半年全国咖饮品牌融资金额分布情况

资本的推波助澜不仅加速了咖饮品类的发展，也在一定程度上带动了咖啡产业中上游的发展。综观整个咖啡领域，2022 年的融资事件数量在近 10 年当中创下新高。据红餐大数据，2022 年咖啡领域发生的融资事件共计 37 起，同比增长 48%，披露的总融资金额达到了 44.54 亿元。进入 2023 年，咖啡领域上半年发生的融资事件共计 15 起。

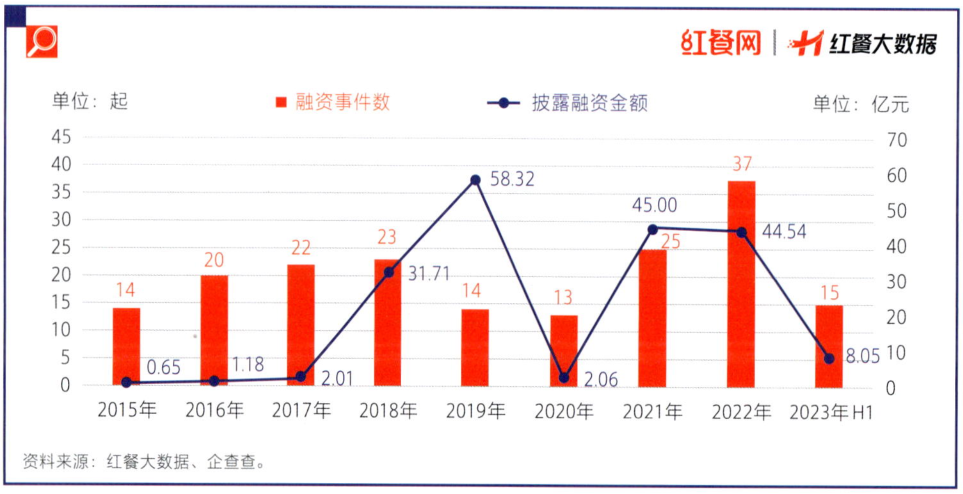

图 3-61　2015 — 2023 年上半年全国咖啡相关领域融资情况

从业态的角度来看，2022 年归属餐饮业的咖饮品牌获得的融资数量依然最多，但咖饮供应商和服务商也成为资本的新投资标的，融资事件数相较 2021 年均有所上涨。据红餐大数据，2022 年咖饮服务商融资事件数达到 6 起，融资方包括咖啡机研发、制造、销售相关的服务商，如咖啡之翼、友饮咖啡、咖饮网购平台开发相关服务商好咖网等。

表 3-45 2021 — 2023 年上半年全国咖啡相关领域融资事件数

类别	范畴	2021 年（起）	2022 年（起）	2023 年 H1（起）
咖饮品牌	餐饮（包括现制咖饮品牌）	17	26	12
咖啡零售品牌	食品饮料（包括速溶咖啡、即饮咖啡等以零售为主的咖啡品牌）	7	3	2
咖饮服务商	餐饮相关服务（包括提供品牌运营以及智能设备或软件研发、制造、销售的企业）	1	6	1
咖饮供应商	食材供应（包括提供原材料、食材的供应链企业）	0	2	0

资料来源：红餐大数据。

目前，国内咖饮品类正处于品牌化发展的黄金时期。下游餐饮品牌的连锁化和规模化程度逐步提升，也在一定程度上带动了我国咖啡产业的进一步发展，咖啡产业链条上的咖啡服务商和供应商均迎来了发展机遇。

3. 创业热情高涨，跨界咖饮成潮流

近年来，我国咖饮品类呈现出火热的发展态势，吸引了越来越多的创业者投身到咖饮赛道。据企查查数据，2022 年，我国咖啡相关的企业注册量达到 17,704 家，同比上涨 12.9%，存续量也大幅上升，相较 2021 年，咖啡相关企业的净增长量达到了 13,608 家。2023 年，咖饮创业热情持续高涨，仅上半年我国咖啡相关企业的注册量便达到了 11,456 家。

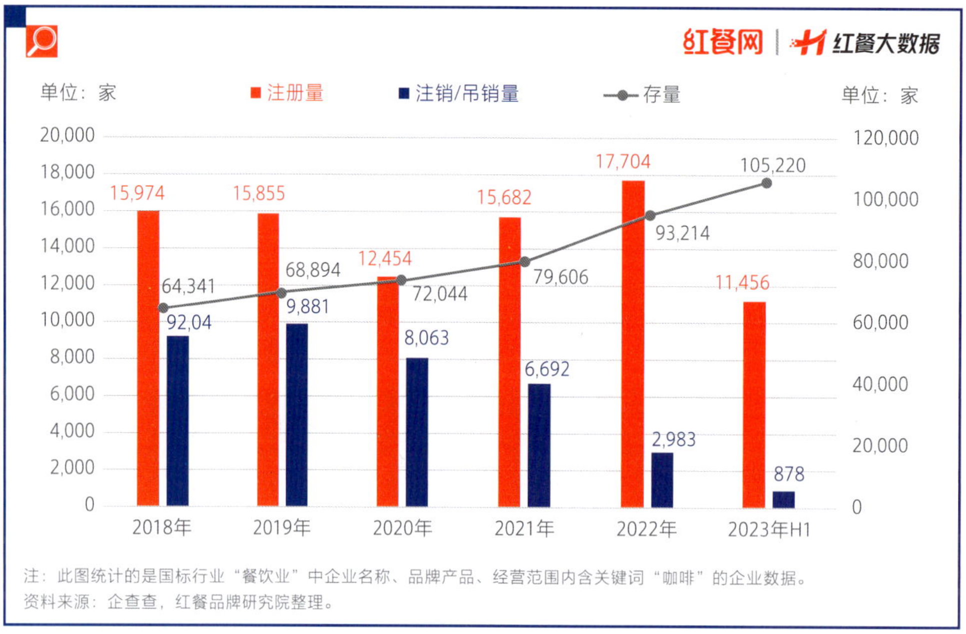

图 3-62　2018 — 2023 年上半年全国咖啡相关企业注册量、注销 / 吊销量、存量情况

与此同时，越来越热的咖饮赛道亦吸引了不少跨界品牌。据红餐品牌研究院不完全统计，2022 年拥有推出咖饮新品牌、注册咖啡相关商标、新增咖啡饮品相关业务等动向的跨界品牌达到了 23 个。2023 年 4 月，沪上阿姨推出的咖饮品牌沪咖以“双系统 + 店中店”形式进入了 20 家沪上阿姨的门店。

从所属行业上来看，跨界品牌大致可以分为餐饮品牌和非餐饮品牌两大类。2022 年，不少餐饮品牌跨界咖饮赛道，包括粉面品类的和府捞面、酸菜鱼品类的太二酸菜鱼以及一众茶饮品牌等。

除了餐饮同行以外，非餐饮品牌跨界咖饮的消息也层出不穷，如光明食品、李宁、飞利浦、猿辅导、中国铁路、中国邮政等已纷纷推出咖饮品牌；特步、华为、蔚来、东方甄选则传出了注册咖饮相关企业 / 商标的消息；天猫好房以及脑白金也打造了线下咖啡馆……

表 3-46 2022 — 2023 年全国跨界布局咖啡相关业务的企业概况（不完全统计）

	具体品类 / 行业	跨界品牌
餐饮品牌	茶饮品类	书亦烧仙草、柠季手打柠檬茶、甜啦啦、茶颜悦色、7 分甜、沪上阿姨
	粉面品类	和府捞面
	酸菜鱼品类	太二酸菜鱼
	包点品类	狗不理
非餐饮品牌	食品饮料行业	光明食品
	服饰行业	李宁、特步、内联升
	电子科技行业	华为、飞利浦
	电商行业	东方甄选、天猫好房
	汽车行业	蔚来
	教育行业	猿辅导
	保健品行业	脑白金
	交通运输行业	中国铁路、厦门航空
	邮政行业	中国邮政

资料来源：公开信息，红餐品牌研究院整理，数据统计时间截至 2023 年 6 月。 红餐网 | 红餐大数据

对于这些跨界品牌而言，跨界咖饮赛道的目的各不相同，但整体上可以归纳为以下两类。

一类跨界是出于业务发展的目的，想要在咖饮赛道中寻找新的增长点，例如很多茶饮品牌跨界便是基于此目标。

当下的茶饮赛道“内卷”激烈，市场规模增长出现了放缓的迹象，而咖饮赛道正值风口期。随着咖饮逐步大众化、本土化，茶饮和咖饮的界限越来越模糊，诸多茶饮品牌在逐步拓展咖饮赛道业务。因此，除了在门店推出咖饮系列产品之外，一些颇具规模的茶饮品牌还通过投资的方式进入咖饮赛道，如书亦烧仙草战略投资连锁咖啡品牌 doc 当刻咖啡，柠季手打柠檬茶全资控股咖啡品牌 RUU COFFEE。

从供应链的角度来看，茶饮品牌入局咖饮赛道也具有一定的优势。相比茶饮，咖饮的原材料相对单一，且工艺也相对成熟，而茶饮的供应链相对多元化。因此，除了咖啡豆以外，茶饮品牌的食材供应链基本上可以满足咖饮制作所需的原材料。若是已发展到一定规模的茶

饮品牌拓展咖饮赛道，其背后的供应链一定程度上能兼容咖饮品牌的发展，节省品牌前期探索的成本。例如蜜雪冰城旗下的幸运咖，成立于 2017 年，依托于蜜雪冰城的成熟供应链得以快速扩张，目前门店数超过 2,200 家。

2022 年也有部分茶饮品牌直接推出咖饮品牌抢占赛道，例如 7 分甜推出了咖饮子品牌轻醒咖啡，主打中式咖啡系列，此外还设有经典咖啡、其他特调咖啡以及不含咖啡的产品，产品售价在 9~21 元不等。红餐大数据显示，截至 2023 年 6 月，轻醒咖啡门店数约 40 家，主要集中于苏州、上海。

此外，甜啦啦和茶颜悦色分别在 2022 年推出了新的咖饮品牌卡小逗和鸳央咖啡。据红餐大数据，截至 2023 年 6 月，两者的门店数均超过 20 家。

除了茶饮品牌跨界咖饮赛道之外，其他跨界力量也想在这个赛道中分一杯羹。例如 2022 年初，中国邮政在厦门开出了第一家邮政咖啡门店。据红餐大数据，截至 2023 年 6 月，邮局咖啡已经逐步拓展至泉州、北京、南京、福州等城市，门店数达到了 12 家。

另一类跨界是出于品牌运营的需要。这些跨界力量想要以咖饮作为桥梁，拉近与年轻消费者的距离，强化消费者对于品牌的认知，进而提高用户黏性，如李宁、内联升、脑白金等品牌。

据了解，2022 年，鞋服品牌李宁推出的宁咖啡设在李宁门店内，通过消费满赠的方式向消费者提供咖饮服务。李宁官方对外表示，宁咖啡是其在零售终端消费体验上的一次尝试，主要是想提升顾客在购物时的舒适度。

虽然跨界进入咖饮赛道能够为品牌带来一些机会，但是咖饮赛道中同台竞技的品牌众多，竞争日趋激烈，跨界咖饮的生意要做好也并非易事。

4. 咖饮品类“西体中用”，“本土化”标签持续强化

近年来涌现出了一批表现优秀的本土咖饮品牌，它们在口味和搭配上的本土化创新越来越契合国人的咖啡消费需求，加之云南咖啡豆产业崛起，促使国内咖饮品类逐步“本土化”。

（1）口味本土化

自19世纪80年代咖啡饮品进入中国以来，苦中带酸的咖啡尚未彻底征服“中国胃”。据红餐品牌研究院发起的“2023年餐饮消费大调查”，在咖啡的口味偏好上，喜欢偏奶香或偏甜的消费者占比达到了76.8%。综观当下流行的咖饮产品，生椰拿铁、Dirty咖啡以及一众奶咖、果咖、茶咖，均是咖饮本土化的杰作。

如今，咖饮产品不断升级迭代，口味越来越多元化。红餐大数据显示，在2022—2023年消费者推荐最多的10款咖饮产品中，拿铁类咖饮占据统领地位，其他经典口味产品如美式咖啡、摩卡等则排名靠后。

相比早前单一的经典款式，近两年咖饮产品的口味十分丰富，大有追赶茶饮的趋势。目前，咖饮品类已经拥有了生椰拿铁、香草拿铁、厚乳拿铁等多种口味的产品，并且还在不断创新。例如创立于杭州的新锐咖饮品牌喜咖就推出了榴莲生椰拿铁、焦香烤布蕾拿铁、焦糖饼干鸳鸯等创新型咖饮产品。

表3-47　2022—2023年咖饮用户推荐产品排名

排名	2022年	2023年
1	生椰拿铁	生椰拿铁
2	美式咖啡	拿铁
3	拿铁	美式咖啡
4	丝绒拿铁	椰云拿铁
5	厚乳拿铁	厚乳拿铁
6	焦糖玛奇朵	冷萃咖啡
7	香草拿铁	燕麦拿铁
8	椰云拿铁	香橙美式
9	冷萃咖啡	榛果拿铁
10	燕麦拿铁	香草拿铁

注：2023年用户推荐产品统计时间截至2023年6月。
资料来源：红餐大数据。

红餐网 | 红餐大数据

此外，除了围绕咖啡风味进行创新之外，咖饮品牌还把配料范围大幅扩充，推出了中西结合的产品，如茅台咖啡、陈皮咖啡、罗汉果咖啡……口味的本土化使咖饮覆盖到更广泛的消费群体，进一步加速了咖饮品类的整体发展。

红餐网 | 红餐大数据

排名	关键词
1	茅台咖啡
2	桂花咖啡
3	黑芝麻咖啡
4	陈皮咖啡
5	乌龙咖啡
6	罗汉果咖啡
7	中式炖咖
8	酒酿拿铁

资料来源：美团，红餐品牌研究院整理。

图 3-63　2022 年中式咖饮搜索关键词排行

(2) 供应链本土化

据云南省农业农村厅发布的《2021 年度云南省咖啡产业发展报告》（以下简称《报告》），云南省的咖啡种植面积、产量、农业产值均占全国总量的 98% 以上，是国内咖啡主要的产区，在国内咖啡的供应上具有巨大的优势。

此外，《报告》还指出：“2021 年咖啡全产业链产值 316.72 亿元，同比增长 1.72%，其中，农业产值 26.43 亿元、加工产值 173.62 亿元、批发零售产值 116.67 亿元，创历史新高。”

从 2010 — 2021 年的数据来看，2013 年云南省咖啡产量突破 10 万吨，当年产量达到 11.66 万吨，近 5 年，云南咖啡的产量在 14 万吨上下浮动。2021 年，云南省咖啡产量达到了 14.03 万吨，同比增长了 3.85%。

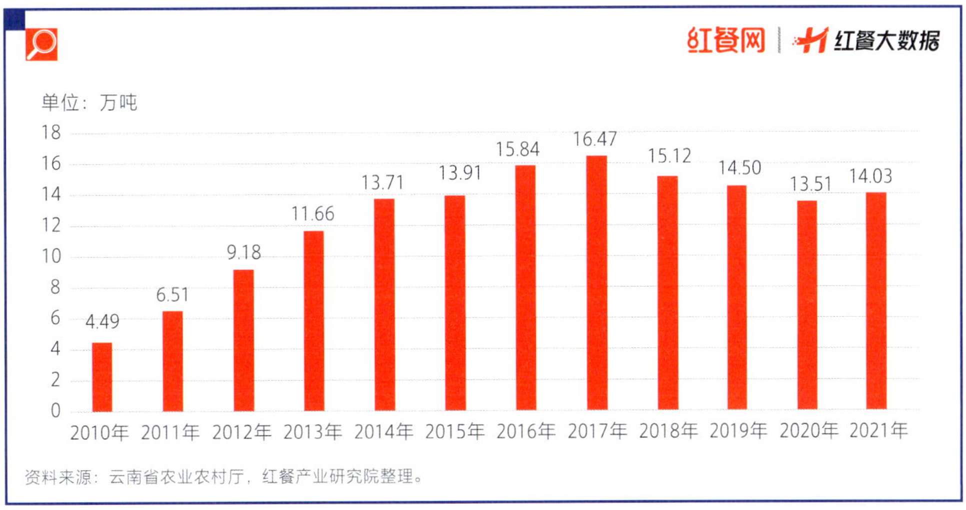

图 3-64　2010 — 2021 年云南省咖啡豆总产量

近年来，我国咖啡进口量持续上升，而出口量逐年降低。据中国海关总署公布的数据，2021 年我国咖啡豆进口量达到了 12.28 万吨，同比上升了 73.94%；出口量 3.53 万吨，同比下降了 39.24%，可见近年我国咖啡豆的消费量逐步增长。

同时，近年国产咖啡豆产量相对稳定，经红餐产业研究院测算，我国咖啡豆出口量占总产量的比例从 2018 年的约 80% 下降至 2021 年的约 25%，说明了国产咖啡豆更多地被留在国内。由此可见，国产咖啡豆的主要销售渠道已经从国外市场转移到了国内市场，以云南咖啡为代表的本土咖啡产业链在逐步崛起。

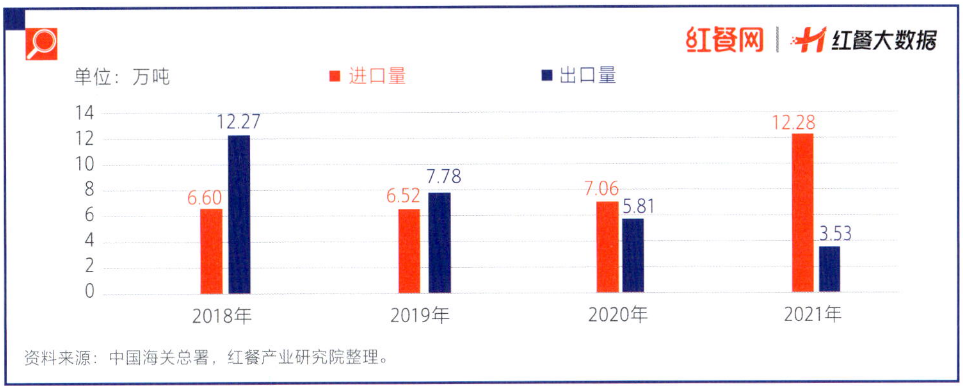

图 3-65　2018 — 2021 年全国咖啡豆进、出口情况

另外，近年国产咖啡豆的质量也有所提升。据星巴克云南种植者支持中心，2012 — 2021 年，云南咖啡豆收购的合格率从 20%~30% 显著提升到现在的 80% 以上。可见，目前的云南咖啡种植业已经进入了保质保量的标准化种植阶段。

纵观云南咖啡豆的崛起历程，星巴克在其中发挥了一定的作用。据了解，2012 年星巴克便在云南建立了亚太区及中国的首个咖啡种植者支持中心，旨在传播咖啡种植技术，推动云南咖啡产业朝着精品化转型，并在随后的 10 年间相继推出了 10 余款臻选云南咖啡豆产品。

如今，部分头部咖饮品牌为了加速扩张，降低原材料成本，亦深入云南咖啡豆上游进行布局。如蜜雪冰城、瑞幸咖啡、Seesaw Coffee 相继与云南的咖农、供应商合作；Manner Coffee 则在云南当地建立收豆站，直接从源头收购符合其标准的咖啡豆。随着云南咖啡种植业日益完善和规范化，加上咖饮头部品牌的带动，云南咖啡产业有望从“保质保量”迈向“高质高量”。

（3）咖饮配餐本土化

在本土化的过程中，咖饮搭配中式餐食也成为诸多品牌的创新思路。目前，已经有一批品牌瞄准中式早餐、午餐、晚餐市场做出了尝试，如和府捞面推出子品牌 Pick ME 咖啡 & 热食，M Stand 等品牌亦推出了一些中式配餐的产品。随着咖饮逐步大众化，其在产品搭配上不再是过往的咖啡 + 烘焙、西餐、简餐等固定模式，而是已经日渐丰富多元化，许多中式地方特色小吃的身影也出现在咖饮品牌菜单中，如粉面、煎饼果子、油条、牛杂等。

表 3-48　2023 年售卖中式配餐的咖饮品牌（不完全统计）

品牌名称	中式搭配
Pick ME 咖啡 & 热食	咖饮 + 面、饭等热食产品
M Stand	咖饮 + 油条
蓝瓶咖啡	咖饮 + 葱油华夫饼
两条人食志	咖饮 + 馄饨
COWCOW 其其 · 牛杂咖啡公司	咖饮 + 牛杂套餐

资料来源：红餐大数据。

红餐网 | 红餐大数据

随着咖饮产品创新首发优势的红利窗口期越来越短，咖饮逐渐突破时间、场景和配餐的局限，对咖饮配餐的探索或许是未来咖饮品牌竞争的方向之一。不同的咖饮品牌根据自身品牌特点或地域特征，推出适配的中式餐食，或许更能满足“中国胃”，获得更多消费者的青睐。

5. 咖饮消费需求刚柔并重，社区店型亟待激活

一方面，咖饮品类的规模化发展不断重塑咖饮的消费需求；另一方面，消费需求的变化也为咖饮的进一步发展开拓了空间。红餐品牌研究院“2023 年餐饮消费大调查”显示，在受访咖饮消费者中，每周至少饮用 1 杯咖饮的消费者达到了 85.0%，其中每天至少饮用 1 杯咖饮的消费者超过了 35%。对于超过三成的咖饮消费者而言，咖饮已经成为他们每日必喝的饮品。

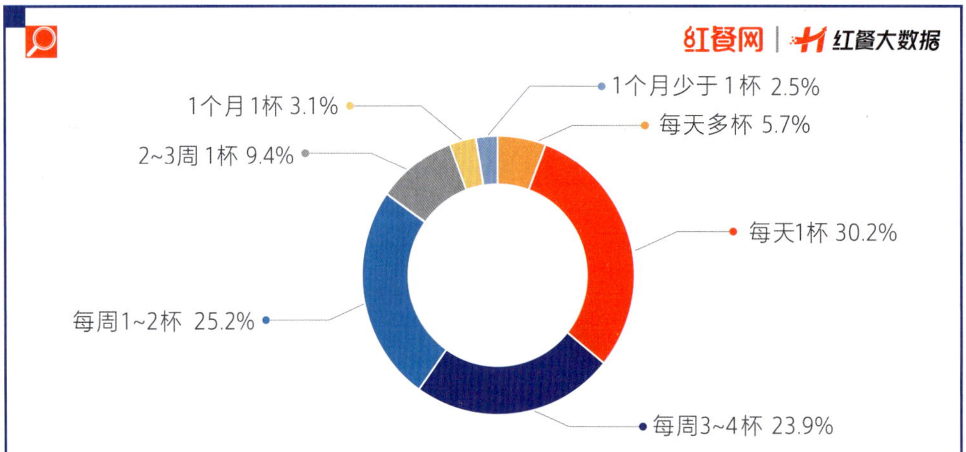

资料来源：红餐品牌研究院“2023 年餐饮消费大调查”。

图 3-66　2023 年咖饮消费者消费频率情况

同时，“刚柔并重”成为当下咖饮消费需求的一大特征。据调研结果，61.6% 的咖饮消费者是出于提神醒脑这一功能性需求来饮用咖啡的，而喜欢咖啡的味道以及享受咖啡店的氛围和服务这类相对弹性的需求占比分别是 71.1%、48.4%。可见，随着咖饮赛道不断发展壮大，咖饮的消费市场呈现出多种需求并重的特征。除了提神醒脑需求之外，喜欢咖啡的味道等“悦己型”消费需求亦较强劲。

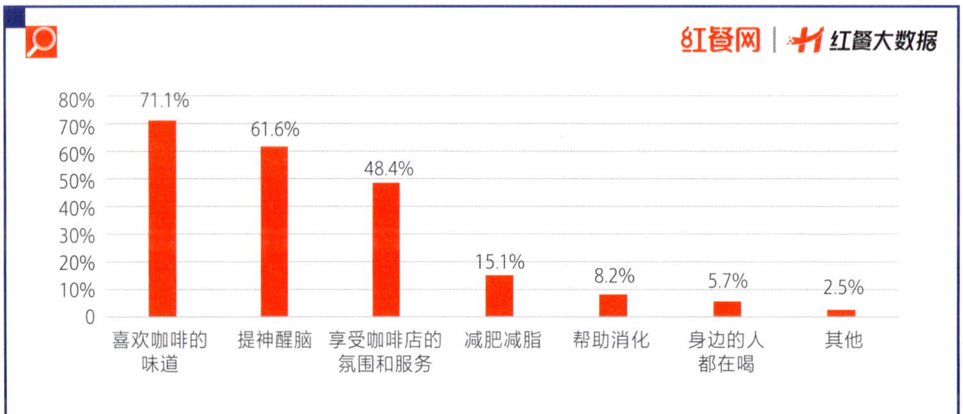

资料来源：红餐品牌研究院“2023 年餐饮消费大调查”。

图 3-67　2023 年咖饮消费者购买咖饮的原因

另外，咖饮消费者的产品忠诚度较高。据调研结果，总是选择熟悉的产品的咖饮消费者比例为16.3%，而通常选择熟悉的产品的比例最高，为57.9%。不难看出，超过七成的咖饮消费者偏向于选择自己熟悉的咖饮产品，高于茶饮的63.1%。而对于具有高度产品黏性（即总是选择熟悉的产品）这一特征的消费者比例，茶饮却要略胜咖饮。

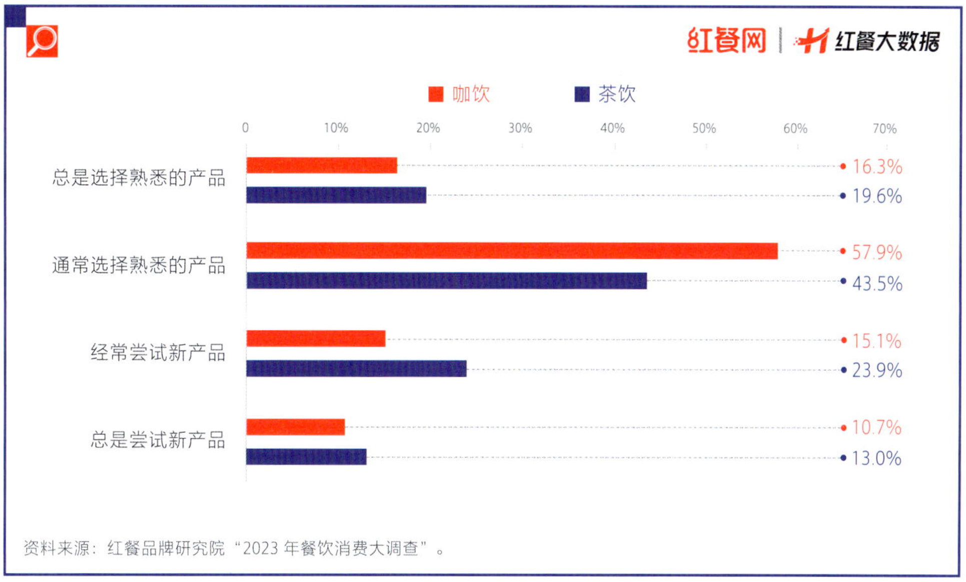

图3-68 2023年咖饮消费者和茶饮消费者的产品忠诚度对比

在消费时段上，咖饮的消费时段主要集中在上午和下午，其中40.9%的咖饮消费者选择在上午购买咖饮，39.0%的消费者会选择在下午购买咖饮。然而，不同性别的咖饮消费者在购买咖饮的时段偏好也略有不同。调查结果显示，男性喜欢在下午时段购买咖饮，而女性则更多偏向于在上午时段购买咖饮。因此，咖饮品牌可以通过洞察不同时间段的消费需求和消费者偏好，制定差异化的产品和营销策略，提高品牌影响力和市场竞争力。

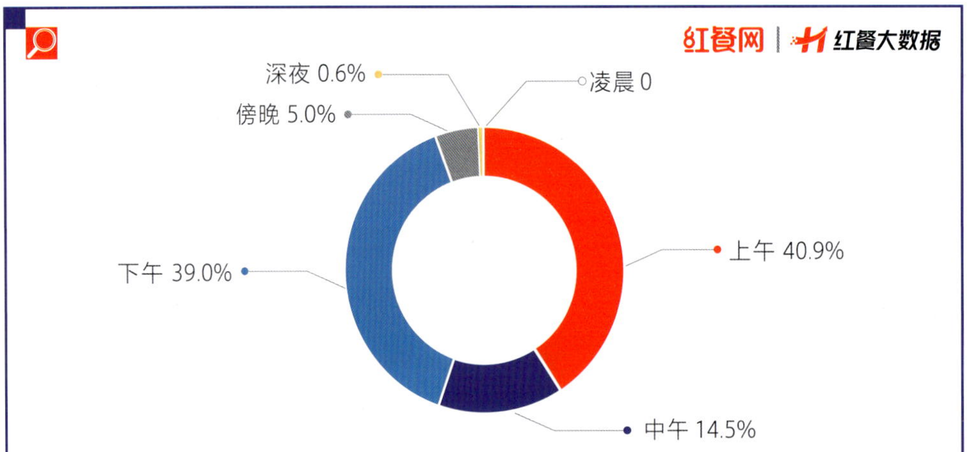

资料来源：红餐品牌研究院“2023 年餐饮消费大调查”。

图 3-69　2023 年不同时段咖饮消费情况分布

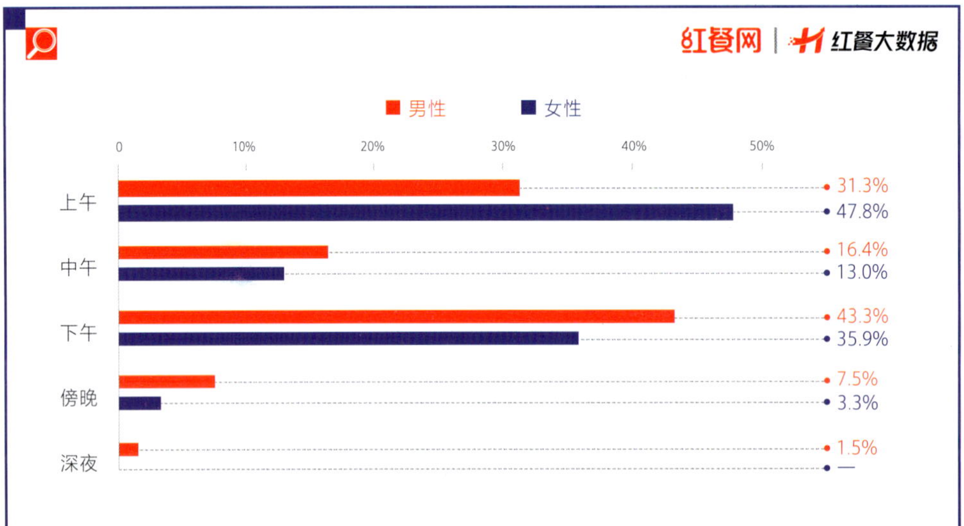

资料来源：红餐品牌研究院“2023 年餐饮消费大调查”。

图 3-70　2023 年不同性别的咖饮消费者各时段的咖饮消费情况分布

在购买渠道上，外卖、大商场店和 CBD 商务区的咖饮店依旧是咖饮消费渠道的主流，然而社区咖饮店的消费需求也不容忽视。据调查结果，选择点外卖、在商场店或者商务区附近的咖饮店进行消费的咖饮消费者占比分别为 41.5%、44.0%、40.9%，而选择社区咖饮店的咖饮消费者也达到了 43.4%。

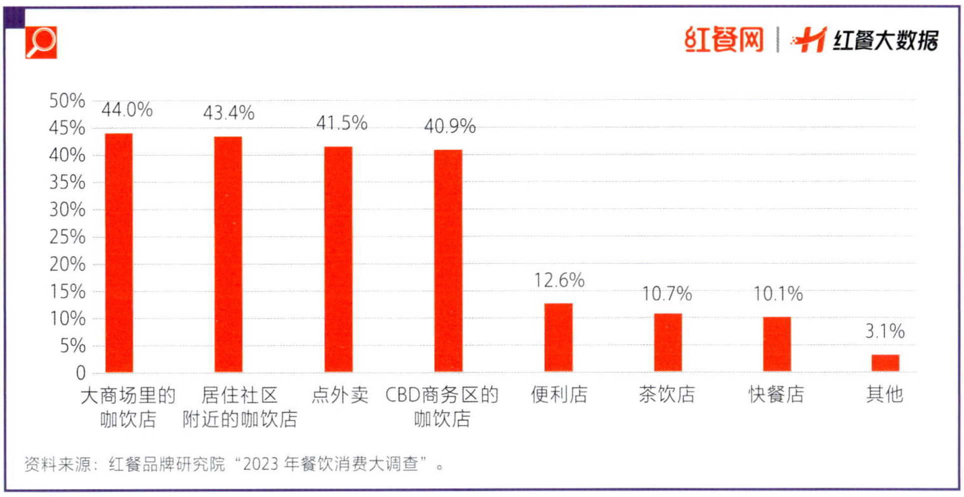

图 3-71　2023 年咖饮消费者购买咖饮的渠道分布

可见，咖饮店离消费者越来越近了，咖饮消费正在慢慢融入消费者的日常生活场景。为了开拓更多的消费场景，一批咖饮品牌正在尝试社区店型。

例如广州的来回咖啡，经营模式与星巴克相似，都是主打社交空间。但是两者的品牌理念却不尽相同，星巴克主打介于家和办公室之间的“第三空间”，而来回咖啡的品牌理念则是“让精品咖啡融入日常生活”，因此其门店选址更偏向于离写字楼、商业区不远的居民社区中。据红餐大数据，截至 2023 年 6 月，来回咖啡的门店数达到了 11 家。

除了来回咖啡之外，杭州的八角杯咖啡也扎根社区多年，其同样采用复合型选址策略，将目标客群扩大至社区居民以及周边工作的白领群体，其用户复购率可以达到 60%~70%。据红餐大数据，截至 2023 年 6 月，八角杯咖啡在杭州的直营门店数为近 20 家。

与布局在商圈、商务区等区域的咖饮店不同，社区咖饮店面对的是更加多元的消费需求：享受咖饮店的社交空间、了解学习咖啡知识、在喝咖啡的同时解决餐食需求……因此，社区咖饮店存在一定的发展空间，但是社区咖饮店的门店模型以及产品结构需要结合附近居民的实际需求来进行设置，尚需时日打磨和沉淀。

综上所述，2023 年的咖饮赛道值得期待，“平价化”“本土化”“开拓下沉市场”依然是咖饮品类发展的年度关键词，更多的实力品牌有望持续“狂飙”。

CHINA CATERING

05

第五节 烧烤：烤串供应链难题待解，烤肉面临新一轮格局重塑

2023年，淄博烧烤成为流量宠儿，为地方烧烤的出圈提供了范本，也顺势拉升了整个烧烤品类的热度。作为发展潜力较大的餐饮赛道，烧烤品类近两年的市场规模持续增长，并呈现出了新的发展特征：烤串和烤肉两大细分品类发展各异，露营烧烤、“一人食”烧烤等新的消费场景需求上涨，烤肉“放题”“烧鸟”等烧烤新模式冉冉升起。

一、烧烤赛道增长潜力大，2023年市场规模有望超2,300亿元

烧烤作为历史较为悠久的餐饮品类，在我国拥有人数众多的拥趸者，且不同地域都有自己的特色烧烤。如“万物皆可烧烤”的锦州烧烤，调料简单、吃法粗犷豪迈的新疆烧烤，论把卖、按把烤、一把吃的宜宾把把烧，主打炭烤生蚝的湛江烧烤，以及近期凭借“小葱蘸酱+卷饼”火速出圈的淄博烧烤……除此之外，不同的烤制方式、烤制工具、食材和口味，也衍生出众多烧烤类别，使得烧烤品类变得丰富而饱满。

种类繁多的烧烤细分派系呈现出了各具特色的口感和味道，极大地丰富了我国烧烤品类的产品库，也给消费者带来了多样化的消费体验。

按烤制方式分	按口味分	按地域分	按食材分	按烤制工具分
明火烤	香辣	东北烧烤	肉类	串烤
泥烤	麻辣	西南烧烤	海鲜	炙烤
铁板烤	孜然	西北烧烤	蔬菜	叉烤
纸上烧烤	五香	东南烧烤	豆制品	……
竹烤	蜜汁	……	……	
瓦片烤	……			
……				

资料来源：公开信息，红餐品牌研究院整理。

图 3-72　全国烧烤主要类别

经过多年的发展和演变，如今我国烧烤品类已经拥有庞大的消费群体，具有消费频次相对高、社交属性相对强的特性。

红餐品牌研究院“2023 年餐饮消费大调查”显示，在受访消费者中，31.6% 的烧烤消费者每周至少吃 1 次烧烤，而仅有 23.3% 的火锅消费者每周至少吃 1 次火锅。不难看出，相对火锅品类而言，烧烤品类的消费频次更高。

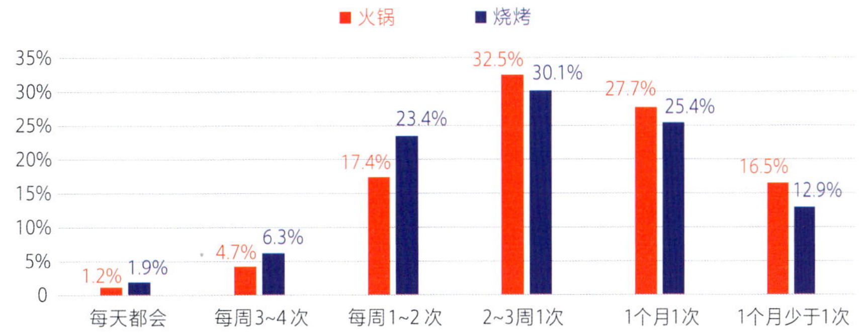

资料来源：红餐品牌研究院“2023 年餐饮消费大调查”。

图 3-73　2023 年火锅、烧烤消费者消费频率情况

在用餐场景上，烧烤也突出了其强社交的属性。

据红餐品牌研究院“2023 年餐饮消费大调查”，去烧烤店消费是基于朋友聚餐、家人聚餐、同事聚餐需求的受访者占比分别达到了 81.3%、50.7%、47.8%。由此来看，烧烤的就餐场景多聚焦在群体社交聚餐，如朋友、同学、家庭甚至是工作聚餐，这与火锅品类的就餐场景较为相似。

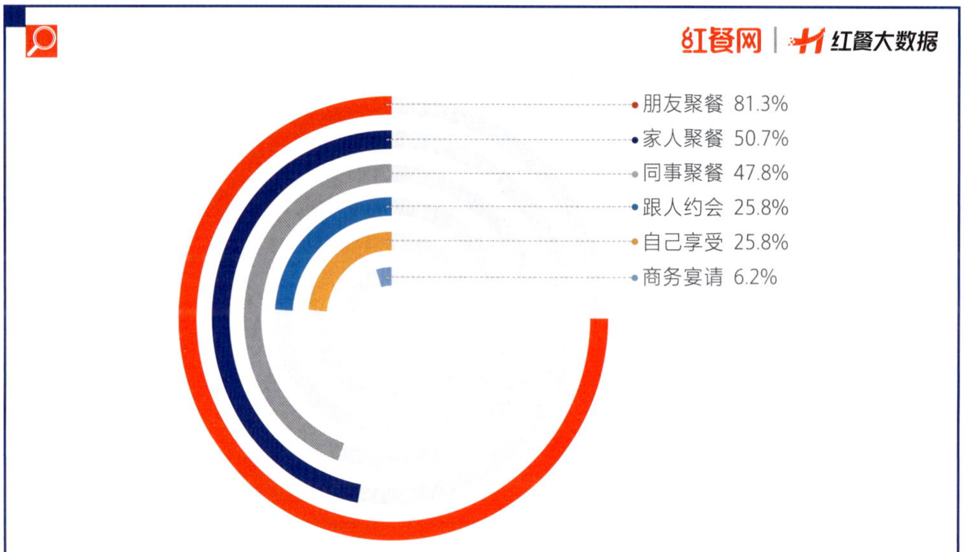

资料来源：红餐品牌研究院“2023 年餐饮消费大调查”。

图 3-74　2023 年烧烤消费者喜爱的烧烤消费场景

虽然烧烤与火锅同样具有消费频次高、社交属性强的特点，但在市场规模上却与高达近 5,000 亿元市场规模的火锅存在比较大的差距。

红餐大数据显示，2022 年烧烤品类市场规模为 2,039 亿元，不到火锅市场规模的一半。不难看出，我国烧烤品类的市场规模还存在较大的增长空间。特别是近年来“夜经济”发展迅速，夜间消费需求旺盛，作为夜经济的支柱品类，烧烤赛道的成长潜力值得期待。

进入 2023 年，“淄博烧烤热”出圈，烧烤品类的消费需求得以快速释放，并带动了各地的烧烤经济，烧烤品类的发展被进一步提速。红餐大数据显示，2023 年全国烧烤市场规模有望突破 2,300 亿元。

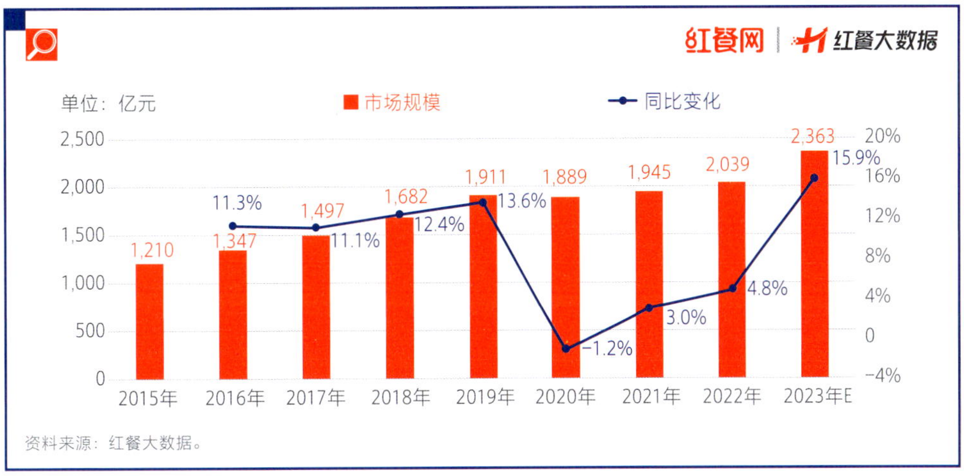

图 3-75　2015 — 2023 年全国烧烤品类市场规模概况

值得注意的是，尽管烧烤品类的市场规模在持续增长，但烧烤品类的连锁化程度依然偏低。据红餐大数据，截至 2023 年 6 月，门店数在 5 家以下的烧烤品牌占了 24.3%，门店数在 5~50 家的品牌数占比最高，达到了 60.7%，而门店数在 50 家以上的品牌占比仅有 15.0%。从近两年半的烧烤品牌门店数区间占比分布来看，小型连锁品牌依然是烧烤赛道的主流玩家，中大型的连锁品牌较少。

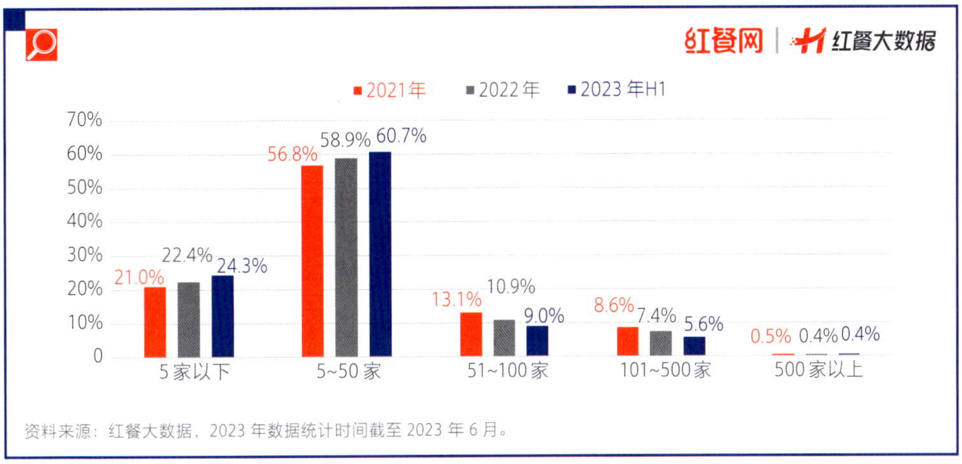

图 3-76　2021 — 2023 年上半年全国烧烤品牌门店数区间占比分布

二、烤串：供应链制约品牌规模化发展

作为烧烤的最大细分赛道，烤串品类的连锁化和规模化程度相对低，至今没有一个品牌突破千家门店。

据红餐大数据，截至 2023 年 6 月，门店数最多的烤串品牌是串意十足，为 520 余家门店。总门店数排在第二位的木屋烧烤，在 2022 年末宣布开放内部加盟，即对在木屋烧烤工作 5 年以上的优秀员工、店经理、技术人才开放加盟资格，这意味着木屋烧烤的扩张将有一定程度的提速。目前，其门店数达到了 210 余家。

在烤串品类中，虽然大部分品牌的门店数均未过百，但其中的部分品牌发展势头也备受关注。如破店肥哈东北烧烤，2022 年全年开出了 50 余家店，目前其总门店数达到了 70 余家。瞄准“烧烤 +”赛道的北丐先生目前门店数超过 10 家，其门店除了售卖烤串产品以外，还推出了馄饨、麻辣烫等产品，满足食客多种需求。

总的来说，烤串品类的竞争格局尚未定局，未来依然充满了想象。

表 3-49　2023 年全国部分烤串品牌概况

品牌名称	门店数（家）	创立时间（年）	发源地
串意十足	520+	2018	上海
木屋烧烤	210+	2003	深圳
大圣烧烤	110+	2002	宜昌
郭靖烤全羊	100+	2014	北京
很久以前羊肉串	90+	2008	北京
破店肥哈东北烧烤	70+	2019	沈阳
聚点串吧	60+	2005	北京
丰茂烤串	50+	1991	延吉
管氏翅吧	40+	2006	北京
何师烧烤	40+	2003	成都
客串出品	40+	2015	长沙
冰城串吧	30+	2004	北京
阿拉提羊肉串	20+	2012	苏州
永定门电烤串	20+	1998	北京
北丐先生	10+	1998	北京
陶小串	10+	2017	上海
柳叶刀烧烤	约 9	2017	北京

资料来源：红餐大数据，数据统计时间截至 2023 年 6 月。　红餐网 | 红餐大数据

烤串品牌的规模化程度相对低，这与烤串供应链标准化难度大、第三方供应链企业参与程度低存在一定的关系。

首先，目前穿串环节尚未完全脱离人工，实现标准化的难度相对较大，供应端的效能难以提升。手工穿串产能较低而且人工成本较高，这在一定程度上降低了烤串门店的毛利。虽然现在也有部分烤串品牌使用了机器穿串，但机器穿串不仅对肉质有一定的要求，且损耗也相对大。因此，此类技术目前并未在行业中普及，多数烤串店依然还是采用手工穿串的方式。

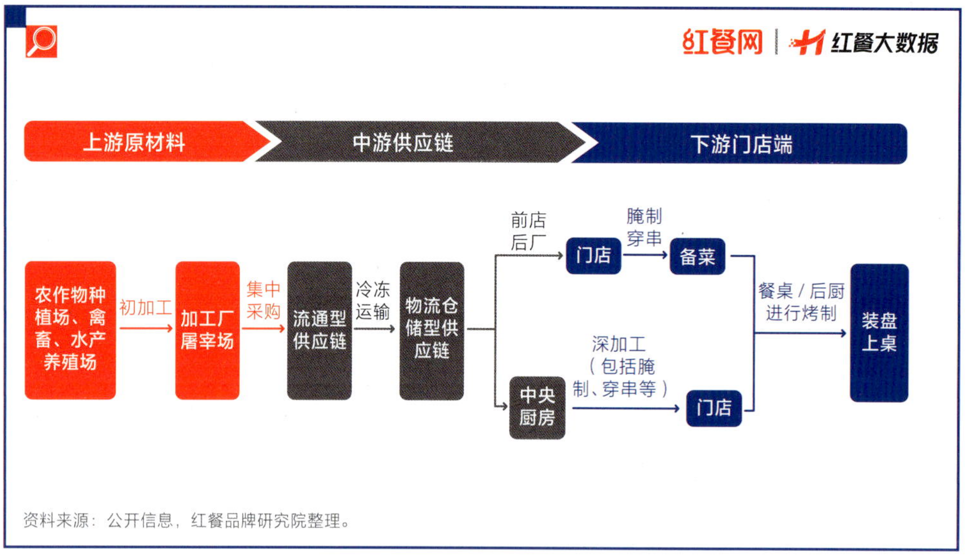

图 3-77 烤串品类食材供应链情况

即使是木屋烧烤、冰城串吧、聚点串吧等品牌，仍然会将采购的原材料运送至中央厨房进行人工穿串。而很久以前羊肉串、丰茂烤串等主打现串现烤的品牌，则直接在门店完成人工穿串环节。

其实，也有烤串品牌试图通过自建供应链解决这个难题，但由于无法完全避免依赖人力的穿串环节，标准化的供应链体系对其降低食材成本的作用收效甚微，稍有不慎还会影响品牌的生存。如冰城串吧旗下的供应链利思客，初期由于将资金向工厂端倾斜，导致冰城串吧门店运营吃力，继而影响了品牌的整体盈利能力。其后调整了运营策略才改善了这种状况。

其次，烤串供应链规模不经济，第三方供应链企业参与度偏低。一方面，烤串的食材种类多样，穿串难度高，并且烤串对于食材的精细度要求亦相对高。另一方面，单一食材的加工速度快、规模大，产品利润空间相对大，第三方供应链企业则倾向于按照食材品类划分流水线以提高生产效率。而为了保证烤串的口味独特性，大部分品牌都是选择自行腌制食材，供应商在烤串腌制环节的参与度亦较低。在此背景下，能提供符合烤串品牌需要的第三方肉串类供应商亦相对紧缺。

综上所述，在烤串的供应链体系中，烤串品牌与上游食材供应链之间难以找到较好的合作利益点，导致二者耦合度不高，从而限制了品类的品牌化、规模化发展。由此来看，解决食材供应标准化问题已成为烤串品牌破解扩张困局的关键点。不过值得注意的是，自建供应链对于烤串品牌的综合实力要求较高，并非所有品牌都能做到。这也是目前烤串品牌不能实现快速规模化发展的主要原因之一。

三、烤肉：面临新一轮格局重塑

作为烧烤的另一细分赛道，烤肉赛道近年似乎陷入了增长放缓的发展瓶颈，诸多品牌的发展状况不尽如人意。

从门店数量的分布梯队上看，烤肉品牌竞争格局并未出现较大变化，排名靠前的依然是九田家黑牛料理烤肉、酒拾烤肉、小猪查理川式烤肉等老面孔。从新增门店来看，烤肉品牌的势头也有所放缓。据红餐大数据，2015 年起家于内蒙古呼和浩特市的九田家黑牛料理烤肉依旧是门店数量最多的烤肉品牌。截至 2023 年 6 月，其门店数达到了 990 余家。尽管其门店数量远超其他烤肉品牌，但其 2022 年以来的开店速度有所放缓。此外，以新石器烤肉、汉拿山烤肉等为代表的韩式烤肉品牌的门店规模与前两年相比也均有不同程度的缩水。

前些年，国潮、融合、创新风潮在烤肉赛道兴起，新中式融合烤肉品牌随之崛起。酒拾烤肉、柒酒烤肉等主打新中式融合烤肉的品牌趁着国潮风快速拓店。然而，2022 年以来，不少新中式烤肉品牌的拓店速度均有不同程度的下降，甚至部分品牌还出现了门店收缩的状况。如酒拾烤肉，2022 年全年仅新增 70 余家门店，与 2021 年新开门店数量相比，减少了七成。

在一些烤肉品牌陷入增长难题之时，一些新势力烤肉品牌却另辟蹊径，探索出了新的发展之路，逆势崛起。譬如主打定制泥炉、食材现点现切的西塔老太太泥炉烤肉，2022 年全年新开门店数超过 80 家。2023 年其拓店速度更是进一步加快，前 6 个月新开门店将近 60 家，并且在北京、上海、广州等多个城市中拥有较高的人气。主攻下沉市场的北木南烤肉和酒则凭借相对低的人均消费在下沉市场快速开疆拓土，2022 年全年新增门店数超过 100 家，目前全国门店数超过 390 家。

表 3-50　2023 年全国部分烤肉品牌概况

品牌名称	门店数（家）	创立时间（年）	发源地
九田家黑牛料理烤肉	990+	2015	呼和浩特
酒拾烤肉	550+	2017	长沙
小猪查理川式烤肉	500+	2019	北京
北木南烤肉和酒	390+	2016	重庆
韩宫宴	360+	2011	无锡
西塔老太太泥炉烤肉	200+	1997	沈阳
柒酒烤肉	190+	2015	长沙
来点烤肉	130+	2017	长沙
新石器烤肉	120+	1999	上海
姜虎东白丁烤肉	60+	2003	韩国
汉拿山烤肉	50+	2001	北京
权金城	40+	2000	北京
金妈家烤肉	30+	2013	重庆
炉小哥烤肉	30+	2015	郑州
猫抓烤肉	30+	2012	北京
小核桃烤肉馆	20+	2018	沈阳
御牛道	20+	2008	杭州
闻老头菊花碳烤肉	约 6	2022	杭州

资料来源：红餐大数据，数据统计时间截至 2023 年 6 月。

红餐网 | 红餐大数据

与此同时，亦有一些跨品类入局的实力派选手进入烤肉赛道。例如呷哺呷哺于2022年推出了高端烤肉品牌趁烧，主打“烧肉+酒茶”多元化业态的趁烧将人均消费圈定在170元左右，目前市场反响尚可，已经在上海开出了2家门店。呷哺呷哺2022年12月发布的数据显示，趁烧的翻台率在3~6次/天，全年单店营收预破3,000万元。

综上所述，烤肉品类正在面临新一轮的格局重塑。新中式融合烤肉、异军突起的烤肉新势力品牌、烤肉跨品类选手，这三股势力均在合力助推烤肉赛道的热度。究竟谁能在较量中更胜一筹，还有待进一步观察。

四、“一人食”消费需求增长，助力烧烤突破场景限制

近年来，随着消费者需求日益多样化，烧烤品类的消费场景不再局限于堂食，而是变得日益多元化。从堂食延伸到外卖、露营烧烤食材外带等服务，烧烤的用餐场景从门店堂食扩充到更多的生活场景中。

例如近年关注度颇高的“露营经济”催生了露营餐饮热，这股热潮也吹进了烧烤行业。不少嗅到商机的烧烤品牌如木屋烧烤等纷纷推出了露营烧烤“一条龙”服务，为消费者提供烧烤食材外带外送套餐，如各类提前腌制好的肉类、清洗好的净菜、调味品以及烧烤工具等。

除了烧烤品牌之外，生鲜超市、食材供应商等选手，甚至某些跨行业的大品牌也加入了露营烧烤的战场。比如，盒马鲜生通过在门店开设烧烤产品选购区，出售各类腌制肉串、海鲜、牛排等食材，甚至还有配好调料的蒜蓉粉丝扇贝、蒜蓉生蚝等食材。各大火锅超市的烧烤用品，同样一应俱全，如锅圈食汇除了推出烧烤食材以外，还有无烟烧烤炉、烧烤调料等烧烤用品。

露营经济的兴起，确实大大拓展了烧烤的消费场景，但进入 2023 年后，随着消费者外出旅行机会增多，露营经济或在一定程度上受到影响。基于此，烧烤品牌要想从露营烧烤市场中脱颖而出，还需要结合自身产品或服务优势，走出差异化道路。

此外，随着独居和单身人数的增加，“一人食”烤肉近年也逐渐兴起。一些商家瞄准了这一空白市场，开始推出“一人食”烤肉套餐。如聚焦于区域发展的肉魁屋 NIKUGAIYA mini · 一人食烧肉，不仅可以堂食，还供应一人食烤肉外卖便当，目前其已经开出了 2 家门店。而聚焦于广州的赤坂一丁以单人单炉的日式烤肉切入“一人食”市场，目前其已经在广深两地开出了 6 家门店。

“一人食”需求旺盛的主要原因是独居人数和单身人数的逐年增加。据全国第七次人口普查，我国平均家庭规模为 2.62 人，较 2010 年减少了 0.48 人。贝壳研究院发布的《新独居时代报告》亦预测，“2030 年独居人口数量或将达到 1.5 亿 ~2 亿人，独居率或将超过 30%，其中 20~39 岁独居青年或将从 2010 年的 1,800 万增加到 2030 年的 4,000 万 ~7,000 万人”。

从以上数据不难看出，我国独居人士和单身人士数量在逐步增加，随之而来的是消费者对于单人就餐的需求在逐步上升。目前，我国“一人食”烤肉市场还处于摸索阶段，模式尚未成熟，需要众多的烤肉品牌做出更多探索。但对于社交属性较为浓厚的烤串品类来说，“一人食”烧烤就餐市场尚待开发。

五、从“放题”到“烧鸟”，烧烤探索新模式

除了拓宽消费场景，烧烤品牌亦在积极借鉴其他品类的模式，做出新尝试。

譬如落座点餐的非自助式烤肉向来是烤肉较常见的就餐形式，但凭借着自由度高、互动性强等特质，近年来自助式烤肉亦受到不少消费者的喜爱。不过，尽管自助烤肉增强了消费者就餐的参与感和体验感，降低了烤肉餐厅的人工服务成本，但也存在一些问题。如在开放式取餐台上长时间展示的食材会存在一定的食品安全隐患，消费者不限量自取食材易导致浪费等。

而近年在国内流行的“烤肉放题”则能规避以上问题。放题来自日语，有“随便”“任意”“不限”的意思。烤肉放题即烤肉餐厅不限量供应指定款的菜式，消费者可以随意享用。烤肉放题餐厅将指定菜品制作成放题套餐，然后消费者根据放题套餐菜单中的菜品进行下单。上菜时，餐厅将菜品按份端上桌，消费者还可以根据自己的就餐情况追加菜品。

烤肉放题与烤肉自助存在诸多的差异，烤肉放题不仅能规避食材长时间展示带来的食品安全隐患以及食材浪费等问题，还可以较为精准地洞察消费需求，灵活调整放题菜单，提升餐厅的经营效益。如赤坂亭 · M9 和牛放题通过根据不同的食材组合，开发多种不同价位的烤肉放题套餐，并根据各个门店的消费群体特性，在不同门店推出适配的套餐。

表 3-51 烤肉放题与烤肉自助餐的异同

	烤肉放题	烤肉自助
计价	支付固定金额	支付固定的金额
形式	菜单点餐再由服务员端上桌	消费者到食材陈列柜自取
菜式	随意享用指定的菜式，不限量	随意享用所有供应的菜式，不限量
分量	分量固定	分量固定或者消费者自定
烤制	自行烤制或店员桌边帮忙烤制	自行烤制

资料来源：公开信息，红餐品牌研究院整理。

红餐网 | 红餐大数据

除了烤肉品牌做放题餐厅之外，一些烤串品牌也开始尝试“放题”这一形式。2022 年，丰茂烤串在北京三里屯开了一家烧烤放题店——丰茂放题。消费者在店内除了可以和丰茂烤串一样单点就餐之外，还能选择放题套餐。据了解，该放题餐厅的人均消费相较丰茂烤串餐厅偏高。丰茂烤串或想通过放题的模式来提高餐厅的人均消费，但目前该餐厅已经歇业。因此，放题模式在烤串赛道是否能跑得通，仍需继续观察。

除了放题，近年烧烤赛道还尝试了另外一种新形式——烧鸟。烧鸟的概念来自日本，是日式料理中的一种，最初是指由鸡肉和鸡内脏制成的日式烤串。发展至今，烧鸟的食材不再拘泥于鸡肉和鸡内脏，猪肉、牛肉、蔬菜等食材在烧鸟中越来越常见。据了解，烧鸟并非近年才被引进到我国，早在很多年前，烧鸟便出现在我国部分日式料理店中。近年来，越来越多的烧鸟专门店开始出现，烧鸟的关注度日益高涨。从巨量算数的关键词搜索指数看，从 2022 年 5 月开始，“烧鸟”一词的搜索指数开始上涨，并保持高位状态。

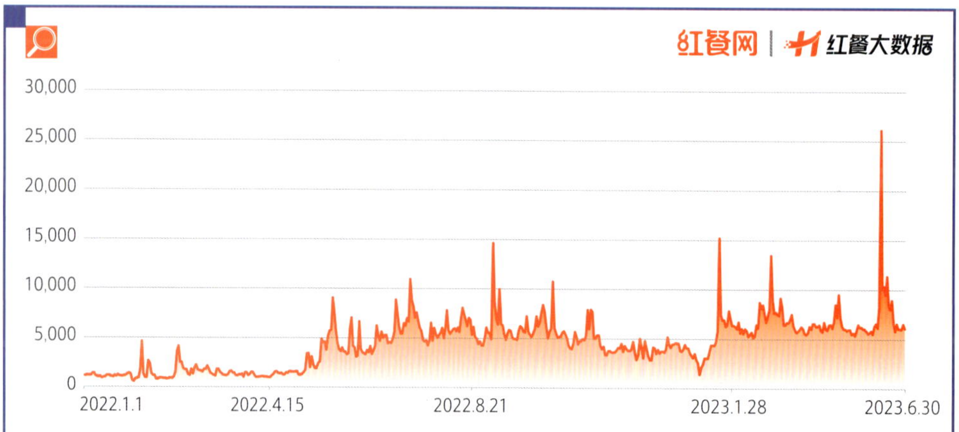

资料来源：巨量算数，红餐品牌研究院整理，数据统计时间截至 2023 年 6 月。

图 3-78　2022 — 2023 年上半年“烧鸟”关键词搜索指数

起初，相较于寿司、拉面、刺身等日式料理，烧鸟的消费认知相对薄弱，不足以让其以专门店的形式发展。近年来烧鸟专门店的出现，或表示烧鸟在国内市场中探索出了合适的市场定位。

据红餐大数据，截至 2023 年 6 月，国内烧鸟品牌的人均消费在 100~150 元这一区间的品牌数占比为 35.1%，150 元以上的占比则达到了 41.5%。而烧烤大盘人均消费 100~150 元和 150 元以上的占比则分别为 14.1%、4.0%。相比之下，烧鸟品牌的人均消费高于烧烤大盘，属于烤串高端市场的代表选手。

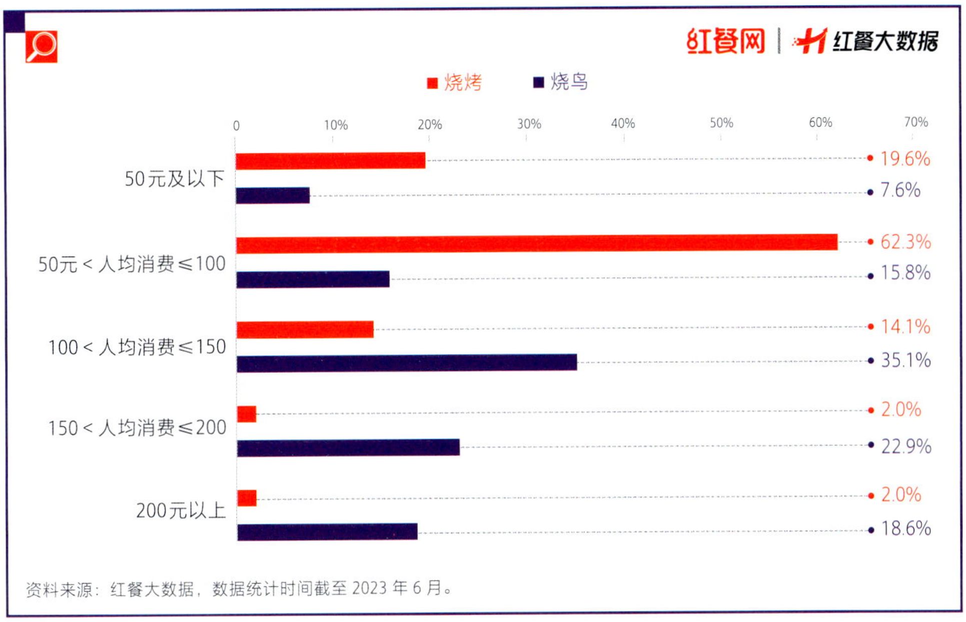

图 3-79　2023 年全国烧烤、烧鸟品牌人均消费区间占比分布

这类烧鸟品牌通过高价值感的烤串产品和酒水的利润来赋能菜品研发、出品和门店精细化运营，给消费者提供高价值感的烤串消费体验，借此与普通的烤串品牌拉开差距。

例如，人均消费在 170 元左右的鸟鹏烧鸟居酒屋，主打“烧鸟＋酒”，门店推出 40 余款烧鸟串，通过齐全的烧鸟种类和不错的口味在广深两地收获较高的用户口碑。目前其在广东开出了将近 20 家门店。

作为社交属性相对强的餐饮品类，烧烤品类一直在尝试突破和创新，众多的品牌也在积极探索连锁化和规模化之路。在烧烤产业链上下游的努力下，烧烤赛道未来的增长空间值得期待。

06

第六节

面包烘焙：

烘焙老将遭遇“中年危机”，新中式烘焙待破局

2020 — 2021 年，随着新中式烘焙大火，面包烘焙赛道一度吸引了消费市场和资本市场的热烈关注。然而，2022 年至今，部分新中式烘焙品牌逐渐“熄火”，西式烘焙老牌品牌克莉丝汀、宜芝多、85 度 C 等在长期经营压力之下走向落寞，面包烘焙赛道再迎“洗牌”。

一、赛道发展“冷气”来袭，品牌融资“热度”尚在

面团在高温烘烤下，发生水分蒸发、气体膨胀、淀粉糊化、蛋白质变性等一系列的反应后形成的食物，人们称为烘焙食品。

此前，面包烘焙赛道包括主打面包和蛋糕的西式烘焙与主打酥类、饼食的传统中式烘焙。近年来，泸溪河、鲍师傅糕点等本土品牌以“中点西做”的手法融合中西式烘焙工艺，助推了新中式烘焙赛道的火热。目前，我国面包烘焙赛道形成了西式烘焙品牌、传统中式糕点品牌、新中式烘焙品牌三类阵营鼎立的格局。

在面包烘焙各个细分赛道中均出现了一批代表性品牌。据红餐大数据，截至 2023 年 6 月，在西式烘焙品类中，米兰西饼、85 度 C 的门店数均超千家，好利来、幸福西饼、元祖食品、南洋大师傅等品牌的门店均超 600 家。

在传统中式糕点赛道中，稻香村、桃酥大王的门店数分别达到了 520 余家和 500 余家，门店规模远超同一赛道的其他玩家。而在近年火速出圈的新中式烘焙赛道中，目前门店数量最多的品牌为泸溪河，共拥有 360 余家门店，主要分布于江苏省内。此外，鲍师傅糕点亦颇受关注，已开出了 150 余家门店。

表 3-52 2023 年全国部分面包烘焙品牌概况

类别	代表品牌名称	门店数（家）
传统中式糕点	稻香村	520+
	桃酥大王	500+
	老鼎丰糕点铺子	80+
	桂顺斋	70+
西式烘焙	米兰西饼	1,600+
	85 度 C	1,000+
	好利来	930+
	幸福西饼	920+
	元祖食品	760+
	安德鲁森	690+
	南洋大师傅	640+
	爸爸糖手工吐司	400+
	仟吉	390+
	美心西饼	380+
	味多美	370+
	西树泡芙	300+
	可斯贝莉	200+
	熊猫不走蛋糕	110+
新中式烘焙	泸溪河	360+
	詹记桃酥	180+
	鲍师傅糕点	150+
	青桔和木鱼	90+
	墨茉点心局	40+

资料来源：红餐大数据，数据统计时间截至 2023 年 6 月。

红餐网 | 红餐大数据

从发展现状来看，2020 年至今，西式面包烘焙赛道众多选手发展的颓势明显。宜芝多、85 度 C 以及有“烘焙第一股”之称的克莉丝汀等老牌西式烘焙品牌遭遇“中年危机”。成立时间相对较近的部分西式烘焙品牌的发展同样遇到瓶颈，如牛角村已向法院申请破产。超大型复合烘焙品牌昂司蛋糕曾于深圳开出 30 余家门店，其位于深圳海岸城、面积达 6,000 平方米、耗资 1 亿元打造的“昂司蛋糕奇幻空间”更是备受瞩目。但受客观因素影响，加之自身经营不善，门店营业收入持续低迷，昂司蛋糕已于2023年2月宣布停产停业。

表 3-53　2022—2023 年上半年全国部分面包烘焙品牌关店情况（不完全统计）

时间	品牌名称	关店情况
2022 年	牛角村	陆续闭店，已向法院申请破产
	宜芝多	所有直营店关闭
	85 度 C	全面退出武汉市场
	蒂丽雪斯	持续闭店
	Lady M	关闭中国内地所有门店
2023 年	虎头局 · 渣打饼行	此前宣布关闭成都、重庆所有门店，退出部分区域市场；2023 年 4 月全面停业停产
	昂司蛋糕	全面停业停产
	克莉丝汀	自曝欠款 5,700 万元，银行账户被冻结，并已关闭所有门店

资料来源：公开信息，红餐品牌研究院整理，数据统计时间截至 2023 年 6 月。　红餐网 | 红餐大数据

西式烘焙品牌正面临着创新滞后窘境，新中式烘焙也在大火后有所“降温”。新中式烘焙在品牌定位、产品、设计等方面突出“国潮风”，把中式糕点与西式烘焙手法、新式营销概念结合在一起，赋予了产品年轻化和差异化的特质。因为这类烘焙品牌更加符合当下年轻人的消费需求，得以在近几年迅速走红。

然而新中式烘焙的火热并没有持续太久。2022 年末，新中式烘焙代表品牌虎头局 · 渣打饼行面临巨大资金压力，宣布暂时退出成都、重庆、北京等多个区域市场。2023 年 4 月下旬，其因债务问题再次大量关店、裁员，并全线关停电商平台。起步于湖南长沙的新中式烘焙代表品牌墨茉点心局，于 2023 年也宣布关闭了杭州首店与武汉的全部门店。据红餐大数据，目前其 40 余家门店中超七成位于湖南。

部分新中式烘焙品牌的快速“退潮”，主要有两个方面的原因。

其一，新中式烘焙产品壁垒不高，品牌复制门槛低。如小贝、麻薯、桃酥

等新中式糕点大火之后迅速被众多品牌所复制。市面上更是出现了珍糕点心局、狮头点心局、国潮点心局等一系列设计、产品较为相似的门店。在这种情况下，消费者对于新中式烘焙的品牌忠诚度亦有所降低，品牌的复购率难以维持在高位。

其二，新中式烘焙单店投入产出比低。新中式烘焙品牌主打现制现做，门店模型采用前店后厨的模式，后厨区通常需要占用门店三分之一的面积，并设有数名烘焙师傅。这样的模式之下，新中式烘焙的门店租金、人力成本相对较高。单店投入成本高，产品的复购率却不高，新中式烘焙的盈利能力尚待提升。

在这样的情况下，品牌如若盲目扩张，将面临较大的资金压力。虎头局·渣打饼行自2021年起曾获得4轮融资，由于资本的加持，其于2022年逆势扩张，高峰期曾开出80余家门店。但也是因为其扩张速度过快，加上经营不善，最终资金链出现断裂，陷入了“闭店潮”。

西式面包烘焙品牌发展显颓势，新中式烘焙品牌发展受阻，面包烘焙赛道似乎“寒气”阵阵。对此，不少业内人士表示，面包烘焙品类具有市场空间大、标准化程度高、社交属性强等特点，在餐饮领域去泡沫化的背景下，仍然是相对值得投资和关注的品类。

这从面包烘焙赛道尚算火热的融资情况可以看出。总体来看，目前资本对于面包烘焙赛道仍然较为看好。2022年，在餐饮领域融资热潮渐退的背景下，面包烘焙品牌融资事件数量依然达到了13起，较2021年增加1起。2023年上半年，面包烘焙赛道的融资事件数量也达到了5起。值得注意的是，聚焦新疆市场的西式烘焙品牌香颂的母公司香颂国际控股公司于2023年3月末在美国纳斯达克上市。

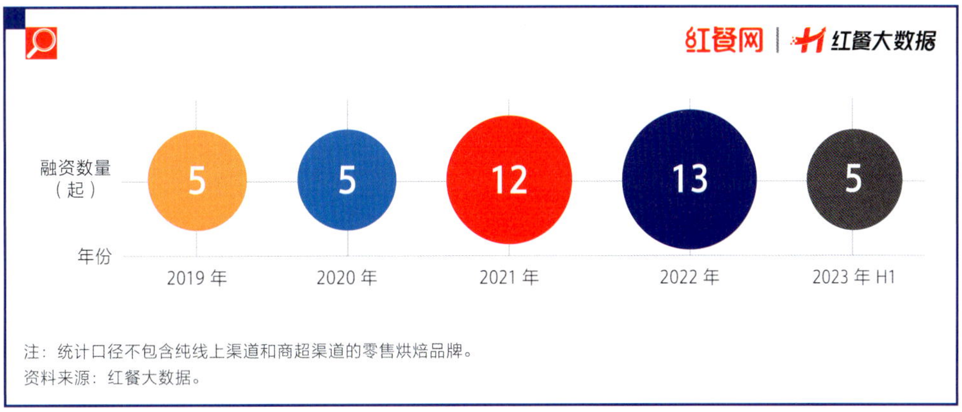

图 3-80 2019 — 2023 年上半年全国面包烘焙品牌融资情况

表 3-54　2022 — 2023 年上半年全国面包烘焙品牌融资情况

品牌名称	融资时间	融资轮次	融资金额	投资方
欢牛蛋糕屋	2022.2	A 轮	约千万美元	顺为资本
福气鲜活面包	2022.3	天使轮	近千万元	旦恩创投
KUMO KUMO	2022.4	天使轮	未披露	青锐创投
可斯贝莉	2022.8	B 轮	数千万元	未披露
ZAKUZAKU 泡芙	2022.9	并购	未披露	上海晟农实业发展有限公司
酥品局	2022.9	天使 + 轮	5000 万元	未披露
麦子妍茶	2022.9	A 轮	5000 万元	傲岩基金
龙门局渣打点心	2022.9	天使轮	500 万元	晋江黑石资本
Two Sense	2022.9	天使轮	数百万元	个人投资者
祥禾饽饽铺	2022.9	战略融资	未披露	上海条李君企业管理咨询合伙企业（有限合伙）、四川文化产业投资基金合伙企业（有限合伙）、CMC Capital Group
鹤所	2022.10	天使轮	千万元	美好自有力量投资有限公司
唐饼家	2022.11	C 轮	未披露	弘章资本
萨么烘焙	2022.12	Pre-A 轮	600 万元	北京利名新恒企业管理有限公司
虎头局 · 渣打饼行	2023.1	B 轮	约千万元	红杉资本、GGV 纪源资本
泸溪河	2023.1	A 轮	数亿元	百联挚高资本、龙柏资本
莎布蕾	2023.1	A 轮	5000 万元	泰兴盛银鲜食之都企业管理中心（有限合伙）
桃禧满满	2023.2	天使轮	数百万元	未披露
榴小夏	2023.5	A 轮	数千万元	德玥基金管理有限公司

资料来源：红餐大数据，数据统计时间截至 2023 年 6 月。　红餐网 | 红餐大数据

此外，一批定位高端，主打精品面包的外资烘焙品牌迅速在国内走红。其中，日系烘焙的热度最高，例如起源于日本东京的吐司品牌银座仁志川，以无添加和口感更香甜、更绵软的生土司为卖点，在上海引发排队热潮。

二、产品："经典回归"频现，减糖、低糖迎合"朋克养生"

在同质化竞争日益加剧的大背景之下，不少面包烘焙品牌持续加强自身的产品力以进一步夯实品牌竞争壁垒。总体来看，面包烘焙品牌提升产品力的策略，主要分为以下三类。

其一，在"新中式""新国货"的路线上，品牌强化对供应链的投入，夯实品牌壁垒。例如，泸溪河设有6座中央工厂，且着重打造烘焙技术团队，其招牌产品桃酥强化了"酥脆"的口感，绿豆冰糕突出了"沙沙绵绵"的口感，与其他同类产品有着明显的区别，受到了一些消费者的喜爱。

其二，提升产品丰富度，对经典爆款产品进行微创新，通过产品细节的变化为消费者提供更多的新鲜感和选择。比如鲍师傅糕点的肉松小贝已经发展成"小贝家族"，包含海苔酥松小贝、可可味酥松小贝、核桃酥松小贝、鳕贝等产品。泸溪河的桃酥产品，除了传统的口味外，还有咸口桃酥、葱油桃酥、软桃酥等口味。

由于经典产品已经被市场反复验证过，品牌方以增加新口味或更改部分原材料的方式推出新品，被市场拒绝的风险相对较低。再者，品牌方对产品作出微调，意味着新品研发无须从零开始，可以大大降低研发成本和人工成本。

其三，健康风潮盛行，低糖、低脂、无蔗糖成面包烘焙品牌产品研发新方向。如祥禾饽饽铺推出低糖坚果奶酥，月枫堂推出低脂南瓜子可颂和低脂燕麦可颂，好利来联名元气森林推出一系列零蔗糖的减脂产品……主打低糖、零蔗糖糕点的鹤所获得奈雪的茶旗下投资公司青睐，并于 2022 年 10 月获得其独家投资的千万元天使轮融资。定位为“健康烘焙”的新中式烘焙品牌桃禧满满，专注于低糖和益生菌理念，于 2023 年 2 月获得百万元级别的融资。

另外，恰巴塔、贝果等小众产品凭借着低热量、高饱腹感的特性，受到白领人士、健身人士的青睐，在国内的热度逐渐走高。目前上海已出现了一些贝果专门店，如纽约贝果博物馆、Bagels & Schemars Cafe 等。

对于大部分餐饮品类而言，产品力都是品牌长久发展的关键。在诸多影响烘焙消费者选择烘焙产品的因素中，产品口味因素的重要性远高于其他因素。据红餐品牌研究院“2023 年餐饮消费大调查”，在面包烘焙品类的消费者中，在选购产品时关注口味的消费者占比高达 72.4%。这表明面包烘焙消费者在购买烘焙产品时，更注重产品的味道体验。这在一定程度上说明，面包烘焙品牌若要俘获更多消费者，打磨产品力或许是重点的突破方向之一。

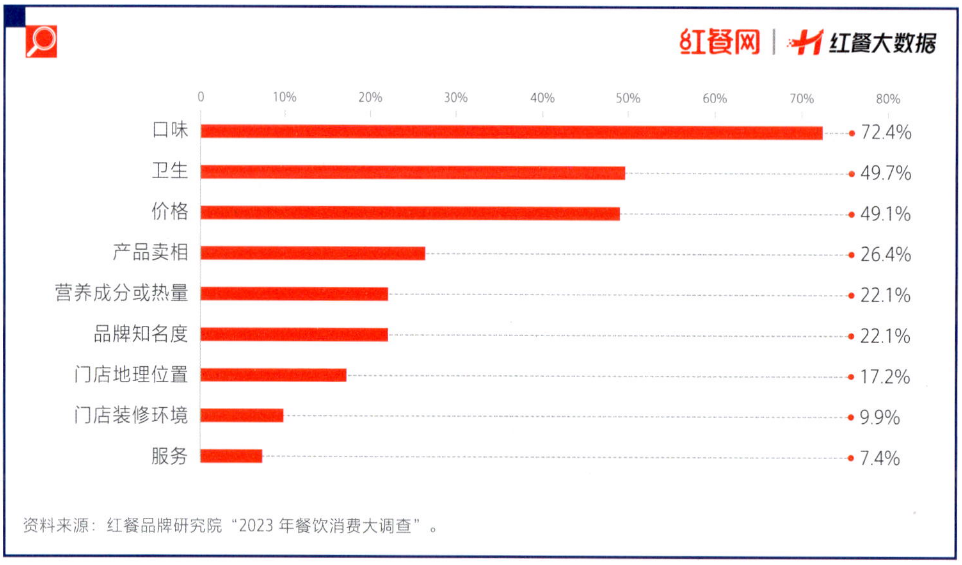

图 3-81　2023 年面包烘焙消费者选购面包烘焙产品最关注的因素

三、供应链：崛起的冷冻烘焙企业是“友”亦是“敌”

目前，在面包烘焙赛道，冷冻烘焙技艺的重要性越来越高。许多主打现烤现制的新中式烘焙品牌，大多采用前店后厨模式，对烘焙师的依赖程度较高。以鲍师傅糕点为例，鲍师傅糕点门店的糕点都是由烘焙师傅新鲜现做的，门店运营比较依赖烘焙师傅。鲍师傅糕点品牌方在接受媒体采访时曾表示，为了保证门店服务和产品品质，鲍师傅糕点每年新开的门店数量比较有限。

为了提高门店运营的效率，不少烘焙品牌选择与第三方供应链合作，采购冷冻烘焙产品。一方面，冷冻烘焙产品可以缓解品牌对于烘焙师的过度依赖；另一方面也有利于面包烘焙品牌加速扩张发展。因此，一些设有中央工厂的烘焙品牌也对冷冻烘焙产品青睐有加。如采蝶轩、味多美、面包新语、泸溪河等大型的连锁烘焙品牌即便设有中央工厂，也会向第三方供应商采购冷冻烘焙产品。

在这样的需求下，一批实力强劲的冷冻烘焙企业得以快速发展，如立高食品、南侨食品、恩喜村与鑫万来等，其中，立高食品、南侨食品于 2021 年成功上市。

在赋能面包烘焙品牌的同时，冷冻烘焙企业也逐渐将产品渗透进 C 端消费群体。面向 C 端消费者的冷冻烘焙产品主要分为两大类：一类是经过解冻、简单醒发等步骤便能进行烤制的烘焙半成品，如冷冻蛋挞皮、冷冻面团等；另一类是解冻即可食用的烘焙成品，如便利店、商超的短保慕斯蛋糕、提拉米苏蛋糕、千层蛋糕等。

随着冷冻烘焙产品在 C 端消费市场的热度逐渐提升，冷冻烘焙产品也将成为抢占烘焙市场的新生力量。如恩喜村通过打造多个自有品牌，在天猫、京东等线上渠道开售瑞士卷、慕斯蛋糕冷冻烘焙成品。立高旗下品牌奥昆也在天猫开设旗舰店，销售甜甜圈、提拉米苏蛋糕等冷冻烘焙成品和蛋挞液、蛋挞皮等半成品。

显然，冷冻烘焙企业在帮助连锁烘焙品牌实现快速扩张的同时，其在 C 端推出的冷冻烘焙产品，亦在蚕食烘焙连锁品牌的市场。

在这样的市场格局下，冷冻烘焙企业未来将与连锁烘焙品牌形成一种“亦敌亦友”的关系。

四、渠道：商场店承压，社区烘焙潜力大

曾经，商场店成为餐饮品牌开设门店的“必争之地”。在过去 3 年，商场店承压，覆盖消费者“最后一公里”的社区店再次受到关注。这一点在面包烘焙赛道亦有体现。该赛道诞生了不少围绕社区布局的烘焙品牌。如 2022 年，获得了资本关注的就有福气鲜活面包、可斯贝莉、萨么烘焙等社区烘焙连锁品牌。

在消费端，社区烘焙店的消费需求也表现强劲。据红餐品牌研究院调查，在受访的面包烘焙消费者中，选择在居住社区附近的烘焙店消费的占比达到了 66.3%，远高于其他点位的烘焙店。

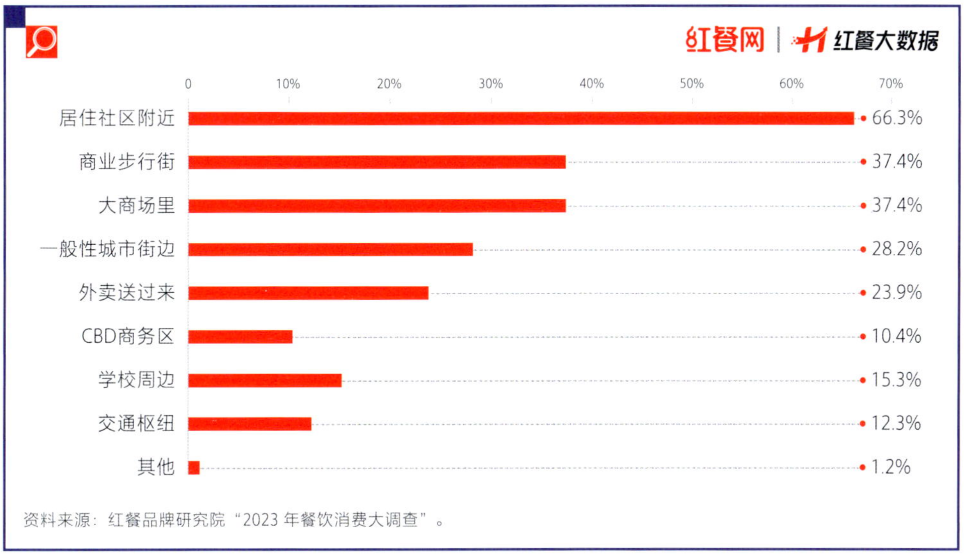

图 3-82 2023 年面包烘焙消费者购买烘焙产品的渠道分布情况

从消费场景上看，58.9% 的消费者会在早上通勤时消费烘焙食品，52.2% 的消费者会在下午茶时间段食用烘焙食品。此外，出远门时路上充饥、庆祝重要日子也是面包烘焙食品重要的食用场景。对大部分消费者来说，相比于其他选址的烘焙店，社区烘焙店的便利性更高，触达速度也更快，会更符合他们的日常需求。

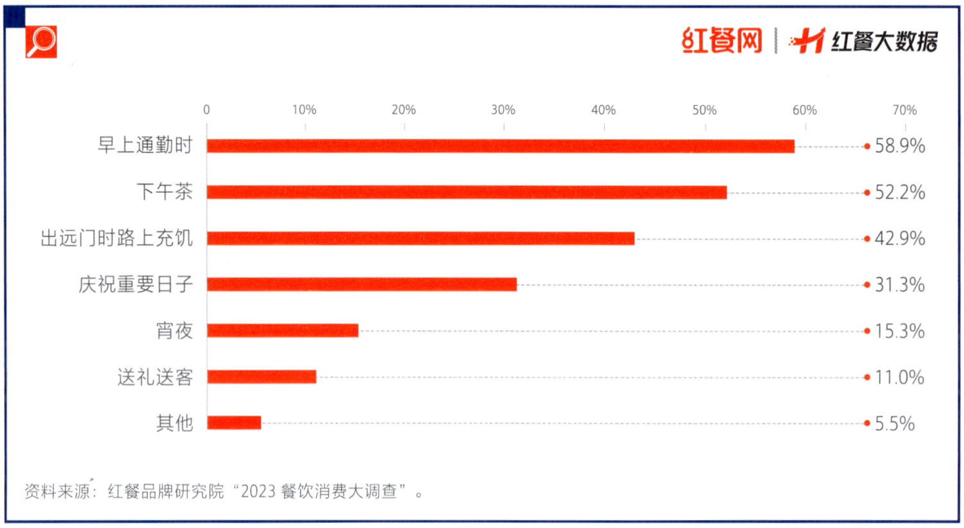

图 3-83　2023 年面包烘焙消费者喜爱的面包烘焙消费场景

可见，社区烘焙店的发展潜力值得深挖。虽然社区烘焙店具有消费客群较为稳定、消费黏性相对较高的优点，但烘焙品牌切入社区烘焙的产品定位却不尽相同。

例如，由华莱士创始人华怀庆创立的可斯贝莉，与华莱士的定位类似，主打极致性价比，有着“3 元面包店”之称。一些品牌则以“烘焙 +”切入社区烘焙赛道。例如，从“烘焙 + 咖啡”切入的 DRUNK BAKER 以及主打“烘焙 + 冰激凌”的 Luneurs 等。还有一些品牌走社区烘焙精品面包的路线，如醒食、Cycle & Cycle 等。其中，醒食还主推“一人食”的消费场景。

表 3-55　2023 全国部分社区烘焙连锁品牌概况

品牌名称	门店数（家）	门店主要分布区域	产品定位
可斯贝莉	200+	福建	主打各式平价面包
萨么烘焙	70+	山东	主打各式面包西点
DRUNK BAKER	10+	上海	主打硬欧包类产品，同时还售卖三明治、蛋糕甜品和咖啡等产品
FASCINO	10+	上海	主打各式面包西点
Luneurs	10+	上海	主打法式面包和法式手工冰激凌
PAIN CHAUD 百丘	约 9	上海	主打传统法式手工面包，还售卖泡芙等甜品，以及咖啡、茶等饮品
Cycle&Cycle	约 7	浙江	主打日式面包、欧式面包、吐司、蛋糕甜品等产品
福气鲜活面包	约 5	广东	主打新中式面包

资料来源：红餐大数据，数据统计时间截至 2023 年 6 月。

红餐网 | 红餐大数据

随着人们对于“最后一公里”的餐饮消费需求逐步增长，社区烘焙市场有望继续迎来更多的机遇和发展空间。而随着烘焙赛道不断发展，不同点位的烘焙市场将逐渐被补充完整。

回顾面包烘焙品类近年的发展情况，目睹了老牌西式烘焙品牌的落幕，也看到早期估值虚高的新中式烘焙品牌的泡沫破裂，面包烘焙赛道的洗牌正在不断加剧。当洗牌完成后，面包烘焙赛道有望迎来新的生机和活力。

07

第七节

异国餐饮：
细分赛道迎发展契机

一、西餐：bistro 带来西餐新风尚

近年来，虽然我国西式正餐（下面简称西餐）品类的整体发展态势较为平稳，市场规模的增速有所放缓，但是也不乏表现亮眼的品牌。它们或发力快时尚化改造，或走上小而美之路，或引入了新的门店经营模式，给西餐品类带来了些许新鲜气息。

1. 品类分化细致，发展态势平稳

西餐于清朝时期传入我国，随后被本土厨师改良，派生出了豉油西餐、海派西餐等中西融合的流派。这些流派中衍生出的一些融合菜式如瑞士鸡翼、烧乳鸽、辣酱油配炸猪排更是流传至今，成为地方菜（如粤菜、上海菜）的一部分。改革开放之后，内地的餐饮市场中涌现出了越来越多的西餐厅。

发展至今，西餐品类已经分化得较为细致。西餐赛道中不仅有综合型西餐品牌，也有主打牛排或意面的大单品品牌，如豪客来牛排等，还有以 gaga、星美乐、Wagas 沃歌斯为代表的西式简餐，以及小众菜系如西班牙菜、墨西哥菜（代表品牌如 LOS PACOS、Las Tapas 等）。其中，综合型西餐厅和牛排餐厅为西餐赛道的主流，其余细分品类的门店数则相对较少。

总体来看，西餐品类的规模化程度偏低。红餐大数据显示，门店数超过 100 家的西餐品牌占比仅为 2.7%，大部分品牌为独立店运营模式，发展较好的连锁西餐品牌的门店规模多为数十家。

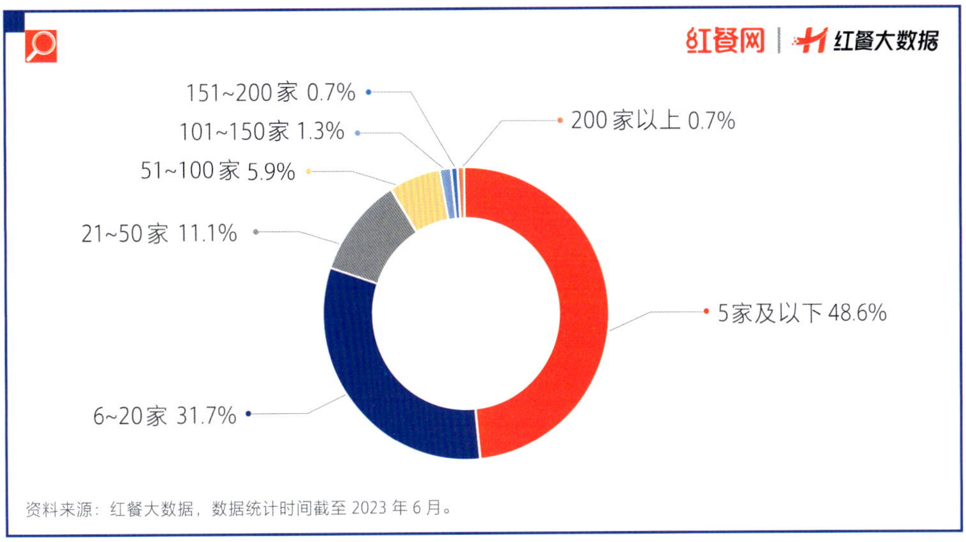

图 3-84 2023 年全国西餐品牌门店数区间占比分布

我国西餐品类保持着较为稳定的发展态势，增长平缓。红餐大数据显示，2022 年我国西餐市场规模为 708 亿元，相比 2021 年下降了 14.3%。

表 3-56 2023 年全国部分西餐品牌概况

品牌名称	门店数（家）	门店主要分布区域
豪客来牛排	370+	福建、四川、江苏等
吉布鲁牛排海鲜自助	180+	四川、重庆、湖南等
Wagas 沃歌斯	170+	上海、北京、江苏等
夏日玛莉西餐厅	120+	湖南、湖北、江西等
快乐爱斯米牛排自助	110+	江苏、河南、山东等
卢家妈妈餐厅	90+	广东
BUTCHER 牛排肉铺	90+	上海、北京、浙江等
bluefrog 蓝蛙	80+	上海、北京、江苏等
玛黎娜	70+	山东、河北、河南等
绿茵阁	70+	湖北、广东等
西堤牛排	60+	北京、江苏、上海等
王品牛排	50+	江苏、广东、浙江等
半秋山	40+	湖北、重庆等
卡朋西餐	20+	广东
星美乐	10+	广东、浙江等

资料来源：红餐大数据，数据统计时间截至 2023 年 6 月。 红餐网 | 红餐大数据

由于缺乏创新，诸多西餐品牌遭遇发展瓶颈。VA BENE、金牛角王中西餐厅、米氏西餐厅、新元素等知名西餐品牌在过去几年陆续倒闭或停业。

2. 大众西餐快速迭代，高端西餐探索本土化

经过多年的发展，西餐在我国已经形成了较为完整的定位体系。

（1）大众西餐：加速升级换代

从人均消费的价位来看，在高、中、低价位区间均有相应的品牌覆盖。红餐大数据显示，人均消费价位在 100 元以下的西餐品牌约占所有西餐品牌的 63.5%，人均消费在 100~200 元区间的西餐品牌数占比为 26.6%。

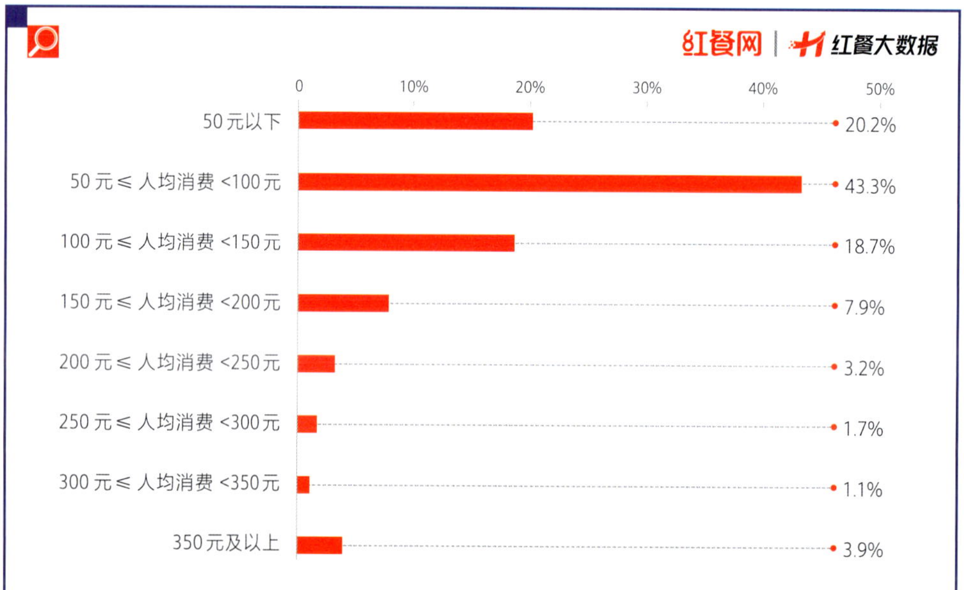

资料来源：红餐大数据，数据统计时间截至 2023 年 6 月。

图 3-85　2023 年全国西餐品牌人均消费价位占比分布

在西餐赛道中，人均消费在 200 元以下的大众西餐品牌占大多数。近年来，随着消费观念发生变化，以及在品牌老化等因素的影响下，大众西餐出现了明显的品牌迭代。

• 快时尚化：探索规模化发展之路

绿茵阁、雨花西餐厅、莱茵阁等品牌曾经流行于 20 世纪 90 年代至 21 世纪第 1 个 10 年。这类西餐厅提供牛排、比萨、汤品、面包、意大利面等多种西式菜品，部分品牌更提供炒饭、点心等中式菜品，以多元化的菜品和时尚感吸引了众多的消费者，在当时成为不少年轻人的“约会圣地”。

时移事迁，更新潮、更高品质的西餐品牌开始出现。加上消费者的需求也发生了变化，上述大众西餐的社交功能逐渐被餐饮市场上层出不穷的新事物所承接（如咖啡馆、奶茶店、西式简餐等）。而这些大众西餐品牌则给当代消费者留下了“味道一般”“装修较旧”的印象，最后不得不陆续闭店。2020 年，绿茵阁关闭了其在郑州的 10 家门店。红餐大数据显示，截至 2023 年 6 月绿茵阁有着 70 余家门店，与其 2016 年的门店数（100 余家）有一定差距。曾在 20 余个城市开出 50 余家门店的雨花西餐厅，截至 2023 年 6 月仅剩数家门店。

旧品牌老去，但大众西餐的市场需求仍在，一批调性更新颖的大众西餐品牌登上了新时代的舞台。半秋山、玛黎娜、卢家妈妈餐厅等大众西餐品牌均获得了消费者的青睐。

此外，大众西餐有往快时尚餐厅靠拢的趋势。快时尚餐厅的概念最早出现在中式正餐赛道中，以绿茶、外婆家和新白鹿为代表的中式正餐品牌采取了“优质平价、爆销单品、高速流转”的运营策略，与过去的分量大、翻桌率低、客单价高的传统中式正餐区分开来，从而实现快速连锁化发展。当我们引入比较的视角，以“快时尚”的滤镜看待大众西餐近年来的发展，不难发现当下流行的大众西餐品牌有着快时尚餐厅的特点。

具体来看，比起快餐式西餐，快时尚西餐的产品品质相对更高、产品品种相对更丰富。比如，半秋山主打复合菜单模式，除了经典的西式餐品以外，菜单还涵盖了部分中式餐品。目前，半秋山的牛排为其核心产品，有着“外面焦香、中间嫩滑”的口感，得到了消费者广泛的认可，占有 50%~70% 的销售比例。截至 2023 年 6 月，半秋山已开出了近 50 家门店。

而相比起走轻奢或奢华路线的西式正餐，快时尚西餐的效率更高、翻台率更高、拓张速度更快。例如，卢家妈妈餐厅打造了“拳头产品 + 特色菜品 + 利润菜品”的菜单结构，比过去的大菜单模式更为聚焦，能够降低消费者的决策成本，达到了优化后厨、提升盈利的目的。搭配 50~100 平方米的门店面积，卢家妈妈餐厅打磨出轻、灵、快的单店模型，以此进行快速拓张，截至 2023 年 6 月已开出了超 90 家门店。可以看出，品牌对产品、门店模型做出快时尚化的改造，可以在一定程度上解决西餐规模化程度不足的问题。

- “小而美”之路：手工意面店崭露头角

除了复合模式之外，精细的单品模式在西餐赛道中也有其价值。牛排是较早从西餐品类中分化出来的细分品类，如今已完成了大众化市场和中高端市场的覆盖，代表品牌有卡朋西餐、豪客来牛排等大众化品牌，西堤牛排等中高端品牌，以及王品牛排、莫尔顿扒房等高端品牌。

近年来，意面专门店也开始冒头，一些意面店受到了较多关注。珠海的一团手工意大利面、广州的 eman 手工意面专门店、上海的 Yaya's Pasta 等品牌都着力于打造“小而美”的意面专门店。这类意面店人均消费在70~100元之间，大部分选址于社区或人流密集的街区，门店面积在 50~100 平方米之间。相比起综合西餐厅，这类品牌强调手工现制，注重产品细节，味道和口感层次丰富，且餐厅的氛围感较好。

研究意面这一细分赛道可知，从品类基因来看，意面品种丰富，多达数百种，又能够搭配多种酱汁，是西餐中延展性较高的一种餐品，还被誉为“千变万化的万花筒”。从市场教育情况来看，意面作为传统西餐厅的主食，已经被大部分西餐消费者所接受。但传统西餐厅中的意面做法较为单一。新兴起的意面店则能够提供味道更丰富多样的意面，且有着更加精致的环境。

因此，意面专门店有机会成为轻奢风西餐的一抹亮色，有着一定的发展机会。在我国餐饮市场中，目前意面店的发展规模较小，还有待更多的餐饮品牌入局去共同做大这个细分赛道。

- 新生活、新风尚：bistro、农场西餐厅打造独特体验

总体来看，西餐偏向体验型、沉浸式消费。红餐品牌研究院“2023 年餐饮消费大调查”显示，西餐最主要的消费驱动因素依次为口味、装修环境和卫生。其中，约有 44.8% 的西餐消费者在选择西餐厅时最关注装修环境。相比之下，仅有 26.2% 的中式正餐消费者关注装修环境。

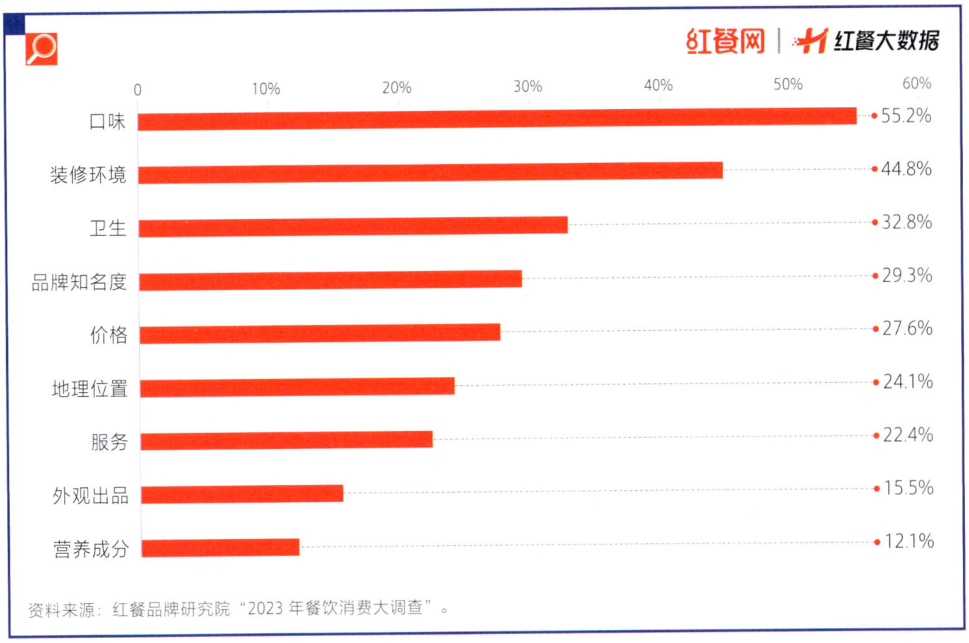

图 3-86　2023 年西餐消费者选择西餐厅时最关注的因素

基于此，一些西餐厅继续提供传统的西餐就餐场景和氛围来满足消费者的需求，而另外一些西餐厅则独辟蹊径，通过打造独特的就餐体验突围而出。比如近年来，市场上流行起 bistro、农场西餐厅等特色西餐。这类餐厅在装修环境上突出了差异化特点，以独特体验而著称。

bistro 源于法国的平价餐酒馆，常开设于街边，提倡轻松喝酒、聊天、品美食的闲暇体验。当法国的平价餐酒馆被“移植”至国内，向来高消费的法餐得以更贴近大众，消费者能够以 200~400 元的人均消费，得到轻法餐的体验，过上一种“很 chill（休闲）的生活”。此前，bistro 主要在上海分布较多，从 2021 年开始，这类餐厅逐渐发展至广州、北京、深圳、成都等地，在一线、新一线、二线城市颇受欢迎。同时，一些中餐厅也开始融合中餐和 bistro 的概念，推出了中式 bistro。

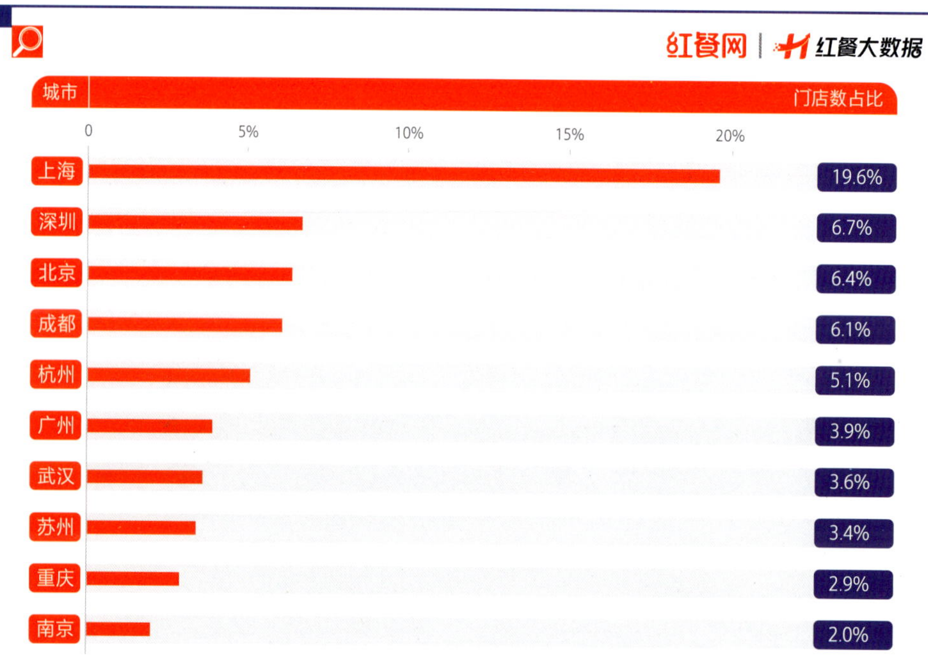

资料来源：红餐大数据，数据统计时间截至 2023 年 6 月。

图 3-87　2023 年全国 bistro 门店数 TOP10 城市

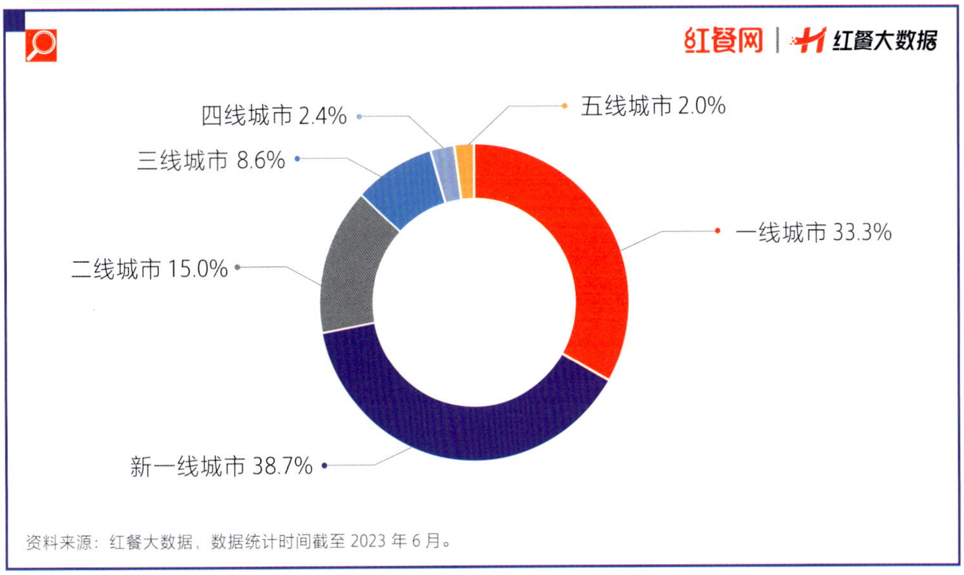

图 3-88 2023 年全国各线级城市 bistro 门店数占比分布

而农场西餐厅则源于欧美的“从农场到餐桌”风潮，强调采用有机、健康的食材，并把自然景观引入餐厅。随着生活水平的提高，消费者对于健康饮食的需求上涨，农场西餐厅也受到了更多消费者的认可。健康食材搭配其特有的装修环境，这类餐厅为消费者提供了双重的买单理由。例如广州的“supa fama 农场西餐”主打无公害食材，菜单中有着柠檬烤鸡、炸鱼薯条等产品，场景上主打美式农场风，店内还放置了大量绿色植物。消费者反馈中不乏这样的评论：“天然的食材使人可以无负担地用餐，而且有种在新西兰农场的感觉。”

在新时代，如何对国内传统的西餐品类进行创新，bistro 和农场西餐厅已经做出了较好的尝试：这类餐厅把舶来的模式“移植”至国内的消费土壤中，在模仿之余紧密结合了当下的消费取向和生活观念，使其提供的独特体验不限于供给消费者拍照打卡，而是通过宣扬一种生活方式，以获得更为长远的发展。

从发展现况来看，bistro 和农场西餐厅目前都以单体店为主，代表品牌如 ilili bistro、Vini Bistro By Dicken、Bistro11、O'mills Bakery&Bistro、supa fama 农场西餐、Natural EATery 犁社市集餐厅的门店数均在 5 家以下，发展态

势有待持续观察。

更值得思考的是，西餐作为重视体验的一个品类，有着很多值得研究的餐饮模式或场景，而 bistro 和农场西餐厅只是目前初步得到市场验证的模式，未来或会出现更多强调体验的西餐新模式。

以下调查数据或能为体验设计提供一些思路：红餐品牌研究院“2023 年餐饮消费大调查”显示，在西餐消费者喜爱的消费场景中，“跟朋友聚餐”、“跟人约会”和“跟家人聚餐”占比最高。因此，朋友聚会的闲暇轻松感、约会的温馨仪式感、家人聚餐的热闹温情感，都是西餐品牌在创新之时可以参考的方向。

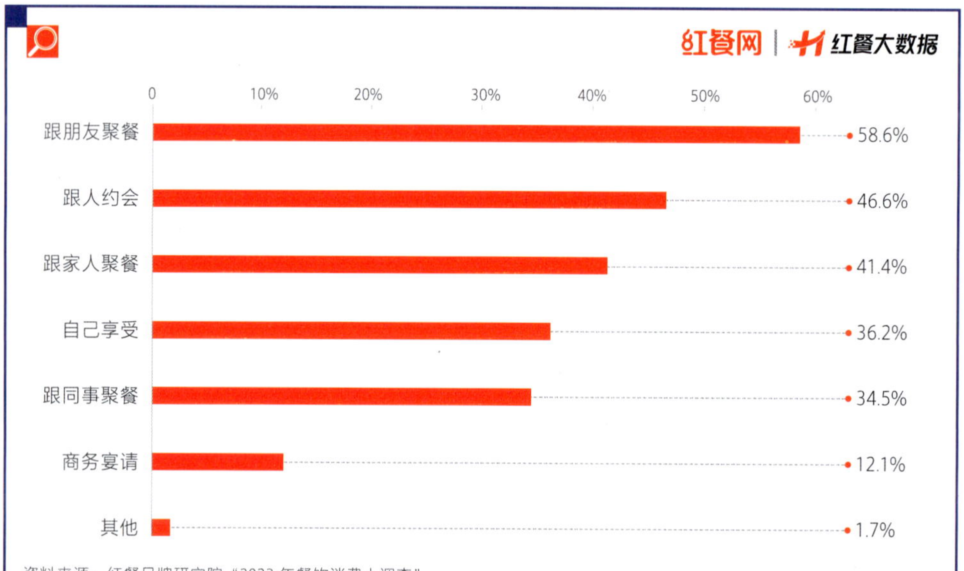

资料来源：红餐品牌研究院“2023 年餐饮消费大调查”。

图 3-89　2023 年西餐消费者喜爱的西餐消费场景

（2）高端西餐：融合地方风味，加快本土化进程

高端西餐一直在餐饮行业中占有一定的市场份额。在国内，随着一系列关注高端餐饮的榜单，如米其林美食指南、黑珍珠餐厅指南的不断发展，高端西餐作为国内高端餐饮的引领者，近年来获得了更多的关注。

例如在法餐领域中，一些高端法餐品牌在本土化进程中，从中餐元素中选

择了地方风味作为结合点，融合法餐和中式地方风味。再如在“2022年黑珍珠餐厅指南”的上榜西餐品牌中，成都的雏 Chú MODERN CUISINE，主张结合在地文化和现代料理，采用川、滇、黔、湘、粤等地的食材和风味，再以西式的料理方式进行呈现。曾获评了米其林一星的广州 Rêver · 玥，则主打粤式法餐，以广东本土的风土特色和味道为创作灵感，如其2022年的冬日菜单中就把冰糖红枣炖雪梨（广东糖水中的一种）变化为法式千层酥。

这种本土化改造不仅能使法餐更加适合国人的口味，也扩充了法餐的选材和味道，例如菌菇、竹笋、杭州卤鸭、莼菜、猪脑花等中式食材均被囊括于其中。

事实上，法餐在近代的发展过程中也在不断吸纳各种餐饮文化，日式料理、西班牙的分子料理、北欧的森系料理都对当代的法餐产生了一定的影响，使其呈现出了清淡、精致、新鲜等特征。而中餐也在现代化的过程中受到了法餐的影响，如新荣记、鲁采等高端中餐都吸纳了法餐的技术和服务。中餐和法餐的碰撞，未来能够擦出怎样的火花，依然值得期待。

综上所述，西餐作为舶来的餐饮品类，要在一直变化的中国市场环境中生存下去，需要不断做出改变。走规模化发展路径的，要以经营布局能力取胜，可以对门店模型做出“快时尚化”的改造。走特色化路径的，要以匠人精神致胜，或挖掘大单品小品类，或找准空白市场推出新模式。在我国的餐饮市场上，两种路径均有成功的机会。

二、日式料理：走向大众化之后，品类的纵深改造

经过多年的发展，日式料理在我国分化出了众多的细分品类，并且每个细分品类的发展各异。日式快餐、寿司店近年来发展平平，综合日式料理则走俏市场。此外，部分品牌更对日式料理做出了简餐化的改造，凭借“质优价平”日趋流行。

1. 日式料理不断进化，简餐化与精致化并行发展

（1）日式料理成异国料理的发展样本

20 世纪 90 年代，一批源自日本的日式料理连锁品牌，如吉野家、元气寿司、味千拉面等，相继进入中国市场，开始了在国内的扩张之旅。与此同时，我国本土的日式料理品牌也开始涌现，如万岁寿司、争鲜寿司、禾绿寿司等。

21 世纪初，主打性价比的寿司品牌如 N 多寿司、鲜目录寿司，以及定位中高端的综合型日式料理品牌如将太无二、江户前、上井精致料理陆续兴起。

随后，居酒屋、日式拉面、日式快餐等细分品类在国内不断发展，叠加日本动漫、日本影视剧、日本旅游热在国内掀起的文化潮流等因素的影响，日式料理开始往更广泛的消费群体渗透，进一步实现了大众化。据日本农林水产省

和外务省 2017 年的调研数据，2015 至 2017 年间，世界范围内，日本之外的地区共新增近 3.1 万家日本餐厅，其中超过一半开在我国内地。

近年来，日式料理品类在我国稳步发展。2022 年，我国日式料理市场规模达 733 亿元。进入 2023 年后，餐饮行业持续回暖，日式料理的市场规模预计将在 2023 年同比增长 10.8%，回升至 812 亿元。

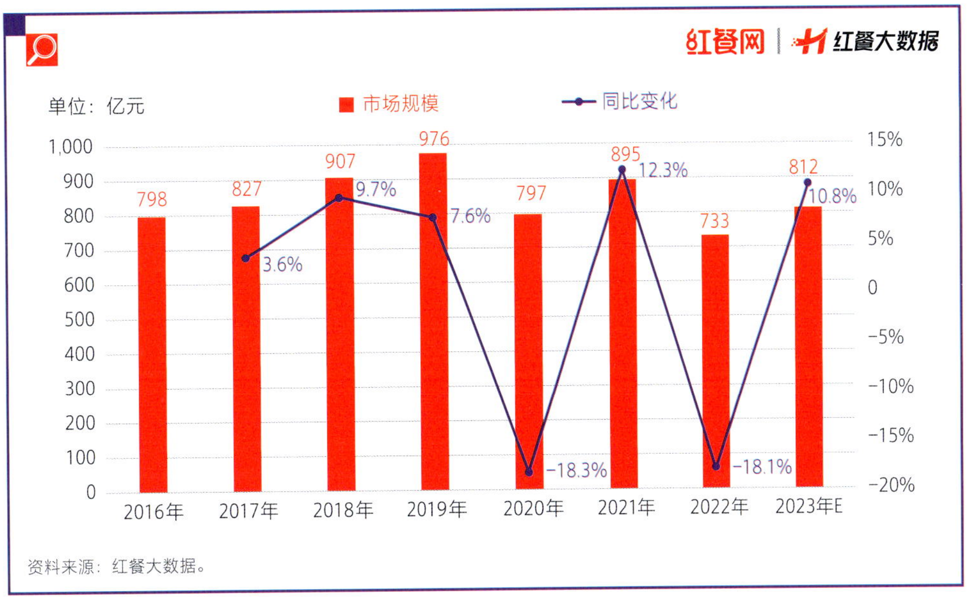

图 3-90　2016 — 2023 年全国日式料理市场规模概况

据红餐大数据，日式料理品类整体的规模化程度不高。国内的日式料理品牌中仅有 N 多寿司的门店数超过千家，目前共拥有 1,900 余家门店。而吉野家、味千拉面、食其家、鲜目录寿司的门店数均在 400 至 700 家之间，未超千家。

表 3-57　2023 年全国部分日式料理品牌概况

品牌名称	细分品类	门店数（家）
N 多寿司	寿司	1,900+
吉野家	日式米饭快餐	680+
味千拉面	日式拉面	620+
食其家	日式米饭快餐	490+
鲜目录寿司	寿司	430+
争鲜寿司	寿司	370+
町上寿司	寿司	290+
元气寿司	寿司	240+
万岁寿司	寿司	80+
村上一屋	综合日式料理	70+
寿司郎	寿司	60+
白石的深夜食堂	居酒屋	50+
上井精致料理	自助餐	40+
一风堂	日式拉面	30+
赤坂亭	综合日式料理	20+
将太无二	综合日式料理	10+
九本居酒屋	居酒屋	10+
摩打食堂	综合日式料理	10+
博多一幸舍	日式拉面	10+
江户前	寿司	10+
一兰拉面	日式拉面	约 5

资料来源：红餐大数据，数据统计时间截至 2023 年 6 月。

红餐网 | 红餐大数据

值得留意的是，日式料理品牌与资本市场似乎并不合拍。2022 年 1 月 27 日，吉野家的特许经营商合兴集团控股有限公司私有化交易生效，合兴集团正式从香港交易所退市。2022 年 4 月，日式料理放题品牌上井精致料理向港交所提交招股书，引发市场关注。但是数个月后，上井精致料理撤回了申请材料，终止了其上市计划。截至 2023 年 6 月，我国日式料理品类中仅有味千（中国）一家上市公司。

（2）综合料理简餐化与B级料理精致化并行发展

总体来看，简餐化与精致化并行，是日式料理品类目前的发展特征。

综合料理简餐化，指的是日式料理品牌锚定“高质低价”，做出品质更好、更多元的菜品，并在保证日式料理的质量和服务的前提下，把人均消费降至百元以内。相对而言，这类日式料理餐厅价格较亲民，出品以及体验却要优于日式快餐餐厅，契合了“消费水平降级，消费行为升级”的消费潮流。村上一屋、白石的深夜食堂、米仓食堂等品牌均属此列，凭借此特性，上述品牌均在区域市场积累了大量的人气。

日式料理简餐化的特点主要体现在四个方面：在产品上，这类简餐化的餐厅主要提供寿喜烧、寿司拼盘、串烧拼盘等组合式产品，产品搭配思路跟西式的brunch类似；在出餐速度上，简餐化的餐厅比传统的大店更快；在人均消费价位上，这类餐厅通常较亲民，把人均消费控制在大众能够接受的价格范围内，其主要通过提高坪效的方式来实现盈利；在消费场景上，这类餐厅不仅能提供偏正餐化的餐食，而且也能提供快捷化的简餐。

B级料理精致化，指的是对日本的B级料理（即价格便宜的庶民料理、地方美食）做出精致化的改造，着重把关食材的品质、菜品的味道以及打造良好的就餐环境。比如近年来市场上兴起的烧鸟专门店，就是对日式料理进行精致化改造的典型例子。

由于烧鸟的食材较常见，烟火气足，在日本常出现于街边摊、居酒屋的餐桌上。烧鸟传入我国后，门店主要开在北京、上海等城市，人均消费价格多在100~200元。彼时，与国内主流的烧烤相比，烧鸟专门店的原材料、环境、服务等方面的差异点都不甚明显。但是，随着鸟喜、酉玉等日本烧鸟名店（前者连续10年获得米其林一星）进入国内后，烧鸟专门店的经营思路发生了较大的转变。

这类烧鸟店以“Omakase级别”的食材或者餐配酒的模式做出品，一改烧鸟店最初廉价、粗糙的形象，朝着精细化的方向发展。例如在深圳崛起的本土烧鸟品牌鸟沢TORISAWA、鸟金引入了高端餐饮中常用的餐酒搭配模式，把烧鸟店的人均消费价格推高至300~600元。如此的精致化改造，使得消费者在烧鸟店能享受到高端餐饮的服务和体验。通过上述改造，烧鸟店与国内的烤串烤肉店拉开了较大的距离，从而引发了消费者的“尝鲜热”。

2. 细分赛道发展各异，小店模式、Omakase 走俏

经过多年的发展，日式料理在我国出现了众多的细分品类，如日式拉面、日式米饭快餐、综合日式料理以及寿司等，并且这些细分品类各有其发展特点。

表 3-58　2023 年全国日式料理细分品类概况

细分品类	主营产品	人均消费（元）	代表品牌名称
日式拉面	日式拉面以及饺子、沙拉等小食	30~100	味千拉面、博多一幸舍、一兰拉面、一风堂
日式米饭快餐	牛肉盖饭、鳗鱼饭、咖喱饭、日式炸鸡等	30~40	食其家、吉野家、池奈日式咖喱蛋包饭
综合日式料理	寿司、手卷、烤肉、串烧、刺身等多种料理	50~500	赤坂亭、村上一屋、赤火、九本居酒屋、上井精致料理
寿司	寿司、刺身	20~200	N 多寿司、鲜目录寿司、元气寿司、争鲜寿司、町上寿司、万岁寿司、将太无二、江户前、海之恋

资料来源：红餐大数据。

（1）日式拉面：性价比、多元化产品或成突围之道

总体来看，日式拉面的原料主要分为汤底、面条、浇头、酱汁、油脂。根据汤底的不同，日式拉面可主要分为酱油拉面、盐味拉面、味噌拉面、豚骨拉面等。

在我国的日式拉面店中，较为常见的拉面口味为味噌拉面和豚骨拉面。味噌拉面和豚骨拉面的汤头分别以味噌（大豆酱）、猪骨制成，质感更为黏稠，与一些中式拉面店的清汤底相比有较大的差异。

在我国发展多年后，日式拉面渐渐呈现出品类老化的迹象，或主要是受以下两方面的影响。一方面，由于我国的面馆数量众多，日式拉面店在我国面临着激烈的市场竞争，要突出重围并不容易。另一方面，国内的日式拉面店多年来创新乏力，并且拉面产品的定价维持在 40~60 元这个不算低的区间，逐渐在消费者的心目中形成了“价高乏味”的品类认知。

在此背景下，一众日式拉面品牌的发展亦不甚乐观。例如近年来，日式拉面巨头味千拉面的门店数和营业收入持

续波动。其门店数从2021年的713家下跌到2022年的573家，2023年回升至620余家。其营业收入从2021年的19.96亿元下降至2022年的14.30亿元，营业收入降幅接近三成。进入2023年，据其公布的2023年第一季度营运统计数据，味千拉面营业收入同比上升8.5%。

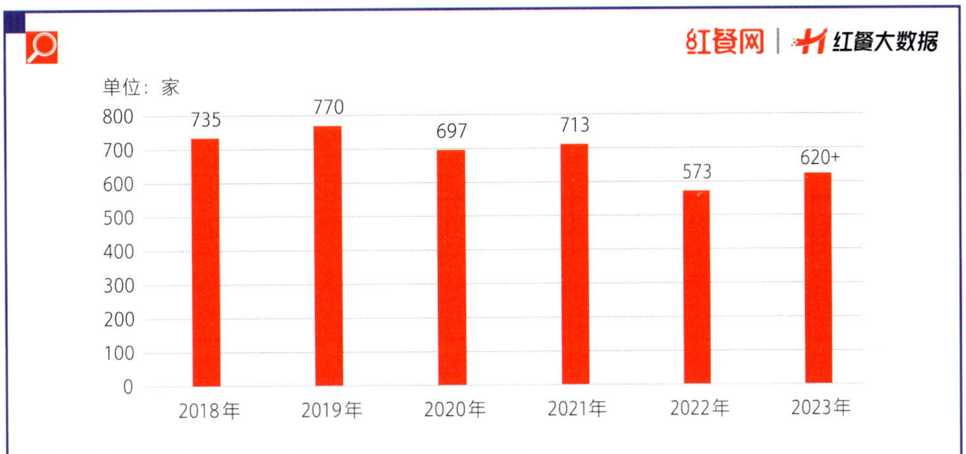

资料来源：企业财报、红餐大数据，数据统计时间截至2023年6月。

图 3-91　2018 — 2023 年全国味千拉面门店数概况

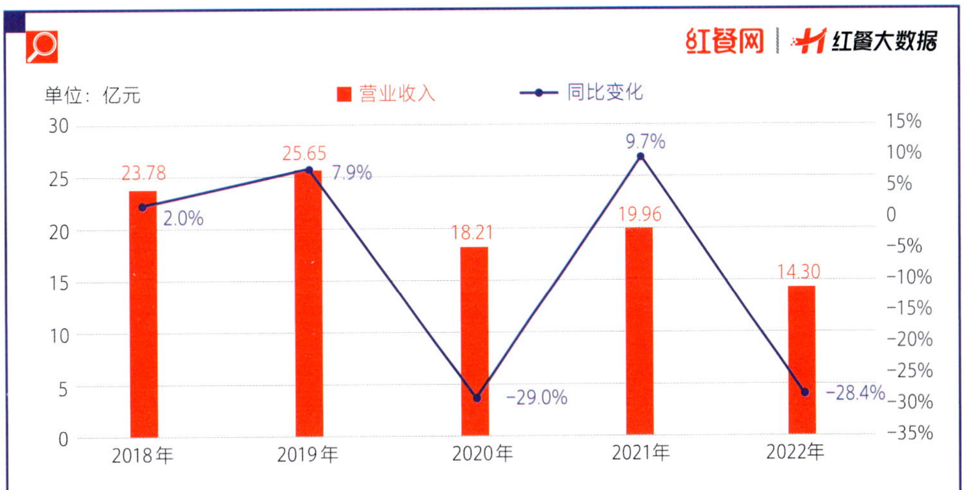

资料来源：企业财报，红餐品牌研究院整理。

图 3-92　2018 — 2022 年味千拉面营业收入概况

而吉野家也在 2022 年 9 月宣告旗下的拉面品牌花丸乌冬面会全面退出我国市场，目前，花丸乌冬面在我国的门店已全部关闭。日本面食巨头东利多旗下的乌冬面品牌丸龟制面也在 2022 年 8 月关闭了我国内地的所有门店。

除了味千拉面以外，其他日式拉面品牌的规模化程度相对低。红餐大数据显示，截至 2023 年 6 月，一风堂拥有 30 余家门店，博多一幸舍约有 10 余家门店，一兰拉面仅有 5 家门店。

值得留意的是，日本面食巨头东利多于 2018 年收购了谭仔云南米线和谭仔三哥米线。如今，为了在国内市场上力推上述两个港式米线品牌，东利多的经营策略转变亦侧面体现出了我国粉面消费市场的变化。近年来，我国本土的中式粉面品牌逐步崛起，给传统的日式拉面品牌造成不小的冲击，进一步加剧了日式拉面的困境。

日式拉面品牌想要摆脱现有的困境，或可以从提高性价比和打造多元化产品两个方向入手。从性价比的策略来看，可以考虑入局平价拉面赛道，再用较高的产品品质来提升竞争力。在多元化的发展方向上，益市拉面、万来轩、琥珀大胜轩等品牌引进了日本本土的鸡白汤拉面、京都拌面、沾面等特色拉面，与目前主流的拉面口味（味噌拉面和豚骨拉面）有较大差异，并在品质上严格把控，得到了一些消费者的认可。

（2）日式米饭快餐：当“尝鲜”变为“常态”，营造新亮点成突破口

日式米饭快餐店的产品主要有牛丼饭、咖喱饭、吉列猪扒饭等。大部分日式米饭快餐品牌采取大单品的产品策略，如吉野家、食其家的核心产品均为牛丼饭。精简的菜品可以减少后厨的操作流程，提升门店的运营效率。因此，与综合型中式米饭快餐品牌相比，日式米饭快餐品牌的标准化程度以及出餐效率均相对高。

入华之初，日式米饭快餐品牌为国内的米饭快餐领域带来一股清新的风气——其米饭快餐的属性不仅与国内消费者的口味适配度相对高，而且又具有异域风味。虽然一份招牌牛丼饭的单价达到 30 元以上，远超中式米饭快餐品牌的平均消费价格，但是当时的日式米饭快餐品牌仍俘获了一众消费者。

日式米饭快餐在我国经历了数十年的发展后，如今的消费者对其认知已经从“尝鲜”变为“常态”，在此背景下，日式米饭快餐较高的消费价格会劝退不少消费者。同时，诸多的日式米饭快餐品牌近年来创新乏力，对于消费者的吸引力亦在下滑。此外，一系列便宜、好吃、便捷的中式米饭快餐品牌崛起，日式米饭快餐品牌亦受到一些冲击。在上述因素的作用下，一些头部的日式米饭快餐品牌近年来陷入发展瓶颈期。

表 3-59　2023 年全国部分日式米饭快餐品牌概况

品牌名称	门店数（家）	发源地	门店主要分布区域
吉野家	680+	日本东京	北京、辽宁、河北等
食其家	490+	日本横滨	上海、江苏、广东等
和番丼饭	400+	上海	上海、江苏、北京等
池奈日式咖喱蛋包饭	200+	西安	陕西、江苏、浙江等
CoCo 壹番屋	80+	日本爱知	上海、江苏、北京等

资料来源：红餐大数据，数据统计时间截至 2023 年 6 月。　红餐网 | 红餐大数据

吉野家运营主体之一的合兴集团于 2022 年 1 月正式从香港交易所退市，其财报显示，此前合兴吉野家持续表现不佳，店均营业收入呈现下滑的趋势，从 2012 年的 533.5 万元下滑至 2019 年的 426.9 万元。同年，上海锦江国际餐饮投资管理有限公司拟转让上海吉野家快餐有限公司 9.815% 股权。从门店数

来看，红餐大数据显示，吉野家 2023 年上半年仅新开出 20 余家门店，与 2022 年同期的新开门店数（20 余家）相差不大。食其家则放缓了开店速度，红餐大数据显示，食其家在 2022 年新开了 30 家门店，与 2021 年的新开门店数相比减少了 23.1%。

在老牌日式米饭快餐品牌势能有所下滑的时候，我国的日式米饭快餐赛道上兴起了咖喱蛋包饭、日式烧肉饭等细分品类，与吉野家、食其家主打的牛丼饭区分开来。不少本土日式米饭快餐品牌，如池奈日式咖喱蛋包饭等，也通过挖掘上述细分品类，主打亲民的价格和多样化的产品，获得了年轻客群的喜爱。

（3）综合日式料理：小店模式走俏，实现营收、坪效双涨

综合日式料理是指提供多种日式料理产品的日式料理餐厅，门店模型与产品种类均较为多元化。综合日式料理的门店经营形式有居酒屋、放题、铁板烧、寿喜烧等，而其提供的产品则有刺身、手卷、寿司、烧鸟、天妇罗、烤肉、清酒、盖饭等。

按门店模型来分，综合日式料理可分为大店、标准店和小店模式。

表 3-60 全国综合日式料理餐厅门店模型分类概况

门店模型	门店平均面积	人均消费价格	代表品牌名称
大店	300 平方米以上	300 元以上	上井精致料理、黑木、蟹道、鮨文 Sushi Man
标准店	100~300 平方米	100~300 元	牛角、九本居酒屋
小店	50~100 平方米	100 元左右	村上一屋、白石的深夜食堂、小鋤匠寿喜烧

资料来源：公开信息，红餐品牌研究院整理。

红餐网 | 红餐大数据

大店模式的综合日式料理餐厅的门店面积通常在 300 平方米以上，走高口碑的路线，比如日式料理放题餐厅上井精致料理的人均消费价格约为 310 元，餐厅平均面积 500~700 平方米。上井精致料理是业内公认的供应链能力较强、出品品质较高的综合日式料理连锁品牌。上井精致料理招股书显示，2020 年其餐厅数量和收入在我国日式料理放题餐厅中位列第一名。

总体来看，大店模式的综合日式料理餐厅经营成本相对较高，对于品牌的盈利形成较大压力，且品牌的规模化程度普遍不高。红餐大数据显示，截至 2023 年 6 月，上井精致料理拥有 40 余家门店，同样走大店模式的鮨文 Sushi Man、蟹道的门店数都在 15 家以下。

标准店模式的综合日式料理餐厅的门店面积通常在 100~300 平方米，人均消费价格区间为 100~300 元。

小店模式的综合日式料理餐厅门店面积通常在 50~100 平方米，走高坪效、轻投资的路线。以村上一屋为例，其定位为居酒屋，餐厅平均面积约为 80~100 平方米，人均消费价格约为 90 元。村上一屋以高性价比日式料理占领京津冀市场，目前已开出了 70 余家门店。

小店模式的日式料理餐厅性价比相对较高，受到了较多消费者的喜爱，从而能维持较高的坪效和营收。

（4）寿司：“平价战斗机”激起 Omakase 热

基于标准化程度较高、易复制等特性，相比起其他日式料理细分品类，寿司的规模化程度较高：N 多寿司门店数一度突破千店，争鲜寿司、町上寿司等品牌亦拥有数百家门店。

得益于在国内的发展时间较长，目前我国的寿司品类已完成了不同价位区间的品牌覆盖：人均消费在百元左右的代表品牌有元气寿司、万岁寿司；人均消费二三十元的代表品牌有 N 多寿司、鲜目录寿司等；人均消费在数百元至数千元的中高端寿司也有一系列的代表品牌，如青木、福寿司、鮨青、鮨直辉等。

整体而言，人均消费在百元以内的寿司品牌近年来发展稳中有进。例如，争鲜寿司、町上寿司维持着平缓的拓店步伐，两个品牌 2020 年至 2022 年每年均拓店 30 余家。日本知名回转寿司品牌寿司郎于 2021 年在我国内地开店。红餐大数据显示，截至 2023 年 6 月，寿司郎已开出 60 余家门店。日本另一知名回转寿司品牌 KURA 于 2023 年 6 月在我国内地开店。

值得留意的是，2023 年 1 月，日本发生了“寿司食品安全事件”。一条短视频在日本被广泛传播：一名日本少年在寿司郎的店内用唾液污染餐具和回转带上的寿司。其后，寿司郎的母公司 FOOD & LIFE Companies 股价大跌，市值蒸发 160 亿日元。此次事件较大冲击了日本的回转寿司市场，乃至日本整个寿司市场。在日本，一批回转寿司品牌（包括寿司郎）都取消了传送带送餐模式，改为点餐模式。

最初，回转寿司模式受到欢迎，是因为其把“厨房—餐台—厨房”的餐厅动线以传送带串联起来。这种模式对于商家而言较为节省人力，能够有效降低运营成本，对于消费者来说则较为便利、性价比高。而在餐饮行业与新技术紧密结合的今天，回转寿司的便利性有被智能餐饮系统、餐饮机器人等取代的趋势。同时，寿司赛道中出现了更多平价的单点寿司、外带寿司品牌。而此前出现的一些食品安全事件更是把回转寿司的食品安全隐患曝光在媒体和公众面前。因此，回转寿司品牌需要思考的是在新时期下，回转模式如要重新获得消费者认可，需要彰显怎样的新特质。

另外，我国中高端寿司市场（人均消费在数百元至数千元之间）一个值得关注的变化是，提供中端 Omakase 的寿司品牌日益增多。Omakase 指的是食客与料理人（即厨师）相隔一条长板，料理人负责指定菜单，当面完成料理，并与食客进行交流。作为一种“一对一”的服务形式，过去大部分日式料理餐厅的 Omakase 人均消费价格都在 1000 元以上，因此 Omakase 面向的消费人群较为有限。如今，在我国一线、新一线等诸多城市均出现了提供千元以下价格的Omakase寿司品牌，例如上海的鮨青、筑地海幸三代目，广州的 Sushi Hanzo Pro 鮨 · 半藏、言心居，深圳的鮨文 Sushi Man，长沙的渔鮨、兆 · Sushi 等。

表 3-61　全国部分人均消费价格千元以下、提供 Omakase 的寿司品牌（不完全统计）

城市	品牌名称
上海	鮨青
	筑地海幸三代目
	寿司青
	鮨和歌
	mufmuf 渔味料理
广州	Sushi Hanzo Pro 鮨 · 半藏
	言心居
	诚寿司
深圳	鮨文 Sushi Man
	隐谷 Omakase
长沙	渔鮨
	兆 · Sushi

资料来源：公开信息，红餐品牌研究院整理。

红餐网 | 红餐大数据

上述餐厅料理人的专业水平普遍比较扎实，其中不少料理人还是日式料理名店出身，出品颇佳。这些门店价格相对实惠，被誉为“Omakase 中的平价战斗机”。基于以上特性，这类餐厅成为城市中的热门餐厅，其中部分餐厅更是一座难求，需要提前数周甚至数个月预约。这类餐厅的出现推高了 Omakase 的热度，也提升了我国寿司市场的丰富度。

总体而言，无论是综合日式料理的简餐化，B 级料理的精致化，还是日式拉面、日式米饭快餐引入多种流派与种类，Omakase 进击寿司中端市场，都使得我国日式料理市场越加丰富。随着我国餐饮市场持续发展，日式料理的独特魅力将被更多消费者领略和接受。

三、东南亚菜：泰国菜表现亮眼，多样化和轻量化并行发展

近年来，随着消费者对东南亚菜关注度的逐步提升，东南亚菜尤其是泰国菜迎来了快速发展期。一些东南亚菜品牌通过不断迭代发展、推陈出新，走向了连锁化发展的道路。特别是泰国菜这个细分赛道，涌现出了较多表现突出的实力品牌。

1. 品牌规模化程度低，探索新的选址策略

新鲜食材加入浓郁调料，配以天然香草激发本味，成就了东南亚菜独特的“酸、甜、辣、鲜”口味特征。如今，伴随着东南亚游的热度一再提升，东南亚菜系也迎来了新的发展机遇。

虽然同属外来的“舶来品”菜系，但相较于西餐、日韩料理等异国料理，东南亚菜进入国内市场的时间不算长。20 世纪 90 年代，以广州蕉叶为代表的泰国菜品牌率先在国内开店，充满异域风情的装修和表演，加上口味独特的菜式，让很多国人第一次认识了东南亚菜，而蕉叶也因此被誉为国内东南亚菜品类的“先行者”。随后，东南亚菜赛道在国内市场逐渐壮大，泰国菜、越南菜、新加坡菜、马来菜等细分赛道中陆续跑

出一些实力品牌。但囿于市场教育不足、供应链存在难题等，东南亚菜在我国的发展相对缓慢。

随着我国国民收入水平不断提高，东南亚旅游热潮兴起。加之《泰囧》《唐人街探案》等具有东南亚元素的影片热播，消费者对于东南亚文化的认知度不断提高。在上述因素的推动下，东南亚菜迎来了进一步的发展。

总体来看，东南亚菜品牌规模化程度相对低。据红餐大数据，截至 2023 年 6 月，全国 83.2% 的东南亚菜品牌门店数在 10 家以下，门店数超过 50 家的品牌仅占总品牌数的 2.0%。

特别是近年来，由于出境难度较大，国内东南亚菜因其新奇性和易得性，成为消费者践行“生活在别处”人生态度的“代餐”。与此同时，以泰式大排档为代表的东南亚菜餐厅顺势发展，抓住“窗口期”红利走上了发展快车道。

进入 2023 年，随着我国餐饮市场持续复苏，东南亚出境游开始回温，东南亚菜的发展潜力有望得到进一步释放。

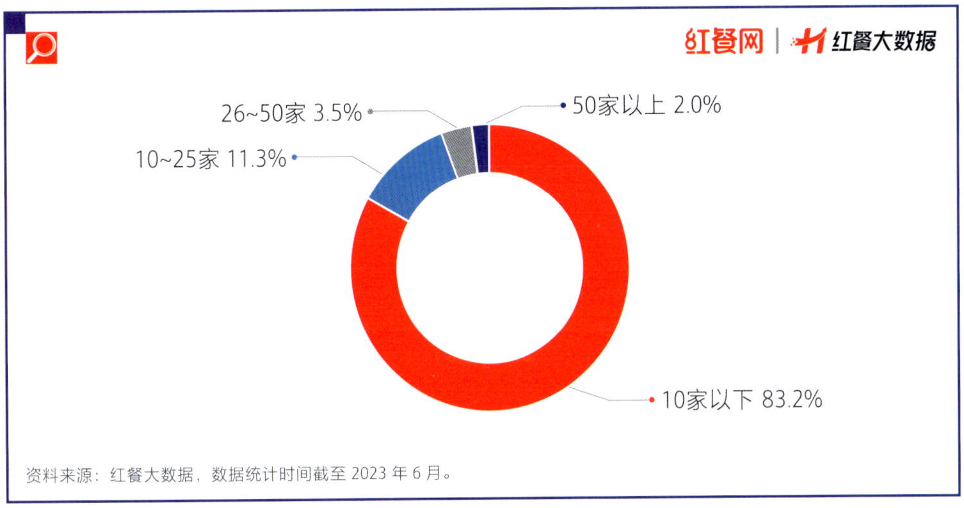

图 3-93　2023 年全国东南亚菜品牌门店数区间占比分布

表 3-62　2023 年全国部分东南亚菜品牌概况

品牌名称	细分品类	门店数（家）
迷你椰 · 泰式大排档	泰国菜	200+
超级泰 · 泰式麻辣烫	泰式麻辣烫	100+
集渔泰式海鲜火锅	泰式火锅	80+
泰香米泰国餐厅	泰国菜	50+
嘟嘟泰国小馆	泰国菜	50+
太食獸泰式茶餐厅	泰国菜	50+
小小集渔 · 泰式大排档	泰国菜	30+
香漫谷泰式小火锅	泰国菜	30+
美奈小馆 · 越南料理	越南菜	30+
星洲小馆	新加坡菜	20+
simply thai 天泰餐厅	泰国菜	20+
越小品	越南菜	20+
阿莱泰国大排档	泰国菜	20+
泰妃殿	泰国菜	20+
米纸越南料理	越南菜	20+
生如夏花泰式火锅	泰式火锅	10+
星叶南洋料理	新加坡菜	10+
西贡妈妈	越南菜	10+
珍宝海鲜 JUMBO Seafood	新加坡菜	10+
星怡会	新加坡菜	10+
蔡澜越南粉	越南菜	约 7
mango tree 芒果树餐厅	泰国菜	约 6
广州蕉叶	泰国菜	约 5
泰盏鬼 · 颓废冬阴	泰国菜	约 4
吗啦吗啦	泰式麻辣烫	约 2

资料来源：红餐大数据，数据统计时间截至 2023 年 6 月。

红餐网 | 红餐大数据

具体来看，门店数超过 100 家的东南亚菜品牌寥寥。在东南亚菜的各细分赛道中，泰国菜发展速度较快，在门店数超过 50 家的品牌中，泰餐品牌数最多。如成立于 2004 年的泰香米泰国餐厅，近年发展势头较好，现已有 50 余家门店，分布于四川、广东、陕西等省份。新加坡菜赛道中，以星叶南洋料理、珍宝海鲜 JUMBO Seafood 等为代表的品牌发展势头也不错。例如星叶南洋料理所属的星洲集团，其旗下拥有诸多子品牌，门店分布于福建、上海、深圳、南京等地。此外，越南菜赛道的代表品牌美奈小馆 · 越南料理、越小品等，这些年也在稳步发展中。

东南亚菜规模化程度较低，主要有三个方面的原因：其一，作为异国料理，东南亚菜的市场培育、用户教育需要长期时间积淀，而目前普及度还不够。加上其独特的口味，在国内餐饮消费市场中尚属小众，导致其消费频次相对较低。红餐品牌研究院“2023 年餐饮消费大调查”显示，在东南亚菜的消费者中，每周至少消费 1 次东南亚菜的消费者占比仅为 23.4%。

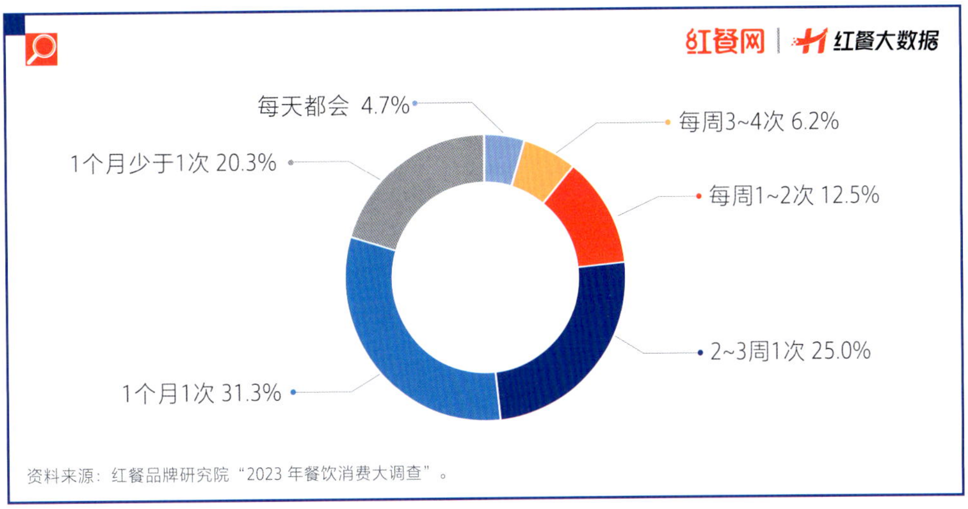

图 3-94　2023 年东南亚菜消费者消费频率情况

其二，供应链的不成熟，制约了东南亚菜品牌的发展。大部分东南亚菜的调料都颇为讲究，并且多喜欢加香料，为了保证口味的正宗，不少东南亚菜餐厅会选择从原产地进口食材。这让东南亚菜保持了特色化和差异化，但某种程度上也因为原材料供应限制了其发展。例如美奈小馆 · 越南料理在创立之初，就面临供应渠道窄、成本高、标准化难等问题。

其三，在之前的很长一段时间，诸多东南亚菜品牌都是主打中高端的定位，选址上也大多偏好入驻购物中心、商场等。这让很多消费者形成了东南亚菜价格偏贵的印象，无形中让受众范围变窄。例如泰香米泰国餐厅、广州蕉叶的选址大多选择中高端购物中心，美奈小馆 · 越南料理、星叶南洋料理等品牌的门店也主要分布于大型商场。

近年来，为了打破这些固有印象，不少东南亚菜品牌在选址策略上做出了新探索，除了购物中心、商场，人流量密集的街边、社区亦成为其选址目标。例如迷你椰 · 泰式大排档、小小集渔 · 泰式大排档、香漫谷泰式小火锅等品牌的门店大多选择了街边店。

2. 泰国菜发展“一骑绝尘”，其他细分赛道需发力追赶

东南亚菜发展至今，各细分赛道如越南菜、新加坡菜、马来菜等均有实力连锁品牌崛起，但是不管从品牌数、品牌门店数，还是从大众认知度来看，泰国菜都是当之无愧的“领头羊”。

从品牌数来看，泰国菜的品牌数要高于其他东南亚菜系。据红餐大数据，截至 2023 年 6 月，全国泰国菜的品牌总数分别是越南菜和新加坡菜品牌数的 3.7 倍、18.1 倍。从门店数来看，门店数超过 50 家的品牌均是泰国菜品牌。从传播的角度来看，泰国菜的热度也要高于东南亚菜的其他细分菜系。

抖音平台显示，截至 2023 年 6 月，2023 年“泰国菜”话题的视频播放量为 13.7 亿次，分别为越南菜、新加坡菜的 10 余倍、50 余倍。小红书平台显示，截至 2023 年 6 月，2023 年带有“泰国菜”关键词的笔记数量为 49 万篇，分别为越南菜、新加坡菜的 12.3 倍、6.6 倍。

泰国菜之所以能获得较多关注，且发展较快，总的来说，得益于文化旅游、供应链、环境、口味等内外因素的共同作用。

（1）供应链优化升级，为泰国菜快速发展保驾护航

从外部因素来看，近些年来，泰国游火爆，吸引了不少中国游客前往打卡，加上影视作品的宣传效应，都在一定程度上促进了泰国菜在国内的普及。

从内部因素来看，泰国菜得以快速发展则主要源于后端供应链的优化升级以及前端的差异化创新。

过去很长一段时间里，泰国菜的供应链一直面临着采购链条长、标准化程度低、成本高等问题。比如，很多泰国菜的原材料依赖进口，导致采购、运输、人工调配等成本相对较高，也使得泰国菜标准化的程度相对较低、用厨成本较高。近年来，泰国菜的供应链难题在被慢慢破解。

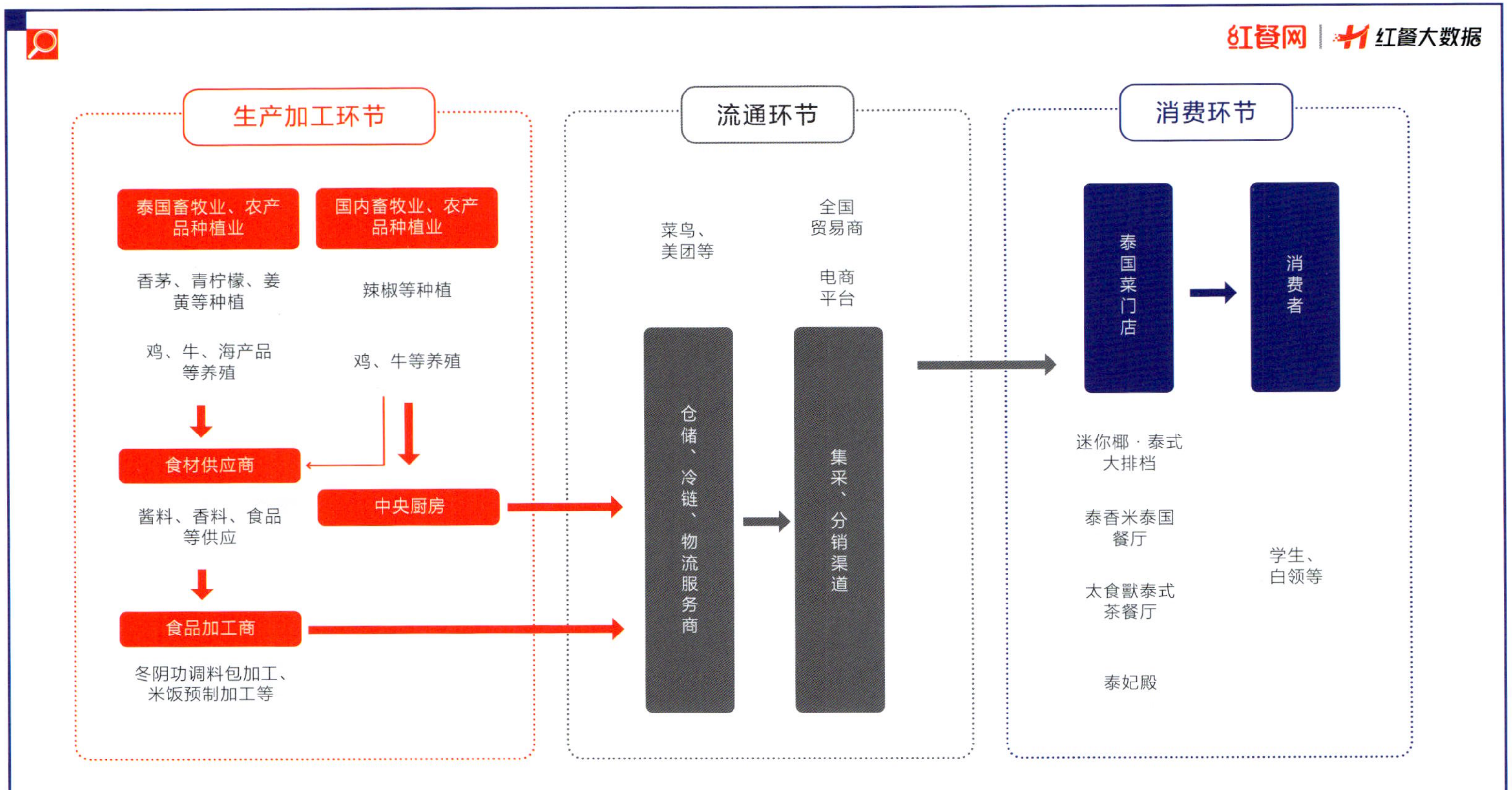

资料来源：公开信息，红餐品牌研究院整理。

图 3-95　泰国菜供应链图谱

首先，一些专注于泰国菜供应链的企业在崛起。这些供应链企业研制出经典的冬阴功等主流口味“母酱”，在汤品、火锅等方面实现“一酱多用”，省去了泰国菜烹饪过程中的复杂调味工序，使得泰国菜的标准化成为可能。

其次，一些泰餐品牌尝试完善供应链体系，通过自建或者合作等方式深入上游供应环节。比如香漫谷泰式小火锅与德庄集团合作，打造出配有生产空间、研发基地、数据中心的供应链体系，生产出标准化程度较高的泰式火锅锅底。泰香米泰国餐厅建立了中央厨房，主要用于生产半成品和调味料供往全国各个泰香米泰国餐厅的门店，以减轻门店人力和物力的成本压力。

总体来看，日渐成熟的供应链正在解决泰餐标准化程度不高、用厨成本高的问题。

此外，泰国菜为了更加契合消费者需求，一直在寻求差异化创新，产品形态变得更为多样化，赛道亦在细分化。从早期的泰式餐厅、泰式火锅到如今的泰式大排档、泰式麻辣烫等，泰国菜的表现形式变得越加多样化。

（2）多元化、轻量化并行发展

虽然泰国菜的关注度相对高，近年来发展速度尚可，但与日式料理等异国料理相比，其面临的痛点亦较明显：同质化问题突出、性价比仍待提升等。

比如，泰国菜餐厅的产品、场景、服务等方面均趋同，导致品牌的辨识度偏低。在价格方面，虽然市面也出现了一些平价泰国菜餐厅，但是人均消费 50 元以下的品牌数量仍相对少。红餐大数据显示，近六成的泰国菜品牌人均消费价位在 80 元及以上。整体人均偏高的状态在某种程度上也影响了泰国菜在国内市场的快速渗透。

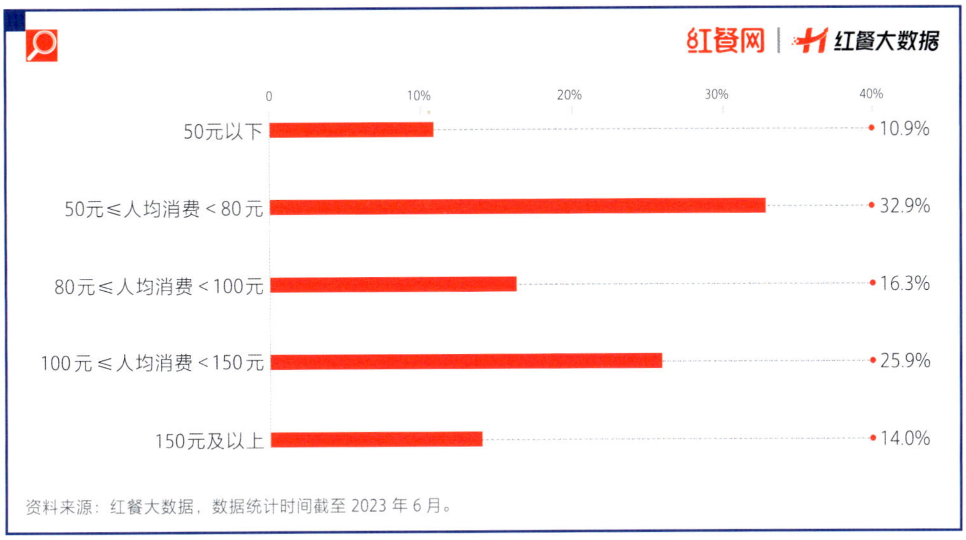

图 3-96　2023 年全国泰国菜品牌人均消费价位占比分布

为此，不少泰国菜品牌正在积极“破冰”，往多元化、轻量化方向进行创新。

在多元化方面，泰国菜品牌进行了以下两方面的尝试。一方面，往泰国菜细分赛道进行深耕。除了传统的泰国菜餐厅以外，一些垂直于泰式大排档、泰式麻辣烫、泰式茶饮、泰式米粉等细分赛道的品牌开始出现，例如泰式米粉赛道的小泰造泰式米粉料理，在区域拥有较高的人气，而主打泰式麻辣烫的超级泰 · 泰式麻辣烫近年的发展也较快。另一方面，不少泰国菜品牌把产品变得越来越多元化。除了常见的冬阴功汤、咖喱鸡肉等主流产品，品牌菜单还增加了小吃、饮品、甜品系列，产品种类变得更加多元、丰富。例如泰香米泰国餐厅门店中就有泰式奶茶、马卡龙等产品。

表 3-63　2023 年全国部分泰国菜品牌的多元化尝试

细分品类	代表品牌名称	多元化代表菜品	人均消费（元）
泰式正餐	迷你椰 · 泰式大排档	菠萝饭、芒果糯米饭、泰式金边炒粉	72
	小小集渔 · 泰式大排档	夜市火山拉面杯、金枕榴莲拉丝玉米	71
	泰香米泰国餐厅	椰香马卡龙、泰式特色奶茶	142
	太食獸泰式茶餐厅	话梅冬瓜茶罐头、香兰叶冰霜面包	125
	泰盏鬼 · 颓废冬阴	爆浆虾肉棒、泰柠绿茶	55
泰式火锅	集渔泰式海鲜火锅	榴莲薄脆比萨、牛乳雪山冰、椰汁捞粉	114
	生如夏花泰式火锅	芒果糯米饭、烧烤拼盘	128
泰式小吃快餐	泰伴食堂 · 泰式大排档	瀑布海鲜炒面、勾魂冰镇泰汁生蚝、曼谷街头泰奶红	73
	小泰造泰式米粉料理	咖喱牛肉包、咖喱鸡肉包、冬阴功鸡肉包	36
泰式饮品	春莱老挝冰咖啡泰式奶茶	泰式桂花浓奶茶、糯香茅青柠茶	16
	素匠 · 泰茶	泰式蛋糕奶茶、招牌泰满足奶茶	18

资料来源：公开信息，红餐品牌研究院整理。　红餐网 | 红餐大数据

值得注意的是，虽然当前泰国菜细分赛道众多，但总体来看还处于发展的初期，尚需一些时日的沉淀。例如泰式甜品、泰式烧烤等赛道的垂直品牌目前尚未出现领头品牌，泰国菜餐厅中的鸡爪、蚵仔煎、麻辣烫等产品携带明显的中式“基因”，整体含“泰”量参差不齐，泰式奶茶产品相对单一等。

与多元化并行发展的，是泰国菜品牌的轻量化尝试。近年来，部分泰国菜餐厅为了满足消费者追求性价比的需求，对传统泰国菜餐厅做出了精简菜单、缩短出餐和就餐时间、降低人均消费价格的调整，并且取得了一定成效。如创立于河南郑州的小泰造泰式米粉料理，凭借人均 30 多元的泰国粉和小食为主打的简餐，创造了日翻台 20 余轮的纪录。

表 3-64 2023 年全国泰国菜餐厅的轻量化表现

维度	传统泰国菜餐厅	作出轻量化改造的泰国菜餐厅
菜品	•产品 SKU 多，点餐自由搭配，伴有个性化需求； •正餐为主，餐盘容量大且精致； •人均消费相对高	•产品 SKU 少，精简点餐和出餐流程； •简餐、小吃为主打，伴有饮品，餐盘容量变小； •人均消费相对低
门店	•选址中高端商场，环境高雅安静，主打商务聚餐； •门店面积大，150~200 平方米甚至更大	•选址人流量大的商业街等，环境热闹潮流，主打休闲社交聚餐； •门店面积小，100 平方米以内
服务	•出餐速度相对较慢； •就餐时间偏长，主打商务洽谈，注重体验	•出餐速度相对较快； •就餐时间缩短，注重效率
代表品牌	•simply thai 天泰餐厅、广州蕉叶等	•迷你椰 · 泰式大排档、泰伴食堂 · 泰式大排档等

资料来源：公开信息，红餐品牌研究院整理。

红餐网 | 红餐大数据

总体来看，做出“轻量化”改造的泰国菜餐厅，主要是在传统餐厅的基础上，对菜品、门店模式、服务、人均价格等方面做出了改良，使得消费者在提高就餐效率的同时，还能享受性价比相对高的餐食体验。

与此同时，做出轻量化改造的泰国菜餐厅也可以达到降低开店成本、提高翻台率、缩短店铺的回本周期等目的。

相信随着泰国菜赛道的进一步发展，会有更多的泰国菜品牌崭露头角，泰国菜细分赛道也将会被进一步挖掘。而在泰国菜赛道不断壮大的过程中，泰国菜的供应链体系也将日益完善，这将可能带动整个东南亚菜赛道的发展。

08

第八节

团餐：
场景细分化，企业加速并购整合

以满足客户的刚需用餐需求为主的团餐，客户群体一直相对稳定。因此，团餐市场在过去三年受到的冲击相对较小，整体保持了较为稳健的增长。与此同时，在乡村振兴战略以及养老服务供给侧结构性改革等利好政策的助力下，一些团餐新赛道逐步成形，而竞争也进一步加剧，新一轮的产业变革正在发生，团餐亦开启了从关系型市场向能力型市场转型的发展新阶段。

一、团餐迎来发展机会，市场规模有望超 1.8 万亿元

团餐的主要服务对象是学校、医院、企业、机关单位等团体客户。因经营环境相对封闭、生产与销售呈规模化、刚需属性强，团餐企业的抗风险能力明显高于社会餐饮，团餐市场的增长相对稳健。

红餐大数据显示，在 2021 年餐饮市场回暖的背景下，团餐赛道实现了 12.8% 的增幅，市场规模达到约 15,612 亿。2022 年团餐市场规模的增速有所下滑，但当年市场规模亦达到了约 16,194 亿元。

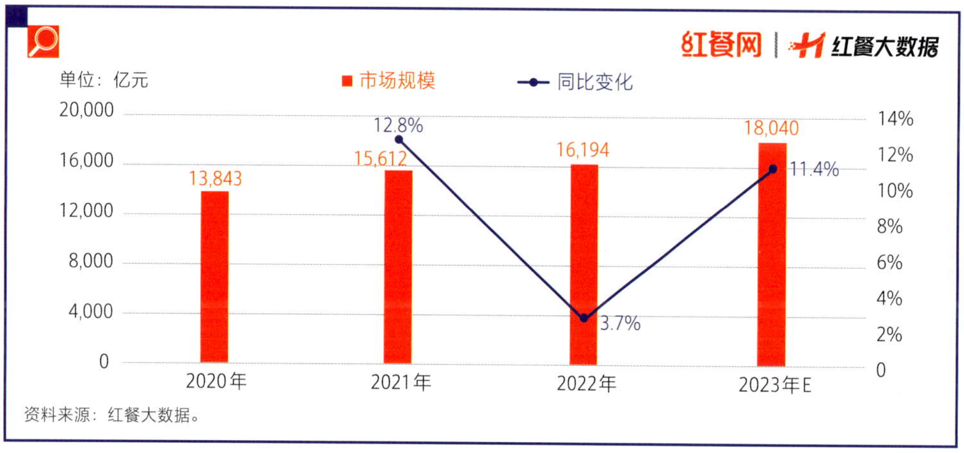

图 3-97　2020 — 2023 年全国团餐市场规模概况

进入 2023 年，全国各地学校恢复线下教学，企业复工复产，大型会议、赛事活动回归正轨，团餐赛道迎来发展机遇，2023 年团餐市场规模有望超 18,000 亿元。

红餐产业研究院预测，2023 年团餐赛道将保持增长。这主要源于其不断释放的市场需求。例如很多地方政府及军队都在进行后勤市场化改革，中小学生在校就餐日益普遍，政府阳光采购政策不断深化推进等。在种种利好下，团餐企业将有更多机会扩展业务范围和规模。

虽然团餐市场规模大，但是整体集中度相对较低。中国饭店协会团餐专业委员会与宸睿资本联合发布的《2022 年度中国团餐发展报告》指出，我国团餐百强的市占率仅有 6.7%，这与北美团餐赛道 CR4（行业前四名份额集中度指标）的 92% 相去甚远。在营业收入方面，除部分新三板挂牌的中小团餐企业之外，尚无营业收入超过百亿元的团餐企业。

此外，当下的团餐市场还有一个较明显的特征是关系主导业务。团餐本质上是 To B 的生意，加上长久以来团餐市场较为封闭、集中度相对低，由此形成了不透明的拼资源 / 关系的发展模式。不过，随着团餐赛道的机会变多，更多参与者入局，市场竞争的加剧或将倒逼团餐行业的关系壁垒逐渐向能力壁垒转变。

二、市场竞争格局动荡，企业加速并购整合

团餐赛道的基本盘较稳，市场容量大，规模增速较快，近几年吸引了诸多资本和玩家争相布局。

一方面，团餐赛道受到资本青睐，诸多实力团餐企业获得了融资。例如老牌团餐企业麦金地，于 2021 年 8 月、2022 年 11 月连续两年获得了累计 5 亿元的战略融资。望家欢也于 2020 年 3 月、2021 年 2 月获得了累计 14 亿元的融资。此外，健力源、德保膳食、荷特宝、千喜鹤、美餐、潘多拉等团餐服务商也获得了资本青睐，开启了发展加速度。

另一方面，跨界大佬纷纷抢占团餐赛道，其中有食品公司，物业、地产公司，快递公司、本地生活平台以及连锁餐饮企业。

在团餐赛道中，食品领域的跨界玩家较多。例如 2022 年 3 月，惠发食品敲定了校园智慧餐厅样板工程。双汇发展于 2022 年 8 月宣布将成立团餐事业部。调味料企业天味食品于 2022 年 11 月投资了下游团餐企业上海麦金地集团

股份有限公司和北京千喜鹤餐饮管理有限公司。而在此之前，思念食品与德保膳食成立了郑州哪吒餐配，主要发力学生餐市场。

此外，三全食品、巴比食品、安井食品、千味央厨等公司亦通过为团餐企业开发新产品等方式布局团餐市场。其中，巴比食品团餐业务取得了较亮眼的成绩。其财报显示，2022 年巴比食品的团餐业务实现收入 3.32 亿元，同比增长了 54.5%。

地产公司、物业公司也在积极布局团餐业务。比如物业管理公司新城悦服务在积极布局团餐市场，其 2022 年财报显示，在社区增值服务板块，公司的团餐服务收入达到了 3.55 亿元，同比增长了 334.2%，年合同金额超过 5 亿元。万科、金科服务、碧桂园等多家地产公司亦增加了团餐配套服务，将团餐业务作为新的市场增量。

表 3-65　团餐跨界参与者概况

企业类型	品牌名称	业务类型
食品企业	思念食品	与团餐品牌德保膳食合作，成立了哪吒餐配，聚焦学生餐
	双汇发展	成立团餐事业部
	惠发食品	打造团餐领域全品类“一站式”食材供应链服务
	安井食品	为团餐企业提供产品
	天味食品	投资了下游团餐企业上海麦金地集团股份有限公司和北京千喜鹤餐饮管理有限公司
餐饮企业	海底捞	针对家庭、企业、团队聚餐等大型用餐场景，推出外卖火锅团餐业务
	巴比食品	为团餐企业提供产品
	西贝	针对企业用户开启团购订单业务
	大龙燚	推出节日团餐预定
	喜茶	推出喜宴团餐
	丽华快餐	作为中小企业餐饮定制服务商
地产 / 物业服务企业	新城悦服务	高校类、医疗类和企业类“物管 + 团餐”业务模式
	万科	成立食品事业部，主要布局生猪养殖、蔬菜种植、企业餐饮三大领域
	金科服务	物业管理服务和团餐服务相结合
	碧桂园	在多地成立餐饮公司，以社区为原点增加团餐配套服务
本地生活平台	美团	推出公司订团餐平台，提供工作、加班、招待、团建等场景用餐服务
	饿了么	推出企业订餐平台
快递公司	顺丰同城	推出企业团餐平台“丰食”，提供团餐配送、食堂服务、到店用餐、商务宴请等多场景服务（2023 年 5 月顺丰出售了该平台）

资料来源：公开信息，红餐品牌研究院整理。

红餐网 | 红餐大数据

与此同时，连锁餐饮品牌亦在不断发力团餐市场。早在 2020 年海底捞就推出了火锅外卖团餐服务。2022 年 8 月，喜茶也宣告推出喜宴团餐。2023 年 4 月，丽华快餐宣布进军中小企业团餐细分市场。除此之外，美团和饿了么也均在积极推进团餐业务。例如 2023 年 4 月，美团面向企业用户推出“美团企业版”，其定位为企业订餐、差旅、用车一站式消费管理平台。从属于中智集团的中智关爱通亦于 2022 年 6 月上线可有效解决企业团餐市场需求痛点的工作餐产品。

整个团餐赛道呈现出多方势力角逐的态势，团餐赛道逐渐变得拥挤，曾经的蓝海市场开始“泛红”。一方面，大量中小团餐企业被迫出局。2022 年，诸多学校采取网上教学形式、较多会议活动取消、一些互联网大厂裁员以及取消员工免费用餐福利等诸多外部因素，使得一些团餐企业的营业收入受到较大影响，企业甚至倒闭破产。

另一方面，腰部以上团餐企业面临较大竞争压力。根据中国饭店协会发布的年度团餐领跑者榜单，对比 2021 年和 2022 年全国团餐企业 TOP20（根据企业会计年度主营业务收入数据及年度完税证明的纳税数据综合排序），除了千喜鹤、健力源、德保膳食、金丰稳居前四名，其他企业的名次或多或少都发生了变化。这在一定程度上反映了团餐头部企业近年的营业收入不太稳定的经营现状。例如顺丰同城的丰食团餐近年营收状况不甚理想，被传持续亏损。2023 年 5 月，顺丰同城出售了丰食团餐。

表 3-66　2022 年度团餐领跑者 TOP20

序号	企业名称	序号	企业名称
1	北京千喜鹤餐饮管理有限公司	11	宁波康喜乐嘉餐饮管理有限公司
2	北京健力源餐饮管理有限公司	12	北京振达餐饮管理有限公司
3	深圳市德保膳食管理有限公司	13	合肥黄山大厦酒店管理集团有限公司
4	北京金丰餐饮有限公司	14	广东乡谷村膳食管理有限公司
5	蜀王优芙得餐饮服务有限公司	15	广东中膳健康产业科技有限公司
6	快客利（北京）集团有限公司	16	上海绿捷实业发展有限公司
7	武汉华工后勤管理有限公司	17	北京健坤餐饮集团有限责任公司
8	上海麦金地集团股份有限公司	18	阳光国际商务有限公司
9	东莞市鸿骏膳食管理有限公司	19	安徽大佳一餐饮管理有限公司
10	中海油能源发展股份有限公司配餐服务分公司	20	北京东贸国际餐饮管理有限公司

注：根据企业 2021 会计年度主营业务收入数据及 2021 年度完税证明的纳税数据综合排序。

资料来源：中国饭店协会，红餐品牌研究院整理。

红餐网 | 红餐大数据

面对这样的市场状况，有实力的团餐企业开始变革，企图以融资或并购方式增强品牌竞争力。比如获得劲邦资本、天味食品投资的麦金地集团，曾对外表示，可以借助二者在细分赛道的供应链体系、地方资源以及成熟的管理经验，实现供应链渠道大单品的全国复制。而新城悦服务已经先后并购了上海学府餐饮、苏州海奥斯餐饮等 5 家团餐相关企业，未来还可能收购其他团餐公司，打造“物业 + 餐饮”的新型后勤服务模式，力图成为“中国版的索迪斯”。另一家物业公司金科服务，不仅与凯撒旅业、九龙高新集团等牵手合作团餐业务，还完成了对（重庆）金辰酒店管理 100% 的股权收购，为政府、银行及企业提供团餐服务。

通过并购整合等方式，团餐龙头企业的市场份额将进一步扩大，行业的集中度也将进一步提升。

三、团餐场景细分化、服务多元化，预制菜成新变量

总体来看，目前我国团餐企业的经营类型较为多样化。《2022 年度中国团餐发展报告》显示，中小学是团餐赛道最大的消费市场，也是各个团餐企业重点布局的市场。其次是中大型企业（比如华为、阿里等企业食堂）、机关事业单位、产业园区、医院、部队、赛事活动等。同时，该报告中的“2021 年团餐 TOP100 及 TOP300 企业经营场景分布图”显示，中小学营养餐为头部团餐企业的主要项目。

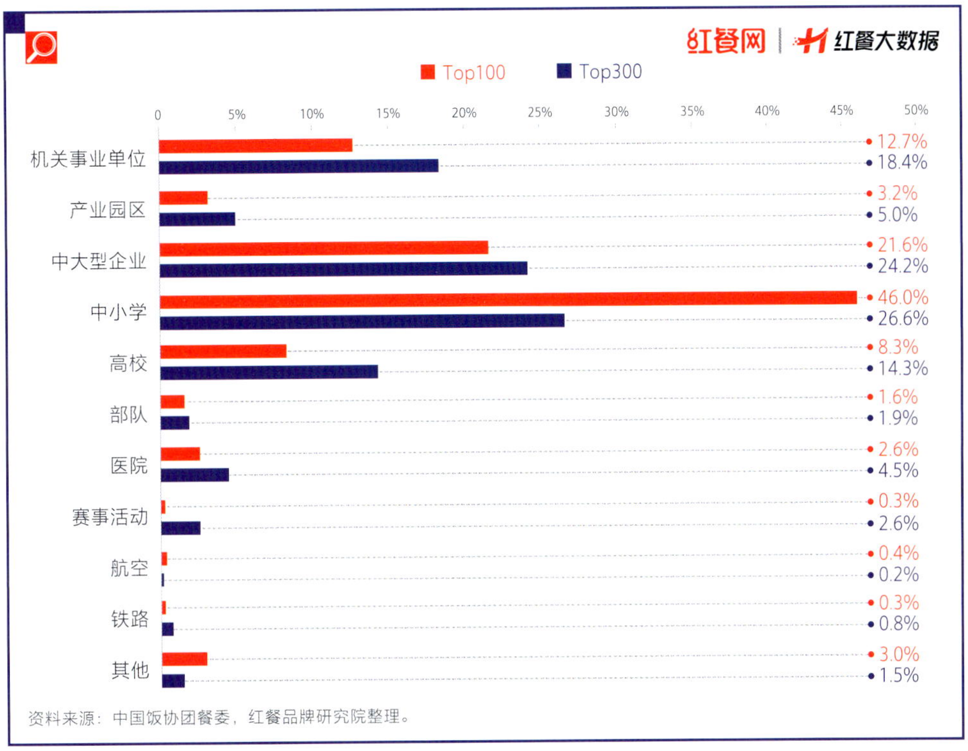

图 3-98　2021 年团餐 Top100 及 Top300 企业经营场景分布

近年来，一方面，随着餐饮消费的不断升级，消费者对团餐服务亦提出了更多个性化的需求，团餐的消费场景呈现出了细分化的趋势。另一方面，跨界巨头也将其优势资源链接到团餐产业，一定程度上推动了团餐场景的多样化发展。

1. 团餐消费场景细分化

如今，企业的员工除了正常的工作餐需求，在下午茶、加班、团建、会议、生日聚会等细分场景下的餐食需求也日益普遍，由此衍生出了下午茶团餐、加班团餐、会议团餐等。尤其是随着企业活动、团体活动日益盛行，加上近年来一线、二线城市尤为重视展会、赛事等活动的开展及安全运作，会务餐饮成为团餐企业服务的新高地。

此外，随着团餐的消费群体更加细分，也衍生出更多细分场景的团餐需求。比如越来越多的老年人需要专门的老年餐服务，孕产妇们需要专业的营养餐，这类团餐需求逐渐展现出强大的市场潜力，亦有一些企业在布局上述细分场景的团餐业务。

社区用餐也是一个新的团餐消费场景。随着我国人口老龄化进程提速，政府不断推进社区居家养老服务的供给侧改革。在中央财政资金的支持下，社区食堂建设纷纷被列入各地重要的“民生工程”。而对于团餐企业和专业餐饮公司来说，这是一个巨大的增量市场。因为社区食堂、社区智慧餐厅是社区市场庞大的流量入口，除了老年群体，运营者还可以把服务对象延伸到全部社区居民。或者也可以和养老配套服务结合，做成社区综合体。

值得注意的是，公益属性、兼具微利是诸多社区食堂的特色。目前，第三方运营商的市场化运作也刚刚起步，对于社区团餐的入局者来说，趁着政策东风，摸索出一条可持续发展的社区食堂市场化运营的新路是当务之急。

2. 团餐企业服务多元化

为了满足用户个性化、多样化的团餐需求，团餐企业也在不断升级自己的技能，服务变得越发多元和深入。

例如索迪斯打造的团餐 3.0 模式，从提供驻场餐饮服务升级到现场烹饪结合中央配送模式，按需、随时随地提供餐饮服务。该模式不仅打通了线上线下，而且还整合了吉野家、汉堡王、必胜客等多个社餐品牌来共同提供团餐服务。

一些承接或入驻企事业单位食堂的团餐企业，也在原有的团餐场地里开发了更多服务项目。例如一些团餐企业不仅把大学食堂变成了各种主题餐厅，还引进了超市、娱乐、学习等设施，把食堂经营成学生的一站式生活服务提供场所。也有一些老牌团餐企业，比如千喜鹤、麦金地等，把食堂打造为食品生鲜零售渠道。此外，一些会务团餐公司在原有会务团餐的基础上，根据客户的不同需求开发出相应的增值服务，如企业活动主题策划 + 活动餐饮，会务服务 + 展会餐饮等，试图为客户提供会务一站式定制方案。

从只提供食材配送，扩充到一体化的用餐解决方案，包括健康食谱定制、人员培训等多种层面的服务，越来越多团餐企业正在从供应商的角色进化成全方位用餐服务商。这种模式将是当下团餐企业努力的方向之一，不依靠关系，只靠实力绑定客户。

3. 预制菜成团餐新变量

近年来，预制菜市场的快速发展，为团餐赛道带来一些利好，给想实现快速发展的团餐企业提供了契机。例如，那些在团餐供应链领域有战略布局的中大型团餐企业、区域知名团餐供应商以及央厨企业，可将预制菜作为弯道超车的机会。它们可利用现有央厨生产预制菜，随后通过食堂项目点或者商超渠道销售预制菜，形成预制菜的产销闭环。利用此策略，不少企业已经在预制菜业务上取得了一些成就。例如江淮地区团餐领域供应商虞恒食品为了抢占预制菜市场，近年亦开始加码投资建造新的生产基地以提升产能。

而对于小型团餐企业来说，要想扩大规模，中央厨房及预制菜对于它们来说也是必备条件。但是，生产预制菜有一定的门槛，一些中小型团餐企业较难达到要求。这时候，一些整合预制菜和团餐业务的企业便迎来了发展机会。比如 2022 年 5 月，专门为团餐企业提供预制菜采购渠道的团餐数字化平台微团餐，获得了数百万元种子轮融资。

预制菜除了能为团餐企业带来新的增量机会，也为团餐带来新的发展模式。一种典型的新模式是“中央厨房 + 卫星厨房”的模式。比如在学生营养餐领域，深圳、苏州、徐州等地都出现了“中央厨房 + 卫星厨房”的供餐模式，即先由中央厨房做成预制菜，再由卫星厨房烹调。据了解，该模式在日本的学生营养餐方面已经得到了广泛使用。这种模式依托冷链配送，能有效扩大服务半径，便于大型团餐企业跨地域运营。另一种新模式则是“超级厨房”。近年来，一些团餐企业使用万能蒸烤箱结合预制菜来制作餐品，几个人就能服务几百人的用餐需求，现场操作空间也得以压缩。

总体来看，预制菜给团餐市场带来了新的机会点，使得团餐企业不再局限于食材采购的经营模式，有望打破团餐企业低毛利的桎梏，这一领域值得一众团餐企业积极探索。

四、推进供应链建设，团餐升级进行时

如今，消费者的餐饮需求发生了诸多变化，对于团餐的需求也发生了变化，从追求吃饱吃得实惠转变为注重营养、个性化与多样化。但目前团餐赛道中的经营主体多为区域性的中小企业，这类企业的管理和运营相对粗放，较难满足消费市场的多样化、个性化需求。为了更好地满足消费者的需求，扩充团餐赛道的容量，我国团餐业亟须转型升级。总体来看，团餐的转型升级主要有两个方向。

第一个方向就是对供应链进行升级。多位业内人士表示，一些团餐企业食材采购成本过高，甚至远高于社会餐饮的食材成本投入，对团餐企业的盈利造成了较大的压力。这种情况下，供应链建设就成了团餐企业降本增效的核心，供应链的集采优势可以带来成本优势，并改善团餐企业的盈利状况，同时也能保障食品安全。

目前国内中小型团餐企业因经营分散、采购规模小，多采用自行采购或与大型食品商、地方食材贸易商、第三方

团餐供应商等合作的方式。这类中小型团餐企业对整合的供应链服务有潜在需求。这对于具有较强整合能力的供应链企业来说，是一个较好的发展机会。比如，知名食材供应链企业乐禾食品专注于团餐供应业务，其成熟供应链体系将产品分为 8 个大类，150 余个小类，SKU 数量超 10,000 个，能根据不同地域实际情况进行适应和调整。乐禾食品更运用数字化的管理系统和监控系统，对食品实现从农田到餐桌全链条管理。凭借着强大的资源整合和管理能力，乐禾食品在团餐供应领域上处于领先的位置，每天为 16,000 余家大型单位饭堂、超市、酒店等供应上万种食品，发展势头持续向好。另外，一些自建供应链的大型团餐企业亦可考虑以供应链为核心重构业务模式。

第二个方向是团餐企业升级的数字化建设。目前，很多团餐企业的运营依靠经验，缺乏科学、合理、高效的管理系统。而随着餐饮数字化消费习惯日益普及，企业的成本把控能力成为其发展的关键，团餐的数字化建设亟须推进。

团餐企业的数字化建设主要包括三个层面。其一，在前端的订餐、支付、取餐环节，借助智能设备，提高就餐效率、降低损耗；其二，在中端，布局商业智能管理系统、人事财务管理系统等，提高管理效率；其三，在后端，打造云端供应链管理平台，或者使用第三方服务商的供应链管理工具，来对进、销、存等环节进行管理。

为使经营提质增效，团餐企业需要加速布局上述三个层面的数字化体系建设。例如，望家欢结合大数据、物联网等新兴技术，构建农业大数据平台，在后端精准控制生产环境，在前端时时掌握订单情况，保障订单农业的实施落地。在运营管理层面上，集团打造了高标准的信息化管理体系，将客户下单、统计、采购、配货、上单、物流、结算等运营环节全部标准化，并统一集成在一个平台上，不仅提升了管理效率，降低了人工成本，也为食安监管、质量追溯提供了有力的工具。

综上所述，虽然已经有一些团餐企业推进了数字化体系建设，但总体来看，团餐赛道的数字化建设还是处于起步阶段，未来要走的路还很长。

日渐红火的团餐赛道，行业洗牌、整合的速度在加速，促使团餐企业尝试多种转型、升级的举措。随着预制菜、社区养老等新风口渐次出现，一些团餐新赛道逐步成形，新一轮的产业变革正在发生。

预制菜
馄饨
性价比
餐
烧鸟
大单品食材供应链
新中式烘焙
冷链物流
线上线下双主场
资本化
咖饮
中式正餐
加盟白热化
中式汉堡
麻辣烫
面
火锅
小前店大后台
泰国菜
粉
西式快餐
复合调味料
专业化
数智化
「卖水人」生态
日式料理
产品零售化
降本增效
茶饮
规模集中化
细分化
资本化
烧烤
养生风潮
地方菜
团餐
餐饮智能设备
资本化
万店时代
新中式拉面
轻量化
卤味
B端和C端一体化
新疆米粉
区域品牌崛起
包点
饺子
有料火锅
中式米饭快餐

第四章

Part Four

餐饮榜单 》

01

第四届中国餐饮红鹰奖 第一节

红餐网携手相关机构和餐饮产业上下游专家，于2019年联合创办了“中国餐饮红鹰奖”，致力于将该奖项打造为“中国餐饮界的奥斯卡”。该奖项旨在挖掘中国最有价值的餐饮品牌，鼓励和宣传优秀的中国餐饮品牌和餐饮人物，助力中国餐饮业健康发展。创办至今，红鹰奖已经影响数百万餐饮人以及数千万美食消费者，同时也得到了各大权威媒体的高度关注。

红鹰奖的品牌奖项是以“红餐大数据”中的“红餐指数”为基础，再结合品牌的消费口碑、媒体传播、运营健康、业内关注、荣誉背书这五大维度的表现，综合评选而来。红鹰奖包括餐饮品牌力百强、餐饮区域标杆品牌、餐饮商业价值品牌、餐饮臻味典范品牌四大奖项。

“红餐大数据”小程序是专注餐饮大数据的专业查询和分析工具，收录了超过32,000个餐饮品牌、2,000余家餐饮产业上下游供应商和服务商，旨在通过全方位、超精细的数据呈现，为餐饮从业者、投资方、意向创业者提供决策参考。

一、2022年度餐饮品牌力百强

作为红鹰奖的核心奖项，“餐饮品牌力百强”是国内餐饮业第一份以“品牌力”为主题的权威榜单，旨在评选出一批表现卓越、实力雄厚的头部餐饮品牌。此奖项自面世以来，就受到了业内人士的广泛关注，在业界树立了极高的专业认可度。

“2022年度餐饮品牌力百强”的上榜品牌实力强劲，各方面表现均较突出。

1~25 26~50 51~75 76~100

表 4-1 2022 年度餐饮品牌力百强

名次	品牌名称	公司名称	品牌指数
1	海底捞	四川海底捞餐饮股份有限公司	982.4
2	蜜雪冰城	蜜雪冰城股份有限公司	982.1
3	喜茶	深圳美西西餐饮管理有限公司	981.5
4	绝味鸭脖	绝味食品股份有限公司	980.8
5	正新鸡排	上海正新食品集团有限公司	980.0
6	奈雪的茶	深圳市品道餐饮管理有限公司	979.6
7	瑞幸咖啡	瑞幸咖啡（北京）有限公司	978.9
8	西贝莜面村	内蒙古西贝餐饮集团有限公司	978.5
9	老乡鸡	安徽老乡鸡餐饮股份有限公司	977.7
10	华莱士	福建省华莱士食品股份有限公司	977.0
11	乡村基	乡村基（重庆）投资有限公司	976.6
12	新荣记	上海新荣记酒楼有限公司	975.8
13	紫燕百味鸡	上海紫燕食品股份有限公司	975.4
14	周黑鸭	周黑鸭国际控股有限公司	973.7
15	广州酒家	广州酒家集团股份有限公司	969.9
16	呷哺呷哺	呷哺呷哺餐饮管理有限公司	962.1
17	外婆家	外婆家餐饮集团有限公司	958.1
18	太二酸菜鱼	九毛九（广州）控股有限公司	953.2
19	巴奴毛肚火锅	巴奴毛肚火锅有限公司	948.6
20	巴比馒头	中饮巴比食品股份有限公司	944.8
21	煌上煌	江西煌上煌集团食品股份有限公司	938.6
22	杨国福麻辣烫	上海杨国福企业管理（集团）股份有限公司	933.0
23	尊宝比萨	杭州千尊信息技术有限公司	928.4
24	眉州东坡	眉州东坡餐饮管理（北京）有限公司	927.8
25	木屋烧烤	深圳市正君餐饮管理顾问有限公司	925.1

红餐网 | 红餐大数据

1~25 26~50 51~75 76~100

续 表

名次	品牌名称	公司名称	品牌指数
26	陶陶居	广州陶陶居有限公司	923.4
27	小龙坎火锅	成都小龙坎餐饮管理有限公司	923.1
28	半天妖烤鱼	上海半天妖餐饮管理有限公司	922.4
29	张亮麻辣烫	黑龙江盛世千秋餐饮管理有限公司	921.6
30	书亦烧仙草	四川书亦餐饮管理有限公司	920.8
31	大龙燚火锅	成都大龙燚餐饮管理有限公司	917.4
32	CoCo 都可	上海肇亿商贸有限公司	914.7
33	和府捞面	江苏和府餐饮管理有限公司	914.2
34	同庆楼	同庆楼餐饮股份有限公司	912.6
35	徐记海鲜	湖南徐记酒店管理有限公司	912.1
36	绿茶餐厅	杭州绿茶餐饮管理有限公司	911.7
37	全聚德	中国全聚德（集团）股份有限公司	906.8
38	茶颜悦色	湖南茶悦文化产业发展集团有限公司	905.2
39	小菜园	安徽小菜园餐饮管理有限责任公司	902.8
40	真功夫	广州真功夫快餐连锁管理有限公司	899.3
41	古茗茶饮	古茗科技集团有限公司	894.7
42	阿香米线	上海何勇企业管理集团有限公司	889.1
43	喜家德虾仁水饺	喜鼎餐饮管理有限公司	883.6
44	九毛九西北菜	九毛九（广州）控股有限公司	881.8
45	Helens 海伦司	深圳市海伦司品牌管理有限公司	880.1
46	蛙来哒	长沙味之翼湘餐饮有限公司	876.4
47	捞王锅物料理	捞王（上海）餐饮管理有限公司	870.4
48	点都德	广东点都德餐饮管理有限公司	865.1
49	沪上阿姨	上海臻敬实业有限公司	863.2
50	味千拉面	味千（中国）控股有限公司	857.3

红餐网 | 红餐大数据

1~25　26~50　51~75　76~100

续表

名次	品牌名称	公司名称	品牌指数
51	德庄火锅	重庆德庄实业（集团）有限公司	852.7
52	文和友	湖南文和友文化产业发展集团有限公司	850.1
53	1點點	生根餐饮管理（上海）有限公司	849.2
54	五芳斋	浙江五芳斋实业股份有限公司	848.9
55	永和大王	快乐蜂（中国）餐饮管理有限公司	846.2
56	黄记煌三汁焖锅	北京黄记煌餐饮管理有限责任公司	845.1
57	王品牛排	王品（中国）餐饮有限公司	842.9
58	鼎泰丰	北京恒泰丰餐饮有限公司	840.4
59	马路边边	成都马路边餐饮管理有限公司	837.7
60	蒙自源	东莞市蒙自源饮食有限公司	836.2
61	蔡林记	武汉蔡林记商贸有限公司	836.0
62	钢管厂五区小郡肝火锅串串香	成都钢五区顾大姐餐饮管理有限公司	834.1
63	南京大牌档	南京大牌档美食文化有限公司	831.3
64	九田家黑牛料理烤肉	内蒙古九田家餐饮管理股份有限公司	830.8
65	茶百道	四川蜀信致远企业管理咨询有限公司	829.1
66	蛀小侠	广西湘范儿餐饮管理有限公司	828.6
67	袁记云饺	广东省袁记食品集团有限公司	826.1
68	七欣天	江苏七欣天餐饮管理连锁有限公司	825.4
69	探鱼	深圳市甘棠明善餐饮有限公司	824.4
70	豪客来	厦门豪客来餐饮管理有限公司	823.2
71	云海肴	云南云海肴餐饮管理有限公司	822.8
72	珮姐重庆火锅	重庆民贤餐饮管理有限公司	821.4
73	楼外楼	杭州楼外楼食品有限公司	820.1
74	老娘舅	老娘舅餐饮股份有限公司	819.3
75	大蓉和	成都大蓉和餐饮管理有限公司	818.4

红餐网 | 红餐大数据

1~25 26~50 51~75 76~100

续表

名次	品牌名称	公司名称	品牌指数
76	知味观	杭州饮食服务集团有限公司	817.1
77	八合里牛肉火锅	广东八合里控股有限公司	816.3
78	李先生牛肉面大王	北京李先生加州牛肉面大王有限公司	815.7
79	紫光园	北京市紫光园餐饮有限责任公司	813.2
80	松鹤楼	苏州松鹤楼餐饮管理有限公司	813.0
81	湊湊火锅	湊湊餐饮管理有限公司	812.9
82	Manner Coffee	上海茵赫实业有限公司	811.5
83	胡桃里音乐酒馆	深圳胡桃里音乐文化有限公司	810.6
84	旺顺阁鱼头泡饼	北京旺顺阁美食有限公司	810.1
85	吉祥馄饨	上海世好食品有限公司	809.7
86	左庭右院鲜牛肉火锅	上海左庭右院企业管理有限公司	808.4
87	城南往事济南风味主题餐厅	山东凯瑞商业集团有限责任公司	807.3
88	很久以前羊肉串	北京很久以前餐饮管理有限公司	807.0
89	唐宫	唐宫（中国）控股有限公司	805.6
90	楠火锅	许叔叔（重庆）餐饮管理有限公司	804.3
91	炳胜品味	广州市炳胜品味餐饮有限公司	803.4
92	鱼酷活鱼烤鱼	上海锦河餐饮管理有限公司	803.0
93	费大厨辣椒炒肉	长沙费大厨餐饮管理有限公司	802.7
94	太兴	太兴饮食管理（中国）有限公司	802.4
95	客语 · 客家菜	广州客语饮食发展有限公司	802.2
96	比格比萨	北京比格餐饮管理有限责任公司	801.8
97	外婆味道	云南外婆味道餐饮管理有限公司	801.5
98	谭鸭血老火锅	四川至膳品牌管理有限公司	801.3
99	季季红火锅	江西季季红餐饮管理有限公司	800.5
100	胖哥俩肉蟹煲	嘉兴盐商餐饮管理有限公司	800.1

红餐网 | 红餐大数据

二、2022 年度餐饮区域标杆品牌

“2022 年度餐饮区域标杆品牌”旨在挖掘国内实力较强、在特定区域内有代表性的餐饮品牌，并表彰其在所属品类中或者区域中深耕及创新作出的卓越贡献。

1~25　26~50　51~75　76~100

表 4-2　2022 年度餐饮区域标杆品牌

品牌名称	公司名称
blue frog 蓝蛙	蓝蛙餐饮管理（上海）有限公司
U 你 · 天然调味	武汉优你天然调味餐饮管理有限公司
啊臻味道米粉	新疆啊臻企业管理有限公司
半岛名轩	广州半岛名轩餐饮有限公司
半秋山西餐厅	武汉市半秋山餐饮管理有限公司
煲大王猪肚鸡火锅	湖南煲大王企业管理咨询有限公司
常青麦香园	湖北常青麦香园餐饮管理有限公司
超意兴	济南超意兴餐饮有限公司
潮界	上海执琢餐饮管理有限公司
陈记顺和	广州陈顺和餐饮管理有限公司
赤坂亭	上海赤坂亭餐饮投资管理有限公司
炊烟	炊烟餐饮管理有限公司
大鸽饭	广州市大鸽饭餐饮投资有限公司
大师兄	广州大师兄餐饮管理连锁发展有限公司
大鸭梨烤鸭	北京大鸭梨餐饮有限公司
大渝火锅	无锡大渝餐饮管理有限公司
刀板香 · 安徽菜	安徽省刀板香餐饮管理有限公司
德顺源	内蒙古德顺源餐饮管理有限公司
東大方	浙江东大方餐饮管理有限公司
耳朵眼	天津耳朵眼餐饮管理有限公司
丰茂烤串	北京丰茂世纪餐饮有限公司
甘家界柠檬鸭	广西老甘家餐饮管理有限公司
高第街 56 号港式餐厅	山东凯瑞商业集团有限责任公司
谷田稻香	上海谷田餐饮管理有限公司
桂满陇	上海云蒸餐饮管理有限公司

红餐网 | 红餐大数据

1~25 26~50 51~75 76~100

续表

品牌名称	公司名称
桂小厨	广西桂小厨餐饮管理有限公司
何师烧烤	成都和胜餐饮酒店管理有限公司
黑白电视长沙小吃	湖南吃货铺餐饮管理有限公司
胡大饭馆	北京胡大餐饮有限公司
湖锦酒楼	武汉湖锦酒店管理有限公司
江南雅厨	苏州新梅华餐饮管理有限公司
椒爱水煮鱼川菜	北京椒爱餐饮管理有限公司
姐弟俩土豆粉	姐弟餐饮管理有限公司
九鼎轩脆毛肚火锅	江苏九鼎轩餐饮管理有限公司
九锅一堂酸菜鱼	重庆九锅一堂餐饮管理有限公司
局气	北京局气餐饮管理有限公司
烤匠	成都市烤匠餐饮管理有限公司
兰湘子	西安兰湘子餐饮管理有限公司
老凯俚酸汤鱼	贵州醉苗乡餐饮投资管理有限公司
老头儿油爆虾	杭州厨翔餐饮管理有限公司
老碗会	深圳老碗会餐饮投资管理有限公司
老湘村 · 湖南土菜	广州市老湘村餐饮管理有限公司
老鸭集	外婆家餐饮集团有限公司
佬麻雀	广东佬麻雀餐饮管理有限公司
乐凯撒披萨	深圳市乐凯撒比萨餐饮管理有限公司
临家闽南菜	厦门市临家社区餐饮服务有限公司
卢家妈妈 · 西餐厨房	汕头市聚众餐饮有限公司
庐州太太	合肥市庐州太太餐饮有限责任公司
麻爪爪	重庆麻爪爪餐饮管理有限公司
马旺子川小馆	上海保马餐饮管理有限公司

红餐网 | 红餐大数据

1~25 26~50 51~75 76~100

续表

品牌名称	公司名称
玛黎娜	山东玛黎娜餐饮管理有限公司
茅庐川菜	山东合众酒店管理有限公司
那家小馆	那家小馆（北京）餐饮管理有限公司
南城香	北京南城香餐饮有限公司
农耕记·湖南土菜	深圳市农耕记餐饮有限公司
派乐汉堡	武汉派乐汉堡食品发展有限公司
胖墩肉饼	内蒙古胖墩餐饮管理有限公司
晴溪庄园	湖南晴溪餐饮管理集团有限公司
润园四季椰子鸡火锅	深圳润园四季餐饮有限公司
三两粉	广东三两粉企业管理有限公司
山东老家	广州市食尚国味饮食管理有限公司
首秀四川料理	广州首秀餐饮管理有限公司
蜀都丰·手作川菜	福建蜀都丰餐饮管理有限公司
丝恋红汤丝娃娃	贵阳丝恋餐饮管理有限责任公司
四道菜·福建菜馆	福州四道菜餐饮管理有限公司
四季民福烤鸭店	北京四季民福餐饮管理有限公司
四季椰林	深圳市四季椰林餐饮管理有限公司
苏小柳点心	苏小柳（上海）餐饮管理有限公司
泰香米泰国餐厅	重庆市泰香米餐饮管理有限公司
谭仔米线	谭仔餐饮（深圳）有限公司
陶德砂锅	四川省老砂锅餐饮有限公司
陶然居	重庆陶然居饮食文化（集团）股份有限公司
彤德莱	大连彤德莱餐饮管理集团有限公司
外婆印象	陕西外婆印象餐饮管理有限公司
吴佳拌米粉	新疆吴佳餐饮有限责任公司

红餐网 | 红餐大数据

1~25 26~50 51~75 76~100

续表

品牌名称	公司名称
武圣羊汤	北京炙城武圣餐饮管理有限公司
西安饭庄	西安饮食股份有限公司
西塔老太太泥炉烤肉	上海老太太泥炉餐饮管理有限公司
湘阁里辣	东莞市湘阁里辣餐饮管理有限公司
小厨娘淮扬菜	江苏小厨娘餐饮管理有限公司
小吊梨汤	以食为喜（北京）餐饮管理有限公司
小放牛	河北小放牛餐饮管理有限公司
小杨生煎	上海朋利来餐饮管理有限公司
新白鹿	杭州新白鹿餐饮管理有限公司
新梅华	苏州新梅华餐饮管理有限公司
新时沏	浙江新时沏品牌管理有限公司
徐鼎盛民间菜	重庆徐鼎盛餐饮管理有限公司
寻宝记绍兴菜	绍兴寻宝记酒店有限公司
巡湘记	上海巡湘记餐饮有限公司
宴遇	宴遇（厦门）餐饮管理服务有限公司
杨记隆府	重庆杨记味功夫餐饮管理有限公司
一心一味	深圳市一心一味餐饮管理有限公司
壹盏灯	长沙市壹盏灯餐饮管理有限公司
以饭湘许	广州以饭湘许餐饮管理有限公司
渝是乎	北京渝是乎餐饮管理有限公司
渝乡辣婆婆	河北渝乡辣婆婆餐饮管理有限公司
周麻婆	福建省周麻婆餐饮管理有限公司
周师兄重庆火锅	重庆周师兄餐饮文化有限公司
滋粥楼	广州市滋粥楼餐饮发展有限公司
醉得意	福建省醉得意餐饮管理有限公司

红餐网 | 红餐大数据

三、2022 年度餐饮商业价值品牌

“2022 年度餐饮商业价值品牌”旨在评选出行业中正处于成长上升期、具有较高商业价值的餐饮品牌，为餐饮创业者以及投资机构提供投资决策参考。

1~25 26~50

表 4-3 2022 年度餐饮商业价值品牌

品牌名称	公司名称
7 分甜	苏州七分甜餐饮管理有限公司
COMMUNE 幻师	极物思维集团有限公司
gaga	深圳市鲜语餐饮管理有限公司
NOWWA 挪瓦咖啡	上海力醒科技有限公司
霸蛮湖南米粉	北京霸蛮天下科技有限公司
霸碗盖码饭	湖南霸王餐饮管理有限公司
霸王茶姬	昆明霸王茶姬餐饮管理有限公司
蔡澜港式点心	蔡澜抱抱（广东）餐饮管理有限公司
超能鹿战队	南京超能鹿战队餐饮管理有限公司
陈香贵	上海陈香贵餐饮管理有限公司
村上一屋	三公里（北京）餐饮管理有限责任公司
洞氮胡记羊肉馆	湖南洞氮胡记餐饮管理有限公司
多嘴超级肉蟹煲	沈阳联智名创餐饮管理有限公司
㕶㕶米线	上海美㕶餐饮管理有限公司
甘食记成都肥肠粉	成都甘食记餐饮有限公司
虎头局 · 渣打饼行	上海万物有样食品有限公司
虎丫炒鸡	郑州虎丫炒鸡餐饮管理有限公司
花小小新疆炒米粉	北京心灵手巧餐饮管理有限公司
江渔儿	广州开呗餐饮管理有限公司
犟骨头超级骨头饭	津七惑和他的朋友餐饮管理有限公司
金戈戈香港豉油鸡	深圳金戈戈餐饮管理有限公司
菊花开手撕藤椒鸡	河南省大家旺企业管理咨询有限公司
快乐番薯	厦门快乐番薯股份有限公司
老街称盘麻辣烫	成都老街称盘麻辣烫餐饮管理有限公司
泸溪河	泸溪河食品（南京）有限公司

* 排名不分先后。

红餐网 | 红餐大数据

1~25 26~50

续表

品牌名称	公司名称
马记永	上海花桥餐饮管理有限公司
满记甜品	满记甜品（上海）有限公司
迷你椰 · 泰式大排档	上海霸迩餐饮管理有限公司
米村拌饭	延边米村餐饮管理有限公司
柠季手打柠檬茶	湖南三发餐饮管理有限公司
萍姐火锅	重庆亚特餐饮发展有限公司
柒酒烤肉	湖南梓文餐饮管理有限公司
丘大叔柠檬茶	广州山丘餐饮管理有限公司
全牛匠	北京全牛匠餐饮管理有限公司
陕味食族油泼面	北京陕味食族餐饮管理有限公司
盛香亭热卤	长沙市拿云餐饮管理有限公司
甜啦啦	安徽汇旺餐饮管理有限公司
维小饭	深圳市维士智慧健康管理有限公司
文立新秤盘麻辣烫	文立新（北京）餐饮管理有限公司
五爷拌面	哈尔滨品冠餐饮管理有限公司
物只卤鹅	广州物只卤鹅餐饮服务有限公司
先启半步颠小酒馆	上海缈嘟管理咨询有限公司
肖四女乐山跷脚牛肉	上海星腾餐饮管理有限公司
小女当家	深圳市小女当家餐饮有限公司
熊大爷	北京熊大爷餐饮管理有限公司
窑鸡王	深圳市窑鸡王餐饮服务有限公司
益禾堂	武汉熠汇饮科技有限公司
遇见小面	广州遇见小面餐饮管理有限公司
朱光玉火锅	重庆朱光玉餐饮管理有限公司
猪角 · 闽南猪脚饭	厦门猪角猪脚饭餐饮管理有限公司

* 排名不分先后。

红餐网 | 红餐大数据

四、2022 年度餐饮臻味典范品牌

“2022 年度餐饮臻味典范品牌”，旨在评选出行业中定位于高端、实力与口碑兼具的连锁餐饮品牌，为行业高端餐饮的发展提供参照，也为广大消费者提供就餐指南。

表 4-4　2022 年度餐饮臻味典范品牌

品牌名称	品牌名称
柴门荟	利苑酒家
成隆行蟹王府	鲁采
大董	满满海佛跳墙
福 1015	民国红公馆
官也街澳门火锅	晟永兴
好酒好蔡	拾久
金海华	新荣记
菁禧荟	许家菜
晶采轩	甬府
厉家菜	御宝轩

* 排名不分先后。

红餐网 | 红餐大数据

2023年度中
十大

02

国餐饮品类
品牌

2023 年度中国餐饮品类十大品牌 第二节

2023 年度中国餐饮品类十大品牌

2023 年度中国餐饮品类十大品牌是由红餐品牌研究院在红餐大数据的基础上，经过专家综合评审出来的年度榜单。该奖项旨在挖掘出在餐饮行业细分领域做深做透的头部品牌，探索中国餐饮行业的创新发展。

表 4-5　2023 年度茶饮十大品牌

品牌名称	公司名称
蜜雪冰城	蜜雪冰城股份有限公司
喜茶	深圳美西西餐饮管理有限公司
奈雪的茶	深圳市品道餐饮管理有限公司
古茗茶饮	古茗科技集团有限公司
茶百道	四川蜀信致远企业管理咨询有限公司
书亦烧仙草	四川书亦餐饮管理有限公司
CoCo 都可	上海肇亿商贸有限公司
沪上阿姨	上海臻敬实业有限公司
霸王茶姬	昆明霸王茶姬餐饮管理有限公司
茶颜悦色	湖南茶悦文化产业发展集团有限公司

红餐网 | 红餐大数据

表 4-6　2023 年度特色茶饮十大品牌

品牌名称	公司名称
1 點點	生根餐饮管理（上海）有限公司
益禾堂	武汉熠汇饮科技有限公司
7 分甜	苏州七分甜餐饮管理有限公司
甜啦啦	安徽汇旺餐饮管理有限公司
柠季手打柠檬茶	湖南三发餐饮管理有限公司
LINLEE 林里手打柠檬茶	广州昌邻餐饮管理有限公司
茉酸奶	上海伯邑餐饮管理有限公司
吾饮良品	武汉吾饮良品企业管理有限公司
快乐番薯	厦门快乐番薯股份有限公司
椰不二	宁波椰不二品牌管理有限公司

红餐网 | 红餐大数据

表 4-7　2023 年度火锅十大品牌

品牌名称	公司名称
海底捞	四川海底捞餐饮股份有限公司
呷哺呷哺	呷哺呷哺餐饮管理有限公司
小龙坎火锅	成都小龙坎餐饮管理有限公司
巴奴毛肚火锅	巴奴毛肚火锅有限公司
湊湊火锅	湊湊餐饮管理有限公司
大龙燚火锅	成都大龙燚餐饮管理有限公司
楠火锅	许叔叔（重庆）餐饮管理有限公司
珮姐重庆火锅	重庆民贤餐饮管理有限公司
蜀大侠	成都蜀大侠餐饮管理有限公司
谭鸭血老火锅	四川至膳品牌管理有限公司

红餐网 | 红餐大数据

表 4-8　2023 年度特色火锅十大品牌

品牌名称	公司名称
七欣天	江苏七欣天餐饮管理连锁有限公司
马路边边	成都马路边餐饮管理有限公司
朱光玉火锅馆	重庆朱光玉餐饮管理有限公司
钢管厂五区小郡肝火锅串串香	成都钢五区顾大姐餐饮管理有限公司
捞王锅物料理	捞王（上海）餐饮管理有限公司
季季红火锅	江西季季红餐饮管理有限公司
左庭右院鲜牛肉火锅	上海左庭右院企业管理有限公司
洞氮胡记羊肉馆	湖南洞氮胡记餐饮管理有限公司
后火锅	成都后火餐饮管理有限公司
虾吃虾涮	北京筷客乐园餐饮管理有限公司

红餐网 | 红餐大数据

表 4-9　2023 年度米粉十大品牌

品牌名称	公司名称
蒙自源	东莞市蒙自源饮食有限公司
阿香米线	上海何勇企业管理集团有限公司
五谷渔粉	长沙市五味草堂餐饮管理有限公司
霸蛮湖南米粉	北京霸蛮科技有限公司
无名缘米粉	哈尔滨街上缘餐饮管理有限公司
姐弟俩土豆粉	姐弟餐饮管理有限公司
啊臻味道米粉	新疆啊臻企业管理有限公司
谭仔米线	谭仔餐饮（深圳）有限公司
柳螺香	广西柳螺香食品科技有限公司
子固路拌粉	杭州匠盒实业有限公司

红餐网 | 红餐大数据

表 4-10 2023 年度面馆十大品牌

品牌名称	公司名称
和府捞面	江苏和府餐饮管理有限公司
味千拉面	味千（中国）控股有限公司
李先生牛肉面大王	北京李先生加州牛肉面大王有限公司
五爷拌面	哈尔滨品冠餐饮管理有限公司
陈香贵	上海陈香贵餐饮管理有限公司
遇见小面	广州遇见小面餐饮管理有限公司
蔡林记	武汉蔡林记商贸有限公司
松鹤楼面馆	苏州松鹤楼餐饮管理有限公司
常青麦香园	湖北常青麦香园餐饮管理有限公司
老碗会	深圳老碗会餐饮投资管理有限公司

红餐网 | 红餐大数据

表 4-11 2023 年度烘焙十大品牌

品牌名称	公司名称
好利来	北京市好利来食品有限公司
幸福西饼	深圳市幸福西饼食品有限公司
元祖食品	上海元祖梦果子股份有限公司
泸溪河	泸溪河食品（南京）有限公司
美心西饼	美心食品（广州）有限公司
仟吉	武汉市仟吉食品有限公司
爸爸糖手工吐司	江苏爸爸糖餐饮管理有限公司
鲍师傅糕点	北京鲍才胜餐饮管理有限公司
面包新语	上海新语面包食品有限公司
广隆蛋挞王	东莞市广隆食品有限公司

红餐网 | 红餐大数据

表 4-12　2023 年度饺子馄饨十大品牌

品牌名称	公司名称
喜家德虾仁水饺	喜鼎餐饮管理有限公司
袁记云饺	广东省袁记食品集团有限公司
吉祥馄饨	上海世好食品有限公司
熊大爷	北京熊大爷餐饮管理有限公司
如意馄饨	江苏万家如意食品有限公司
第 9 味老上海馄饨	深圳市第九味连锁餐饮管理有限公司
粤饺皇	广州市粤饺皇食品有限公司
东方饺子王	北京东方饺子王餐饮有限责任公司
大娘水饺	大娘水饺餐饮集团有限公司
船歌鱼水饺	青岛船歌鲜食网络科技有限公司

红餐网 | 红餐大数据

表 4-13　2023 年度烤肉十大品牌

品牌名称	公司名称
九田家黑牛料理烤肉	内蒙古九田家餐饮管理股份有限公司
西塔老太太泥炉烤肉	上海老太太泥炉餐饮管理有限公司
酒拾烤肉	湖南卜食记餐饮管理有限公司
韩宫宴	无锡韩宴餐饮管理有限公司
小猪查理川式烤肉	北京小猪查理餐饮管理有限公司
北木南烤肉和酒	成都北木南餐饮管理有限公司
柒酒烤肉	湖南梓文餐饮管理有限公司
御牛道	杭州和牛道餐饮管理有限公司
小核桃烤肉馆	沈阳帝门特餐饮管理有限公司
新石器烤肉	上海盘古餐饮管理有限公司

红餐网 | 红餐大数据

表 4-14　2023 年度烤鱼十大品牌

品牌名称	公司名称
半天妖烤鱼	上海半天妖餐饮管理有限公司
探鱼	深圳市甘棠明善餐饮有限公司
鱼酷活鱼烤鱼	上海锦河餐饮管理有限公司
烤匠	成都市烤匠餐饮管理有限公司
江边城外烤全鱼	北京江边城外餐饮管理有限公司
炉鱼	外婆家餐饮集团有限公司
愿者上钩	东莞市愿者上钩餐饮管理有限公司
花千代秘制烤鱼	河南花千代餐饮管理有限公司
师烤 · 豆花烤鱼	广州市师烤餐饮管理有限公司
匠子烤鱼	海口匠子烤鱼餐饮服务有限公司

红餐网 | 红餐大数据

表 4-15　2023 年度卤味十大品牌

品牌名称	公司名称
绝味鸭脖	绝味食品股份有限公司
紫燕百味鸡	上海紫燕食品股份有限公司
周黑鸭	周黑鸭国际控股有限公司
煌上煌	江西煌上煌集团食品股份有限公司
久久丫	上海顶誉食品有限公司
九多肉多	河南九豫全食品有限公司
卤江南	江苏卤江南食品有限公司
盛香亭热卤	长沙市拿云餐饮管理有限公司
廖记棒棒鸡	廖记食品连锁股份有限公司
麻爪爪	重庆麻爪爪餐饮管理有限公司

红餐网 | 红餐大数据

表 4-16　2023 年度比萨十大品牌

品牌名称	公司名称
必胜客	百胜（中国）投资有限公司
尊宝比萨	杭州千尊信息技术有限公司
达美乐比萨	上海达美乐比萨有限公司
棒！约翰	上海棒约翰餐饮管理有限公司
比格比萨	北京比格餐饮管理有限责任公司
比萨玛尚诺	马上诺餐饮（上海）有限公司
乐凯撒披萨	深圳市乐凯撒比萨餐饮管理有限公司
芝根芝底	福州芝根芝底餐饮管理有限公司
玛格利塔	福州玛格利塔餐饮管理有限公司
好伦哥	北京好伦哥餐饮有限公司

红餐网 | 红餐大数据

表 4-17　2023 年度日料十大品牌

品牌名称	公司名称
N 多寿司	无锡恩多寿司餐饮管理有限公司
上井精致料理	上海井町餐饮管理有限公司
元气寿司	元气寿司餐饮服务管理（深圳）有限公司
争鲜寿司	争鲜（上海）食品有限公司
赤坂亭	上海赤坂亭餐饮投资管理有限公司
寿司郎	广州寿司郎餐饮有限公司
江户前	北京江户前餐饮有限公司
村上一屋	三公里（北京）餐饮管理有限责任公司
将太无二	北京将太无二餐饮有限责任公司
万岁寿司	广州市霞钢醒餐饮有限公司

红餐网 | 红餐大数据

表 4-18 2023 年度烧烤十大品牌

品牌名称	公司名称
木屋烧烤	深圳市正君餐饮管理顾问有限公司
很久以前羊肉串	北京很久以前餐饮管理有限公司
丰茂烤串	北京丰茂世纪餐饮有限公司
管氏翅吧	北京管氏烤翅餐饮有限公司
破店肥哈东北烧烤	深圳市经晟华茂餐饮管理有限公司
何师烧烤	成都和胜餐饮酒店管理有限公司
聚点串吧	北京聚点餐饮有限责任公司
客串出品	湖南移木客串出品餐饮管理有限公司
郭靖烤全羊	烤羊羊（北京）餐饮管理有限公司
大圣烧烤	湖北初味传承食品有限公司

红餐网 | 红餐大数据

表 4-19 2023 年度酸菜鱼十大品牌

品牌名称	公司名称
太二酸菜鱼	九毛九（广州）控股有限公司
鱼你在一起	北京鱼你在一起品牌管理有限公司
江渔儿	广州开呗餐饮管理有限公司
渝是乎	北京渝是乎餐饮管理有限公司
有家酸菜鱼	苏州康德餐饮管理有限公司
九锅一堂酸菜鱼	重庆九锅一堂餐饮管理有限公司
姚姚酸菜鱼	深圳亚米餐饮管理有限公司
百岁我家酸菜鱼	上海馨萍仁河餐饮管理有限公司
溪雨观酸菜鱼	上海蜀华火锅楼有限公司
望蓉城古法酸菜鱼	上海望蓉城餐饮有限公司

红餐网 | 红餐大数据

表 4-20　2023 年度特色小吃十大品牌

品牌名称	公司名称
正新鸡排	上海正新食品集团有限公司
夸父炸串	北京万皮思食品科技有限公司
喜姐炸串	南京无边界餐饮管理有限公司
西少爷肉夹馍	奇点同舟餐饮管理（北京）有限公司
黑色经典臭豆腐	长沙伍爱美食食品科技有限公司
桥头排骨	秦皇岛馨晟餐饮管理有限公司
阿甘锅盔	上海多串餐饮管理有限公司
草本汤	福州草本餐饮管理有限公司
黑白电视长沙小吃	湖南吃货铺餐饮管理有限公司
蓉李记	成都蓉李记餐饮管理有限公司

红餐网 | 红餐大数据

表 4-21　2023 年度西式快餐十大品牌

品牌名称	公司名称
肯德基	百胜（中国）投资有限公司
麦当劳	金拱门（中国）有限公司
华莱士	福建省华莱士食品股份有限公司
塔斯汀	福州塔斯汀餐饮管理有限公司
德克士	天津顶巧餐饮服务咨询有限公司
萨莉亚意式餐厅	上海萨莉亚餐饮有限公司
汉堡王	汉堡王（中国）投资有限公司
派乐汉堡	武汉派乐汉堡食品发展有限公司
赛百味	赛百味品牌管理顾问（上海）有限公司
享哆味	重庆享哆味餐饮管理有限公司

红餐网 | 红餐大数据

表 4-22　2023 年度小龙虾十大品牌

品牌名称	公司名称
胡大饭馆	北京胡大餐饮有限公司
肥肥虾庄	武汉江湖肥肥餐饮有限公司
靓靓蒸虾	武汉靓靓蒸虾餐饮管理有限责任公司
文和友龙虾馆	湖南文和友小龙虾有限公司
红盔甲	上海永利顺餐饮有限公司
松哥油焖大虾	深圳市松哥油焖大虾餐饮管理有限公司
沪小胖	上海荣达餐饮有限公司
巴厘龙虾	武汉市巴厘龙虾餐饮管理有限公司
聚味瞿记	湖南聚味瞿记餐饮管理有限公司
一棠龙虾	武汉一棠龙虾餐饮管理有限责任公司

红餐网 | 红餐大数据

表 4-23　2023 年度米饭快餐十大品牌

品牌名称	公司名称
老乡鸡	安徽老乡鸡餐饮股份有限公司
乡村基	乡村基（重庆）投资有限公司
真功夫	广州真功夫快餐连锁管理有限公司
大米先生	乡村基（重庆）投资有限公司
老娘舅	老娘舅餐饮股份有限公司
米村拌饭	延边米村餐饮管理有限公司
南城香	北京南城香餐饮有限公司
杨铭宇黄焖鸡米饭	济南杨铭宇餐饮管理有限公司
永和大王	快乐蜂（中国）餐饮管理有限公司
超意兴	济南超意兴餐饮有限公司

红餐网 | 红餐大数据

表 4-24　2023 年度包点十大品牌

品牌名称	公司名称
巴比馒头	中饮巴比食品股份有限公司
和善园	南京和善园食品生产有限公司
老台门汤包	绍兴市老台门餐饮管理有限公司
三津汤包	深圳市三津餐饮管理有限公司
庆丰包子铺	北京庆丰包子铺有限公司
早阳鲜包	上海早阳餐饮企业管理有限公司
小杨生煎	上海朋利来餐饮管理有限公司
沈老头包子	哈尔滨沈老头餐饮连锁管理有限公司
老盛昌汤包	上海老盛昌餐饮管理有限公司
包道广式点心专门店	广州市包道餐饮管理服务有限公司

红餐网 | 红餐大数据

表 4-25　2023 年度咖饮十大品牌

品牌名称	公司名称
瑞幸咖啡	瑞幸咖啡（北京）有限公司
星巴克	星巴克企业管理（中国）有限公司
Tims 咖啡	提姆（上海）餐饮管理有限公司
NOWWA 挪瓦咖啡	上海力醒科技有限公司
Manner Coffee	上海茵赫实业有限公司
幸运咖	河南幸运咖餐饮管理有限公司
M Stand	上海艾恰餐饮管理有限公司
COSTA COFFEE	咖世家咖啡（上海）有限公司
Seesaw Coffee	上海西舍咖啡有限公司
代数学家咖啡	代数学家品牌管理（苏州）有限公司

红餐网 | 红餐大数据

表 4-26 2023 年度牛蛙十大品牌

品牌名称	公司名称
蛙来哒	长沙味之翼湘餐饮有限公司
蛙小侠	广西湘范儿餐饮管理有限公司
蛙喔	浙伍爷企业管理（杭州）有限公司
老佛爷铜炉蛙锅	哈尔滨市李家餐饮企业管理有限责任公司
淘蛙	佛山市宵瑶餐饮管理有限公司
沪小二炭火蛙锅	上海森弘餐饮管理有限公司
臻享無招牌铁锅烤蛙	好兰劲（江门市）餐饮管理有限公司
咏蛙	厦门咏哇餐饮管理有限公司
再回首泡椒牛蛙	宁波市椒点餐饮管理有限责任公司
蛙三疯	蛙三疯餐饮管理（苏州）有限责任公司

红餐网 | 红餐大数据

表 4-27 2023 年度酒馆十大品牌

品牌名称	公司名称
Helens 海伦司	深圳市海伦司品牌管理有限公司
优布劳精酿啤酒	优布劳（中国）精酿啤酒有限公司
胡桃里音乐酒馆	深圳胡桃里音乐文化有限公司
贰麻酒馆	成都贰麻餐饮娱乐有限公司
COMMUNE 幻师	极物思维集团有限公司
TSINGTAO 1903	青岛啤酒文化传播有限公司
猫员外	深圳市猫员外餐饮管理有限公司
汉森熊啤酒屋	扬州市汉森熊精酿啤酒有限公司
众二酒馆	四川众二酒业有限公司
斑马精酿酒馆	北京超级斑马酒业有限公司

红餐网 | 红餐大数据

表 4-28　2023 年度麻辣烫冒菜十大品牌

品牌名称	公司名称
张亮麻辣烫	黑龙江盛世千秋餐饮管理有限公司
杨国福麻辣烫	上海杨国福企业管理（集团）股份有限公司
三顾冒菜	四川三顾冒菜品牌管理有限公司
刘文祥麻辣烫	刘文祥（山东）品牌管理有限公司
老街称盘麻辣烫	成都老街称盘麻辣烫餐饮管理有限公司
觅姐	上海晓烹信息科技有限公司
小谷姐姐	天津小谷顿餐饮管理服务有限公司
芙蓉冒菜	成都蓉膳坊餐饮管理有限公司
每味每客麻辣烫	重庆每味每客品牌管理有限公司
川魂帽牌货冒菜	四川川味之魂餐饮管理有限公司

红餐网 | 红餐大数据

表 4-29　2023 年度东南亚菜十大品牌

品牌名称	公司名称
迷你椰 · 泰式大排档	上海霸迩餐饮管理有限公司
泰香米泰国餐厅	重庆市泰香米餐饮管理有限公司
太食獸泰式茶餐厅	成都太食兽餐饮管理有限公司
嘟嘟泰国小馆	嘟嘟泰小馆（长沙）餐饮管理有限公司
simply thai 天泰餐厅	上海天泰餐饮服务有限公司
星叶南洋料理	福州星洲蕉叶餐饮管理有限公司
美奈小馆 · 越南料理	深圳市越品餐饮管理有限公司
mango tree 芒果树餐厅	广州芒果树餐饮有限公司
广州蕉叶	广州蕉叶餐饮管理有限公司
泰妃殿	上海泰妃阁餐饮管理有限公司

红餐网 | 红餐大数据

特别说明

1. 全国线级城市划分

本书如未特别说明，内文的相关城市研究皆采纳第一财经旗下的新一线城市研究所于 2023 年 6 月发布的《2023 城市商业魅力排行榜》城市划分标准，其他引用资料可能另有城市划分标准，具体以实际呈现为准。

2. 全国八大区域划分

华北：北京市、天津市、河北省、山西省、内蒙古自治区
华东：上海市、江苏省、浙江省、安徽省、福建省、江西省、山东省
华中：河南省、湖北省、湖南省
华南：广东省、广西壮族自治区、海南省
西南：重庆市、四川省、贵州省、云南省、西藏自治区
西北：陕西省、甘肃省、青海省、宁夏回族自治区、新疆维吾尔自治区
东北：辽宁省、吉林省、黑龙江省
港澳台：香港特别行政区、澳门特别行政区、中国台湾地区
本书在论述全国区域划分的时候，如未特别说明，一般默认不含港澳台地区。

3. 货币单位

本书如未特别说明，货币单位默认为人民币。

4. 关于书中对于“目前”的定义

基于本书成书于 2023 年 7 月，本书如未特别说明，书中所有关于“目前”的表述均表示为截至 2023 年 6 月 30 日。

5. 数据源参考渠道

本书的数据源建立在红餐大数据的基础上，同时参考了品牌官方数据、行业协会诸如世界中餐业联合会、中国烹饪协会、中国连锁经营协会、中国饭店协会等协会的数据，以及其他机构比如企查查、弗若斯特沙利文等的数据。

声明